KB115433

이니셔티브
INITIATIVE

이니셔티브

발행일	2020년 3월 18일

지은이	박 평		
펴낸이	손형국		
펴낸곳	(주)북랩		
편집인	선일영	편집	강대건, 최예은, 최승헌, 김경무, 이예지
디자인	이현수, 김민하, 한수희, 김윤주, 허지혜	제작	박기성, 황동현, 구성우, 장홍석
마케팅	김회란, 박진관, 조하라, 장은별		
출판등록	2004. 12. 1(제2012-000051호)		
주소	서울특별시 금천구 가산디지털 1로 168, 우림라이온스밸리 B동 B113~114호, C동 B101호		
홈페이지	www.book.co.kr		
전화번호	(02)2026-5777	팩스	(02)2026-5747

ISBN	979-11-6539-109-6 03300 (종이책)		979-11-6539-110-2 05300 (전자책)

이 도서의 국립중앙도서관 출판예정도서목록(CIP)은 서지정보유통지원시스템 홈페이지(http://seoji.nl.go.kr)와
국가자료공동목록시스템(http://www.nl.go.kr/kolisnet)에서 이용하실 수 있습니다.
(CIP제어번호: CIP2020011337)

(주)북랩 성공출판의 파트너

북랩 홈페이지와 패밀리 사이트에서 다양한 출판 솔루션을 만나 보세요!

홈페이지 book.co.kr • **블로그** blog.naver.com/essaybook • **출판문의** book@book.co.kr

균형 외교로 동북아에서 주도권을 선점하려는
문재인 대통령의 외교 승부수

이니셔티브
INITIATIVE

박 평 지음

북랩 book Lab

차 / 례

| 5장 |
지독한 인내로 멈추지 않고 나아가다

| 6장 |
위기에 빠진 한반도 평화프로세스

1장

문재인 대통령,
한반도의 운전대를 잡다

1.
어둠이 내린 동안

　문재인이 대한민국의 새로운 대통령이 되기 전, 대한민국의 상황은 절망적이었다. 이른바 이명박근혜의 시대. 정의와 상식이 사라지고, 불의와 부정이 가득했던 시절이자, 고위공직자와 기득권자가 나라의 안녕보다는 자신의 이익을 더 중요하게 여기던 시절이었다. 부정부패가 만연했고, 경제는 무너졌다. 사람들은 대한민국을 헬조선이라고 부르기 시작했으며, 청년들은 꿈을 접었고, 나라는 미래를 잃었다. 대한민국은 안에서부터 망가졌고, 국제적인 영향력과 경쟁력 또한 계속 약해지고 있었다. 이 상황을 타개하기 위해 뭐라도 해야 하는 시급한 상황이었다. 그러나 안타깝게도 정부는 무능했다. 특히 외교에서는 더욱 그랬다. 이명박·박근혜 정부의 끔찍한 외교는 대한민국을 깊은 수렁으로 빠트리고 있었다.

　한국이 외교에서 영향력을 행사할 수 있는 가장 큰 동력은 북한이다. 한반도는 전 세계의 열강이 주목하는 곳이며, 국제적인 분쟁이 언제라도 촉발될 수 있는 곳이었다. 냉전 질서가 남아 있었고, 무엇보다 북한이 있었기 때문이다. 많은 열강이 북한 문제를 어떻게 다룰 것이냐에 관심을 뒀고, 이 불안정한 상황을 이용해 최대의 이득을 얻기 위해 노력하고 있었다. 대한민국은 그런 북한과 한민족이고 정전 중이며, 서로 국경을 맞대고 대치하는 특별한 관계였다. 그렇기에 국제적인 신뢰를 잃고 악의 축이자 은둔 국가로 평가받던 북한과의 소통·협상 창구로서 대한민국은 상당한 영향력을 행사할 수 있는 잠재력을 지니고 있었다. 하지만 2016년 2월 박근혜 정부는 개성공단을 닫아 버린다. 남북교류의 상징인 개성공단의 폐쇄는 대한민국 외교의 가장 큰 동력을 스스로 포기한 일이며, 한반도 외교에서 한국의 영향력이 사라졌음을 만천하에 드러낸 사건이었다. 한반도 정세를 두고 어떤 열강도 대한민국을 상대할 필요가 없어져 버렸다. 대한민국이 북한에 외교력을 발휘할 수 없다면, 열강은 한국을 무시하고 북한을 직접 상대하면 됐다. 박근혜 시절의 대한민국은 자국의 외교를 자의로 포기했다.

박근혜 정부의 무능함을 살펴보기 위해 2014년으로 거슬러 올라가 보자. 인천에서 아시안 게임이 열렸다. 북한은 73명의 선수단을 보냈으며, 아시안 게임 폐막식 참석차 북한 고위급 대표단 11명도 방한했다. 황병서 군 총정치국장, 최룡해 당 비서, 김양건 대남비서 등 대북관계를 풀어나가기에 조금도 모자람이 없는 대표단이었다. 북한 대표단은 박근혜 대통령을 만나길 원했다. 한반도 평화의 물꼬를 틀 수 있는 절호의 기회였다. 한국의 외교력이 높아지는 것은 덤이었다. 북한과의 관계에서 성과를 만들어 내면, 열강과의 외교에서 대한민국의 위상은 높아지며, 이 힘을 국익을 위해 쓸 수 있을 터였다. 우리가 반드시 잡아야 할 기회였다. 하지만 안타깝게도 박근혜 정부는 이 기회를 놓쳐 버렸다. 아니, 애초에 잡을 능력도 없는 정부였다.

2018년 4월, 〈PD수첩〉에서 보도한 내용에 따르면, 당시 북한 대표단은 박근혜 대통령과 만나기를 원했다. 하지만 박근혜 대통령과 연락이 되지 않았다는 어처구니없는 이유로 북한 대표단과의 만남은 무산됐다. 안보 정당을 내세웠던 자유한국당(당시 새누리당)의 민낯이며, 박근혜 정부의 끔찍한 무능이었다.

2012년, 필리핀이 실효 지배하던 스카버러섬을 중국이 강제로 점유했다. 그리고 2013년에 필리핀은 상설 중재재판소에 중국을 제소한다. 그리고 2016년, 국제법에 따라 중국이 패소하게 된다. 갑자기 이 사건을 이야기하는 것은 한반도를 둘러싼 동북아시아의 정세를 살펴보고 이명박·박근혜 정권의 해악을 자세하게 살펴보기 위해서이다.

남중국해에서 발생한 중국과 필리핀의 갈등은 두 나라 사이만의 일이 아니다. 남중국해에서 일어나는 다양한 갈등의 근간에는 미국과 중국의 대립이 있다. 미국은 아시아에서 계속 영향력을 발휘하고, 전 세계 유일 패권 국가로서 중국을 견제하기를 원했다. 중국은 이런 미국의 압박에서 벗어나 패권을 추구하려는 열망이 있었다.[1] 두 국가의 이해관계가 첨예하게 대립하고 있는

---

[1] 중국의 시진핑 주석은 2018년 3월, 전국인민대표대회 폐막식에서 '중국은 영원히 패권을 노리지 않을 것'이라고 말한 적이 있다. 하지만, 그 말을 있는 그대로 믿기는 힘들다는 것이 개

곳이 남중국해였다.

미국은 대중봉쇄 전략을 사용했다. 이를 벗어나기 위해서 중국은 진주목걸이 전략을 펼치고 있었다. 파키스탄, 미얀마, 방글라데시 등 인도양 주변 국가에 항만을 건설하여 미국의 봉쇄를 벗어나고자 하는 전략이었다. 중국이 남중국해를 확보하고 진주목걸이 전략을 성공시키면 미국의 압박에서 숨통이 트일 것이 분명했으며, 아시아의 맹주로서 한 걸음 더 나아갈 수 있었다. 미국은 이런 중국을 가만히 두고 볼 수 없었을 것이다. 그리하여 남중국해는 국제사회의 두 슈퍼 파워인 미국과 중국의 경쟁과 갈등을 보여주는 한 단면이 됐고, 그 대립은 여전히 진행 중이다.

이런 국제환경 속에서 미국과 일본은 돈독해져야 했다. 미국에 일본은 중국을 견제할 수 있는 아시아 최고의 파트너였기 때문이다. 오바마 대통령의 임기 내내 일본과 미국, 특히 미국 민주당과의 협력은 무척이나 공고했다. 당시 한국의 대통령은 이명박·박근혜였는데, 두 정부 모두 제대로 된 외교를 할 능력 자체가 없었다. 이명박 대통령은 임기 동안 상당한 친일 행보를 보였고[2], 한·미·일 삼각안보동맹이 강해지기를 원했다. 위키리크스를 통해 공개된 '주일 미 대사관 외교문서'에는 이명박이 개인적으로 미국·일본과 강력한 3각 안보동맹을 열망하고 있으나, 정치적인 상황 때문에 명백한 협력의 모습을 보일 수는 없다고 적혀있

인적인 판단이다.

2 뼛속까지 친일·친미, 이완용이 부러웠나, 미디어오늘, 2012.06.28.

다.3 이명박은 한국의 대통령이었으나 남·북 관계를 개선해 한반도의 평화를 이룰 생각은 없이 미국·일본에 굴종하는 길을 택했다. 이는 오바마 행정부가 미·일 주도의 외교를 펼치는데 상당히 도움이 됐을 것이다. 박근혜 정부는 심각할 정도로 무능했다. 심지어 박근혜 대통령의 미국 방문 도중, 당시 청와대 대변인인 윤창중이 성추행을 저지르는 추태를 보일 정도였다. 이런 한국 정부와 도대체 무엇을 할 수 있겠는가? 한·미·일-북·중·러의 냉전 질서하에서 무능하고 부패한 이명박·박근혜 정부는 미·일 관계를 더욱 돈독하게 만들어 주는 역할 밖에는 할 수 있는 것이 없었다.

미국과 일본이 최고의 동맹 관계를 구축하는 것과 동시에, 일본은 헌법을 개정해 전쟁이 가능한 국가로의 전환을 노리고 있었다. 일본이 전쟁을 할 수 있게 된다면, 아시아에서 일본의 영향력은 더욱 커지게 된다. 일본과 손을 꼭 잡은 미국에도 나쁘지 않은 일이었다. 일본의 영향력 확대는 동아시아에서 중국을 견제하고 미국의 영향력을 극대화하는 효과를 거둘 수 있기 때문이었다.

이 같은 정세는 한국에 영향을 끼쳤다. 미국과 중국의 패권 다툼, 미·일 동맹의 강화, 대북관계를 망쳐버린 무능한 한국 정부의

---

3 Counselor Kim pointed out that President Lee Myung-bak personally desires stronger trilateral security cooperation with the United States and Japan, but is unable in his weakened political position to show an overt display of cooperation. - JAPANESE, ROK OFFICIALS' AND ACADEMICS' VIEWS ON U.S.-JAPAN-ROK TRILATERAL SECURITY COOPERATION, 2009.04.13.

결합은 한국을 동북아 외교의 '졸'로 만들어버렸다. 그것도 미국과 일본이 가장 손쉽게 마음대로 부려먹을 수 있는 '졸'말이다. 외교 주도권을 상실한 국가가 할 수 있는 것은 결국 큰 세력에 붙어 연명하는 것뿐이다. 그러니 한국은 열강의 눈치를 보는 것 말고는 각국 간의 치열한 외교 싸움에서 할 수 있는 것이 없었다. 한일 군사정보 보호협정이 체결되는 과정에서 미국의 압박이 있었다는 문건이 위키리크스에서 공개된 바 있다.**4** 한일 위안부 합의에도 미국의 입김이 작용했다는 내용 역시 이미 드러났다.**5** 미국·일본의 입맛에 맞도록 한국을 마음대로 대한 것이다. 이명박·박근혜 시대는 우리의 안보, 우리의 역사도 일본에 고개를 숙이고 내주려는 인간들이 정권을 차지했던 굴욕의 시기였다.

　미국과 중국의 패권 전쟁에서 한국은 미·일 연합을 따라갈 수밖에 없었고, 미국은 한국의 군사정보를 일본에 공개하도록 해, 아시아에서 미국과 일본의 영향력을 더욱 확대했다. 또한, 위안부 합의를 통해 한·일간 역사 갈등을 강제로 봉합시켜 한국이 이를 이유로 한·미·일 동맹에 분열을 만들 소지를 제거해 나갔다. 미국·일본은 한·미·일 동맹을 구축하면서 '졸'이 된 한국의 희생과 굴욕을 강요했다.

---

4 ROK Embassy Counselor Kim Tae-jin told Embassy Tokyo that ROK government participation in the November 2008 Defense Trilateral Talks (DTT) held in Washington was entirely due to strong U.S. Government pressure. - JAPANESE, ROK OFFICIALS' AND ACADEMICS' VIEWS ON U.S.-JAPAN-ROK TRILATERAL SECURITY COOPERATION, 2009.04.13.
5 모욕과 망각 - 12.28 한·일 일본군 '위안부'합의, 그것이 알고 싶다, 2017.02.25.
　"한일 군사협정·위안부 합의…미국이 2트랙으로 압박했다", 중앙일보, 2016.11.25.

한국과 중국의 관계는 날로 밀접해 지고 있었다. 특히 경제로 아주 긴밀하게 묶여 있는 상황이었다. 만약 한국이 경제를 넘어 정치, 외교, 군사적으로 중국과의 관계를 개선해 나간다면, 한·미·일-북·중·러의 냉전 질서를 바탕에 둔 한반도의 분단 정세가 남·북·중·러 쪽으로 기울 수 있었다. 그렇게 되면 아시아·태평양 지역에서 미국의 영향력은 상당히 줄어들 것이다. 이것은 세계의 패권 경쟁에서 중국이 미국을 심각하게 위협할 수도 있다는 예측을 가능하게 한다. 미국은 상상하기조차 싫은 그림일 것이다. 심지어 한국과 북한은 한민족이다. 한국이 언제든지 북한과 힘을 모으고 미국에 등을 돌릴 수 있다는 미국 내부의 인식도 있었다. 따라서 미국은 한국을 어떻게든 한·미·일 동맹으로 강하게 묶어 둘 필요가 있었고, 그것이 일본과 함께 대한민국에 굴욕적인 조치들을 강요한 이유일 것이다. 결과적으로, 오바마 대통령은 히로시마에 가서 원폭에 대해 사과까지 했을 정도로 일본을 우대했지만, 한국은 무시했다. 그렇게 해도 괜찮은 나라라고 여겼기 때문일 것이며, 그것이 미국에 이득이 되는 선택이라고 판단했기 때문일 것이다.

중국에 한국은 미국의 대아시아 영향력을 약화하고, 미국의 대중 봉쇄 정책을 파쇄하여 중국이 아시아의 패권에 한 걸음 다가갈 수 있게 해주는 핵심 국가였다. 한국이 미국·일본과 거리를 벌리고 중국과 손을 잡는다면, 중국으로서는 천군만마를 얻는 것과 다름이 없었다. 중국은 한국을 어떻게든 자기 쪽으로 끌어올 필요가 있었다. 한국이 중국에 크게 의존하고 있는 경제로 압박을 해서라도 말이다.

만약 대한민국 정부가 한반도를 둘러싼 이러한 국제정세를 이해하고 있었다면, 해야 할 일은 명확했다. 북한과의 관계를 발전시키고 여기서 확보한 외교력을 바탕으로 미국과 중국의 패권 경쟁 속에서 대한민국의 이익을 추구해야 했다. 하지만 이명박·박근혜 정부는 이미 언급한 것처럼 그럴 능력이 없었다.

이명박 정부는 지속적으로 한·미·일 동맹 강화에만 집중했다. 한·미·일 동맹이 굳건해질수록, 북·중·러가 할 수 있는 선택도 뻔했다. 냉전 질서가 만든 세력대로 강력하게 뭉치는 것이다. 덕분에 남북관계가 나빠졌고, 한·중 관계도 악화됐다, 자연스레 미·일과 북·중이 각각 가까워졌다. 냉전 질서가 더욱 고착된 것이다. 이명박 정부는 냉전 질서의 중심이자 화약고인 한반도에 파국의 씨앗을 뿌렸다. 그리고 무능력한 박근혜 정부는 이 파국의 씨앗을 싹 틔운다.

박근혜는 2015년 9월 중국 전승절 열병식에 참석했다. 전승절은 일본의 항복문서를 접수한 9월 3일을 기념하는 날이다. 중국은 한·미·일 동맹을 약화시키고, 한국을 중국 쪽으로 끌어들이기 원했을 것이다. 일본의 항복을 기념하는 행사에 한국의 대통령이 참석한다는 것은 이런 중국의 의도를 한국이 받아들인다는 신호였다. 중국은 신이 났을 것이며, 한국에 대한 보상을 생각했을 것이다. 반면 미국은 급해진다. 한·미·일 동맹을 강화하기 위한 방안이 필요했다. 한국은 이를 기회로 삼아 원하는 것을 얻어낼 수 있는 협상의 묘를 발휘하면 됐다. 즉, 전승절 행사에 참석함으로써 대한민국은 주도적으로 국익을 위한 외교를 할 수 있는 기회를 얻을 수 있었다.

당시 문재인 새정치민주연합 대표는 "끌려가는 외교가 아니라 주도하는 외교를 해야 한다."라며 박근혜 대통령의 전승절 기념식 행사 참석을 권유했다.[6] 외교에서 주도권을 갖기 위해서는 반드시 여지가 생겨야 한다. 대한민국이 무조건 미국의 뜻에 따른다고 가정하면, 그 어느 국가가 대한민국과 중요한 외교 사항을 논의하겠는가? 그냥 미국과 논의하면 될 뿐이다. 일본이 미국을 통해 한국으로부터 원하는 것을 얻어내듯이 말이다. 주도권이 없는 국가는 외교에서 배제될 뿐이다. 문재인 대표는 이를 알고 있었기 때문에 박근혜 대통령의 전승절 기념식 참석이 대한민국의 외교 영향력을 높여 줄 거라 판단했을 것이다.

그렇다면 과연 박근혜 정부는 중국 전승절 기념식 참여에 담긴 외교 메시지, 그리고 문재인 대표가 참여를 권유한 의미에 대해 알고 있었을까? 그것을 알고 있기에 심지어는 열병식까지도 참석한 것일까? 아니면 그냥 중국의 큰 행사에 참석할 수 있다니까 좋다고 찾아간 것일까?

나는 후자라고 생각한다. 물론 전승절 행사 참여에 대해 '신중히 검토한다'는 당시 청와대의 반응[7]을 보면, 이 행사 참석이 지닌 의미를 완전히 모르지는 않았을 것이다. 실무진 차원에서는 말이다. 하지만 박근혜(혹은 최순실)와 정부 주요 인사들은 그 의미를 몰랐던 것 같다.

중국과의 관계를 개선해서 한국의 영향력을 확대하고 이를 바

---

6 문재인 "朴대통령, 중국 전승절 행사 참석하서야", 연합뉴스, 2015.08.17.
7 靑 "박 대통령, 중국 전승절 행사 참석 신중 검토", KTV 국민방송, 2015.08.10.

탕으로 미·중으로부터 많은 것을 얻어내겠다는 구상이 있었다면, 즉 전략적인 선택 때문에 전승절 기념식과 열병식에 참여했다면, 열병식 외교 이후 얼마 되지 않아 '한일 위안부 합의'를 하고, 다시 또 얼마 후에 '사드 배치'를 확정할 리가 없다. 그것도 미국으로부터 아무것도 얻어내지 못하고 말이다. 이는 미국·일본의 강력한 압박에 대한민국 정부가 백기를 들었다고밖에는 표현할 길이 없는 외교 참패였다. 심지어 『한겨레』의 보도에 따르면 박근혜 정부가 이미 2015년 초중반에 사드 배치를 결정했다[8]는 설도 있다. 그렇다면 사드 배치를 결정짓고 중국 전승절 행사에 참여한 것이 되고, 이는 완전히 대놓고 중국의 뒤통수를 친 것이 된다. 어떤 경우에도 최악의 외교인 것이다. 이런 참사가 발생한 이유는 명확하다. 실무진을 비롯한 정부의 실력이 처참하고 절망적인 수준이었거나, 박근혜를 비롯한 주요 인사들이 아무 생각이 없었거나, 아니면 끔찍하게도 둘 다이거나. 결과적으로 중국은 분노했고 한국에 대한 경제 반격이 시작됐다. 정부의 무능이 대한민국을 얼마나 망가트렸는지를 여실히 보여주는 결말이었다.

대한민국은 미·중·일·러라는 열강에 둘러싸여 열강의 입맛에 따라 전쟁을 비롯한 온갖 운명을 받아들일 수밖에 없었던 환경에 처해있었다. 아직 끝나지 않은 전쟁 상대국인 북한으로부터 시도 때도 없이 위협받기도 했다. 심지어 남중국해를 비롯한 동아시아에서 열강의 파워게임은 계속 진행되고 있었고, 위기가

---

[8] "박근혜 정부, 사드 배치 2015년 초중반에 이미 결정했다", 한겨레, 2017.05.01.

고조되고 있었다. 일본은 전쟁 가능 국가로의 전환을 추구하며 동북아 긴장을 더욱 높이고 있었다. 한반도가 언제 또 전쟁이라는 끔찍한 지옥을 경험하게 될지 모르는 심각한 상황이었다. 그렇기에 대한민국 국력의 근간에 외교가 있어야 했다. 하지만 이명박·박근혜의 9년 동안, 대한민국 외교는 나락으로 빠졌다. 그리고 외교가 무너지는 순간, 대한민국도 함께 무너졌다. 대한민국은 긴 어둠의 시간을 겪고 있었다.

2.
달이 떠오르기 전

박근혜의 국정농단이 밝혀지면서 위대한 국민은 촛불을 들고 광장으로 나왔다. 대한민국은 부패한 권력을 민주주의의 방식으로 단죄하고 있었다. 하지만 대한민국의 미래는 여전히 암울했다. 언제 터질지 몰라 '폭탄 돌리기'라 묘사되던 경제 위기, 계속 더해가는 국제사회의 갈등과 대립은 이명박·박근혜 9년 동안 망가져 버린 대한민국이 견뎌내기에는 너무나 버거운 현실이었다.

북한은 2017년 신년사를 통해 "우리 조국이 그 어떤 강적도 감히 건드릴 수 없는 동방의 핵 강국, 군사 강국으로 솟구쳐 올랐다."라고 밝혔다. 북한의 핵은 이미 오랫동안 한반도를 불안의 늪으로 빠트리고 있었다. 핵 문제가 해결될 기미는 전혀 보이지 않았다. 김정은 위원장은 이 신년사에서 "대륙 간 탄도 로켓 시험발사 준비사업이 마감 단계에 이르렀다."라고 밝혔다. 대륙 간 탄도 로켓의 시험발사는 북한 핵이 미국 본토를 노릴 수 있는 준비가 되어간다는 이야기였다. 미국은 북한이 눈엣가시가 될 날이 머지않았음을 알았을 것이다. 지금까지는 북한이 미국을 직접 타격할 수 없기에 북한이 만드는 적당한 긴장을 미국이 환영하고 이용할 수 있었다. 무기도 팔고 이득도 보면서 중국도 견제하는 꿩 먹고 알 먹기를 해도 됐다. 오바마 행정부의 '전략적 인내'는 단건으로는 이득이었다. 하지만 장기적으로 보면 불안의 씨앗을 방치한 것이며, 결국 북한 핵이 미국 본토를 직접 노릴 수 있는 끔찍한 위기를 낳았다. 상황은 180도 변했다. 북한은 미국의 실질적인 위협이 됐다. 김정은 위원장의 대륙 간 탄도 로켓 시험발사 예고는 미국이 이전과는 다른 방식으로 북한 문제에 접근해야 한다는 신호탄이었다.

미국에서는 도널드 트럼프가 새로운 대통령으로 당선됐다. 놀라운 결과였다. 온갖 언론이 무시하던 미치광이 트럼프가 대통령이 됐고, 전 세계는 이에 큰 우려를 보냈다. 전 세계가 주목하는 트럼프 대통령 당선인은 김정은 위원장이 신년사를 발표한 직후에 트위터를 통해 메시지를 냈다.

"북한이 미국에 도달할 수 있는 핵미사일 개발의 마지막 단계라고 말했다. 그런 일은 일어나지 않을 것이다."**9**

---

9 North Korea just stated that it is in the final stages of developing a nuclear weapon capable of reaching parts of the U.S. It won't happen! - 트럼프 대통령, 트위터, 2017.01.02.

북한의 ICBM(대륙 간 탄도 미사일) 개발 언급 그리고 트럼프 당선인의 이에 대한 반응은 앞으로 한반도가 맞이할 운명이 가혹하다는 신호였다. 트럼프 당선인은 뭐든 할 수 있는 사람이었고, 중국과도 대놓고 싸울 수 있는 사람이었다. 이 트위터 메시지를 통해 트럼프 당선인은 미국에 직접 위협이 될 북한의 대륙 간 탄도 미사일 개발을 좌시하지 않겠다는 의지를 표명했으며, 그 수단은 상상할 수 있는 어떤 것도 가능할 것이었다. 가장 끔찍한 선택인 북한에 대한 무력사용도 트럼프 대통령이라면 충분히 할 수 있을 것이었다. 그는 그런 사람이었다.

"중국은 일방적인 무역으로 막대한 돈과 부를 미국에서 쓸어 가는데, 북한 문제는 돕지 않는다!"[10]

트럼프 당선인의 트위터 메시지는 단순히 북한만 향하고 있지 않았다. 그는 중국도 끌어들인다. 중국이 북한 문제 해결에 소극적이라는 것이다. 이제 미국이 북한에 손을 쓰면, 그 이유의 일정 부분을 중국 탓으로 돌릴 수 있게 됐다. 중국이 북한에 대해 아무것도 하지 않았기 때문에 미국이 어쩔 수 없이 움직였다고 말할 수 있는 명분을 확보한 것이다. 미국이 북한에 선제 타격을 하면서, 중국을 탓한다면? 중국은 자신의 턱 밑으로 치고 들어

---

[10] China has been taking out massive amounts of money & wealth from the U.S. in totally one-sided trade, but won't help with North Korea. Nice! - 트럼프 대통령, 트위터, 2017.01.02.

온 미국에 대응하기가 상당히 곤란해진다. 트럼프 당선인은 트위터 메시지 하나로 중국을 북한 문제로 끌어들였으며, 이를 바탕으로 다양한 거래를, 특히 경제에 대한 거래를 할 수 있는 판을 만들었다. 트럼프 당선인은 적어도 '거래'에 대해서는 일가견이 있는 사람이었다.

중국은 긴장했을 것이다. 북한의 ICBM 개발과 트럼프 당선인의 반응을 보면 미국이 북한을 실제로 선제공격할 수 있는 상황이었다. 미국이 북한을 공격하면서, 자국민 보호와 중국의 무능을 명분으로 내세우면 중국은 이를 막을 방법을 찾기 어렵다. 설상가상으로 미국이 북한에 대한 군사행동 이후에 미군을 북한에 주둔시켜버린다면? 중국으로서는 미군과 직접 대치해야 하는 최악의 상황을 맞이하게 된다. 이를 막기 위해 중국이 군사개입을 하게 되면 어떨까? 한반도에 아직 남아있는 냉전 질서에 전쟁의 불이 붙으면, 그때부터는 미국과 중국의 전쟁을 넘어서 제3차 세계대전이 시작될 가능성이 농후하다. 제3차 세계대전은 핵 전쟁이 될 거라는 전망이 꾸준히 제기되어왔다. 전 인류가 전쟁의 피해자가 되지 말라는 법이 없었다. 설혹 핵 전쟁을 피한다 하더라도 중국은 높은 확률로 패배할 것이다. 군사력에서 중국은 아직 미국과 대적할 수준이 아니다. 결국, 중국이 선택할 수 있는 최선은 미국이 북한에 군사행동을 하지 않도록 하는 것이며 한반도 문제를 어떻게든 해결하는 것이었다. 중국도 한반도 문제를 그냥 지켜볼 수는 없는 상황이 됐다.

이런 상황에서 황교안 대통령 권한대행 체제는 김정은 제거 임무를 수행하는 특수임무 여단을 2년 앞당겨 창설할 계획을 세우고 있었다.[11] 북한이 피운 불씨가 미·중 패권 전쟁에 불을 붙이고 제3차 세계대전으로 이어질지도 모르는 긴박한 상황이었다. 그런데 한국에서 김정은을 제거하겠다는 의중을 드러냈으니, 이는 북한에게 더 빨리 핵무기를 개발하라고 재촉하는 것이나 다름없었다. 북한 정권에 대한 위협이 커질수록 북한이 할 수 있는 선택은 핵 개발뿐이었다. 그나마 핵이라도 있어야 미국과 협상을 하고 정권의 안정을 도모해볼 수 있기 때문이다. 즉, 황교안 권한 대행과 정부는 북한 핵개발과 전쟁의 불씨에 기름을 친히 붓겠다고 나선 것이다. 한심함을 넘어 절망적인 수준이었다. 차라리 가만히라도 있었다면 좋았을 것이었다. 하지만 멍청한 당시 정권은 가만히 있는 것마저도 못하는 무능의 결정체였다.

2017년 1월부터 한반도를 둘러싼 국제정세는 이렇게 고조되는 불안과 위기로 가득 찼다. 풀기 어려운 퍼즐이었고, 긍정적인 결과보다는 부정적인 결과가 확실한 그림이었다. 그렇게 2017년의 대한민국은 절망적인 시작을 맞이했다. 하지만 작은 희망은 있었다. 국민의 손에 들린 촛불이었다.

무능하고 부패한 권력을 쫓아내고 정권을 교체해 낸다면, 이 끔찍한 상황을 해결할 수 있는 실마리를 찾을 수도 있었다. 능력 있고 깨끗한 새로운 정부. 그것이 한국의 유일한 희망이었다. 국민은 촛불을 들고 계속 탄핵을 외쳤다. '이게 나라냐?'라는 물음에 '이게 나라다!'라고 답해 줄 수 있는 새로운 세상을 직접 그리고 있었다. 결국, 국민은 부패한 권력을 민주주의의 방식으로 쫓

---

11 軍 "北김정은 제거 특수임무여단 올해 창설"…2년 앞당겨, 연합뉴스, 2017.01.04.

아냈다.

국민은 박근혜 대통령을 탄핵했다. 촛불의 승리였다. 피 한 방울 흘리지 않은 혁명이었다. 대한민국을 민주주의 성지로 격상시킨 위대한 승리였다. 대한민국의 촛불혁명은 새롭게 당선될 대한민국의 대통령에게 큰 힘을 부여할 것이 분명했다. 민주주의 혁명을 이뤄낸 국민이 선택한 대통령은 그 자체로 국제사회에서 큰 관심과 신뢰를 얻을 수밖에 없다. 이는 외교에서 상당한 힘이었다. 이제 국민은 이 힘을 누구에게 줄 것인지를 결정해야 했다.

대한민국의 새로운 대통령을 뽑는 치열한 선거전이 펼쳐졌다. 국민은 적폐청산이라는 국민의 염원을 해결해 줄 사람은 누구인지, 눈앞에 놓인 북핵 위기를 헤쳐나갈 수 있는 사람이 누구인지를 결정해야 했다. 적폐청산과 북핵 문제는 대선에서 가장 중요한 화두였으며, 특히 사드 문제는 안보와 경제가 함께 묶인 이슈이기에 더욱 큰 관심이 쏠려있었다.

헌정 사상 초유의 탄핵국면에서 대한민국의 차기 대통령은 당시 제1야당이었던 더불어민주당의 후보가 당선될 가능성이 가장 컸다. 더불어민주당의 경선 후보로 문재인, 안희정, 이재명, 최성이 확정되었다. 토론은 치열하게 진행이 됐는데, 중요한 화두는 역시 적폐청산과 사드 배치였다. 가장 유력한 후보였던 문재인은 강력한 적폐청산 의지를 지니고 있었다. 그리고 사드 배치에 대해서는 차기 정부로 넘겨야 한다고 주장했다. 또 한 명의 경선 후보이자 사드 배치 철회를 주장하고 있던 이재명 성남시장은 그런 문재인 후보를 강하게 비판했다.

"사드 배치처럼 한국의 안보에는 도움 되지 않으면서 경제적 피해와 동북아를 전쟁 참화로 몰아넣을 수 있는 부당한 요구는 거절해야 한다. 국가와 민족의 운명이 걸린 이런 일에 대해 왜 국가 경영을 담당하겠다는 분들이 자기 생각을 말하지 않는 것이냐?"

　오마이뉴스 토론회에서 이같이 말한 이재명 후보는 KBS에서 열린 민주당 대선후보 경선 5차 합동토론회에서 "세월호 7시간 동안 아무것도 하지 않은 대통령과 다르지 않다는 지적을 받을 수 있다."라며 문재인 후보를 탄핵당한 박근혜에 빗대어 비난하기도 했다. 하지만 더불어민주당 당원과 국민은 문재인 경선 후보를 더불어민주당의 대선후보로 선택했다.

　대선 국면에서도 문재인 후보는 계속해서 공격받는다. 한국기자협회와 서울방송이 공동 주최한 대선후보 초청 토론회에서 유승민 후보는 문재인 후보에게 "사드에 대해 애매한 입장을 취하니 우리가 중국에 놀아나는 것 아니냐"라고 주장했다. 문재인 후보의 입장을 비판한 것이었다. 당시 홍준표 후보와 유승민 후보는 사드 배치에 찬성하고 있었다. 반대로 심상정 후보는 사드 배치를 반대하고 있었다. 하지만 문재인 후보를 비판하는 것은 모두 함께였다. 심상정 후보는 KBS 주최 대선후보 초청토론에서 "미국이나 중국 등 주변국에게 전략적 모호성은 이중 플레이로 받아들여진다."라며 "문재인 후보께서 이쪽저쪽 눈치 보는 외교 자세는 강대국의 먹잇감 되기 제일 좋은 태도"라고 비판했다. 사드 배치에 대해 국민투표에 부쳐야 한다고 말했던 안철수 후보가 사드 배치를 해야 한다고 입장을 바꾸면서 문재인 후보를 제

외한 모든 후보가 사드 반대 혹은 찬성으로 입장을 밝히며 그것
이 옳은 양 이야기를 했다.

대한민국의 대통령은 남북 간의 문제를 해결해야 하고, 남북문
제와 얽혀있는 복잡한 외교 문제를 풀어내야 하는 숙명을 지니
고 있다. 그런 상황에서 다른 대선 후보들은 자신의 입장을 밝히
는 것이 외교적으로 옳은 선택이라 말하며 문재인 후보를 공격
하는 데 급급했다. 하지만 이런 공격에도 문재인 후보는 끝까지
가능성을 열어두고 있었고, 확답하지 않았다. 문재인 후보의 지
지층 일부도 이에 대해 답답함을 토로했지만, 그는 한결같았다.
답답해 보일 수도, 우유부단한 것으로 보일 수도 있겠지만, 이는
외교에서 꼭 필요한 자세였다.

외교는 나라와 나라가 행하는 매우 치열한 수 싸움의 장이다.
도박판과도 같은 그 치열한 현장에서 자신의 패를 다 보여주고
협상을 진행하는 것처럼 바보 같은 짓은 없다. 특히나 사드 배치
문제는 '미국과 중국 사이의 패권 다툼'이라는 세계에서 가장 중
요하고 치열한 외교 안보 현장과 직접적인 관련이 있는 주제였
다. 이에 대해 확답을 하겠다는 것은 대통령 임기를 시작하기도
전에 미국 편이나 중국 편 중 하나를 결정하겠다는 것이 된다.
당시의 한반도에서 한쪽 편을 미리 정한다는 것은 참으로 위험
한 일이었다. 그것은 미국이나 중국의 편이 되어 최전선에서 싸
우다 유탄을 모두 맞겠다는 말과 다름없었다. 알아서 고래 싸움
에 새우 등 터지겠다는 생각이 아니라면 절대 해서는 안 되는 선
택이었다. 그리고 이렇게 편을 결정해 버리면, 한반도의 정세는
한·미·일-북·중·러의 냉전 질서를 더욱 강화하고, 거기에서 벗어

날 수 없게 된다. 이 질서를 깨지 않고서는 북핵 문제의 해결도 불가능하다는 것이 그동안의 경험이 알려준 결론이었다. 그렇기에 사드에 대한 가부 여부를 밝힌 상태로 북핵 문제를 해결하겠다는 이들은 '나는 아는 것이 없소. 국제질서에 대해서도 모르오. 그리고 나는 역사를 잘 모르거나, 알아도 역사에서 배운 것이 없소'라고 말하는 것이나 진배없었다.

또한, 이런 사드 배치의 중요성을 파악했다면, 사드 배치가 외교적으로 상당한 무기가 된다는 것도 깨달아야 했다. 사드 배치를 가지고 미국·중국 모두와 협상할 수 있었다. 외교에서 최악의 상황은 협상 자체가 없는 것이다. 협상만 할 수 있다면 서로 양보해서 어떻게든 이득을 취할 수 있는 것이 외교이기 때문이다. 사드 배치에 대한 답을 다음 정부로 넘기면, 다음 정부는 좋은 협상 카드를 하나 갖게 된다. 물론 박근혜 정부가 사드 배치 결정을 안 한 상태였다면, 차기 정부는 사드를 더욱 효율적으로 사용할 수 있었을 것이다. 박근혜 정부의 사드 배치 결정은 대한민국의 협상력은 낮추고 위험은 증가시킨 멍청한 외교였다. 그렇기에 사드 배치 문제를 차기 정부로 넘기라는 문재인 후보의 방침은 그나마 남아있는 협상 카드의 효용을 어떻게든 살려놓는 일이었다. 사드 배치의 가부를 미리 정해놓고 문재인 후보를 공격했던 홍준표, 유승민, 심상정을 비롯한 당시 후보들은 박근혜 정부와 자신의 수준이 똑같다는 것을 드러내고 있었다.

사드 배치 문제가 대선에서 첨예한 논란이 되는 중에, 황교안 대통령 권한대행과 정부는 4월 26일 한밤중에 사드를 기습 배치해 버린다. 가뜩이나 위기에 빠진 대한민국을 더 깊은 위기의 늪으로 빠트린 것이다. 문재인 후보 측은 "절차조차 무시한 이번 장비 반입 강행의 배경은 무엇인지, 국방부와 우리 군은 어떤 역할을 했는지 분명히 밝히기 바란다"라며 "이제라도 절차를 무시한 이동 배치를 중단하고 차기 정부에서 공론화와 국민적 합의, 그리고 한·미 당국의 합의 과정을 거쳐 최종 결정되도록 해야 할 것"이라고 말했다. 이 같은 발언을 통해 문재인 후보는 이미 배치해 버린 사드를 차기 정부에서 철회할 수 있는 명분을 만들었다. 죽어버린 사드라는 협상 카드를 또다시 살려낸 것이다. 황교안 대통령 권한대행의 바보 같은 선택을 뒤엎어 버리는 외교적으로 상당히 세련된 대처였다. 이 대처는 문재인 후보가 외교를 어떻게 해야 하는지 명확히 알고 있다는 것을 증명하며, 동시에 그가 북한 문제를 해결하기 위해 단 하나의 협상 카드도 허투루 소모하지 않겠다는 결의를 지니고 있음을 보여 줬다.

당시 황교안 권한대행의 실책과 다른 후보들의 한결같은 공격이라는 악조건 속에서도 문재인 후보는 꿋꿋이 버텼고 미래를 놓지 않았다. 그리고 다행스럽게도 현명한 국민은 그런 문재인 후보를 대한민국의 19대 대통령으로 뽑았다. 전쟁이 일어날지도 모르는, 대한민국의 미래가 송두리째 사라져버릴, 최악의 상황에서 대한민국에 한 줄기 희망의 빛이 비친 순간이었다.

3.
문재인 대통령의 대선 공약

한국의 많은 정치인은 공약을 선거에서 이기기 위해 아무렇게나 던지는 공수표로 여긴다. 국민이 새로운 대한민국의 대통령으로 뽑은 문재인은 다행스럽게도 국민과 한 약속을 지키겠다는 생각으로 가득 차 있는 사람이었다. 따라서 문재인 대통령의 대선 공약을 살펴보면, 그가 어떤 생각을 지니고 있는지, 어떤 꿈을 꾸고 실현시키려 하는지를 금방 알아차릴 수 있다. 그의 대선 공약집 외교 부분에 이러한 내용이 있다.

> 주변 4국과의 협력외교를 강화하고 동북아 더하기 책임 공동체를 형성하겠습니다.
>
> - 문재인 대통령 대선 공약집 중에서

문재인 후보는 주변 4국과의 협력을 넘어 동북아 더하기 책임 공동체를 이야기했다. 동북아에 더해 인도와 아세안을 더하는 외교 관계를 만들겠다는 것이다. 이는 문재인 후보가 4대 열강을 넘어서는 더 큰 외교를 그리고 있다는 의미였다. 또한, 통일 부분에는 이러한 내용이 들어가 있다.

> 북한 핵 문제를 반드시 해결하고 전쟁 위험이 없는 한반도를 만들겠습니다.

○ 단계적·포괄적 접근으로 과감하고 근원적인 비핵화 추진

○ 북한의 비핵화와 더불어 한반도 평화체제 구축

- 문재인 대통령 대선 공약집 중에서

문재인 후보는 북한의 근원적인 비핵화를 추진하겠다고 공약했다. 당시 '근원적인'이라는 형용사에 주목을 한 사람은 드물었을 것이다. 하지만 '근원적인'이라는 형용사에는 한반도에 남아 있는 냉전 질서 자체를 끝내겠다는 거대한 구상이 담겨 있었다. 이러한 구상은 이후에 점차 구체화되고 현실화되기 시작한다.

정리하면, 문재인 후보는 주변 4국과 외교를 강화하고, 동북아를 비롯해 인도·아세안을 포함한 더욱 큰 규모의 공동체를 구성하며, 냉전을 끝내고 북한을 근원적으로 비핵화해 완전히 새로운 한반도와 동아시아의 질서를 만들어 내겠다고 공약했다. 말은 쉽지만, 실현은 불가능해 보이는 일이었다. 핵 위협을 감행하는 북한을 마주하고, 미·중·일·러라는 열강 사이에 끼어있는, 이명박·박근혜 시대 동안 외교 '졸'이 되어버린 대한민국이 완전히 새로운 시대와 질서를 열어내겠다? 누구도 믿기 어려웠을 것이다.

하지만 이 공약은 문재인의 공약이었다. 문재인은 말을 허투루 하는 법이 없는 사람이었다. 대통령에 당선된 이후 2017년 5월 19일, 문재인 대통령은 5당 원내대표들과 만난 자리에서 "저는 제 말에 대해 지켜야 한다는 강박관념을 갖는 사람"이라고 스스로 말하기도 했다. 문재인 대통령에게 있어서 공약은 지켜야 할 약속이었고, 그렇기에 공약을 실현할 수 있는 분명한 복안도 이미 세워놓은 상태라고 봐야 했다. 문재인 대통령은 사드 배치 문

제에 대한 질문에 대해서도 "외교적으로 충분히 해결할 수 있는 복안"을 지니고 있다고 후보 시절 답한 적이 있다.[12]

2017년 대선 전의 상황을 다시 복기해보면, 북한은 6차 핵실험 준비가 완료됐다고 공공연히 말하고 있었고, 트럼프 대통령은 북한에 대한 강력한 제재를 시작하고 있었다.[13] 중국 역시 북한의 핵실험을 경고[14]하고 나섰으니 말 그대로 언제 북한발 핵 위기가 한반도를 뒤덮을지 모르는 상황이었다. 그런 시기에 문재인 후보는 『타임』지와 인터뷰를 한다. 아주 유명해진 표지와 함께 문재인 대통령에게 '협상가(The Negotiator)'라는 칭호를 붙여준 인터뷰였다.

"한국의 대통령은 세계에서 가장 힘든 직업 중 하나입니다. 당신은 충분히 강합니까?"

"나는 국정 경험이 있습니다. 나는 국방위(NSC)의 일원이었습니다. 2007년에 개최된 남북정상회담 준비를 총괄했으며 북한을 상대한 경험도 가지고 있습니다. 나는 현재 우리나라의 안보, 외교, 경제 위기를 극복하고 대한민국을 재건하기에 가장 잘 준비된 후보입니다."[15]

---

12 문재인 "사드 배치, 외교적 해결 복안 있다", 경향신문, 2017.02.16.

13 트럼프정부, 첫 무더기 대북제재…北석탄기업과 제3국 근무 11명, 연합뉴스, 2017.04.01.

14 中관영매체, 北에 또 경고 "6차 핵실험하면 원유공급 중단", 연합뉴스, 2017.04.17.

15 "The presidency of South Korea is one of the toughest jobs in the world. Are you tough enough for it?" / "I have government experience. I was a member of the National Security Council. I oversaw the overall preparation for the 2007 Summit between the North and the South and have experience dealing with North Korea. I am the best-prepared candidate to overcome our current crisis of security, diplomacy and the economy, and to rebuild our nation." - 'Moon Jae-in: The Negotiator',

문재인 후보는 과거의 국정 경험과 남북정상회담을 준비했던 경험을 통해 그 누구보다 북한을 잘 알고, 잘 상대할 수 있음을 확신하고 있었다. 또한, 대한민국이 겪고 있는 안보, 외교, 경제 문제를 해결하고 대한민국의 번영을 이끌기 위해 북한의 비핵화와 평화체제 구축이 꼭 필요한 것도 알고 있었다. 만약 북한이 비핵화하고 한반도 평화체제를 구축할 수 있다면 직면한 안보 문제는 자연스레 풀린다. 잃어버린 대한민국의 외교 동력을 다시 찾아올 수 있으며, 열강의 눈치만을 보며 국익을 포기할 필요가 없어진다. 또한, 한반도의 비핵화는 자연스레 경제 협력으로 이어지게 된다. 경제가 상당히 중요하게 다뤄졌던 2007년 남북정상회담을 준비하던 당시, 문재인 대통령은 이미 북한과의 경제 협력이 한국에 커다란 경제적 이익을 줄 수 있다는 것을 알았을 것이다. '가장 잘 준비된 후보'라는 그의 마지막 대답은 자신이 북한 문제를 해결할 수 있다는 자신감을 드러내고 있었다.

당시에 그 누가 이런 자신감을 지니고 있었을까? 그냥 말만 번지르르했지, 실제로 북한을 비핵화시킬 수 있다고 확신한 사람은 얼마나 될까? 나는 없었다고 생각한다. 애초에 지킬 생각도 없는 공수표 공약을 던지던 정치인들, 특히 너무나 좋은 기회를 계속해서 날려 먹었던 자유한국당의 정치인들은 그럴 생각도 능력도 없었을 것이다. 하지만 가장 암울했던 시기에, 상상조차 할 수 없는 큰 그림을 그리고 있는 사람이 있었다. 문재인이었다. 그리고 그가 대통령이 된 순간, 그는 그 그림을 실현하기 위해 준

TIME, 2017.05.04.

비해왔던 행동을 즉각 개시한다. 취임 첫날부터 말이다.

4.
문재인 대통령, 취임 첫날부터 행동을 개시하다

2017년 5월 10일, 문재인은 대한민국 19대 대통령으로 취임했다. 탄핵 이후 대통령으로 취임해 별도의 준비 기간을 갖지 못하고 바로 대통령의 업무를 시작해야 했다. 그렇기에 거창한 취임식도 생략했다. 하지만 그는 취임사를 통해 그가 펼쳐나갈 국정운영의 그림을 국민에게 전했다.

안보 위기도 서둘러 해결하겠습니다. 한반도의 평화를 위해 동분서주하겠습니다. 필요하면 곧바로 워싱턴으로 날아가겠습니다. 베이징과 도쿄에도 가고, 여건이 조성되면 평양에도 가겠습니다. 한반도의 평화 정착을 위해서라면 제가 할 수 있는 모든 일을 다 하겠습니다. 한미동맹은 더욱 강화하겠습니다. 한편으로 사드 문제 해결을 위해 미국 및 중국과 진지하게 협상하겠습니다. 튼튼한 안보는 막강한 국방력에서 비롯됩니다. 자주 국방력을 강화하기 위해 노력하겠습니다. 북핵 문제를 해결할 토대도 마련하겠습니다. 동북아 평화구조를 정착시킴으로써 한반도 긴장 완화의 전기를 마련하겠습니다.

－ 문재인 대통령 취임사 중에서 (2017.05.09.)

그는 취임사에서 한반도를 둘러싼 안보 위기를 '서둘러' 해결하겠다고 말했다. 대한민국의 안보 위기는 작게는 북한과의 대립과 북핵 문제로부터 오는 것이며 크게는 아직도 사라지지 않은 냉전 질서에서 오고 있었다. 이 문제는 단순히 1~2년 동안 이어진 문제가 아니라 한국전쟁 이전부터 70년 이상 이어지고 있던 것이었다. 오랜 시간 동안 아무도 풀지 못했던 이 문제를 문재인 대통령은 '서둘러' 해결하겠다고 취임사에서 공언했다.

그는 이 문제를 해결하기 위해 워싱턴, 베이징, 도쿄, 평양을 모두 가겠다고 말했다. 이는 문재인 대통령이 북핵 문제 해결을 위해서 남북을 넘어 주변 열강 모두와 외교를 펼치겠다는 선언이었다. 냉전 질서에 깊이 관여하고 있는 북·미·중·일을 언급하면서, 문재인 대통령은 처음부터 냉전 질서 해체라는 어마어마한 일을 목표로 하고 있음을 밝혔다.

취임 직후 미국 트럼프 대통령은 문재인 대통령에게 당선 축하 전화를 했다. 그리고 트럼프 대통령은 문재인 대통령을 미국에 공식 초청했다. 이 전화 통화에서 트럼프 대통령은 "한미동맹 관계는 단순히 좋은 관계가 아니라 '위대한 동맹 관계'"라고 말하며, "문 대통령께서 조기에 방미해 한미정상회담을 하게 되기를 희망한다."라고 했다. 트럼프 대통령이 빠른 방미를 요청하면서, 문재인 대통령은 '서둘러' 북핵 문제를 해결하기 위한 첫 발걸음을 이미 취임 첫날 내딛기 시작했다.

공개된 문재인 대통령과 트럼프 대통령의 통화 내용을 보면, 트럼프 대통령이 문재인 대통령에게 상당한 호감을 지닌 것을 느낄 수 있다. 그 이유야 다양하겠지만 문재인 대통령이 후보 당시에 한 인터뷰가 꽤 영향을 끼쳤을 것으로 추정해 볼 수 있다.

한창 대선 기간이던 2017년 5월 3일에 보도된 『워싱턴 포스트』와의 인터뷰에서 문재인 당시 후보는 "북한을 협상장으로 끌어내기 위해 제재와 압력을 가하는 트럼프 대통령의 방식에 동의한다."라고 말했다. 또한 "트럼프 대통령은 오바마 행정부의 북한에 대한 '전략적 인내' 정책을 실패로 규정하고 (미국의) 대북 정책을 변화시킬 필요성을 강조했다."라며 "나는 트럼프 대통령과 같은 생각"이라고도 말했다. 2017년 4월 19일에 올라온 『타임』지의 인터뷰에서도 '트럼프와 함께 일할 수 있을 것 같냐'는 질문에 "트럼프가 전략적 인내 정책에 대해 비판적이고, 또 실용적인 관점을 지니고 있다는 점에서 자신과 더 많은 생각을 공유하고, 더 나은 대화를 하며, 어려움 없이 합의에 이를 수 있을 것이라고 믿는다."라고 답했다.

이런 인터뷰를 보면 문재인 대통령이 당선되기 전부터 이미 트럼프 대통령과의 스킨십을 시도했다는 것을 알 수 있다. 물론 스킨십을 위해 그냥 듣기 좋은 말을 한 것은 아니다. 그는 진정으로 트럼프 대통령의 방식을 지지하며 같은 인식을 지니고 있었다. 당연하게도 미국 정부는 대통령 당선이 유력했던 문재인 후보에 관해 관심을 가지고 살펴봤을 것이다. 트럼프 대통령은 새롭게 당선될 한국 대통령의 성정에 대해서도 이미 파악했을 것이니, 그가 하는 말이 그저 입바른 말이 아님도 알았을 것이다. 트럼프 대통령은 자기 생각과 일치하는 문재인 대통령에 대한 호감을 가졌을 것이다.

한번은 이런 일이 있었다. 대선 후보로 나왔던 바른정당의 유승민 후보가 대선후보 TV 토론회에서 트럼프 대통령에 대해 "이상한 사람이 당선됐다."라고 말했다. 대한민국과 미국의 외교 관계는 무엇보다 중요하다. 특히 북핵 문제를 해결하는 데 있어서 미국과의 협력은 절실했다. 그런데 대선 후보라는 사람이 미국의 대통령을 이상한 사람이라고 공언해 버린 것이다. 어처구니없는 발언이었다. 이런 유승민 후보의 발언에 문재인 후보는 "아니, 미국 대통령을 이상한 사람이라고 하면 어떡합니까?"라고 지적했다.

이처럼 문재인 대통령은 후보 시절부터 트럼프 대통령에 대해 함부로 말하지 않고 함께 대화하고 협력해야 할 상대로 존중하는 모습을 꾸준히 보여 줬다. 트럼프 대통령으로서는 한국의 대통령이 자신의 의중을 파악하고 - 심지어는 오바마 전 대통령을 함께 비판해주고 - 자신의 전략을 지지해주고 있으니 당연히 호감이 생겼을 것이며, 그것이 바로 빠른 한미정상회담의 배경 중 하나였을 것이다.

문재인 대통령은 취임사에서 한미동맹을 더욱 강화하겠다고 밝혔다. 북한 문제를 풀기 위해서는 미국과의 공조가 무엇보다 중요했다. 물론 이는 이명박 정부의 것과는 결이 다른 것이었다. 미국과의 동맹은 강화하지만, 한·미·일의 냉전 질서를 굳건하게 해서는 안 됐다. 강력한 한미동맹과 약한 한·미·일 안보협력을 동시에 이뤄내야 했다. 이는 불가능해 보이는 목표였다. 이 어려운 일을 문재인 대통령이 하겠다고 밝힌 것인데, 다행히 이룰 수 있는 기반은 있었다. 미국 오바마 행정부가 보여 줬던 '전략적 인내'의 실패에 한·미 정상이 동의한 상황에서 트럼프 대통령이 한·미·일 간 새로운 관계를 추구해 나갈 가능성이 있었기 때문이었다.

2016년 9월, 미국 대선 국면에서 유엔 총회 참석차 뉴욕을 방문한 일본의 아베 총리는 미국 민주당의 대선 후보인 힐러리 클린턴과 개별 면담을 했다. 당시 오바마 행정부는 앞서 말한 것처럼 일본과 매우 가까운 관계를 지니고 있었고 '일본의 재무장' 방침도 지지하고 있었다.[16] 아베 총리와 힐러리의 만남은 그 자체로 일본이 지지하는 미국의 대선 후보가 누구인지를 드러내는 것이기에 일정 부분 대선에 영향을 끼칠 수 있었다. 아베 총리가 트럼프 후보를 만나지 않음으로써 메시지는 더욱 분명해졌다. 트럼프 대통령의 성향으로 볼 때, 그리고 트럼프 대통령이 지닌 미국 민주당 정책에 대한 반감으로 볼 때, 분명 트럼프 대통령은 일본과의 관계를 이전과는 다르게 가져갈 가능성이 컸다. 그렇다면 한·미·일의 외교 관계가 이전의 미·일 주도에서 변할 수도 있었다. 이 상황에서 한국이 어떻게 미국과의 관계를 구축할 것인지에 따라 미래는 크게 달라질 것이 분명했다.

　문재인 대통령은 후보 시절부터 이 부분을 명확하게 파악하고 있었던 것으로 보인다. 문재인 대통령은 취임사에서부터 그리고 그 이후에도 꾸준히 트럼프 대통령과 소통하며 한국과 미국의 관계를 '위대한 동맹'으로 만들어나가는 행보를 해나갔기 때문이다. 결과적으로 문재인 대통령은 대한민국 외교에서 가장 중요한 미국과의 관계를 취임 전부터 관리했고, 취임하자마자 트럼프 대통령으로부터 미국을 방문해 줄 것을 요청받았다. 놀랄 만큼 빠른 움직임이었다.

　문재인 대통령의 속도전에는 꼭 그래야만 하는 이유가 있었다.

16　일본 '집단자위권 법안' 국회 통과...미국 "국제 안보기여 환영", VOA, 2015.09.19.

미국 내에서 북한 선제 타격론이 계속 흘러나오고 있었고, 대선을 앞둔 4월경에는 미국의 북한 선제 타격론이 매우 확산된 상태였기 때문이었다. 이에 대해 당시 문재인 후보는 영상을 통해서 입장을 밝히기도 했다. 대선 후보로서는 이례적인 대응이었는데, 그만큼 상황이 엄중했다는 반증이었다.

최근 한반도 정세가 불안합니다. 북한의 도발 의지가 꺾이지 않고 있습니다. 주변국들은 한국의 대통령 궐위상황을 이용해 정작 한국을 배제하고 자기들 이해대로 한반도 문제를 처리하려는 경향을 보이고 있습니다.

단호히 말씀드립니다. 한반도에서의 군사적 행위는 결단코 한국 동의 없이 이뤄져서는 안 됩니다. 집권하게 되면 빠른 시일 내 미국을 방문해서 안보 위기를 돌파하고 북핵 문제를 근원적으로 해결할 방안을 협의하겠습니다.

어떤 경우든 한반도 운명이 다른 나라 손에 결정되는 일은 용인할 수 없습니다. 한반도 문제를 해결하는 주인은 우리여야 합니다. 한반도에 비상사태가 벌어지면 가장 피해를 보는 것 역시 우리입니다.

따라서 한반도 문제 해결은 우리가 주도하고 동맹국인 미국을 비롯한 주변국들은 이를 도와주는 식이 되어야 합니다.

먼저 북한에 엄중히 경고합니다. 도발하는 즉시 북한은 국가적 존립을 보장받기 어려울 것입니다. 핵과 미사일 도발을 즉각 중단할 것을 강력히 촉구합니다. 그리고 비핵화와 협력의 길로 나와야 합니다. 그 길에 미래가 있음을 알아야 합니다.

중국에 강력히 요구합니다. 사드 배치 여부는 주권국가 대한민국의 주권적 결정사항입니다. 사드를 이유로 취해지는 부당한 경제보복 조치를 즉각 철회해야 합니다. 사드는 사드이고 친구는 친구입니다. 중국이 해야 할 것은 한국에 대한 경제보복이 아니라 북한이 핵을 포기하도록 하는 일입니다. 북한 핵에 대해선 억지력을 발휘하지 못하면서 친구 나라 한국에 경제제재를 가하는 것은 대단히 잘못된 일입니다.

미국에 분명히 요구합니다. 양국은 철통같은 안보동맹 관계입니다. 한미동맹이 대한민국 안보의 근간입니다. 한국의 안전도 미국의 안전만큼 중요합니다. 따라서 한국의 동의 없는 어떠한 선제 타격도 있어선 안 됩니다. 특히 군 통수권자 부재 상황에서 그 어떠한 독자적 행동도 있어선 안 됩니다.

문재인은 김정은이 가장 두려워하는 대통령이 될 것입니다. 문재인은 미국이 가장 신뢰하는 대통령이 될 것입니다. 문재인은 중국이 가장 믿을만한 대통령이 될 것입니다.

한반도 문제는 우리나라 문제이면서 국제적인 문제이기도 하므로 동맹국인 미국, 중요한 이웃인 중국, 일본, 러시아 등과 협력해 풀어나가는 노력을 게을리하지 않겠습니다. 집권하면 한반도 안보 위기를 풀기 위해 관련국을 직접 방문해 긴밀하고 강도 높은 외교 노력을 펼치겠습니다.

국민 여러분, 걱정하지 마십시오. 저와 우리 당은 강력한 안보를 바탕으로 북한의 도발을 단호하고 확실하게 억제하겠습니다. 튼튼한 안보를 바탕으로 북한을 대화와 협력의 마당으로 나오도록 해, 전쟁 위험 없는 한반도를 만들겠습니다.

- 문재인 대선후보 발언 중에서(2017.04.10.)

문재인 후보는 대한민국의 대통령이 공석인 틈을 이용해 주변 국들이 자기들 이해대로 한반도 문제를 처리하려 한다며, "한반도에서의 군사적 행위는 결단코 한국 동의 없이 이뤄져서는 안 된다."라고 말한다. 대한민국의 대통령이 될 사람으로서 어수선한 정세를 정리하고, 타국에 명확한 경고를 보낸 것이다. 그러면서 동시에 "집권하게 되면 빠른 시일 내 미국을 방문해서 안보 위기를 돌파하고 북핵 문제를 근원적으로 해결할 방안을 협의"하겠다고 말했다. 이를 통해 미국은 북한을 선제 타격할 명분을 잃게 되었다. 만약 유력한 대선 후보로서 그가 이런 메시지를 전하지 않았다면 미국 내 선제 타격 찬성론에 힘이 실렸을지도 모른다.

당시 문재인 후보는 북한, 중국, 미국에 각각 메시지를 보냈다. 북한에는 핵과 미사일 도발을 중단하고 비핵화와 협력의 길로 나올 것을, 중국에는 사드로 인한 경제보복 조치 철회와 북한 핵 포기에 대한 적극적인 역할을, 그리고 미국에는 "군 통수권자 부재 상황에서 그 어떠한 독자적 행동도 있어선 안 된다."라고 경고했다. 특히 양국이 철통같은 안보동맹 관계이기에 한국의 동의 없는 어떠한 선제 타격도 있어선 안 된다고 강조하는데, 이는 군과 안보, 동맹을 중요하게 여기는 미 트럼프 행정부에 던지는 매우 효과적인 메시지이기도 했다. 하지만 이 메시지가 가진 한계도 명확했다. 아직 문재인은 당선 전이었고, 그저 후보에 지나지 않았으며 그렇기에 이 문제를 해결할 어떤 공식적인 움직임도 보여 줄 수 없던 상황이었다. 급한 불만 끄고 상황을 당선 이후로 잠시 늦춰놓은 것에 지나지 않았다. 그러니 문재인 대통령은 취임 첫날부터 빠른 행보를 할 수밖에 없었다. 움직이지 않으면 북한·미국·중국이 어떤 선택을 할지 모르는 시급한 상황이었다. 문재인 대통령의 행보에는 그 긴박함이 담겨 있었다. 취임 첫날, 문재인 대통령은 첫 인사를 직접 발표한다.

○ 국무총리 이낙연 전남지사
○ 비서실장 임종석 전 의원
○ 국가정보원장 서훈 전 국정원 3차장

가장 시급한 국무총리와 비서실장 인선과 함께 문재인 대통령이 서훈 국정원장을 첫인사에 포함시켰다는 것은 상황의 다급함과 문재인 대통령의 북핵 문제 해결 의지를 모두 보여주는 것이었다. 서훈 국정원장은 2년간 북한에서 상주한 경험이 있고, 2000년 10월 박재규 당시 통일부 장관의 김정일 위원장 면담, 2005년 정동영 당시 통일부 장관의 김정일 위원장 면담, 2007년 제2차 정상회담에 모두 배석했던 북한통이었다. 문재인 대통령이 이 인사를 발표하는 순간, 북한도, 미국도, 중국도 상황을 두고 봐야 하는 처지가 되었다. 서훈 국정원장이라는 인사에 대해 파악하고 의미를 분석해야 했을 것이며, 결국 북한 문제를 단연코 해결하겠다는 문재인 대통령의 의지를 확인했을 것이니 말이다.

그래서일까? 미국은 현지시간 5월 10일에 CIA에 한국임무센터(Korea Mission Center)를 설립한다. KMC의 책임자는 앤드루 김이었다. 앤드루 김은 서훈 국정원장과 서울고 동문이며, 정의용 국가안보실장의 5촌 외종 조카이다. 또 한 가지 중요한 사실은 당시 미국이 북한에 대한 정보를 얻는 데 어려움을 겪고 있었다는 것이다. 댄 코츠 미 국가정보국 국장은 미 상원 정보위에 출석해 "북한에 대한 정보수집은 어려움에 부닥쳐 있다."라고 말했다.[17]

모든 전략적 움직임에서 가장 중요한 것은 정보다. 그리고 미국은 정보의 부재에 어려움을 겪고 있었다. 미 CIA의 한국임무센터 책임자는 앤드루 김이고, 그는 서훈 국정원장과 정의용 안보실장과 개인적인 관계를 지니고 있었다. 서훈 국정원장은 대북통이고 신뢰할 수 있는 정보를 수집할 수 있는 최적의 인재였다. 이제 상황을 꿰어보자. 한국 차원에서 신뢰할 수 있는 정보가 수집되고 정보 부족에 빠져있던 미국과 원활하게 공유·소통된다면? 한국이 북핵 문제의 주도권을 쥐게 된다. 당연한 결과다. 이모든 것이 문재인 대통령 취임 첫날을 전후하여 이뤄진 일이다.

다시 한번 말하지만, 문재인 대통령은 취임 첫날부터 그 누구보다 빠르게 움직이고 있었고 서훈 국정원장의 임명과 트럼프 대통령의 방미요청을 통해 복잡하게 얽힌 상황을 유예했다. 북한문제 해결을 위한 시간을 적어도 한미정상회담 전까지는 확보해낸 것이다.

다시 취임사로 돌아가서 문재인 대통령은 "동북아 평화구조를 정착시킴으로써 한반도 긴장 완화의 전기를 마련하겠다."라고 말했다. 그는 동북아 평화구조를 정착시키는 것이 한반도의 긴장을 완화하는 데 중요하다는 점을 강조했다. 일반적으로 북핵 문

---

17 美, 대북 '스파이 전쟁' 시동…북핵·미사일 정보수집 박차, 연합뉴스, 2017.05.12.

제의 해결을 위해서는 미국의 역할이 가장 중요하며 여기에 중국, 일본, 러시아 등이 추가된 6자 회담의 역할 또한 중요하다고 여겨져 왔다. 이는 당연히 맞는 견해다. 하지만 문재인 대통령은 이에 더해 동북아의 평화구조를 말한다. 공약에서는 동북아 공동체로 말하기도 했는데 동북아+인도·아세안까지의 평화구조를 그리고 있다. 이 같은 구상은 문재인 대통령이 단순히 북한의 비핵화만을 목표로 하지 않는다는 것을 여실히 보여준다. 북한의 비핵화에서는 미국이 단연코 중요하지만, 그 이후에는 결국 동북아라는 지리적인 환경을 근간에 둔 평화구조가 필요하다는 인식을 문재인 대통령은 가지고 있었다. 즉, 북한의 비핵화를 넘어서 그 이상의 항구적인 평화를 만들어 보겠다는 거대한 야심이었다. 이는 북한을 국제무대로 끌어내는 데 있어서 가장 중요한 일이기도 했다. 비핵화를 선택했던 리비아의 카다피는 결국 반군에 잡혀 최후를 맞이했다. 비핵화가 정권의 안전을 보장하지 않는 사례다. 안전이 보장되지 않는 비핵화를 북한 정권이 선택할 리가 없다. 북한을 비핵화하기 위해서는 비핵화 이후의 안전과 안정과 번영을 약속하는 것이 중요했다. 그것을 약속해 줄 수 있는 것이 EU와 유사한 공동체 구상이었다.

취임 첫날, 문재인 대통령은 취임사를 통해 그가 그리고자 하는 거대한 그림을 선보였다. 그리고 트럼프 대통령과의 통화, 서훈 국정원장의 임명을 통해 그림을 실현하기 위한 한 획을 바로 긋기 시작했다. 트럼프 대통령의 확고한 의지, 문재인 대통령의 당선과 빠른 행보, 그에 발맞춘 미국의 움직임이 마치 톱니바퀴처럼 맞물려 굴러가기 시작한 것이다.

5.
문재인 대통령, 교량국가를 선언하다

　문재인 대통령 취임 후 얼마 되지 않아서 북한은 미사일을 연거푸 발사하기 시작했다. 취임 4일 후인 5월 14일 대륙 간 탄도미사일 발사, 5월 21일 중거리 탄도미사일 발사, 5월 29일 단거리 탄도미사일이 발사됐다. 아직 내각 구성도 마무리하지 못한 시점이었다. 이런 중차대한 시기에 자유한국당을 비롯한 야당들은 몽니를 부리며 강경화 외교부 장관 지명자의 인사청문 보고서를 채택하지 않고 있었다. 한국을 둘러싼 국제정세가 얼마나 위험천만하게 돌아가고 있는지를 전혀 이해하지 못하고 있는 무지렁이들이었다. 당시 자유한국당을 비롯한 야당은 북한의 계속되는 도발을 가지고 정부를 열심히 공격했는데, 적어도 일은 할 수 있도록 해주고 나서 비판을 하던가, 상황이 그렇게 급하면 초당적인 협력을 하던가 해야 하는데, 하는 거라곤 끊임없는 발목잡기뿐이었다. 문재인 대통령에 대한 국민의 확고한 지지가 없었다면, 정부에 대한 공격은 더 심해졌을 것이고, 문재인 정부의 보폭은 훨씬 줄어들었을 것이다.

　문재인 대통령은 북한의 미사일 도발에 대해 즉각적으로 국가안전보장회의(NSC)를 개최해 대응하는 한편 북한에도 경고를 보냈다. 하지만 북한은 오히려 문재인 대통령을 비난했다. 남북관계, 북핵 문제는 점차 악화되고 있었다. 그럼에도 문재인 대통령은 자신의 구상을 실현하기 위한 활동을 이어갔다. 취임 2주도 안 돼서 미·중·일·러 4강에 특사를 파견하고 EU와 독일, 아세안에도 특사를 파견하는 등 전방위적인 외교 활동을 통해 자신의 구상을 전달하고 설득하는 작업을 했다. 그리고 6월 16일, 아시아인프라투자은행(AIIB)의 제2회 연차총회 축사를 통해서 자신의 구상에 대한 메시지를 또 한 번 전달한다.

> 존경하는 내외 귀빈 여러분!
>
> 오늘날 세계는 아시아의 역동성에 주목하고 있습니다. 아시아는 전 세계 인구의 60%, GDP의 1/3 이상을 차지합니다. 세계의 최대 시장이고, 중요한 생산 공장입니다. 동시에 앞으로 세계 경제를 이끌어갈 성장잠재력이 매우 큰 지역입니다.
>
> 경제만이 아닙니다. 아시아는 정치적으로도 각별한 중요성을 갖고 있습니다. 아시아 국가들의 민주주의 발전과 정치적 안정이 세계 평화와 안보에 중요한 요소가 되고 있습니다.
>
> 아시아는 인류 문명의 발원지입니다. 길고 긴 시간 동안 광활한 대륙을 가로지르며 인류의 다양한 삶과 문화를 펼쳐왔습니다. 오랜 시간 축적된 아시아의 수많은 역사와 이야기들이 21세기를 사는 인류에게 영감의 보고가 되고 있습니다.
>
> 근대화의 과정에서 아시아는 한발 늦은 걸음을 시작했지만, 아시아에는 아시아의 힘이 있습니다. 문화와 역사의 힘이고, 다양성의 힘입니다. 지금 인류는 정치, 안보, 경제, 환경 등 다양한 도전에 직면해 있습니다. 저는 아시아 국가 간 연대와 협력을 통해 오늘날 우리가 직면하고 있는 다양한 도전을 극복해 나갈 수 있다고 믿습니다.
>
> - 아시아인프라투자은행(AIIB) 연차총회
> 개회식 축사 중에서(2017.06.16.)

문재인 대통령은 아시아의 가능성과 잠재력에 관한 이야기로 축사를 시작한다. 경제를 이끌어갈 잠재력을 지닌 아시아, 정치적으로 세계 평화와 안보에 중요한 역할을 할 아시아, 문화와 역사, 다양성의 힘을 가진 아시아를 이야기하며 아시아 국가 간 연대와 협력을 통해 다양한 도전을 극복해 나갈 수 있다고 밝힌다. 지금까지 문재인 대통령이 공약하고 이야기했던 동북아 공동체의 범위를 넓혀서 아시아 국가 간 연대와 협력까지 제시했다. EU처럼 아시아 국가가 뭉친다면 이것이 만들어 낼 경제, 문화, 정치의 위상은 상상을 초월할 것이다. 특히 젊고, 역동적이며, 개발의 여지가 많이 남은 곳이 아시아이다. 세계 경제의 큰 동력이 되어줄 것이라는 점은 누가 봐도 명확하며, 세계 최대의 시장이자 생산지로서 세계 경제의 중심에 아시아가 위치할 날도 머지않은 것이 분명하다. 게다가 문재인 대통령이 언급한 것처럼 아시아에는 문화와 역사의 힘이 있다. 문화·역사의 힘으로 미국과 EU가 누리고 있는 지위를 생각해보자. 분명히 아시아는 경제로도 문화와 역사로도 세계의 중심에 설 잠재력을 지니고 있다. 문재인 대통령은 이 잠재력을 '아시아 연합을 통한 세계 질서 재편'으로 꽃피우길 원하고 있었다.

실현만 된다면, 아시아 연합은 상당한 의미를 지니게 될 것이다. 남한과 북한이라는 냉전 시대의 유산이 여전히 남아있는 곳이 아시아이기에, 아시아가 계속해서 냉전 질서를 유지하느냐, 아니면 연합하여 새로운 질서를 만들어 내느냐에 따라 역사의 거대한 물줄기가 완전히 방향을 틀 것이기 때문이었다. 당시에는 아무도 관심을 두지 않았고, 심지어 문재인 대통령도 직접 말하지 않았지만, 이 시기에 이미 문재인 대통령은 한반도의 비핵화와 아시아의 연합이 세계사적 대전환을 만들어 내는 일임을 알고 있었다. 이후, 문재인 대통령은 직접 '세계사적 대전환'을 언급하며, 자신의 구상이 지닌 거대함을 널리 알렸다.

내외 귀빈 여러분!

한국은 반세기 만에 전쟁의 폐허를 딛고 경제발전과 민주주의를 함께 실현했습니다. 전후 원조를 받는 나라에서, 주는 나라로 발전한 첫 번째 국가이기도 합니다. 최근에는 유례없는 정치적 격변기를 국민의 힘으로 극복했습니다. 우리의 경제적, 사회적 발전 경험이 아시아 개도국들에게도 실질적인 도움이 될 수 있을 것입니다. 앞으로 한국은 그동안의 경험을 토대로, 아시아 개도국의 경제사회 발전에 함께하는 동반자가 되겠습니다.

개도국과 선진국을 연결하는 교량(橋梁) 국가로서 그 역할과 책임을 다할 것을 약속드립니다. 고대시대 '실크로드'가 열리니, 동서가 연결되고, 시장이 열리고, 문화를 서로 나누었습니다. 아시아 대륙 극동 쪽 종착역에 한반도가 있습니다. 끊겨진 경의선 철도가 치유되지 않은 한반도의 현실입니다. 남과 북이 철도로 연결될 때 새로운 육상해상 실크로드의 완전한 완성이 이뤄질 것입니다.

무엇보다 한반도의 평화가 아시아의 안정과 통합에 기여하게 되기를 바랍니다. 여러분들도 많은 관심을 갖고 함께 해주시길 부탁드립니다.

    - AIIB 연차 총회 축사 중에서(2017.06.16.)

새로운 세계 질서를 그려냈던 축사의 끝에서 문재인 대통령은 대한민국의 미래 비전도 함께 제시한다.

개도국과 선진국을 연결하는 교량국가

대한민국은 참으로 놀라운 나라임이 분명하다. 가장 가난했던 나라에서 세계 10위권의 경제 대국으로 짧은 시간에 성장한 나라. 전후 원조를 받는 나라에서 원조를 주는 나라로 발전한 최초의 나라. 세계 7번째로 30-50클럽[18]에 가입한 나라. K-POP, K-BEAUTY 등 자국의 문화로 전 세계에 영향을 끼치는 문화강국. 촛불혁명의 완성으로 아시아 최고를 넘어서 세계 최고 수준의 민주주의를 실현한 국가. 경제, 문화, 사회, 정치에서 눈부신 성장을 이뤄낸 국가가 바로 대한민국이다.

문재인 대통령은 이 같은 대한민국의 힘을 인지하고 있었다. 그렇다면 그런 대한민국이 앞으로 나가야 할 곳은 어디인가? 문재인 대통령은 미국·중국과 같은 패권 국가를 말하지 않는다. 한국이 되고자 하는 것은 패권 국가가 아니다. 동반자이다. 문재인 대통령의 대한민국은 아시아 개도국의 경제·사회 발전에 함께하는 동반자가 되고자 하는 것이다. 개도국이라면 한국이 이뤄낸 성취, 그리고 그동안의 경험과 노하우를 무척이나 배우고 싶을 것이다. 한국은 이를 나누겠다고 마음먹었다.

아시아에는 미국과 중국, 일본과 같은 열강과 갈등을 겪는 개

---

[18] 1인당 국민소득 3만 달러 이상, 인구 5,000만 명 이상의 조건을 만족하는 국가 - 시사상식 사전, 2015.04.07.

도국이 있다. 경제의 문제도 있고 역사의 문제도 있다. 이런 열강들과 협상하고 자국의 이익을 지켜내는 것은 아시아의 많은 개도국이 겪고 있는 큰 어려움이다. 문재인 대통령은 대한민국이 중간에서 이런 어려움을 해결하는 데 도움을 주는 국가가 되겠다고 선언했다. 아시아를 두고 미국·일본과 중국이 패권 다툼을 할 때, 대한민국은 앞장서서 개도국의 발전을 도울 것이며 궁극적으로는 특정 열강이 아닌 아시아가 다 같이 함께 잘 살 수 있도록 만들어 보겠다는 그 담대한 관점의 전환을 문재인 대통령은 제시하고 있었다.

열강과 상대하고 있는 개도국에 이보다 더 고마운 이야기는 없을 것이다. 개도국과 갈등을 겪고 있는 열강에게도 좋은 일이었다. 중재자가 있다는 것은 언제나 협상을 용이하게 해주기 때문이다. 다만 이를 위해서는, 아시아의 개도국과 열강이 대한민국을 믿고 신뢰해야 했다. 자국의 이익을 위해서 타국의 피해를 강요하지 않을 것이라는 믿음, 적어도 서로가 이득을 볼 수 있는 합리적인 중재를 해줄 것이라는 신뢰가 필요했다. 그리고 대한민국은 이 믿음과 신뢰를 줄 수 있는 존재를 지니고 있었다. 문재인 대통령이었다.

문재인 대통령이 지닌 힘, 그의 정의로운 삶과 인권 변호사로서의 경력, 그리고 거짓을 말하지 않고 사람을 중히 여기는 그의 성격은 타국으로부터 믿음과 신뢰, 심지어는 존중과 존경을 받기에 충분했다. 교량국가 대한민국은 분명 실현 가능한 일이었다. 문재인 대통령은 이 메시지를 통해 미국과 중국을 비롯한 국제사회에 한국이 가고자 하는 길을 구체적으로 제시했다.

문재인 대통령은 아시아 대륙 극동 쪽 종착역에 한반도가 있다며, 남과 북이 철도로 연결될 때 새로운 육상·해상 실크로드의 완전한 완성이 이뤄질 것이라고 말한다. 이를 통해 아시아 국가가 한반도 평화문제에 관심을 갖기를 호소하고 동시에 북한에도 남과 북의 철도가 연결되면 북한의 경제발전에 한국이 큰 도움을 줄 수 있다는 메시지를 전달한다. 이 총회의 축사는 아시아에 속해 있는 북한에 전하는 메시지이기도 했다.

문재인 대통령은 자신이 그리고 있는 아시아 연대와 연합이라는 글로벌 비전을 선보였다. 그 비전 속에서 한국이 무엇을 할 것인지를 밝히고 북한에게도 아시아의 일원으로 나오라고 손짓했다. 문재인 대통령은 아시아에 존재하는 마지막 냉전 프레임을 아시아협력을 통한 세계 평화·번영의 프레임으로 전환시켰다. 이제 수많은 아시아의 국가들과 열강, 그리고 북한은 문재인 대통령의 메시지에 화답을 준비하지 않을 수 없게 됐다.

6.
강경화 외교부 장관을 임명하다

위기에 빠진 대한민국호에서 외교는 가장 시급한 과제였다. 북한의 도발은 이어지고 있었고, 한미정상회담과 G20 정상회의가 눈앞으로 다가와 있었다. 그렇기에 외교부 장관의 임명은 미룰 수 없는 중차대한 일이었다. 문재인 대통령은 강경화 유엔사무총장 정책특별보좌관을 외교부 장관으로 점 찍은 상태였다. 하지만 대한민국의 야당은 강경화 장관의 인사청문보고서를 채택하지 않고 있었다. 그저 강경화 장관을 임명하면 '협치는 없다'고 말하며 정치공세만 펼칠 뿐이었다.[19]

> "저는 강경화 외교부 장관 후보자에 대한 야당들의 반대가 우리 정치에서 있을 수 있는 일이라고 생각합니다. 그러나 반대를 넘어서서 대통령이 그를 임명하면 더이상 협치는 없다거나 국회 보이콧과 장외투쟁까지 말하며 압박하는 것은 참으로 받아들이기가 어렵습니다."

문재인 대통령은 2017년 6월 15일 수석보좌관회의 모두발언에서 야당에게 쓴소리를 한다. 동시에 강경화 장관에 대해 "강경화 후보자는 제가 보기에 당차고 멋있는 여성입니다. 유엔과 국제사회에서 외교관으로서 능력을 인정받고 칭송받는 인물입니다. 흔히 쓰는 표현으로 글로벌한 인물입니다. 우리도 글로벌한 외교부 장관을 가질 때 되지 않았습니까"라고 평가한다.

당시 강경화 외교부 장관 후보자에 대한 비판 중에서 자질이 부족하다는 평가가 있었다. 강경화 후보자가 북·미통이 아니고, 외무고시 출신도 아니라는 문제 제기였다. 국민의당 이언주 의원은 "지금은 안보현안이 중요한 만큼 이번에는 국방을 잘 아는 남자가 해야 한다."라고 하고, "여성도 훌륭한 외교부·국방부 장관들이 있다. 그러나 강 후보자는 안보에 대한 식견이 없는 것 같다."라며 강경화 후보자의 능력을 비판하기도 했다. 이런 정치권

---

19 야3당, 강경화 임명에 반발 "더이상 협치는 없다", 한겨레, 2017.06.18.

의 공세와 비판은 끊임없이 이어졌고 결국, 국회의 인사청문보고 서는 채택되지 못했다. 하지만 문재인 대통령은 6월 18일에 청문보고서 없이 강경화 외교부 장관을 임명한다. 그만큼 외교부 장관은 너무나 중요하고도 시급한 인사였다.

박근혜 시대의 대한민국 외교는 열강의 눈치를 보는 열강 중심의 굴욕외교였다. 한반도를 둘러싸고 있는 슈퍼 파워인 미국, 중국, 일본, 러시아, 특히 손을 꽉 잡은 미·일과 패권국이 되기를 원하는 중국 사이에서 눈치를 살피며 이리 붙었다가 저리 붙었다가 하는 외교를 펼치고 있었다. 그래서 미국이 잘해주면 신나고, 중국이 잘해주면 신나다가 갑자기 불호령이라도 떨어지면 미국과 중국 사이에서 눈치 보며 우왕좌왕하다가 상당한 손해를 봐야 하는 그런 외교를 했다. 심지어 이런 틈을 타 일본은 미국의 힘을 빌려 한국으로부터 많은 것을 얻어 가려고도 했다. 대한민국은 고래 사이에 낀 새우의 처량하고 굴욕적인 신세였다. 하지만 문재인 대통령은 이런 외교 프레임을 획기적으로 바꾸려 했다. 문재인 대통령의 구상에 따르면 대한민국의 외교는 열강 위주의 외교에서 탈피해 글로벌의 영역으로 나아가야 했다. 교량국가로 활동하며 대한민국이 개도국과 연대해 열강과 어깨를 나란히 하고 글로벌 중심으로 발돋움 해야 한다. 이를 위해서는 우선 주변 열강으로 한정되어 있던 외교를 가능한 한 넓게 벌려야만 했다.

문재인 대통령은 취임 첫날인 5월 10일에 도널드 트럼프 미국 대통령과 첫 번째로 통화하고 11일에 시진핑 중국 국가주석과 아베 신조 일본 총리와 통화한 후에 인도의 나렌드라 모디 총리와 통화를 한다. 그리고 12일에는 말콤 턴불 호주 총리와의 통화가 이어졌다. 미국, 중국, 일본 다음에 인도와 호주는 무엇을 의미하는가? 인도와 호주는 아시아에서 경제·안보로는 중국, 일본, 러시아에 버금가는 중요한 국가들이다. 심지어 냉전 질서를 더욱 공고하게 만들려는 일본의 인도·태평양 전략의 주요국이기도 했다. 이들 국가 정상과의 빠른 통화는 문재인 대통령이 취임 초부터 한국의 외교를 주변 열강에서 아시아 전역으로 넓히며 이전과는 다른 외교를 펼치고 있음을 보여주고 있었다.

강경화 외교부 장관 후보는 UN에서 잔뼈가 굵은 국제 외교통이었다. 코피 아난, 반기문, 안토니우 구테흐스까지 3대 UN사무총장에게 중용된 인사가 바로 강경화 후보이다. 국제 관계를 다루는 것에 있어서 능력을 의심할 필요가 없는 전문가임이 분명하다. 특히나 외교의 기본은 사람이다. 수많은 외교 결정이 결국 사람을 통해서 내려진다. 그러므로 2006년부터 UN에서 일하며 쌓아 온 강경화 장관의 국제적인 네트워크가 지닌 힘은 상상을 초월할 정도로 큰 것이었다. 그 네트워크를 잘 활용한다면 문재인 대통령이 그려놓은 외교 영역의 확대를 실제로 구현하는 데 큰 힘을 보탤 수 있을 것이었다. 게다가, 강경화 장관을 임명함으로써 일본 문제의 해결이 가능해졌다. 강경화 장관은 UN에서 인도주의 업무조정국 사무차장보 겸 긴급구호 부조정관 등을 지내며 인권, 여성 지위, 인도주의 문제와 관련한 업무를 해왔다. 따라서 강경화 장관은 한일 위안부 합의 문제를 다룰 수 있는 최고 적임자였다.

문재인 대통령은 취임 전부터 일본에 대해서 어느 정도 거리를 두는 것처럼 보였다. 미국, 중국, 북한에 대한 메시지는 꾸준히 있었으나 일본에 대한 메시지는 많지 않았고 구색 맞추기 정도로만 일본을 대했다. 취임 이후에도 이런 분위기는 크게 달라지지 않았다.

일본은 문재인 대통령이 구상한 평화·협력·번영의 프레임보다는 냉전 질서를 바탕에 둔 미·일 패권 전략에 더 집중하고 있었다. 아시아에서 일본은 중국과는 센카쿠 열도(댜오위댜오)를 두고, 러시아와는 쿠릴 열도를 두고 영토분쟁도 이어가고 있었다. 게다가 일본은 전범 국가로서 제대로 된 사과조차 하지 않은 상태였다. 즉, 일본은 냉전 질서와의 거리가 가장 가까운 국가였다. 그렇기에 문재인 대통령의 외교 행보에서 일본과 거리가 생기는 것은 의도한 것이 아니라 자연스러운 것이었다. 다만, 장기적으로는 일본도 아시아 연대의 한 부분이 되어야 하는데 이를 위해서 전범국으로서 일본의 진심 어린 사과와 반성이 필요했다. 그래야 북한, 중국, 러시아 등이 일본과의 연대를 받아들일 수 있을 터였다. 문재인 대통령은 일본이 과거의 잘못을 진정으로 사과하고 아시아 연대로 들어와 함께 번영하는 길로 나아갈 수 있도록 해야 했다. 문재인 대통령은 배척을 위해서가 아니라 함께 잘 살기 위해서 일본이 바른길을 걷도록 할 필요가 있었다. 이 부분에서 강경화 장관의 역할이 더욱 커진다. 일본군 성노예에 대한 일본의 진지한 사과와 반성을 끌어내는데 UN에서 관련 업무를 했고, 국제적인 공조를 이끌어낼 수 있으며, 본인이 여성이기도 한 강경화 장관보다 더 적임자를 찾는 것은 불가능했다.

영어를 잘한다는 것도 중요했다. 강경화 외교부 장관은 미국 언론과의 인터뷰를 스스로 해낼 수 있는 인물이었다. 그것도 외교적인 수사를 적절히 사용해서 말이다. 심지어는 여성 전문가로서의 호감, 그리고 매력적인 애티튜드를 더하면 미국 언론이 강경화 장관을 좋아하지 않을 수가 없다. 직접 CNN 같은 미 언론과 마주 보고 인터뷰를 진행하는 것만큼 대한민국의 메시지를 정확하게 미국에 전달할 방법은 없다. 강경화 장관은 꼭 필요한 인물이었다.

다행히 야당의 온갖 공세에도 국민은 문재인 대통령의 선택과 강경화 장관 후보에 대한 높은 지지를 보였고, 문재인 대통령은 국민을 믿고 임명을 강행하게 된다. 그리고 결과적으로 강경화 장관은 활발하게 활동하며 대한민국 외교의 위상을 높인다. 또한, 위안부 합의 문제도 '국가 간의 합의는 인정하지만, 위안부 문제는 해결되지 않았다'는 일본이 당황할 수밖에 없는 방식으로 처리한다. 국가 간의 문제가 아닌 인권문제로 치환해 이 문제를 국제화시킨 것이다. 강경화 장관이 가장 잘 해낼 수 있는 방식이었다.

문재인 대통령의 강경화 장관 임명 강행은 대한민국의 미래를 위해 꼭 필요한 일이었으며, 이를 통해 문재인 대통령의 큰 그림에 대한 국제사회의 지지와 도움을 얻을 수 있는 근간을 마련했다.

7.
북한의 평창올림픽 참가를 요청하다

2017년 6월 24일, 한국의 무주에서 '세계 태권도 선수권 대회'가 열렸다. 문재인 대통령은 이 자리에 참석해 축사했다.

사랑하는 태권도 가족 여러분!

스포츠는 모든 장벽과 단절을 허무는 가장 강력한 평화의 도구입니다. 함께 흘리는 땀은 화해와 통합을 만드는 촉매제가 되고 있습니다. 적대국이었던 미국과 중국, 미국과 베트남이 핑퐁외교로 평화를 이뤘습니다. 남아프리카공화국에서 흑백 통합리그가 출범할 수 있었던 것도 세계축구연맹(FIFA)의 노력이 있었기 때문입니다.

저는 평화를 만들어 온 스포츠의 힘을 믿습니다. 이번 대회를 통해서 새 정부의 첫 남북 체육교류협력이 이뤄진 것을 기쁘게 생각합니다.

특히 한국에서 치러지는 세계태권도연맹 대회에서 국제태권도연맹이 시범을 보이는 것은 역사상 처음 있는 일입니다. 양 연맹의 화합과 친선은 물론 남북화해협력과 한반도 평화에도 큰 도움이 될 것입니다. 저는 태권도에서 이뤄낸 이번 성과가 내년 평창동계올림픽으로 이어지기를 기대합니다.

평창동계올림픽에 북한 선수단이 참여한다면 인류화합과 세계평화 증진이라는 올림픽의 가치를 실현하는데 크게 기여하리라 생각합니다. 바라건대 최초로 남북단일팀을 구성하여 최고의 성적을 거뒀던 1991년 세계탁구선수권대회와 세계청소년축구대회의 영광을 다시 보고 싶습니다. 남북선수단 동시입장으로 세계인의 박수갈채를 받았던

2000년 시드니 올림픽의 감동을 다시 느껴보고 싶습니다. 북한 응원단도 참가하여 남북 화해의 전기를 마련하면 좋겠습니다.

- 2017 무주 WTF 세계태권도 선수권대회 축사 중에서(2017.06.24.)

문재인 대통령의 당선 초기에 '평창올림픽'은 박근혜 정부가 남겨놓은 '큰 똥'이라는 대중의 인식이 있었다. 올림픽이 문화·경제적으로 이득이 되지 않고 오히려 개최국의 경제 부담만 가중시키는 행사라는 데이터도 있었다.[20] 평창올림픽 또한 이 전철을 밟아 적자 올림픽이 될 것이라는 예상이 이어졌다.[21] 박근혜 정부가 제대로 준비를 하지 않아 군데군데 문제점이 지적되었고, 성공적인 개최는 요원한 것처럼 보였다. 하지만 문재인 대통령은 그렇게 생각하지 않았던 것 같다. 그는 평창올림픽이야말로 남북의 평화를 만들어 줄 중요한 계기가 될 수 있다고 판단했다. 문재인 대통령은 '세계 태권도 선수권 대회'의 축사에서 '평창올림픽'을 평화의 마중물로 사용하겠다는 자신의 판단을 밝힌다. 그 판단의 근거도 함께 말이다.

문재인 대통령은 축사에서 "적대국이었던 미국과 중국, 미국과 베트남이 핑퐁외교로 평화를 이뤘다."라고 밝혔다. 문재인 대통령은 미국이 스포츠를 통해 공산주의 국가들과 관계를 맺고 결국 냉전 질서를 하나씩 종결시켰던 역사를 근거로, 한반도에 남

---

20 올림픽과 돈 그 불편한 진실…, 한겨레, 2012.06.27.
　　Rio 2016: The high price of Olympic glory, FINANCIAL TIMES, 2016.07.31.
21 평창 동계올림픽, 지금이라도 반납할 수는 없을까?, 머니투데이, 2017.10.31.

아있는 마지막 냉전 질서를 해결할 방법으로 스포츠를 제시했다. 북한에게 길을 알려준 것이다. 이는 한미정상회담을 앞두고 미국에 보내는 메시지이기도 했다. 미국이 그랬던 것처럼 한국도 스포츠를 통해 평화를 만들어나가겠다는 명확한 의사표시였으며, 미국과 북한이 마치 미국과 베트남이 그랬던 것처럼 평화와 경제 성장을 이뤄나갈 수 있다는 일종의 가이드이기도 했다. 문재인 대통령의 이 같은 가이드는 약 2년 후인 2019년 2월에 베트남에서 제2차 북미정상회담이 개최되는 것으로 자연스럽게 이어졌다.

문재인 대통령은 또한 "평창동계올림픽에 북한 선수단이 참여한다면 인류화합과 세계평화증진이라는 올림픽의 가치를 실현하는 데 크게 기여하리라 생각합니다."라고 말하며 올림픽이 지닌 역사와 명분도 함께 끌어들인다. 사실, 대한민국은 이미 올림픽의 가치를 실현하고 만방에 알린 적이 있다. 한국은 1988년 서울하계올림픽을 개최함으로써 올림픽의 위상을 전 세계에 드높였다.

1980년에 열린 모스크바올림픽은 미국을 비롯한 서방 세계가 참여를 하지 않은 반쪽짜리 대회였다. 다음에 열린 1984년 LA올림픽은 반대로 소련과 동유럽 국가들이 참여하지 않았다. 소련에서 열린 대회에서는 미국을 대표로 한 진영이, 미국에서 열린 올림픽에서는 소련을 대표로 한 진영이 참여하지 않음으로써 이 두 번의 올림픽은 냉전을 상징하는 대회가 되어버렸다. 그런데 1988년 서울올림픽에서는 이 두 진영이 모두 참여하게 된다. 소련도 미국도 모두가 참가한 올림픽, 냉전의 종식을 알리고 전 세계에 화합과 평화라는 메시지를 전달한 역사적인 의의를 지닌 것이 바로 서울올림픽이었다.

　냉전 체제의 종식을 선언한 1988년의 서울하계올림픽처럼 2018년의 평창동계올림픽이 한·미·일·북·중·러의 마지막 남은 냉전 질서를 끝내고 세계 전쟁의 불안을 해소해 낼 수만 있다면, 냉전 종식의 시작과 끝이 대한민국의 올림픽에서 이뤄진다면, 이 얼마나 위대하고 멋진, 그러면서도 역사적인 일이겠는가? 그 안에 놓여있는 명분과 보편적 함의는 또 얼마나 대단한가? 이러한 구상을 전 세계의 누가 반대할 수 있으며, 누가 엇박자를 탈 수 있겠는가?

　북한 문제를 해결하는 데 있어서 가장 중요한 것이 바로 국제사회의 지지이다. 이는 남·북한이 처한 상황을 복기해보면 당연한 이야기다. 남한과 북한은 왜 종전하지 못하고 휴전 상태여야 하는가? 남한과 북한은 어째서 나뉘어 있어야 하는가? 그 바탕에 아직 끝나지 않은 냉전 체제와 열강의 횡포가 있다고 하면 너무 무리한 해석일까? 적어도 전쟁과 휴전에 열강의 이해관계가 영향을 끼쳤다는 것만은 부인할 수 없다. 그렇다면 해결을 위해 전 세계의 지지가 필요하다. 주변 열강의 이해관계가 아닌 세계 보편적인 가치와 명분을 바탕에 둔 국제사회의 지지가 있어야 이 문제를 해결할 수 있는 것이다.

　문재인 대통령은 북한에 평창올림픽 참가를 독려하고 단일팀을 요청함으로써 화합과 평화라는 전 지구적인 명분을 북한 문제로 끌고 들어왔다. 이 거대한 명분을 통해 한반도에 갈등을 유발해 이득을 보려는 국제적인 움직임을 유예할 수 있었다. 또한, 북한이 자연스레 국제사회로 나와 대화를 시작할 수 있는 계기를 제시해 주기도 했다. 우리는 외교를 나라와 나라의 문제로만 여기지만 실은 자국 안에 있는 세력 간의 문제이기도 하다. 그래서도 명분이 중요하다. 북한 안에도 강경노선을 걷고자 하는 이들이 있을 것이다. 갑자기 김정은 위원장이 대화하고 싶다고 결정한다면 내부가 다 만장일치로 찬성할까? 그렇지 않다. 분명 북한 내부의 반발이 있을 것이다. 특히 열심히 핵 무력 만들었다고 선전했을 텐데 갑자기 핵 무력을 포기하고 대화하겠다고 하면 북한 주민들도 그대로 받아들이기 힘들 것이다. 아무리 북한이어도 여론은 언제나 무서운 것이다. 북한이 대화의 장으로 나오려면 북한 내부에서도 납득할 수 있는 충분한 명분이 있어야 했다. 올림픽이라면 그에 합당한 명분이 된다. 미국도 마찬가지다. 대북 강경파가 당연히 존재한다. 트럼프 대통령이 대화하겠다고 결정했을 때, 과연 미 정계가 아무런 반발 없이 그렇게 하라고 지지를 보낼까? 심지어 트럼프 대통령의 말이라면 뭐든 무시하기 좋아하는 자들이 미국에 가득한데?

과거 북한이 모든 핵무기를 파기하겠다고 약속한 적이 있다. 2005년 9월 19일 6자회담에서였다. 우리는 이를 '9.19 공동성명'이라고 부른다. '9.19 공동성명'이 있기 며칠 전인 9월 15일, 미국은 마카오에 있는 '방코델타아시아'를 북한 불법 자금 세탁의 주요 우려 대상으로 지정했다. 그리고 20일에 이를 관보에 게재함으로써 북한 계좌를 동결하게 된다. 9월 19일에 공동성명이 있었는데 구태여 다음 날에 이런 조치를 해야 했을까? 결과적으로 미국은 9.19 공동성명 바로 다음 날 북한에 큰 엿을 선사해 주었고 북한은 공동성명을 이행하지 않게 된다.

이 일에 대해 전 통일부 장관인 정동영 의원은 〈TBS 라디오 김어준의 뉴스공장〉에 나와 이렇게 말한다.

"그때 물어봤어요. 그때 뭐라고 그랬냐면 '당시 미국에는 두 개의 정부가 있었습니다.' 이게 힐 대사의 답변이었습니다. 합의한 것은 협상파·대화파가, 크리스토퍼 힐, 콘돌리자 라이스, 그리고 부시 대통령의 재가를 받은 거고, 그 다음에, 찢어버린 것은 강경파, 네오콘, 딕 체니, 럼스펠드, 존 볼턴…"

만약 9.19 공동성명이 계속 이행됐다면 북핵 문제는 이미 풀렸을지도 모른다. 하지만 미국이라는 한 국가에도 다양한 생각이 있었다. 북핵의 고도화로 인해 긴장의 강도가 더욱 세진 2017년의 한반도는 그 다양한 생각이 저마다 목소리를 더 키울 수 있는 상황이었고, 얼마든지 전쟁과 같은 극단적인 선택도 가능한 시기였다. 그러니 무엇보다도 명분이 중요했다. 모두가 납득하고, 거부하기 힘든 명분 말이다. 화합과 평화 그리고 올림픽이라면 충분한 명분이 된다.

문재인 대통령은 한반도의 당사자가 한국이라는 점을 끊임없이 밝히면서 당사자가 중심이 되어야 한다는 외교적인 명분을 깔고, 평화라는 인류 보편의 명분을 더한다. 그리고 스포츠와 올림픽이라는 명분까지 끌어오면서 북한이 대화할 수 있는 명분을, 미국이 군사적 조치를 유예하고 협상까지 인내할 수 있는 명분을, 그 외 다른 국가들이 문재인 대통령의 외교적 노력에 대해 지지를 표명할 수밖에 없는 명분을 갖추는 데 성공한다.

물론 북한이 평창올림픽에 참가한다는 보장은 당시에는 없었다. 심지어 보수 언론에서는 남북단일팀 제안에 대해 비판적인 보도를 한다. 『중앙일보』는 사설을 통해 "문 대통령의 과감한 제안이 국제공조에 구멍을 낼지 모른다는 우려가 고개를 들고 있다"[22]고 말했고, 『한국경제』도 사설을 통해 "이런 일방적인 짝사랑식 대북 제의가 남북관계 개선에 얼마나 도움이 될지 의문이다. 과거에 그랬듯이 지나친 저자세와 조급증은 북한에 이용만 당할 공산이 크다"[23]라고 했다. 자유한국당은 "북한에 사전에 조율도 없이 남북단일팀이라는 카드를 꺼냈다가 면박당한 문재인 대통령의 제의는 경솔한 것이라 지적하지 않을 수 없다"라고 밝혔다.

하지만 이런 비판과 공세에도 불구하고 문재인 대통령은 더 넓게 보고 더 세심히 북핵 문제 해결을 위해 나아가고 있었다. 북핵 문제를 풀어내기 위해 역사적 의의를 살피고 역사를 통해 해결책을 찾으며 모두에게 충분한 명분을 제공한다는 것은 결코 쉬운 일이 아니다. 자유한국당은 조급증이라고 했지만, 사실은 가장 단단하고 차분하게 포석을 깔아놓는 일이었다. 판을 넓게 보지 못하는 단견이라면 당연히 이해하기 어려운 행보였다.

문재인 대통령은 북한에 평창올림픽 참가와 단일팀을 제안함으로써 한반도 문제의 해결을 위한 가장 극적인 계기와 단단한 명분을 만들어 냈다. 그의 선택이 옳은지는 이후에 증명될 일이었다.

---

22 [사설] 평창 남북단일팀, 감동 다음의 '계산서'도 따져야, 중앙일보, 2017.06.25.
23 [사설] 북한 핀잔만 들은 남북 단일팀 구성 제안, 한국경제, 2017.06.27.

8.
한미정상회담이 다가오다

한미정상회담이 코앞으로 다가와 있었다. 대통령 취임 이후 처음으로 이뤄질 한미정상회담의 결과에 따라 이후 한반도의 운명은 크게 변할 것이 확실했다. 갈수록 고조되는 북핵 위기에서 다양한 조치로 일단 한미정상회담까지 상황을 유예한 문재인 대통령으로서는 한미정상회담에서 반드시 성과를 내야 했다.

북핵 문제를 해결하기 위해서는 북한이 핵으로 얻고자 하는 것이 무언인지를 알아야 한다. 이걸 알아야 북한과 협상할 수 있고 종국에는 핵을 포기하게 만들 수 있다. 그리고 북한은 이미 자신들이 핵으로 얻고자 하는 것이 무엇인지를 다 드러냈다.

북한은 1994년 미국과 '제네바 합의'를 맺고 핵 개발 포기를 합의했다. 그렇다면 이 합의를 통해 북한이 얻어간 것은 무엇일까? 바로 북·미 수교, 북·미간 평화협정, 경수로 발전소 건설 발전 자금 지원과 대체 에너지인 중유 공급이었다. 이를 정리하면 북한이 핵 포기의 대가로 원했던 것은 미국이 인정하는 체제안정과 경제라는 것을 알 수 있다.

그렇다면 이 '제네바 합의'는 왜 파기되었을까? 이에 대해서는 다양한 의견이 있지만, 북·미 간 평화협정을 미 의회가 거부한 것이 하나의 이유로 제시된다. 제네바 합의를 한 것은 민주당의 클린턴 행정부였지만 한 달 뒤 미국 중간 선거 이후 미 의회 다수당은 공화당이 됐다. 그리고 공화당은 북미 평화협정 체결을 반대했다. 또한, 경수로 발전 자금지원도 미 의회에서 불허되었다.

클린턴 행정부가 체결한 '제네바 합의'가 미 공화당의 반대 때문에 이행에 어려움을 겪은 것이다. 이 상황에서 북한도 비밀리에 핵무기 개발을 시작했고 결국 2002년에 공화당의 부시가 대통령에 당선되면서 '제네바 합의'는 휴지조각이 되었다.[24]

2005년 '9.19 공동성명'을 통해서도 북한은 핵 포기를 약속했다. 이 성명의 2항에는 '조선민주주의인민공화국과 미합중국은 상호 주권을 존중하고, 평화적으로 공존하며, 각자의 정책에 따라 관계 정상화를 위한 조치를 취할 것을 약속하였다'라고 적혀있다. '제네바 합의'의 북·미수교, 평화협정과 같은 맥락이다. 또한, 경수로 제공과 에너지 공급에 관한 이야기도 나오는데 이 역시 '제네바 합의'의 경수로 발전소 건설과 중유 공급과 같은 맥락이라고 볼 수 있다. 따라서 9.19 공동성명에서 비핵화의 대가로 북한이 원했던 것은 제네바 합의 때와 마찬가지로 체제안정과 경제라고 판단할 수 있다.

즉, 북한은 꾸준히 체제안정과 경제를 원하고 있었으며, 이를 위해서는 얼마든지 핵을 포기할 수 있다는 시그널을 보내고 있었다. 다만 원하는 것을 얻지 못해왔을 뿐이다. 그렇다면 문재인 대통령은 북한의 이 시그널을 알고 있었을까? 당연히 그렇다. 2017년 4월 23일, 문재인 당시 대선 후보는 '문재인의 담대한 한

---

24 트럼프 '북미 합의' 미국 의회 동의받을까? …그레이엄 권고, 서울신문, 2018.05.14.
북미 간 제네바 기본합의(1994)의 실패과정 분석, 송두리, 석사, 서울대학교 국제대학원:국제학과, 2012.08.
미국 공화당, 북-미협정 파기 선언, 매일경제, 1996.08.14.
20 Years after the Geneva Agreed Framework, Robert Gallucci, Georgetown University, 한반도 평화통일 어떻게 만들 것인가?, 통일연구원, 2014.

반도 비핵화 평화구상' 기자회견을 가진 바 있다. 여기에서 문재인 후보는 이렇게 말했다.

> 70년 전 우리에게는 아무런 힘이 없었지만 지금은 다릅니다. 중국을 설득해 6자회담을 재개하겠습니다. 미국을 설득해 북·미관계 개선을 유도하겠습니다. 북한을 설득해 대화의 장으로 이끌어 내겠습니다.
>
> 우리가 주도하여 '북한의 선 행동론' 대신 북한과 미국을 포함한 관련 당사국들의 동시 행동을 이끌어내겠습니다. '중국 역할론'에 기댈 것이 아니라 '한국 역할론'을 실천적 전략으로 삼아 정책의 새 틀을 짜야 합니다. 우리의 주도로 핵 없는 한반도를 만들겠습니다. 이를 바탕으로 북한의 완전한 핵 폐기 및 비핵화와 함께 평화협정 체결이 포괄적으로 추진되어야 합니다.
>
> — 문재인 후보, '튼튼한 대한민국, 평화로운 한반도' 문재인의
> 담대한 한반도 비핵화평화구상 기자회견 중에서 (2017.04.23.)

문재인 후보는 핵 없는 한반도를 만들어 내기 위해 관련 당사국의 동시 행동을 이끌어내겠다고 밝히면서 이를 바탕으로 북한의 완전한 핵 폐기 및 비핵화와 함께 '평화협정' 체결을 이야기했다. 북한이 원하는 체제안정을 평화협정 체결로 보장하겠다는 것이다. 문재인 대통령은 북한이 원하는 것을 정확하게 제시했다. 그러면서 문재인 후보는 '북·미관계 개선'과 '관련 당사국'을 함께 언급한다. 미국의 중요한 역할을 인정하면서도 그 이상이 필요하다는 문제 인식, 그리고 그에 대한 해결방안을 밝힌 것이다.

북한의 비핵화는 이미 여러 번 실패를 경험했다. 그리고 이 실

패에 미국도 원인을 제공했다. 물론 이를 미국만의 잘못이라고 말할 수는 없다. 북한의 잘못도 분명히 있다. 하지만 미국이 일정 정도 역할을 했다는 점도 확실하다. 따라서 미국은 북한을, 북한은 미국을 마냥 믿을 수 없는 상황이었다. 그렇기에 문재인 후보는 한국이 주도하는 방식으로 불신에 빠져있는 북·미를 설득하겠다고 밝혔다. 미국만 쳐다보고 있는 것이 아니라 한국이 주도해서 미국도 참여하게 만들고, 북한의 변화를 이끌고, 심지어는 중국도 설득하겠다, 즉, 한국이 과정을 주도해 이전처럼 협의가 위반되지 않도록 해, 확실히 평화체제를 이뤄내겠다는 것이다.

> 우리기업의 북한진출은 한반도에 항구적 평화체제를 정착시키는 역할을 할 것입니다. 또한 대한민국 제2의 경제 기적을 일으킬 것입니다. 남북경제협력은 생산공동체, 소비공동체, 수출공동체를 만들어 '한강의 기적'을 '대동강의 기적'으로 확장시킬 것입니다. 그것이 바로 '한반도의 기적'입니다.
>
> — 문재인 후보, '튼튼한 대한민국, 평화로운 한반도' 문재인의 담대한 한반도 비핵화평화구상 기자회견 중에서(2017.04.23.)

문재인 후보는 동 기자회견에서 북한의 경제발전도 이야기한다. 이 역시 북한이 바라는 것이다. 문재인 대통령은 이를 이루는 방안도 제시했다. 자금지원이 아닌 생산공동체, 소비공동체, 수출공동체를 만들어 이전의 실패를 답습하지 않을 수 있는 구조적인 바탕을 만들겠다는 구상이었다.

이전처럼 에너지 공급이나 자금지원을 바탕으로 협의가 이뤄진다면 이를 지키지 않을시 쉽게 협의가 어그러질 수 있다. 하지만 경제 공동체를 만든다면 상황은 달라진다. 한국은 남북경협으로 큰 경제적 이득을 볼 수 있기에 이명박·박근혜 정부와 같이 무능한 정부가 아니고서야 남북경협을 포기할 이유가 없다. 게다가 남북경협 과정에서 미국을 비롯한 해외자본이 북한에 들어와 이득을 볼 수 있는 길도 열린다. 북한에 일방적인 지원을 하는 것이 아니라 북한의 경제도 살리고 대한민국과 해외자본도 원원할 수 있는 길이 열리는 것이다. 이런 방식을 사용하면 미 의회가 자금지원을 허가하지 않아도 북한은 경제발전을 이룰 수 있으므로 비핵화에 제동이 걸릴 일이 없다. 또한 한국의 거대한 경제 규모와 통상 위주의 경제 구조를 생각해봤을 때, 남북경제협력에 문제가 발생하게 되면 이는 전 세계의 경제에 영향을 끼칠 가능성이 크며, 이 경제협력을 통해 이득을 보는 국제자본과 기업이 있으므로 경제협력 자체를 쉽게 깨기도 어렵다. 문재인 후보는 북한이 원하는 경제발전을 기존의 '지원'방식에서 '경제협력'이라는 방식으로 바꾸면서, 미국의 의회협력무산이라는 과거의 실패 사례를 답습하지 않고, 북한도 비핵화 약속을 깨고 다시 핵 개발을 해야 할 필요가 없는, 실제로 성과를 낼 수 있는 비핵화 청사진을 그려냈다. 문재인 대통령은 이미 후보 시절에 북한이 원하는 두 가지, '체제안정과 경제성장'에 대한 로드맵을 다 제시한 것이다. 그것도 이전의 실패에 대한 보완책을 담아서. 그는 분명하게 나아갈 길을 알고 있었다.

이제 한미정상회담이 중요한 이유는 자명해진다. 문재인 대통령의 구상이 성공하기 위해서는 한반도가 주도해 이 문제를 풀어야 했다. 서로 신뢰를 잃은 미국과 북한의 관계를 보면 미국이 주도해 나가기는 어려운 판이었다. 북한이 쉽게 미국을 믿을 리가 없기 때문이다. 게다가 미국이 주도한다면 이를 중국이 그냥 보고 있긴 힘들다. 냉전 질서가 만들어 놓은 한·미·일-북·중·러의 묘한 균형이 기울어지기 때문이다. 미·일 패권을 위해서는 전쟁도 불사할 수 있는 일본 역시 미국에 영향을 끼쳐 북한과의 갈등을 유발하려 할 수도 있었다. 전 세계가 미국 주도의 북핵 문제 해결을 함께 지지하기도 어려웠다. 체제 싸움에 편드는 것처럼 보일 수 있기 때문이었다. 오직 당사자이자 평화라는 명분을 지닌 대한민국만이 국제사회의 지지를 최대한 끌어낼 수 있고, 수많은 관련국 사이에서 협의를 진행할 수 있었다. 어차피 결론을 미국이 내야 한다는 상황을 생각해보면, 북핵 문제의 해결은 한국이 주도권을 지니고 판을 짜, 마지막에 미국이 결과를 만들어 내는 방식이 가장 적합했다. 미국은 북한의 체제안정을 보장해 주고 실제 비핵화를 만들어 낼 골게터의 역할을 하는 동시에 게임을 이끌어 가는 대한민국을 든든하게 받쳐줄 버팀목의 역할도 해야 했다. 문재인 대통령의 구상을 실현하기 위해서는 미국의 주도권 이양과 협조가 필수였다.

그렇다면 미국의 상황은 어땠을까? 2016년 6월 16일, 트럼프 후보는 김정은 위원장과 햄버거를 먹으면서 더 나은 핵 협상을 할 거라고 말했다.[25] 트럼프 후보는 북한 문제를 그냥 방치했던

---

25 We shouldn't be having state dinners at all. We should be eating a hamburger on a conference table and making better deals. - 트럼프 대통령, 애틀랜타 유세, 2016.06.16.

오바마 대통령의 '전략적 인내'가 실패했다는 분명한 인식을 지니고 있었다. 트럼프는 북한 문제에 적극적으로 개입해 해결하겠다는 의지를 계속해서 표명했다. 물론 해결 방향은 두 갈래로 나누어져 있었는데 하나는 대화와 협상을 통한 외교적 해결이고 또 하나는 대북 선제 타격과 같은 군사적 해결이었다.

트럼프 대통령 당선 이후, 북한은 지속해서 미사일을 발사하며 긴장을 높이고 있었고, 트럼프 대통령과 김정은 국무위원장 사이의 설전도 이어졌다. 특히 북한에서 17개월간 억류됐다 풀려난 뒤 곧 숨진 오토 웜비어 씨 사건을 통해 갈등은 더욱 거대해져 갔다. 미국은 꾸준히 북한을 제재하면서 압박 강도를 높여가고 있었다. 하지만 그러면서도 여전히 외교적 해결을 열어둔 것처럼 보였다.

트럼프 대통령은 2017년 5월 1일 블룸버그 통신과의 인터뷰에서 "내가 그(김정은)와 함께 만나는 것이 적절하다면 나는 전적으로 영광스럽게 그렇게 할 것"이라고 말했다.[26] 하지만 같은 날 폭스뉴스와의 인터뷰에서는 "나와 오바마 전 대통령은 다르다."라며 "나는 레드라인을 긋는 것을 좋아하지 않지만, 행동해야 한다면 행동한다."라고 말했다.[27] 즉, 전략적 인내의 오바마 정부와는 달리 군사행동도 충분히 할 수 있다는 의미였다. 트럼프 대통령

---

26 If it would be appropriate for me to meet with him, I would absolutely, I would be honored to do it. - Trump Says He'd Meet With Kim Jong Un Under Right Circumstances, Bloomberg, 2017.05.01.

27 Well, I am not like president Obama. (중략) I don't like drawing red lines, but I act if I have to act. - Trump mum on North Korea red line, says: 'I act if I have to act', FOX NEWS, 2017.05.01.

은 각각의 인터뷰에서 대화와 무력이라는 상반된 대응을 말했고, 이는 미국의 대북 정책이 무엇인지에 대한 혼란을 줄 수 있었다. 하지만 엄밀히 말해서 트럼프 대통령은 하나의 정확한 방향성을 가지고 대북 정책을 펼쳐나가고 있었다.

'오바마 정부의 전략적 인내처럼 가만히 지켜보지 않는다. 외교적인 해법이든 군사적인 해법이든 필요한 조치를 취해 어떻게든 문제를 해결하겠다.'

이 메시지를 읽지 못한 이들은 트럼프 대통령에 대해 '오락가락'이며, 제대로 된 대북 정책이 없다고 비판하겠지만, 이 메시지를 제대로 읽은 사람이라면 트럼프 대통령이 북핵 문제에 대해 적극적인 해결 의지를 지니고 있으며, 가장 효과적인 방안을 고민 중에 있다는 것을 깨달을 수 있었을 것이다. 다행히 문재인 대통령은 후자였다. 그는 앞서 밝힌 것처럼 이미 트럼프 대통령의 의중을 파악한 상태였다. 또한, 언론 인터뷰를 통해서 트럼프 대통령이 하고자 하는 것에 대해 십분 동감하고 있으며, 대화를 통해 좋은 방안을 만들어 낼 수 있을 것이라는 생각을 밝혔다. 그렇다면 이제 문재인 대통령이 해야 할 일은 미국으로 날아가 트럼프 대통령에게 북핵 문제 해결을 위한 좋은 방안을 제시하고 지지와 협력을 얻어내는 것이었다. 그렇게만 된다면 대한민국은 주도권을 확보할 것이고, 문재인 대통령의 구상을 실행할 수 있는 단초가 마련될 것이었다. 대한민국과 미국 정상의 첫 번째 정상회담은 이렇게 세계사를 바꿀 수 있는 주요한 계기를 내포하고 있었다.

문재인 대통령은 너무나 중요한 외교 한판을 앞두고 있었다.

9.
장진호 전투 기념비에 헌화하다

외교란 상대가 있는 게임이다. 내 마음대로 해서는 아무것도 이룰 수 없다. 특히나 트럼프 대통령은 크게 성공한 사업가 출신이다. 협상과 거래에 있어서 그만큼 뛰어난 재능이 있고 성취를 이룬 사람은 드물다. 섣불리 덤볐다간 외교에서 큰 실패를 맛볼 수도 있다. 심지어 당시는 미국이 압도적인 주도권을 쥐고 있었다. 그렇기에 한국은 트럼프 대통령이 원하는 것이 무엇인지를 파악하고 이에 맞춰 외교 전략을 짜야 했다. 신중하고 또 신중하게 접근해야 했다.

트럼프 대통령의 대선 캐치프레이즈는 'MAKE AMERICA GREAT AGAIN'이었다. 미국인은 미국을 다시 위대하게 만들자는 그의 이상을 선택했고, 트럼프 대통령은 당선된다. 물론 그의 당선에 대한 반발도 많았다. 하지만 미국 민주주의의 결과는 분명 트럼프 대통령의 손을 들었다. 미국 국민은 미국이 위대하지 않다는 점에 동의했고 트럼프 대통령은 그런 미국을 다시 위대하게 만들겠다며 당선되었으니, 이제 트럼프 대통령에게 가장 중요한 일은 미국을 다시 위대하게 만들어 미국 국민의 바람에 응하는 것이 되었다. 그렇다면 한국은 미국을 다시 위대하게 만드는데 어떻게 기여할 수 있는가? 한반도 문제와 트럼프 대통령의 'MAGA'를 어떻게 연결할 수 있는가 그리고 이를 바탕으로 어떻게 한반도의 평화체제를 구축할 수 있는가를 고민해야 했다. 이들 질문에 대한 진지한 고민 없이는 한미정상회담이 실패로 끝

날 가능성이 컸으며, 한미정상회담의 실패는 한반도에 냉전 질
서의 고착화와 북·미 갈등의 고조, 더욱 끔찍하게는 미국의 대
북 군사행동을 불러올 수 있었다. 중국도 일본도 각국의 이익을
쫓을 테고, 한반도의 평화 같은 것은 신경도 쓰지 않을 것이다.
만약 그렇게 된다면 새우 신세인 한국의 등만 터질 것이고, 결
국 전쟁을 겪게 될 수도 있었다. 최악의 상황에는 미국과 중국
이라는 두 슈퍼파워가 힘 대결을 하고 3차 세계대전을 일으킬지
도 모르는 일이었다. 문재인 대통령이 후보 시절부터 지속해서
유예해 놓은 모든 끔찍한 상황은 언제라도 현실이 될 수 있었
다. 그만큼 한미정상회담은 중요했고, 고민도 전략도 깊어야만
했다.

한미정상회담을 위해 미국으로 간 문재인 대통령은 첫 공식 일
정으로 장진호 전투 기념비에 헌화했다.

> 67년 전인 1950년, 미 해병들은 '알지도 못하는 나라, 만난 적도 없는
> 사람들'을 위해 숭고한 희생을 치렀습니다. 그들이 한국전쟁에서 치렀
> 던 가장 영웅적인 전투가 장진호 전투였습니다. 장진호 용사들의 놀라
> 운 투혼 덕분에 10만여 명의 피난민을 구출한 흥남철수작전도 성공할
> 수 있었습니다.
>
> - 미국 방문, 장진호 전투 기념비 헌화 중에서(2017.06.28.)

문재인 대통령은 미군의 숭고한 희생을 기리면서 "가장 영웅적
인 전투가 장진호 전투"라고 말한다. 그리고 그들의 투혼이 10만
여 명의 피난민을 구출한 흥남철수작전의 성공을 만들어 냈다고

평한다.

> 그때 메러디스 빅토리호에 오른 피난민 중에 저의 부모님도 계셨습니다.
>
> - 미국 방문, 장진호 전투 기념비 헌화 중에서(2017.06.28.)

문재인 대통령은 자신의 탄생이 미국의 숭고한 희생 덕분이라고 말하고 있었다.

> 2년 후, 저는 빅토리호가 내려준 거제도에서 태어났습니다. 장진호의 용사들이 없었다면, 흥남철수작전의 성공이 없었다면, 제 삶은 시작되지 못했을 것이고, 오늘의 저도 없었을 것입니다.
>
> - 미국 방문, 장진호 전투 기념비 헌화 중에서(2017.06.28.)

2차 세계대전 이후의 냉전 시대. 그리고 그 과정에서 일어난 비극적인 전쟁. 민주주의를 수호하기 위해 목숨을 던져 숭고한 희생을 한 미군. 촛불혁명으로 세계 민주주의의 성지가 된, 전후 원조를 받는 나라에서 원조를 주는 나라로 성장한, 유일한 선진국이 된 대한민국. 미국이 피를 흘려 지켜낸 민주주의의 위대함을 전 세계에 가장 잘 보여주고 있는 국가인 대한민국. 그리고 국민이 민주주의의 방식으로 부패한 권력을 몰아내고 뽑은 대한민국의 새로운 대통령. 미국이 피를 흘려 지켜낸 피난민의 아들이 민주시민의 선택을 받은 대한민국의 대통령이 되어 표현하는 진심 어린 감사.

장진호 전투와 흥남철수작전이 세계전쟁 사상 가장 위대한 승리인
이유입니다.

- 미국 방문, 장진호 전투 기념비 헌화 중에서(2017.06.28.)

그들에게는 치욕스러운 패배인 줄 알았던 그 전투가 실은 역
사에서 가장 위대한 승리였다는 증거이자 증명인 당사자. 문재인
대통령은 미국을 다시 위대하게 만들어 냈다. 트럼프 대통령과
그의 주 지지층인 보수만을 겨냥한 것이 아니고, 억지로 짜 맞춘
것도 아니다. 역사라는 거대한 바탕 위에서 당사자가 전하는 진
심 어린 감사는 미국이 위대하지 않은 것이 아니라 위대함을 잠
시 잊고 있었던 것이라고 말해주었다.

한미동맹은 그렇게 전쟁의 포화 속에서 피로 맺어졌습니다. 몇 장의
종이 위에 서명으로 맺어진 약속이 아닙니다. 또한, 한미동맹은 저의
삶이 그런 것처럼 양국 국민 한 사람 한 사람의 삶과 강하게 연결되어
있습니다. 그렇기 때문에 저는 한미동맹의 미래를 의심하지 않습니다.
한미동맹은 더 위대하고 더 강한 동맹으로 발전할 것입니다.

- 미국 방문, 장진호 전투 기념비 헌화 중에서(2017.06.28.)

문재인 대통령은 미국이 위대한 만큼, 한미동맹 또한 위대하다
는 메시지를 전달한다. 사실 그렇다. 위대한 미국을 증명하는 가
장 확실하고도 명확한 증거가 바로 대한민국이기 때문이다. 미
국은 피를 흘려 대한민국과 함께 대한민국을 구했고 민주주의를
지켜냈다. 대한민국은 미국과 함께 지켜낸 민주주의를 바탕으로

성장했고 정치, 사회, 문화, 경제에서 가장 발전한 국가 중의 하나가 되었다. 누군가가 위대한 미국의 증거가 어디 있냐고 묻는다면 가만히 손가락을 들어 대한민국을 가리키면 될 일이었다. 한미동맹은 바로 이런 관계였다. 트럼프 대통령과 미국 국민이 되찾으려 했던 '그레이트 아메리카'는 대한민국과 함께 존재하고 있었다.

물론 미국에 있어서 아시아의 가장 중요한 동맹국이 어디냐고 묻는다면 당연히 일본을 이야기해야 할 것이다. 특히 오바마 행정부 이후 미국과 일본의 관계는 더욱 돈독해져 있었다. 하지만 과연 일본이 위대한 동맹일까? 미국과 일본의 동맹이 각별하다는 점에서는 모두가 동의할 수 있을 것이다. 그러나 둘의 관계는 승전국과 패전국이라는 역사의 바탕 위에 서 있다. 일본과의 동맹이 미국의 강함을 증명하는 것이 될 수는 있겠지만, 혹은 예전에 싸우던 두 국가가 화친하여 보기 좋다는 의미가 될 수도 있겠지만, 그렇다고 두 국가의 동맹이 위대해질 수는 없었다. 오바마가 히로시마에 가서 헌화한다고 해서 미국과 일본의 관계를 위대한 동맹으로 볼 수는 없다. 그러나 대한민국과 미국의 동맹은 위대한 동맹이 맞다. 비록 가장 가깝지는 않을지라도 말이다. 이것이 역사다.

> 트럼프 대통령과 굳게 손잡고 가겠습니다. 위대한 한미동맹의 토대 위에서 북핵 폐기와 한반도 평화, 나아가 동북아 평화를 함께 만들어 가겠습니다.
>
> (중략)

이 나무처럼 한미동맹은 더욱더 풍성한 나무로 성장할 것입니다. 통일된 한반도라는 크고 알찬 결실을 맺을 것입니다.

- 미국 방문, 장진호 전투 기념비 헌화 중에서(2017.06.28.)

문재인 대통령은 트럼프 대통령과 굳게 손잡고 가겠다고 말한다. 이는 트럼프 대통령에게 전하는 메시지였다. 미국의 위대함이 어디에 있는지를 말하며 앞으로 가야 할 길을 제시한 것이다. 민주주의와 인류를 위해 피를 흘렸던 위대한 미국이 북한 비핵화와 한반도 평화, 동북아 평화를 만들어 낸다면 더 위대한 나라가 될 수 있을 거라는 메시지였다.

문재인 대통령의 장진호 전투 기념비 헌화는 한미정상회담을 앞둔 상황에서 문재인 정부가 보여줄 수 있는 최고의 모습이었다. 트럼프 대통령이 원하는 것을 정확하게 알고 있으며, 그것에 대한 해답을 제시했고, 또 수많은 미국인과 참전용사들에게 자부심을 심어주며 역사적인 명분을 얻어냈다. 동시에 일본과의 동맹보다는 한국과의 동맹이 훨씬 더 위대하다는 사실에 대한 암시도 주었다. 북한 문제를 해결하는 데 있어서 일본은 미·일 동맹 강화를 통한 신냉전체제 구축을 더 선호하는 행보를 보였다. 북한이 갈등을 만들어 주는 것이 일본에는 이득이었기 때문이다. 한반도를 포함한 동북아시아에 갈등이 커질수록 미국은 아시아에 위치한 가장 가까운 동맹인 일본과 더 협력해야 하는 상황이었고, 일본은 반대급부로 많은 것을 얻을 수 있었다. 특히, 북한의 위협을 빌미로 일본의 염원인 재무장도 추진할 수 있었다. 심지어 아베 정권은 국내 정치에서도 북핵 위협을 잘 활용하고 있었다. 북한이 위협 수위를 높일 때마다 아베 총리의 지지율이 올라가면서 부정부패를 감출 수 있었다. 따라서 미국이라는 패권 국가를 가운데 두고, 한반도 평화체제를 구축하려는 한국과 계속 갈등을 조장하려는 일본 사이의 치열한 외교전이 있을 것은 누구나 예측할 수 있는 일이었다. 문재인 대통령의 장진호 전투 기념비 헌화는 일본과의 외교전에서 한국이 한 발 앞으로 치고 나간 결과를 만들어 주었다.

장진호 전투 기념비 헌화는 미국과의 정상회담을 성공적으로 치러낼 수 있는 근간을 만들었으며, 동시에 역사적 명분을 바탕으로 동북아에서 미·일 패권에 중심을 두는 것보다, 인류애와 평화를 추구하는 것이 미국을 더 위대하게 만드는 일임을 분명하게 보여준 성공적인 시작이었다.

10.
한·미 정상이 만찬을 갖다

6월 29일, 문재인 대통령은 예정되어 있던 트럼프 대통령과의 만찬 전에 미 상하원의원 지도부와 만나 간담회를 가졌다. 이는 참으로 의미가 깊은 간담회였는데 이유는 간단하다. 기존 '제네바 합의'가 어그러진 이유 중 하나가 바로 공화당이 주축이 되었던 당시 의회가 평화협정 체결에 반대한 것이기 때문이다. 북핵 문제를 풀기 위해 미국 의회의 협조가 중요하다는 것을 우리는 역사를 통해 알고 있다. 문재인 대통령이 미 의회와 만나 소통하고 지지를 요청하는 것은 당연하고도 또 당연한 일이었다.

하지만 미 의회와의 간담회가 뜻깊었던 이유가 한 가지 더 있다. 바로 정보다. 미국 의회는 과연 북한을 제대로 알고 있었을까? 이에 대해서는 회의적이다. 이미 밝힌 것처럼 미 정부는 북한에 대한 정보를 얻는 것에 어려움을 겪고 있었고, CIA 내에 한국임무센터를 만들기도 한 상황이었다. 미 행정부가 북한 정보를 얻기 힘들어했던 상황을 고려하면, 미 의회가 북한에 대한 많은 정보를 지니고 있다고 보기는 힘들다. 심지어 트럼프 대통령과 미 의회와의 관계를 생각해보면, 미 정부가 지닌 정보가 미 의회로 흘러 들어가지 않았을 가능성도 크다. 즉, 미 의회는 북한에 대한 정확한 정보가 부족한 상황이었다. 언제나 정보 부족은 잘못된 판단의 가능성을 내포한다.

그런 상황에서 문재인 대통령이 직접 미 상·하원 지도부를 만나 북한의 실상에 대해 알렸다. 북한에 시장경제가 일어나고, 휴대전화가 필수품처럼 여겨지며, 중국의 개혁개방 시기의 모습과 비슷하다는 이야기를 들은 미 의회는 분명 놀랐을 것이다.[28] 남북정상회담에 이르러서야 많은 사람이 북한의 핸드폰 사용실태를 알게 되었는데 문재인 대통령은 이미 이 시기에 관련 내용을 알고 있었으며 미 의회에 알리기까지 했다. 이는 서훈 국정원장과 소통을 하고 있을 CIA 그리고 트럼프 대통령도 당시 북한의 실태를 어느 정도 파악하고 있었다는 말이 된다.

문재인 대통령은 미 의회 지도부와 만난 자리에서 사드 배치 문

---

28 문재인 한국 대통령, 미 상하원 지도부 면담, VOA, 2017.06.30.

제도 이야기했다. 문재인 대통령은 "사드 번복의사를 가지고 환경 영향평가를 진행한다는 의구심은 버려도 좋다."라고 말하며, 이를 민주주의 절차를 밟는 것으로 설명한다.[29] 미국은 민주주의의 본산이다. 미국에서 민주주의 절차를 이야기하는 데 설득되지 않을 리가 없다. 특히 이 설명은 미국 내부에 있는 은근한 불안감, 그러니까 '한국이 미국과 거리를 두고 중국과 더 가까워지려는 것은 아닐까?' 하는 불안감을 줄여줬다. 이때만 해도 모든 일이 한·미·일·북·중·러의 냉전 질서 위에서 이해되는 상황이었다. 한국이 사드를 배치하면 미국 편이 되면서 체제의 균형을 이루며 북·중·러를 견제하는 것이고 한국이 사드를 배치하지 않으면 중국 편이 되어 무게추가 기울어질 수 있다는 인식이 미국 내에도 있었을 것이다. 그래서 사드 배치는 미국에도 무척이나 중요한 문제였다. 문재인 대통령은 이를 민주주의의 절차적 정당성으로 해명함으로써 미 의회가 오해할 수 있는 부분을 바로잡은 것이다.

이렇게 미 의회와 소통하면서 문재인 대통령은 북핵 해결을 위해 미 정부와 의회의 단합된 협력과 지지를 얻을 수 있는 근간을 만들어 냈다. 미 행정부와 의회 모두의 지지를 얻어내고자 하는 노력은 이후 북핵 해결에 큰 힘이 되어줄 것이었다. 문재인 대통령이 미국 양당 상하원의원 지도부와 만난 이 시간의 중요성은 약 1년이 지난 2018년 5월 2일에 '트럼프 대통령의 한반도 비핵화를 위한 외교적 노력'을 지지한다는 미 하원의원들의 초당적

---

29 미 상하원 지도부 면담… "사드 의구심 버려도 좋다", KTV 국민방송, 2017.06.30.

결의안 발의를 통해 증명된다.[30] 그리고 이런 초당적 결의안은 트럼프 행정부 들어 처음 있는 일이었다.

미 의회와의 만남 이후, 정상 간의 만찬이 시작됐다. 분위기는 매우 좋게 흘러갔다. 이 자리에서 문재인 대통령은 트럼프 대통령에게 이렇게 말한다.

> "과거에는 북한 문제가 중요하다면서도 실제 행동은 하지 않았다."
> "(트럼프 대통령의) 강력한 힘에 기반한 외교에 대해 전적으로 동감한다."
> "트럼프 대통령이 북핵 문제를 해결한다면, 미국의 어느 대통령도 해결하지 못한 위대한 성과를 만드는 게 된다."

문재인 대통령은 과거를 언급해 오바마 행정부의 '전략적 인내'를 비판하고 트럼프 대통령의 해결방식에 지지를 보내며, 이를 해결하면 트럼프 대통령이 미국의 어느 대통령보다도 위대한 대통령이 될 것이라고 말했다. 트럼프 대통령은 당시 지속해서 비판받았고 여론도 좋지 않았다. 그런데, 한국의 대통령이 자신의 의중을 명확하게 파악하고 역대 가장 위대한 성과를 이루는 대통령이 될 수 있다고 말했을 때, 그리고 그것이 입바른 말이 아닌 진심이었을 때, 그의 기분은 어땠을까? 그는 당연히 고개를 끄덕이고 있었을 것이다. 그래서인지 트럼프 대통령은 만찬 후에 백악관 내 사적 공간인 트리티룸을 외빈으로는 최초로 문재인 대통령에게 공개하고 링컨룸을 안내해 주기도 했다. 두 정상이

---

30 美 하원서 '트럼프 한반도 외교 지지' 초당적 결의안 첫 발의, 매일경제, 2018.05.02.

친밀감을 높이고 신뢰를 획득해 나가는 과정이 성공적이었다는 것을 보여주는 모습이었다. 그리고 트럼프 대통령은 만찬이 끝나고 트위터를 통해 "한국 대통령과의 좋은 만남이 막 끝났다. 북한, 그리고 새로운 무역협정을 포함해 많은 주제가 논의됐다!"[31] 라고 밝혔다.

외교는 나라와 나라가 펼치는 총성 없는 전쟁이다. 동시에 외교는 사람과 사람의 만남에서 비롯되는 것이기도 하다. 그렇기에 사람에 대한 친밀감과 신뢰, 존중과 같은 것은 무척이나 중요하다. IMF를 극복하는 데 있어서 김대중 대통령의 국제적인 명성과 신뢰가 큰 도움이 되었다는 평가가 있는 것처럼 말이다.[32]

문재인 대통령은 그 누구보다 대화를 잘하는 사람이다. 최고의 리스너이기 때문이다.[33] 남들이 계속 선입견을 지니고 트럼프 대통령을 바라보고 있을 때, 문재인 대통령은 꾸준히 트럼프 대통령의 이야기를 듣고 있었다. 문재인 대통령은 방미 일정 내내 진심으로 트럼프 대통령을 대했고, 트럼프 대통령과의 관계를 돈독하게 만들었으며, 한국과 미국이 강하고 위대한 동맹으로서 북핵 문제 해결을 위해 나아갈 수 있는 교두보를 구축했다. 하지만 아직은 부족했다. 가장 중요한 것은 정상회담이었다. 만찬의

---

31 Just finished a very good meeting with the President of South Korea. Many subjects discussed including North Korea and new trade deal! - 트럼프 대통령, 트위터, 2017.06.30.

32 [특파원 리포트] 김대중 대통령의 이름값, 매일경제, 2000.06.20.

33 말을 잘하는 첫째 덕목은 잘 듣는 것이다. 그는 잘 듣는다. 끝까지 듣는다. 그런 후에 자신의 생각을 말한다 - 고민정 문재인 캠프 합류 "아나운서로서, 文은 말 잘하는 사람", 한국경제, 2017.02.05.

분위기를 정상회담에서 성과로 만들어 내야 했다. 문재인 대통령이 한시름 놓기에는 아직 이른 때였다.

11.
문재인 대통령, 한반도의 운전자가 되다

상호 신뢰와 자유, 민주주의, 인권, 법치라는 공동의 가치들에 기반한 한·미 양국 간 파트너십은 그 어느 때보다 강력하며, 양 정상은 한미 동맹을 더욱 위대한 동맹으로 만들어 나가기로 합의하였다.

(중략)

트럼프 대통령과 문 대통령은 완전하고 검증가능하며 불가역적인 한반도 비핵화라는 공동의 목표를 평화적인 방식으로 달성하기 위해 계속 긴밀히 공조해 나가기로 하였다.

(중략)

양 정상은 제재가 외교의 수단이라는 점에 주목하면서, 올바른 여건 하에서 북한과 대화의 문이 열려 있다는 점을 강조하였다. 한·미 양국이 공히 북핵 문제 해결에 최우선순위를 부여한다는 점을 재확인하면서, 양 정상은 한국과 미국이 대북 적대시 정책을 갖고 있지 않으며, 북한이 올바른 길을 선택한다면 국제사회와 함께 북한에게 보다 밝은 미래를 제공할 준비가 되어 있음을 강조하였다. 양 정상은 고위급 전략 협의체를 통해, 비핵화 대화를 위해 필요한 여건을 어떻게 만들어 나갈지를 포함한, 양국 공동의 대북정책을 긴밀히 조율해 나가기로 하였다.

트럼프 대통령은 한반도의 평화 통일 환경을 조성하는 데 있어 대한민국의 주도적 역할을 지지하였다.

- 한미정상회담 공동성명 전문 중에서(2017.06.30.)

미 현지시간 2017년 6월 30일, 한국시간 2017년 7월 1일. 마침 내 한미정상회담이 마무리되고 공동성명이 발표됐다. 공동성명 에는 한·미 관계에 대한 포괄적인 내용이 담겨 있지만, 그중 가장 중요한 부분은 역시 한미동맹을 위대한 동맹으로써 공고히 하 고, 북핵 문제 해결을 위해 서로 협력하며, 한반도의 평화를 위 해 대한민국이 주도적인 역할을 한다는 합의였다. 한미동맹에 대 해서 공동성명은 이렇게 말하고 있다.

상호 신뢰와 자유, 민주주의, 인권, 법치라는 공동의 가치들에 기반 한 한미 양국 간 파트너십

- 한미정상회담 공동성명 전문 중에서(2017.06.30.)

이 문장을 통해 한미동맹이 세계 보편의 가치를 근간으로 두 고 있음을 명확하게 했다. 한국과 미국이 공동으로 추구해 나가 야 하며 공동으로 지켜내야 하는 가치가 갈등·대립·반목·적대가 아닌 화합·번영·평화라는 것을 알리면서 한국과 미국의 동맹이 위대하며 동시에 더욱 위대한 동맹으로 나아갈 수 있음을 증명 했다. 또한, 이를 이루기 위해 세계의 지지를 얻을 수 있는 명분 도 확보할 수 있게 되었다. 북핵 문제 해결에 있어서 한국과 미국 의 목표가 일치한다는 것도 명확하게 밝혔다.

완전하고 검증 가능하며 불가역적인 한반도 비핵화라는 공동의 목표를 평화적인 방식으로 달성하기 위해 계속 긴밀히 공조해 나가기로 하였다.

- 한미정상회담 공동성명 전문 중에서(2017.06.30.)

이 문구는 미 행정부가 실현하고자 하는 '완전하고 검증 가능하며 불가역적인 한반도 비핵화'를 당사자인 한국도 지지하고 동조한다는 것을 의미한다. 트럼프 대통령이 하고자 하는 것이 단지 트럼프 대통령만의 목표가 아니게 됨으로써 트럼프 대통령의 정책에 대한 정당성이 확보되었다. 한국은 '평화적인 방식'을 문구에 넣어서 한국에서 발생할지도 모르는 군사적 행위를 막아내고 외교로서 한반도의 비핵화를 이뤄낼 수 있는 단초를 마련했다. 전쟁 위험을 상당히 제거한 것이다. 그리고 공동성명에서 가장 중요한 내용이 이어진다.

트럼프 대통령은 한반도의 평화 통일 환경을 조성하는 데 있어 대한민국의 주도적인 역할을 지지하였다.

- 한미정상회담 공동성명 전문 중에서(2017.06.30.)

앞서 북핵 문제 해결에 대해서는 한국과 미국이 공동의 목표를 가지고 긴밀히 공조해 나간다고 명시한 반면, 한반도 평화 통일 환경 조성에 대해서는 대한민국이 주도적인 역할을 할 것이며 이를 미국이 지지한다고 적었다. 공동성명에 담긴 단어 하나하나는 충분한 의미를 지니고 사용되기에, 이 문장에 담긴 의미도 살펴볼 필요가 있다.

이미 밝힌 것처럼 문재인 대통령은 북핵 문제의 해결만을 목표로 보고 있지 않았다. 세계 질서를 완전히 새롭게 재편하고자 하는 큰 목표를 가지고 있었다. 대한민국이 주도해서 동북아에서 냉전 질서를 끝내고, 화합과 번영의 새로운 세계 질서를 만들어내는 것, 이를 통해 대한민국이 열강과 개도국을 연결하고 공동의 번영을 이룰 수 있도록 돕는 교량국가의 역할을 하는 것이 바로 그 목표이다. 이 큰 목표를 위한 과정 안에 북핵 문제 해결이 있는 것이다.

북핵 문제는 북·미가 주요 당사자이기 때문에 미국의 역할이 크다. 그러니 한·미 공조로 풀어야 한다. 하지만 그 이후 평화 통일 환경을 조성해야 하는 부분, 즉 동북아에 새로운 질서를 확립하는 부분은 한국이 주도할 수밖에 없다. 동아시아에 위치하지 않은 미국이 주도할 수도 없고, 미국이 가만히 두고 보기 힘든 중국·러시아가 주도할 수도 없다. 그렇다고 북한, 중국, 러시아 등에 골고루 미운털이 박힌 일본이 주도할 수도 없었다. 할수 있는 것은 오직 한국뿐이었다. 따라서, 북핵은 한·미 공조로, 한반도의 새 질서는 미국의 지지를 받아 한국의 주도로 만들어나가는 것이 문재인 대통령의 구상을 이뤄내는 데 최적의 역할분담이었다. 공동성명에 담긴 대한민국의 주도적인 역할에 대한 미국의 지지는 문재인 대통령의 구상을 미국이 정확하게 인식하고 힘을 실어준 것으로 봐야 했다.

미국이 대한민국의 주도적인 역할에 지지를 표명하면서 이제 북한을 비롯한 중국·일본 등도 한국을 쳐다봐야 하는 상황이 됐다. 물론 중국, 일본 등은 '일단 지켜보겠다' 정도의 스탠스를 취했을 것이다. 이후의 정세가 어떻게 바뀔지 그 누구도 예측하기 쉽지 않았기 때문이었다. 하지만 북한만은 가만히 지켜보고 있을 상황이 아니었다. 한미정상회담의 공동성명은 북한에게 선택을 강요하고 있었다. 북한은 한국을 제쳐두고 미국과 직접 상대하는 통미봉남의 방식을 이어갈지 아니면 한국이 주도하는 한반도 구상에 들어올지를 선택해야 했다. 북한은 국가의 명운을 좌우할 선택을 해야 하는 상황이 됐다. 북한의 고민은 깊어질 것이며, 선택을 위해서 한국의 역량을 신중히 검토해야 할 필요가 생겼다.

미국이 한국의 주도적인 역할을 지지한 것의 의미는 이렇게 거대했다. 문재인 대통령이 얻어낼 수 있는 최고의 성과였다. 하지만 당시에는 그 누구도 관련국 전부가 한국이 주도하는 새로운 길로 끌려 들어올 것이라 쉬이 예측하지 못했을 것이다. 그만큼 쉽지 않은 길이었고, 누구도 가보지 않은 길이었다. 그러나 시간이 지남에 따라 문재인 대통령의 성과는 세계를 바꾸는 결과를 만들어 내며 그 의미를 빛내게 된다.

다시 공동성명으로 돌아가면, 한·미 양 정상은 제재가 외교의 수단이라는 점에 주목하면서, 올바른 여건하에서 북한과 대화의 문이 열려 있다는 점을 강조했다. 한국과 미국이 대북 적대시 정책을 갖고 있지 않으며, 북한이 올바른 길을 선택한다면 국제사회와 함께 북한에 밝은 미래를 제공할 준비가 되어있음도 강조했다. 명확한 메시지였다. '제재는 외교의 수단'이라는 말로 '외교로 해결을 보겠다'는 공동의 인식을 말했고, '북한이 올바른 길을 선택한다면 국제사회와 함께 북한에 보다 밝은 미래를 제공할 준비'가 되어있다고 밝힘으로써, 문재인 대통령이 제시한 길에 트럼프 대통령도 동의했다는 것을 강조한다.

이 시기까지만 해도 북핵에 대한 해결책은 딱 두 가지가 있는 것처럼 알려져 있었다. '군사행동'을 하거나 아니면 '대화'로 풀어가거나. 아무것도 하지 않고 그냥 모른 척하는 '전략적인 인내'는 해결책이 아니니까 논의의 가치가 없다. 군사행동을 주장하는 이들은 전쟁이 일어나더라도, 그래서 한국이 전쟁의 피해를 입더라도 상관없다는 식의 막무가내 정신을 드러냈다. 2017년 5월 23일, 미국 민주당 의원 64명이 트럼프 대통령에게 '북 선제 타격 반대 서한'을 보낸 것[34]을 보면 트럼프 대통령이 실제 군사행동을 할 수 있다고 믿었던 사람들도 꽤 있었던 것 같다. 반대로 대화로 풀어가자는 사람들은 그것이 옳은 길이기는 하나 결과에 대한 확신이 없는 상황이었다. 특히 언제 북한이 말을 바꿀지 모른다는 불신도 깔려 있었다.

이런 상황에서 문재인 대통령은 완전히 새로운 제3의 길을 연다. '동북아의 냉전 질서 자체를 해체하고 세계 질서를 재편해 북한을 보통 국가화 시키겠다는 것'이다. 기존 질서 안에서는 단기적인 처방은 가능해도 근원적인 해결이 불가능한 것을 문재인 대통령은 알았던 것 같다.

문재인 대통령의 이니셔티브는 트럼프 대통령에게도 매력적이었을 것이다. 우선 북핵 문제를 해결할 수 있다는 점에서 그렇다. 트럼프 대통령은 오바마 행정부의 '전략적 인내'를 비판해왔

---

[34] 미 민주당 의원 64명, 트럼프에게 '북 선제타격 반대' 서한, 한겨레, 2017.05.24.

다. 문재인 대통령의 이니셔티브는 '전략적 인내'와 달리 분명한 결과를 낼 수 있었다. 게다가 지금까지 트럼프 행정부가 해온 방식을 그대로 이어가도 되는 방안이었다. 특별히 정책 방향을 바꿀 필요 없이 계속 북한을 제재해 나가고 압박해 나가면 되는 것이다. 그렇다면 지금까지 트럼프 대통령을 비판했던 미국 언론들과 자칭 전문가들에게 한 방 먹여 줄 수 있었다. '봐! 내 방법이 옳잖아!'하고 말이다. 또한, 냉전체제의 유산인 한·미·일·북·중·러의 냉전 질서를 깨고 전쟁 위협으로부터 전 세계의 불안을 해소해 낼 방안이기도 했다. 단순 북핵 문제 해결을 넘어 전 세계를 갈등과 전쟁의 위험에서 구해낸다면 트럼프 대통령이 노벨 평화상을 받는 것도 당연했다. 이미 부와 권력을 다 쟁취한 트럼프 대통령에게 있어 명예까지 얻을 수 있는 이 방안은 당연히 매력적이었을 것이다. 마지막으로 미국은 대한민국, 북한, 중국, 러시아, 일본과 모두 얽혀있는 동북아 경제체제에 참여해서 경제 번영에 올라탈 수 있었다. 트럼프 대통령은 지속해서 미국 경제 문제를 해결하겠다고 공언한 바 있다. 동북아 경제 협력체는 미국에 최고의 투자시장이자 최대의 이익을 얻을 수 있는 황금 같은 기회가 될 수 있었다. 성공한 경영자 트럼프 대통령에게는 이 전망이 더욱 명확하게 보였을 것이다.

이 모든 것을 더하면, 트럼프 대통령은 '문제는 경제야!'라고 외치며 미국 경제를 부흥시키고 성공한 정부로 평가받는 민주당 클린턴 대통령의 업적을 뛰어넘고, 정작 이룬 것 없이 가불 노벨상을 받았다는 평가를 받는 민주당 오바마 대통령의 업적도 뛰어넘어, 미국 역사상 가장 위대한 대통령 중 한 명이 될 수 있었다. 문재인 대통령이 만찬장에서 한 말은 단순히 듣기 좋으라고 한 말이 아니었다. 실현될 수 있는 일이었다. 물론 기존의 질서에 매몰되어 열린 생각을 하지 못하는 사람에게는 공상처럼 느껴질 터였다. 하지만 트럼프 대통령은 수십 년 동안 고착된 질서를 재편하겠다는 담대한 구상을 받아들일 수 있는 인물이었다.

문재인 대통령은 자신이 구상한 길에 대한 지지를 얻어냈다. 한미정상회담 공동성명을 통해 문재인 대통령이 마침내 운전대에 앉을 수 있게 된 것이다. 운전대에 앉기 위한 지난 몇 달간의 노력이 결국 결실을 이뤄냈다.

물론 여전히 위험은 존재했다. 미국은 의심의 눈초리를 거두지 않고 여차하면 운전대를 다시 뺏을 수도 있었다. 북한 역시 과연 한국이 한반도 상황을 주도해나갈 역량이 있는지 살펴볼 것이었다. 북한은 생존의 문제였기 때문에 무척이나 신중하게 접근할 것이 분명했다. 중국은 정확한 한국의 의도는 무엇인지 미국과의 관계는 어떻게 될 것인지 계속 경계할 것이다. 일본은 미국과의 관계를 더욱 돈독히 하며 한국의 시도를 무산시킬 틈이 있는지 살필 것이다. 한반도를 둘러싼 각국의 긴장이 고조되고 있었다. 그러나 주도권이 한국으로 넘어온 것만은 확실했다. 관련국 전부가 한국을 바라봐야 하는 상황이 되었기 때문이다.

이제 한국은 제대로 운전 실력을 발휘해야 했다. 특히 북한을 문재인 호에 태워야 했다. 그렇게 하지 못하면 운전석을 넘겨주고 뒤로 가서 앉은 미국이 언제 다시 운전대를 뺏을지 몰랐다. 북한을 태우지 못하면 문재인 대통령의 담대한 구상은 허무한 실패로 끝날 것이었다.

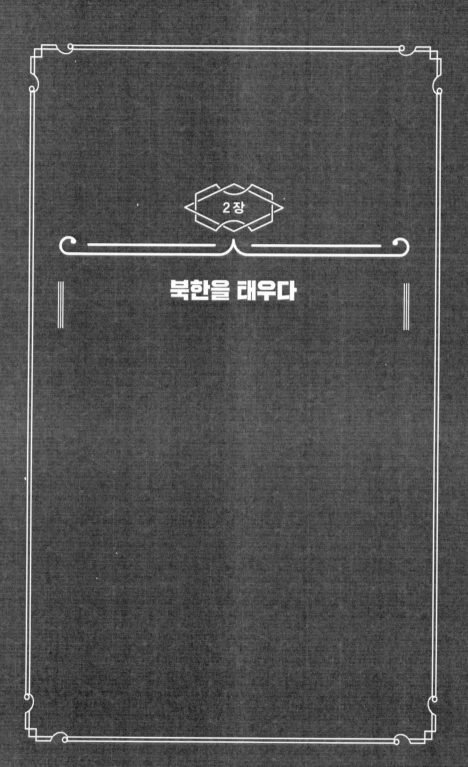

2 장

북한을 태우다

1.
베를린 구상을 발표하다

2017년 7월 6일, 문재인 대통령은 베를린 구상을 발표했다. G20을 위해 각국 정상이 모여 있던 독일에서 운전대를 잡은 문재인 대통령이 첫 운전을 시작한 것이다. 하지만 당시 상황은 녹록지 않았다.

한미정상회담 이후 대한민국은 운전대를 잡았다. 그러나 본격적으로 운전을 시작하기도 전에 북한은 ICBM을 발사한다. 미국의 독립기념일인 7월 4일이었다. 문재인 대통령이 미 동맹정상회담을 마치고 한국에 돌아온 것이 7월 2일이었다. 차 열쇠를 겨우 받아 들고 온 참이었다. 북한은 시동을 걸기도 전에 화성-14 미사일 시험발사를 했고, 시험 성공을 발표했다. 북한 입장에서 생각해보면 한미정상회담 이후 주도권을 잡은 한국을 압박하여 한국이 어느 정도의 영향력과 주도권을 행사할 수 있는지를 확인하고 혹여 뒤에 있을 협상 국면에서 최고의 결과를 얻어내기 위해 재빨리 핵 무력 확보를 할 필요가 있었을 것이다. 그러나 하필이면 미국의 독립기념일인 7월 4일에 진행한 미사일 실험은 너무 빨랐고 위험한 도박이었으며, 문재인 대통령에게는 큰 어려움이었다.

북한발 위기가 고조된 상황에서 문재인 대통령은 독일로 날아간다. G20 정상회의에 참석하기 위해서였다. 이 자리에서 문재인 대통령은 다시 트럼프 대통령을 만난다. 트럼프 대통령과 가까워 보이는 문재인 대통령의 모습은 북한의 ICBM 시험발사 이후에도 미국이 여전히 한국을 신뢰한다는 신호를 주기에 충분했다. G20에서는 한미일정상회담, 한일정상회담, 한중정상회담이 이어졌고, 이는 한반도 주도권을 가지게 된 대한민국이 외교로 자신의 영향력을 발휘하기 위한 사전 작업이었다.

그리고 문재인 대통령은 '베를린 구상'을 발표한다. 이를 통해 문재인 대통령은 한반도 운전자로서 북한과 관련국에게 자신이 어떤 운전을 해나갈지를 구체적으로 알린다. 운전대를 잡은 만큼 더욱 구체적이고 명확한 방안을 내놓는 것은 당연한 일이었다. 특히, 역사에 관심이 많고 명분을 중히 여기는 문재인 대통령이기에 냉전체제를 극복하고 통일을 이뤄낸 상징적인 장소이자, 김대중 대통령이 '베를린 선언'을 발표했던 베를린에서 이 같은 구상을 발표한 것은 큰 의미가 있었다. 남북문제가 냉전체제로부터 시작되었기에 이를 해체하고 한국이 독일처럼 강국으로 발돋움해야 한다는 상징성, 김대중 대통령의 '베를린 선언' 이후에 최초의 남북정상회담이 이뤄지고 남북 평화를 위한 위대한 첫걸음이 시작됐다는 역사성을 모두 아우르고 있기 때문이었다. 문재인 대통령의 베를린 구상은 내용을 떠나 장소만으로 '냉전체제를 해체하자', 그리고 '남북이 만나서 평화로 나가자'는 메시지를 전달했다.

> 친애하는 내외 귀빈 여러분,
>
> 이곳 베를린은 지금으로부터 17년 전, 한국의 김대중 대통령이 남북 화해·협력의 기틀을 마련한 '베를린 선언'을 발표한 곳입니다. 여기 알테스 슈타트하우스(Altes Stadhaus)는 독일 통일조약 협상이 이뤄졌던 역사적 현장입니다. 저는 오늘, 베를린의 교훈이 살아있는 이 자리에서 대한민국 새 정부의 한반도 평화구상을 말씀드리고자 합니다.
>
> — 쾨르버재단 초청 연설 중에서 (2017.07.06.)

문재인 대통령은 연설의 시작에서 이 같은 역사성과 상징성을 밝힌다. 우연이 아닌 섬세하게 조정된 일정이며, 문재인 대통령의 운전이 얼마나 잘 준비된 것인지를 알려준다.

> 존경하는 내외 귀빈 여러분,
>
> 한반도가 직면하고 있는 가장 큰 도전은 북핵 문제입니다. 북한은 핵과 미사일 도발을 계속하며 한반도와 동북아, 나아가 세계의 평화를 위협하고 있습니다. 특히 바로 이틀 전에 있었던 미사일 도발은 매우 실망스럽고 대단히 잘못된 선택입니다. 유엔 안보리 결의를 명백히 위반했을 뿐만 아니라 국제사회의 거듭된 경고를 정면으로 거부한 것입니다. 무엇보다 한미정상회담을 통해 모처럼 대화의 길을 마련한 우리 정부로서는 더 깊은 유감을 느끼지 않을 수 없습니다. 북한의 이번 선택은 무모합니다. 국제사회의 응징을 자초했습니다. 북한이 도발을 멈추고 비핵화 의지를 보여준다면, 국제사회의 지지와 협력을 받을 수 있

도록 앞장서서 돕겠다는 우리 정부의 의지를 시험하고 있습니다.

　나는 북한이 돌아올 수 없는 다리를 건너지 않기를 바랍니다. 북한은 핵과 미사일 개발을 포기하고 국제사회와 협력할 수 있는 길을 찾아야 합니다. 완전하고 검증가능하며 불가역적인 한반도 비핵화는 국제사회의 일치된 요구이자 한반도 평화를 위한 절대 조건입니다. 한반도 비핵화를 위한 결단만이 북한의 안전을 보장하는 길이라는 뜻입니다. 그래서 나는 바로 지금이 북한이 올바른 선택을 할 수 있는 마지막 기회이고, 가장 좋은 시기라는 점을 강조합니다. 점점 더 높아지는 군사적 긴장의 악순환이 한계점에 이른 지금, 대화의 필요성이 과거 어느 때보다 절실해졌기 때문입니다. 중단되었던 한반도 평화프로세스를 다시 시작할 수 있는 기본여건이 마련되었다는 점도 중요합니다.

　(중략)

　이제 북한이 결정할 일만 남았습니다. 대화의 장으로 나오는 것도, 어렵게 마련된 대화의 기회를 걷어차는 것도 오직 북한이 선택할 일입니다. 그러나 만일, 북한이 핵 도발을 중단하지 않는다면 더욱 강한 제재와 압박 외에는 다른 선택이 없습니다. 한반도의 평화와 북한의 안전을 보장할 수 없게 될 것입니다. 나는 한반도 평화를 위한 우리 정부와 국제사회의 의지를, 북한이 매우 중대하고 긴급한 신호로 받아들일 것을 기대하고 촉구합니다.

- 쾨르버재단 초청 연설 중에서(2017.07.06.)

　문재인 대통령은 북한에 대한 경고를 잊지 않는다. 이 경고를 통해 한국이 북한에 끌려다니는 것이 아니라 운전대를 잡고 있음을 국제사회에 명확하게 알린다. 또한, 완전하고 검증 가능하며 불가역적인 한반도 비핵화를 언급하며, 북한이 협상할 수 있는 여지를 미리 축소한다. 적당한 이익만을 얻는 수준의 협상은 없으며 확실히 비핵화를 해야 한다는 명확한 메시지였다. 이제 북한이 선택할 수 있는 것은 '완전한 비핵화' 아니면 '국제사회에 의한 철저한 제재와 응징'뿐이었다. 이는 북한에 대해 강한 압박과 제재를 강조하는 미국의 방침과도 맞아떨어지는 것이다.

문재인 대통령은 경고 후에 지금이 가장 좋은 시기라고 말하며 올바른 선택인 비핵화를 고르라고 어르기도 한다. 그리고 이어서 문재인 대통령이 그린 비전을 이야기한다.

> 첫째, 우리가 추구하는 것은 오직 평화입니다. 평화로운 한반도는 핵과 전쟁의 위협이 없는 한반도입니다. 남과 북이 서로를 인정하고 존중하며, 함께 잘 사는 한반도입니다.
>
> (중략)
>
> 나는 이 자리에서 분명히 말합니다. 우리는 북한의 붕괴를 바라지 않으며, 어떤 형태의 흡수통일도 추진하지 않을 것입니다. 우리는 인위적인 통일을 추구하지도 않을 것입니다.
>
> 둘째, 북한 체제의 안전을 보장하는 한반도 비핵화를 추구하겠습니다.
>
> (중략)
>
> 우리 정부는 국제사회와 함께 북한 핵의 완전한 폐기와 평화체제 구축, 북한의 안보 경제적 우려 해소, 북미관계 및 북일관계 개선 등 한반도와 동북아의 현안을 포괄적으로 해결해나가겠습니다.
>
> - 쾨르버재단 초청 연설 중에서 (2017.07.06.)

북한의 붕괴를 바라지 않는다고 선언하는 것. 이는 북한이 지닌 두려움을 풀어주는 것이며, 이를 국제사회 앞에서 공언함으로써 북한이 한국의 의지를 신뢰할 수 있게 해줬다.

북한은 체제안정을 원하고 있었다. 하지만 리비아를 보면서 비핵화가 곧 체제안정을 의미하는 것이 아니라는 점을 알고 있었을 것이다. 문재인 대통령은 북한의 체제 안전을 보장하겠다는 말로 북한의 불안을 줄였다. 특히 "북미 관계 및 북일 관계" 개선을 공언하면서 미국이나 일본이 돌발적인 행동을 하지 못하도록 막겠다는 한국 정부의 방침을 밝힌다. 이 역시 북한을 안심시키는 조치였다.

결론적으로 문재인 대통령은 '비핵화=체제안정', '핵 보유=국제제재 & 북한 붕괴'라는 단순한 프레임을 만들어 제시했다. 따라서 북한은 이 프레임 안에서 모든 일을 판단해야 했으며, 결국 비핵화라는 선택을 강제 받은 것이나 다름없게 됐다.

> 셋째, 항구적인 평화체제를 구축해나가겠습니다.
>
> (중략)
>
> 한반도에 항구적 평화구조를 정착시키기 위해서는 종전과 함께 관련국이 참여하는 한반도 평화협정을 체결해야 합니다. 북핵 문제와 평화체제에 대한 포괄적인 접근으로 완전한 비핵화와 함께 평화협정 체결을 추진하겠습니다.
>
> — 쾨르버재단 초청 연설 중에서(2017.07.06.)

문재인 대통령은 만약 북한이 비핵화를 선택해 체제안정을 이룬다면, 이것을 항구히 이어나갈 수 있도록 하겠다고 말했다.

트럼프 대통령은 이란 핵 합의를 실패작이라고 이야기해왔다. 결국, 북미정상회담을 앞둔 2018년 5월 8일에 미국은 이란 핵 합의를 파기해 버린다. 베를린 구상이 있던 당시에는 아직 파기 전이었지만 트럼프 대통령의 문제 제기는 계속 있었고[35], 이는 북한이 대화의 장으로 나오는 것을 주저하게 만들기 충분했다. 아마도 리비아와 이란의 케이스는 북한에게 쉽게 협의하지 말라는 경고와도 같았을 것이다.

그런 상황에서 문재인 대통령은 종전선언과 관련국이 참여하는 한반도 평화협정이라는 구상을 밝혔다. 협의 이후에도 지속적인 안정을 보장하겠다는 것이다. 이를 통해 북한의 불안을 최대한 줄이고 북한이 대화의 장으로 나올 수 있도록 판을 짰다.

> 넷째, 한반도에 새로운 경제 지도를 그리겠습니다. 남북한이 함께 번영하는 경제협력은 한반도 평화정착의 중요한 토대입니다.
>
> (중략)
>
> 남과 북은 대륙과 해양을 잇는 교량국가로 공동번영할 것입니다. 남과 북이 10.4 정상 선언을 함께 실천하기만 하면 됩니다. 그때 세계는 평화의 경제, 공동번영의 새로운 경제모델을 보게 될 것입니다.
>
> — 쾨르버재단 초청 연설 중에서 (2017.07.06.)

그리고 화룡점정으로 경제를 이야기한다. 경제 공동체를 만들

---

35 트럼프 미 대통령, 이란 핵합의 재검토 지시, VOA, 2017.04.19.

게 되면 한반도의 항구적 평화체제를 함부로 뒤엎을 수 없다. 글로벌경제체제가 된 이후로 경제는 세계 평화를 유지하는 데 있어서 가장 중요한 역할을 해왔다. 문재인 대통령은 경제야말로 한반도와 동북아시아의 평화를 지속할 수 있는 핵심요소라고 판단하고 있었다.

문재인 대통령은 앞에서 다룬 취임사 및 AIIB 연차총회 축사 등을 통해 이미 여러 번 반복해서 경제 비전을 제시해왔다. 경제 비전은 북한을 비핵화 테이블로 끌고 오는 것을 넘어, 북한의 비핵화 및 남북관계 개선이 전 세계의 경제에도 긍정적인 역할을 할 것이라는 암시를 주면서, 주변국의 협조와 지지도 얻을 수 있는 바탕을 마련했다.

마지막으로 문재인 대통령은 북한이 이제 어떻게 해나가야 하는지도 친절히 알려준다.

> 첫째, 시급한 인도적 문제부터 해결하는 것입니다.
> 둘째, 평창 올림픽에 북한이 참가하여 '평화 올림픽'으로 만드는 것입니다.
> 셋째, 군사분계선에서의 적대행위를 상호 중단하는 것입니다.
> 넷째, 한반도 평화와 남북협력을 위한 남북 간 접촉과 대화를 재개하는 것입니다.
>
> - 쾨르버재단 초청 연설 중에서(2017.07.06.)

이쯤 되면 족집게 강사와 다름없다. 인도적 문제라는 보편으로 시작해서, 스포츠라는 명분을 쌓고, 적대행위 중단으로 행동을 보이며, 남북접촉과 대화를 통해 체제안정과 경제 번영을 이뤄나가면 된다. 이 얼마나 명확하고 정확한가?

사실 이 제안은 매우 영리한 것이기도 했다. 인도적 문제라는 보편적 가치에서 시작하는 순간 그 상징성 때문에 후퇴는 불가능하고, 이는 북한이 비핵화를 선택했다는 확고한 신호를 주게 된다. 첫 번째가 가장 당연하고 쉬운 것처럼 보이지만 사실은 북한 비핵화의 가장 확고한 키포인트였다. 이를 마치 가장 쉬운 것처럼 앞에 쓱 내어놓는 문재인 대통령의 수를 보면 바둑의 고수가 확실하다는 생각도 든다. 물론 북한은 문재인 대통령의 이 같은 제안을 그대로 따라오지 않는다. 북한은 비핵화의 상징성을 지닌 인도적 문제를 이 네 가지 일 중 가장 마지막으로, 가장 최소화해서 하게 된다. 북미정상회담을 바로 앞둔 시점에서 북한 억류 미국인들을 송환하는 것으로 말이다.

한반도 운전대를 잡은 문재인 대통령의 첫 행보는 북한에게 그리고 관련국에게 자신이 어디로 한반도를 운전해 나갈지, 어떻게, 어떤 경로로 운전해 나갈 것인지를 정확하게 알려주는 것이었다. 문재인 대통령의 '베를린 구상'은 북한을 비롯한 관련국에게 상당히 깊은 통찰과 구체적인 방향까지 제시해 주며, 한국의 운전에 잘 따라오도록 안내했다.

시간이 흘러 '베를린 구상'은 예언이나 다름없다는 평가를 받게 된다. 이 구상대로 거의 모든 일이 진행됐기 때문이다. 이는 역으로 '베를린 구상'을 제시함으로써 북한을 비롯한 관련국이 이 구상을 가이드 삼아 움직였다는 뜻이기도 하다. 그만큼 '베를린 구상'의 영향력은 놀라운 것이었고, 동아시아 정세를 변화시키는데 큰 역할을 했다.

2.
사드를 추가 배치하다

2017년 7월 29일, 북한은 또다시 ICBM을 발사한다. 7월 4일 시험발사 이후 한 달도 안 되어 일어난 일이었다. 문재인 대통령이 한반도의 운전대를 잡고 나서, 그리고 베를린 구상을 발표하고 오래지 않아 북한은 어김없이 미사일을 발사하며 한반도를 긴장 상태로 몰아넣고 있었다.

북한이 어째서 이렇게 했는지를 추측하는 것은 섣부를 수 있다. 하지만, 상황을 살펴보면 그 의도를 짐작할 수는 있다. 우선 북한이 결국 대화의 장으로 나올 것만은 분명했다. 이미 문재인 대통령은 트럼프 대통령의 강한 압박과 제재에 동의했고, '베를린 구상'을 통해 핵 무력을 가지고 체제 불안 속에서 살던지 핵을 포기하고 체제안정과 경제 번영의 세상으로 올 건지를 결정하도록 북한을 압박했다. 즉, 문재인 대통령은 북한에게 죽느냐 사느냐의 선택지만 내놓은 상황이었다. 심지어 그냥 죽느냐 사느냐도 아니고, 죽느냐 아니면 떵떵거리며 잘 사느냐의 선택지였다. 누구도 이 상황에서 '죽느냐'를 선택하지는 않는다. 따라서 북한은 대화의 장으로 나올 것이 분명했다. 그렇다면 북한의 미사일 발사는 협상력을 높이려는 방편으로 보는 것이 타당하다. 북한이 문재인 대통령의 움직임에 맞춰 미사일을 발사한 것은 의도적인 것이었고, 그 의도는 '평화로 가겠다', 다만 '협상에서 최대한 많이 얻겠다'라고 추정할 수 있다.

개인적으로는 당시에 북한이 핵 무력 완성까지 갈 가능성이 크다고 판단했다. 많이 얻으려면 다른 도리가 없기 때문이다. 문제는 그렇게 협상력을 높이려 애쓰다가 판이 깨질 수 있다는 점이었다. 핵 무력 완성까지 가서 최고의 협상을 하려는 북한과 최대한 빨리 핵을 포기하게 만들고 싶은 미국 사이에 갈등의 골은 계속 깊어질 것이고, 대한민국에 건네준 운전대를 미국이 언제 다시 가져가 군사행동을 하게 될지 모르는 상황이었다. 그런 점에서 당시 대한민국 정부가 진정으로 관리해야 할 대상은 종국에는 대화로 나올 수밖에 없는 북한이 아니라, 언제라도 강경책을 쓸 수 있는 미국이었다. 문재인 대통령에게 있어 가장 중요한 일은 미국이 군사행동을 하지 않도록 막는 것이었다.

문재인 대통령은 사드를 배치해 버렸다. 북한이 ICBM을 발사한 후에 바로 NSC를 개최하고 사드 배치를 결정한 것이다. 문재인 대통령은 남아있던 잔여 발사대 4대를 추가 배치하라고 지시했다.[36] 국내에서 쏟아질 수많은 논란과 반발을 생각해보면 놀랍도록 대범하고 단호하며 빠른 결정이었다. 그만큼 상황이 중했다.

문재인 대통령은 사드를 배치함으로써 미국을 안정시킬 수 있었다. 한국이 움직이지 않았다면, 미국 내 강경파들의 입김이 강해졌을 것이고, 전쟁 위험은 커졌을 것이다. 한반도 평화프로세

---

36 문재인 한국 대통령, 사드 잔여 발사대 배치 지시, VOA, 2017.07.29.

스의 운전대를 다시 뺏길지도 모르는 상황이었다. 문재인 대통령의 사드 배치는 그런 점에서 미국 내부의 여론을 관리하는 효과를 발휘했다. 한·미 공조도 더욱 돈독히 할 수 있었다. 이는 한번 잡은 운전대를 절대 놓지 않겠다는 문재인 대통령의 의지의 소산이기도 했다.

사드 배치는 중국을 움직이게 하는 효과도 있었다. 한국이 사드 추가 배치를 결정하자 중국은 우려를 표명했다. 중국 외교부는 홈페이지를 통해 발표한 성명에서 "중국은 한국의 관련 조처를 심각하게 우려하고 있다."라며 "중국은 미국의 사드 배치 입장을 단호하게 반대한다."라고 말했다. '심각한 우려', '단호한 반대' 등 강한 어조가 사용된 것을 보면 중국은 한국의 사드 추가 배치를 매우 불쾌해 했다는 것을 알 수 있다.

한국의 사드 배치는 중국에 최악의 시나리오였다. 한국의 사드 배치는 곧 한·미·일 동맹의 강화를 나타냈다. 한국이 확실하게 미국과 손을 잡고, 중국을 등질 거라 해석될 것이 분명했다. 결국, 한·미·일-북·중·러의 냉전 질서가 굳어진다는 판단이 섰을 것이다. 그런 상황에서 북한은 계속 미사일을 발사하면서 한반도에 긴장을 높이고 있었고, 이는 미국의 군사행동을 야기할 수도 있었다. 만약 미국이 군사행동을 한다면 어떻게 될까? 러시아는 뒷짐 지고 있고 북한은 힘이 없으니 결국 중국이 군사적인 대응을 해야 하는데, 그러면 중국만 크게 깨질 것이 분명했다. 그렇다고 중국이 가만히 있으면 자신의 턱 밑에 미군이 자리를 잡을 수도 있었다. 그러니 중국은 한국의 사드 배치를 어떻게든 막아서 한·미·일 동맹을 조금이라도 약화시키고 싶었을 것이다. 하지만 대한민국은 북한의 도발이라는 명분을 가졌다. 문재인 대통령은 이 명분을 가지고 사드를 배치해 버렸고, 난감해진 중국은 유감을 표명하는 것 외에는 딱히 할 수 있는 것이 없었다.

이제 중국도 선택의 시간을 맞이하고 있었다. 북한의 도발을 그냥 지켜보다가 자기 턱 밑에 미국이 위치하는 최악의 상황을 맞이할 것인지, 아니면 한반도의 긴장을 완화하기 위해서 무엇이라도 할 것인지를 결정해야 했다. 문재인 대통령의 사드 임시 배치라는 결단이 중국에도 선택을 강요하고 있었다. 그것도 답이 훤히 보이는 선택을.

결국, 문재인 대통령의 전격적인 사드배치는 미국의 군사행동을 막고, 한미동맹을 더욱 강화하며, 한국의 한반도 주도권이 계속 이어지도록 했으며, 동시에 중국 역시 북한 비핵화를 적극 지지하고 외교적인 해결을 위해 노력하도록 만들어냈다. 대선 기간 동안 사드 배치에 대한 확답을 내놓으라는 수많은 공격에도 불구하고, 사드를 협상카드로서 끝까지 남겨놓았기에 쓸 수 있었던 절묘한 한 수였다.

문재인 대통령은 8월 7일에 도널드 트럼프 미국 대통령과 전화 통화를 했다. 문재인 대통령은 트럼프 대통령과의 스킨십을 늘려가며 한미정상회담 이후 확보한 주도권을 계속 가지기 위해 노력하고 있었다. 문재인 대통령은 이 통화에서 평창동계올림픽을 계기로 이른 시일 내로 방한해 달라고 트럼프 대통령에게 요청했다. 트럼프 대통령은 "사의를 표하며 가까운 시일 내 방한할 수 있기를 기대한다."라고 답했다. 이 전화 통화로 한미동맹의 굳건함이 다시 한번 공개됐다.

북한은 아마 서서히 깨닫고 있었을 것이다. 북한은 문재인 대통령의 대북시그널이 나올 때마다 미사일을 발사했다. 그런데도 한미동맹은 굳건하고 문재인 대통령은 한반도 주도권을 계속 쥐고 있었다. 한국은 미국과 굳건히 공조하며 설득하고 움직일 힘이 있었다. 북한 입장에서는 이제 가열하게 달려나가야만 했다. 어차피 결론은 협상이다. 그때까지 최대한 핵을 발전시켜 놔야 했다. 군사적인 대응이 나오지 않을 딱 그 수준까지 말이다. 그것이 북한의 협상력을 최대로 높여줄 것이다. 심지어 한국은 모든 것이 평창동계올림픽 전에 끝나야 한다고 말하고 있었다. '베를린 구상'도 트럼프 대통령 방한 요청도 모두 동계올림픽을 가리키고 있었다. 북한은 서둘러야 했다.

문재인 대통령은 트럼프 대통령과 통화한 날, 아베 신조 일본 총리와도 전화통화를 했다. 두 정상은 북한 문제 해결을 위해서 한·일 및 한·미·일 3국 간 협력을 계속해 나가겠다고 밝혔다. 이 메시지에 가장 주목했을 나라는 역시 중국이다.

○ 한·미·일 협력 강화, 추가 배치되는 사드, 턱 밑의 미군

중국은 행동에 나선다. 문재인 대통령이 트럼프 대통령과 아베 신조 총리와 통화한 지 5일 후인 8월 12일, 트럼프 대통령과 시진핑 주석은 전화 통화를 한다.

"양국 정상은 한반도의 비핵화를 위한 공동의 노력 등을 거듭 밝혔다."

"양국 정상 간 관계는 매우 가까우며, 이는 북한 문제의 평화적 해결로 이어질 것"[37]

미국과 중국이 북한 문제 해결을 위해 협력한다는 것을 밝혔다. 미국과 중국의 협력. 이를 통해 한반도에서 냉전의 유산이 지워질 가능성이 열렸다. 미국과 중국의 패권 다툼이 미국과 중국의 협력이라는 완전히 새로운 방식으로 전환될지도 모르는 일이었다. 적어도 한반도에서만큼은 말이다. 이는 문재인 대통령이 구상한 완전히 새로운 국제질서를 이뤄내기 위해 가장 중요했던 한걸음이었다. 이것이 이뤄졌다.

8월 12일자 연합뉴스의 보도에 따르면 이에 대해 청와대 고위 관계자는 "트럼프 대통령과 시진핑 주석이 외교적인 노력을 기울이기로 했다는 것은 우리가 노력한 대로 방향이 잡혀가는 것"이라며 "환영할만한 일"이라고 말했다.[38] 우연이 아니라는 말이다.

한국은 냉전의 유산인 미·중 대립 체제가 아닌, 한·미·중 협력이라는 새로운 틀을 짜냈다. 이제 이 틀을 강화해 나가면서 북한을 문재인 호에 태워야 했다.

---

37 시진핑, 트럼프에 "대화·담판으로 한반도 핵문제 해결해야", 한겨레, 2017.08.12.
38 靑 "美中정상 北문제해결 노력 평가…국면전환 계기 돼야", 연합뉴스, 2017.08.12.

3.
한반도 전쟁 위기를 돌파하다

오늘 광복절을 맞아 한반도를 둘러싸고 계속되는 군사적 긴장의 고조가 우리의 마음을 무겁게 합니다. 분단은 냉전의 틈바구니 속에서 우리 힘으로 우리 운명을 결정할 수 없었던 식민지시대가 남긴 불행한 유산입니다. 그러나 이제 우리는 스스로 우리 운명을 결정할 수 있을 만큼 국력이 커졌습니다. 한반도의 평화도, 분단 극복도, 우리가 우리 힘으로 만들어가야 합니다. 오늘날 한반도의 시대적 소명은 두말할 것 없이 평화입니다. 한반도 평화 정착을 통한 분단 극복이야말로 광복을 진정으로 완성하는 길입니다. 평화는 또한 당면한 우리의 생존 전략입니다. 안보도, 경제도, 성장도, 번영도 평화 없이는 미래를 담보하지 못합니다. 평화는 우리만의 문제가 아닙니다. 한반도에 평화가 없으면 동북아에 평화가 없고, 동북아에 평화가 없으면 세계의 평화가 깨집니다. 지금 세계는 두려움 속에서 그 분명한 진실을 목도하고 있습니다. 이제 우리가 가야 할 길은 명확합니다. 전 세계와 함께 한반도와 동북아의 항구적 평화체제 구축의 대장정을 시작하는 것입니다.

- 72주년 광복절 기념식 경축사 중에서(2017.08.15.)

8월 15일, 제72주년 광복절 축사에서 문재인 대통령은 분단에 대한 역사적 의미를 정의하고 나가야 할 길을 다시 한번 밝힌다. 분단이란 결국 냉전이 남긴 불행한 유산이며 우리의 미래는 이 유산을 극복하고 전 세계와 함께 한반도와 동북아의 항구적 평화체제 구축하는 것이라는 메시지였다. 당시는 계속되는 북한의 도발로 긴장이 고조되고 있는 시기였다.

8월 8일, 미국 트럼프 대통령이 '화염과 분노(fire and fury)' 발언[39]을 하면서 긴장이 고조되고, 실질적인 전쟁 가능성이 커지고 있었다. 이에 불안감을 느끼는 사람도 증가했다. 국내에서는 문재인 정부의 대북 정책에 대한 비판이 거세지고 있었다. 당시 자유한국당의 홍준표 대표는 8월 10일에 열린 자유한국당 최고위원회에서 "북핵 문제가 북·미 간의 대결국면으로 치달으면서 극한까지 왔는데, 이 정부는 주도적 역할을 하겠다면서도 아무런 역할을 하고 있지 않다", "주변의 강대국들이 문재인 정부의 대북정책을 거부하고 있는 것이 명백히 나타나고 있다."라며 문재인 대통령과 정부를 강하게 비판했다.

이렇게 국제정세의 불안이 커지고 국내의 비판도 거세지고 있는 상황에서도 문재인 대통령은 흔들림이 없었다. 오히려 광복절 경축사를 통해 또 한 번, 자신의 길이 옳으며 그렇게 가야 한다고 밝혔다. 이는 고집이라기보다는 뚝심이었다. 제대로 평가를 받지 못했을 뿐, 한반도 주도권을 얻고, 중국을 끌어들이는 등 실제 성과가 나오고 있었다. 홍준표 대표의 '주변의 강대국들이 문재인 정부의 대북 정책을 거부하고 있는 것'이라는 반응이 오히려 상상에 기반한 것이었다.

---

[39] North Korea best not make any more threats to the United States. They will be met with fire and fury like the world has never seen… he has been very threatening beyond a normal state. And as I said, They will be met with fire, fury and frankly power the likes of which this world has never seen before. - 트럼프 대통령, 2017.08.08.

정부의 원칙은 확고합니다. 대한민국의 국익이 최우선이고 정의입니다. 한반도에서 또다시 전쟁은 안 됩니다. 한반도에서의 군사행동은 대한민국만이 결정할 수 있고, 누구도 대한민국의 동의 없이 군사행동을 결정할 수 없습니다. 정부는 모든 것을 걸고 전쟁만은 막을 것입니다. 어떤 우여곡절을 겪더라도 북핵 문제는 반드시 평화적으로 해결해야 합니다. 이 점에서 우리와 미국 정부의 입장이 다르지 않습니다.

- 72주년 광복절 기념식 경축사 중에서(2017.08.15.)

문재인 대통령은 미국에도 메시지를 보낸다. 대한민국 동의 없이 군사행동 결정은 안 되고, 전쟁은 막을 것이며, 북핵 문제를 평화적으로 해결하겠다고 말하면서 '미국 정부의 입장이 다르지 않습니다'라고 못을 박는다. 위기관리를 위해 문재인 대통령은 미국에도 꾸준히 신호를 보내고 있는 중이었다.

북한 당국에 촉구합니다. 국제적인 협력과 상생 없이 경제발전을 이루는 것은 불가능합니다. 이대로 간다면 북한에게는 국제적 고립과 어두운 미래가 있을 뿐입니다. 수많은 주민의 생존과 한반도 전체를 어려움에 빠뜨리게 됩니다. 우리 역시 원하지 않더라도 북한에 대한 제재와 압박을 더욱 높여 나가지 않을 수 없습니다. 즉각 도발을 중단하고 대화의 장으로 나와 핵 없이도 북한의 안보를 걱정하지 않을 수 있는 상황을 만들어야 합니다. 우리가 돕고 만들어 가겠습니다. 미국과 주변 국가들도 도울 것입니다.

다시 한 번 천명합니다. 우리는 북한의 붕괴를 원하지 않습니다. 흡수통일을 추진하지도 않을 것이고, 인위적 통일을 추구하지도 않을 것입니다. 통일은 민족공동체의 모든 구성원들이 합의하는 '평화적, 민주적' 방식으로 이루어져야 합니다. 북한이 기존의 남북합의의 상호이행을 약속한다면, 우리는 정부가 바뀌어도 대북정책이 달라지지 않도록, 국회의 의결을 거쳐 그 합의를 제도화할 것입니다. 저는 오래전부터 '한반도 신경제지도' 구상을 밝힌 바 있습니다. 남북 간의 경제협력과 동북아 경제협력은 남북공동의 번영을 가져오고, 군사적 대립을 완화시킬 것입니다. 경제협력의 과정에서 북한은 핵무기를 갖지 않아도 자신들의 안보가 보장된다는 사실을 자연스럽게 깨닫게 될 것입니다.

  − 72주년 광복절 기념식 경축사 중에서 (2017.08.15.)

문재인 대통령은 북한에도 메시지를 보낸다. "국제적인 협력과 상생 없이 경제발전을 이루는 것은 불가능합니다."라고 말하며 북한이 경제발전을 원하는 것을 알고 있음을 밝힌다. "북한의 붕괴를 원하지 않습니다. 흡수통일을 추진하지도 않을 것이고, 인위적 통일을 추구하지도 않을 것입니다."라고 말하며 북한 체제 안정 보장도 또 한 번 공언한다. 심지어 정부가 바뀌어도 이를 이어나가겠다며 '국회 의결'까지 제시한다. 이미 이명박·박근혜 정권 동안 남북관계가 무너진 경험이 있었다. 북한은 비핵화 과정에서 또 이런 일이 발생할 가능성을 우려할 수 있다. 문재인 대통령은 이 부분을 정확하게 인식하고 해결책을 제시한 것이다. 심지어 문재인 대통령은 '한반도 신경제지도'를 통해 북한의 체제안정이 지속해서 보장될 거라고 밝힌다. 리비아 사태 이후에 북한이 불안해하고 있는 지점, 즉, 핵 포기 이후에 체제를 보장받을 수 있는지에 대한 대답까지 한 것이다.

문재인 대통령은 북한이 원하는 것, 그리고 불안해하는 것을 모두 해소해 주겠다고 드러내놓고 말했다. 주도권을 쥐고, 미국이 차에 타고, 중국도 함께 하겠다는 상황에서 한반도 평화 질주를 위해 남은 한 가지가 바로 북한이 탑승하는 것이었다. 문재인 대통령은 북한에게 더욱 명정한 시그널을 보내서 문재인 호에 태우려고 하고 있었다.

쉬운 일부터 시작할 것을 다시 한 번 북한에 제안합니다. 이산가족 문제와 같은 인도적 협력을 하루빨리 재개해야 합니다. 이분들의 한을 풀어드릴 시간이 얼마 남지 않았습니다. 이산가족 상봉과 고향 방문, 성묘에 대한 조속한 호응을 촉구합니다. 다가오는 평창 동계올림픽도 남북이 평화의 길로 한 걸음 나아갈 수 있는 좋은 기회입니다. 평창 올림픽을 평화올림픽으로 만들어야 합니다. 남북대화의 기회로 삼고, 한반도 평화의 기틀을 마련해야 합니다. 동북아 지역에서 연이어 개최되는 2018년 평창 동계올림픽, 2020년의 도쿄 하계올림픽, 2022년의 베이징 동계올림픽은 한반도와 함께 동북아의 평화와 경제협력을 촉진할 수 있는 절호의 기회입니다. 저는 동북아의 모든 지도자들에게 이 기회를 살려나가기 위해 머리를 맞댈 것을 제안합니다. 특히 한국과 중국, 일본은 역내 안보와 경제협력을 제도화하면서 공동의 책임을 나누는 노력을 함께해 나가야 할 것입니다.

― 72주년 광복절 기념식 경축사 중에서(2017.08.15.)

문재인 대통령은 계속해서 북한을 설득한다. 가장 쉬운 인도적인 문제를 먼저 해결하자는 것이다. 하지만 인도적인 문제를 해결하는 순간 북한은 비핵화를 천명한 것이나 다름없게 된다. 북한은 이 문제를 뒤로 미뤄버렸다. 그래도 올림픽은 남는다. 문재인 대통령은 평창올림픽을 평화올림픽으로 만들자고, 이를 대화의 기회로 삼자고 전한다. 또다시 대화 테이블로 나올 수 있는 명분을 제시하고 동시에 시기의 마지노선도 그어버렸다. 북한에게는 평창올림픽까지의 시간만이 남아있다는 압박이었다. 또한, 8월 17일에 열린 취임 100일 기념 내외신 기자회견에서 문재인 대통령은 북한 도발에 대한 마지노선도 제시한다.

"북한이 ICBM 탄도미사일을 완성하고 거기에 핵탄두를 탑재해서 무기화하는 것을 '레드라인'이라고 생각합니다."

당시까지 문재인 대통령은 레드라인에 대해서 구체적으로 말하지 않았다. 협상에서 협상 조건의 최대치를 미리 밝히는 것은 중재자에게 득이 되지 않는다. 이를 밝혀 버리면, 중재자에 대한 의존도가 떨어지기 때문이다. 거래당사자가 이 지점까지는 양보를 안 할 가능성도 커진다. 즉, 레드라인을 구체적으로 알리면 북한이 그 직전까지 계속 몸값을 올릴 가능성이 커진다. 그동안 문재인 대통령은 중재자로서 구태여 이 레드라인을 밝힐 필요가 없었다. 그렇다면 어째서 문재인 대통령은 구체적인 레드라인을 밝혔을까? 이유는 단순하다. 레드라인을 밝히는 것이 그렇지 않았을 때보다 더 이득이 되는 상황이 됐기 때문이다. 그 상황은 단 한 가지다. 협상의 종결과 파국.

문재인 대통령이 구체적으로 레드라인을 언급했다는 것은 그만큼 한반도의 상황이 불안했다는 것을 의미한다. 그리고 아이러니하게도 북한뿐만 아니라 미국 또한 불안을 가중시키고 있었다. 미국의 군사행동 가능성이 커지고 있었다.

2017년 8월 6일, 미국의 맥매스터 국가안보보좌관은 미국 MSNBC와의 인터뷰에서 예방 전쟁을 포함한 모든 옵션을 준비하고 있다고 밝혔다.[40] 군사용어사전[41]에 따르면 예방 전쟁은 '전쟁의 발발이 당장 급박한 상태에 이르지는 않았으나 조만간에 일전이 불가피하다고 판단될 때에, 적이 유리한 전략태세하에서 전쟁을 개시하는 것을 예방하기 위하여 적보다 먼저 개전하는 전쟁'이다. 즉, 예방 전쟁은 북한이 핵 무력을 완성하기 전에, 미국을 공격하고자 하는 준비를 마치기도 전에, 위협 판단을 미국이 자의적으로 내려 먼저 전쟁을 시작하는 것이다. 이를 미국이 검토하고 있었다.

심지어 8월 1일, 미국 공화당의 린지 그레이엄 상원의원은 NBC에 출연해 트럼프 대통령과의 대화 내용을 공개했는데 내용이 충격적이었다. 린지 그레이엄 상원의원은 "만약 김정은을 막기 위한 전쟁이 나더라도 거기(한반도)서 나는 것이고 수천 명이

---

[40] Well, we really, what you're asking is- is are we preparing plans for a preventive war, right? A war that would prevent North Korea from threatening the United States with a nuclear weapon. And the president's been very clear about it. He said, "He's not gonna tolerate North Korea being able to threaten the United States" if they have nuclear weapons that can threaten the United States; It's intolerable from the president's perspective. So of course, we have to provide all options to do that. And that includes a military option. - 맥매스터, MSNBC, 2017.08.06.

[41] 이태규, 군사용어사전, 일월서각

죽더라고 거기(한반도)서 죽는 것이지 여기서 죽는 게 아니"라고 트럼프 대통령이 말했다고 전했다.**42** 전쟁이 나면 미국인이 아니라 한국인이 죽으니 괜찮다는 의도로 해석되는 말이었다. 이렇게 계속 이어지는 메시지가 가리키고 있는 방향은 하나였다. 미국의 군사행동이었다.

이 상황에서 중재자가 할 수 있는 최고는 무엇일까? 단순하다. 두 거래당사자에게 거래 조건의 최대치를 알려주는 것이다. '북한이 여기까지 판돈을 확보하는 것은 괜찮다. 하지만 그 이상은 안 된다'는 메시지를 공개적으로 밝힘으로써 그 지점까지는 누구도 협상 판을 깨지 못하도록 하는 것이다. 문재인 대통령이 밝힌 레드라인은 직접적인 위협으로 판단할 수 있는 ICBM에 핵탄두를 탑재하기 이전까지, 절대로 전쟁은 불가하다는 의미였다. 바꿔말하면 미국이 검토 중인 군사행동을 허용할 수 없다는 대한민국 대통령의 선언이기도 했다.

문재인 대통령이 제시한 레드라인은 상당히 적절한 선이었는데, 본토에 위협이 되지 않는 한 미국이 협상 판을 걷어차고 예방 전쟁을 하는 것은 트럼프 행정부로서도 위험부담이 너무 컸기 때문이다. 그러니 딱 이 지점까지는 대화판이 유지될 가능성이 컸다. 게다가 문재인 대통령이 제시한 레드라인은 그냥 임의로 설정한 것도 아니었다. 이는 미국 민주당의 대선후보였던 힐

---

42 If there's going to be a war to stop Kim Jong Un, it will be over there. If thousands die, they're going to die over there. They're not going to die here. And He has told me that to my face. - 린지그레이엄, NBC, 2017.08.01.

러리 클린턴이 골드만삭스 연설에서 언급한 것과 궤를 같이한 다. 위키리크스에서 공개한 문건에 따르면 미국은 중국에게 "만 약 북한이 미사일 프로그램을 계속 개발하고 소형 핵무기를 운 반할 수 있는 ICBM을 갖게 된다면, 미국은 그것을 두고볼 수 없 다"고 말했다.[43] 문재인 대통령은 미국이 납득할 수 있는 최대치 를 파악해 레드라인을 설정하고 제시한 것이다.

북한에게도 이는 적절한 지점이었다. 북한은 리비아 모델을 경 험했다. 핵을 제대로 완성하지 않은 상태에서 협상했고, 결과적 으로 무너진 카다피 정권을 보면서 북한은 최대치의 판돈을 준 비하고 싶었을 것이다. 문재인 대통령의 레드라인 정도면 만족스 러운 판돈을 마련할 수 있을 거였다. 레드라인의 구체적 제시는 매우 적절했고, 또 필요했다. 당장 중재자의 협상력은 좀 떨어지 더라도 판이 깨지는 최악의 상황을 피한 것이다. 문재인 대통령 은 세밀한 외교를 펼치고 있었다.

다시 경축사로 돌아가서 문재인 대통령은 매우 중요한 한마디 를 한다. "한국과 중국, 일본은 역내 안보와 경제 협력을 제도화 하면서 공동의 책임을 나누는 노력을 함께해 나가야 할 것"이라 고 말한 것이다. 한·중·일을 묶으면서 문재인 대통령은 냉전 체제 프레임의 해체를 계속 시도하고 있었다. 그리고 이 같은 노력은 2019년 말 한중일정상회담을 통해 상당한 진전을 이루게 된다.

---

[43] we all have told the Chinese if they continue to develop this missile program and they get an ICBM that has the capacity to carry a small nuclear weapon on it, which is what they're aiming to do, we cannot abide that. - 힐러리 클린턴, 골드만삭스연설, 2013.06.04.

이렇게 문재인 대통령은 정세 변화에 기민하게 대응하면서도 한결같은 메시지를 반복해서 전하고 있었다. 그러니 문재인 정부가 외교에 서툴다는 말은 뭘 몰라도 한참 모르는 말이었다. 문재인 대통령의 외교가 아무런 효과가 없고 심지어 패싱되고 있다는 비판과는 반대로 변화는 분명히 일어나고 있었으며, 문재인 대통령의 영향력도 점차 커지고 있었다. 그리고 문재인 대통령은 한반도에 임박했던 전쟁 위기를 막아내고 있었다.

4.
북한, 6차 핵실험을 실시하다

2017년 8월 22일, 트럼프 대통령은 미국 피닉스주에서 열린 집회에서 "그(김정은)가 우리를 존중하기 시작했다는 사실을 존중한다. 그리고 아닐 수도 있지만 어쩌면 뭔가 긍정적인 일이 일어날 수 있다."라고 말했다.[44] 계속해서 긴장이 고조되는 상황에서 트럼프 대통령의 이 같은 발언은 매우 반가운 신호였다.

하지만 8월 29일, 북한은 다시 미사일을 발사한다. 이 탄도미사일은 일본을 넘어 북태평양에 떨어졌는데, 이와 관련해 트럼프 대통령은 트위터를 통해 "25년 동안 미국은 북한과 대화를 하고

---

44 I respect the fact that he is starting to respect us, and maybe - probably not, but maybe - something positive can come about. - 트럼프 대통령, 2017.08.22.

터무니없는 돈만 지불했다. 대화는 답이 아니다."라고 말했다.[45] 잠시 좋아졌던 분위기가 반전된 것이다. 이 같은 북한의 도발에 대해 문재인 대통령은 F-15K 전투기를 동원한 폭격훈련을 지시했다. 북한이 대화를 선택하지 않으면 결국 전쟁으로 갈 수도 있다는, 어정쩡하게 넘어가는 식의 해결은 없을 거라는 정부의 의지를 재차 보여준 것이었다. 9월 1일, 문재인 대통령은 트럼프 대통령과 40분간 통화를 한다. 이 통화에서 양 정상은 한·미 미사일 사거리 지침을 개정하기로 합의한다. 한국의 미사일 사거리 제한을 우리가 원하는 수준까지 개정한다는 것이다. 문재인 대통령은 대북 억제를 위해서는 한국의 군사력 증강이 필수라고 트럼프 대통령을 설득했을 것이다. 우리에게 필요한 것을 얻어내면서 미국과의 공조를 증진하고 북한에게 압박도 가하는 훌륭한 외교였다. 그러던 중 9월 3일, 북한의 길주 방면에서 5.6의 지진이 발생했다. 핵실험이었다. 6차 핵실험. 평화의 한반도는 이다지도 찾아오기 어려운 것이었을까? 아주 약간의 해빙무드는 핵실험의 뜨거운 열기와 함께 날아가 버렸다. 북한은 조선중앙통신을 통해 대륙 간 탄도 로켓 장착용 수소탄 시험을 성공적으로 단행했다고 밝히며 핵실험을 공식화했다. 문재인 대통령은 이날 NSC를 열고 북한에 강력한 경고 메시지를 보낸다.

---

45 The U.S. has been talking to North Korea, and paying them extortion money, for 25 years. Talking is not the answer! - 트럼프 대통령, 트위터, 2017.08.30.

북한의 지난 6차례에 걸친 ICBM급 미사일 도발에 대해 국제사회는 역대 가장 강력한 제재 내용이 포함된 안보리 결의를 채택하였습니다. 그럼에도 불구하고 북한은 오늘 또다시 6차 핵실험을 감행하였습니다. 이번 도발은 유엔 안보리 결의의 명백한 위반일 뿐만 아니라 국제 평화와 안전에 대한 매우 심각한 도전으로서 강력히 규탄합니다. 참으로 실망스럽고 분노하지 않을 수 없습니다. 북한은 ICBM급 미사일 발사와 핵실험 등 연이은 도발을 통해 한반도 긴장을 고조시킬 뿐 아니라 세계 평화를 크게 위협함으로써 국제사회로부터 고립을 더욱 가중시키는 실로 어처구니없는 전략적 실수를 자행하였습니다. 정부는 이번 북한의 도발에 대해 국제사회와 힘을 모아 강력한 응징 방안을 강구할 것이며 북한으로 하여금 핵과 미사일을 포기하지 않을 수 없도록 해 나갈 것입니다. 북한의 도발을 결코 묵과하지 않을 것입니다.

북한은 핵과 미사일을 통해 정권의 생존과 발전을 보장받을 수 없다는 것을 분명히 깨달아야 할 것입니다. 북한은 하루속히 핵미사일 개발 계획을 중단할 것임을 선언하고 대화의 길로 나와야 할 것입니다. 그것만이 자신의 안전을 지키고 미래를 보장받을 수 있는 유일한 길이라는 것을 다시 한 번 강조합니다.

- NSC 전체회의 발언 중에서 (2017.09.03.)

문재인 대통령은 북한을 강하게 규탄한다. 대화하지 않으면 북한의 미래는 없다는 강력한 메시지를 던진다. 상황은 분명히 악화되고 있었다. 문재인 대통령은 미국의 예방 전쟁이라는 급한 불은 껐지만, 북한은 이를 계기로 판돈을 더 키울 생각만 하고 있었다.

트럼프 대통령은 트위터를 통해 "한국은 대북유화책이 효과가 없을 것이란 사실을 깨달아 가고 있다."라고 말했으며,**46** 국내 언론과 정당은 정부에 대한 비판 수위를 높이고 있었다. 심지어 정의당은 "준비되지 않은 문재인 정부가 실책을 반복하고 있다."라고 말하며 "외교·안보 참모라인을 전면적으로 쇄신해야 한다."라고 주장하기도 했다.

위기의 상황에서 청와대는 정석을 따른다. 문재인 대통령의 스타일이다. 꼼수보다는 정수를, 샛길보다는 정도를 걷는 것이다. 북한에 대해서는 국제사회와 함께 강력한 응징에 나서겠다고 밝혔고, 9월 6일 타스통신과의 인터뷰에서는 "지금의 상황은 북한의 위험천만한 도발에 대해서 강력하게 규탄하고 압박해야 할 때이지 대화를 말할 때가 아니라고 생각한다."라며 대화보다는 대북 강경책에 우위를 두었다. 중재 역할을 하는 대한민국이 대북 강경책으로 선회하는 순간, 북한에게는 오직 '전쟁'이라는 결과만 남는다. 문재인 대통령은 북한에 확실한 경고를 보냈다.

9월 12일, 유엔 안보리는 새 대북제재 결의안을 만장일치로 채택했다. 새 대북제재 결의안을 통해 북한의 섬유 수출은 전면 금지됐고 유류 공급을 30% 차단하게 됐다.

북한 경제는 나름의 발전을 이루고 있었다. 장마당이 활성화**47**

---

46 South Korea is finding, as I have told them, that their talk of appeasement with North Korea will not work, they only understand one thing! - 트럼프 대통령, 트위터, 2017.09.03.

47 [심층취재] "북한 장마당 발전 놀라운 수준...되돌릴 수 없을 것", VOA, 2017.05.31.

되었고, 스마트폰을 지닌 북한 주민이 수백만 명**48**이나 되는 상황이었다. 그렇기에 이 같은 대북제재는 더욱 위협적이었을 것이다. 물론, 이미 자립할 수 있는 경제를 구축해 놓았기에 한동안은 견딜 수 있을 것이었다. 하지만 제재가 계속된다면 북한 경제가 타격을 입을 것은 명약관화했다. 북한 주민들이 어느 정도 경제를 누리고 있는 상황에서 다시 허리띠를 졸라매고 고난의 행군을 경험해야 한다면? 사람은 간사하다. 아예 없던 상황이 이어질 때보다 누리던 것을 잃어야 할 때 더욱 크게 반응하게 된다. 따라서 북한 내부의 반발, 북한 내부의 혼란이 상당히 심해질 수 있었다. 북한 정권이 내부로부터 무너질 가능성도 충분히 존재했다. 자립 경제가 구축된 상황에서 대북제재의 장기화는 북한에 크나큰 위협이었다.

또한, 북한의 6차 핵실험 바로 다음 날, 한·미 정상이 통화로 합의했던 한·미 미사일 사거리 지침이 개정됐다. 우리나라 미사일 탄두 중량에 걸려 있던 제한 자체를 없애버렸다. 탄두 중량 제한이 풀리면서 미사일 사거리도 사실상 무한으로 풀리게 됐다. 북한에게는 큰 불안이었을 것이다. 게다가 중국도 이를 불편하게 받아들일 공산이 컸다. 중국이 북한을 더욱 압박할 이유가 생긴 것이다. 이미 북한과 중국과의 관계는 최악**49**이었지만, 그럼에도 중국은 북한에 일정한 영향력을 행사할 수 있는 국가였다.

---

48 [뉴스 인사이드] 북한은 '통신혁명' 중…휴대전화 가입자 370만 명, VOA, 2017.02.06.
49 북중 관계 최악 치닫나, 상호 격렬 비난, 아시아투데이, 2017.09.24.
북중관계 더 멀어졌다. 한국전쟁 이래 최악, 뉴스1, 2017.05.04.

중국도 더욱 강력한 대북제재에 동참하지 않을 수 없게 되었다.

문재인 대통령은 상황 변화에 유연하게 대응하고 있었다. 대화보다는 대북 강경책에 무게를 싣고, 북한의 도발에 대해 국제사회와 함께 단호하게 대처했다. 군사적으로 또 경제적으로 북한을 압박하며 대화 테이블로 나오도록 강요했다. 문재인 대통령은 찾아온 위기를 철저하게 정수로 돌파해 나가고 있었다.

5.
동북아 경제 공동체와 다자안보체제를 제안하다

북한 위기가 고조되는 상황에서 문재인 대통령은 동방 경제 포럼에 참석하기 위해 러시아 블라디보스토크으로 날아간다. 그리고 이 자리에서 기조연설을 통해 다시 한번 북한에 청사진을 보여주며 대화 테이블로 나올 것을 종용한다.

며칠 전, 북한은 6차 핵실험으로 또다시 도발했습니다. 한반도의 평화뿐 아니라 동북아의 평화를 위협하는 행위입니다. 극동발전을 위한 러시아의 입장에서도 반드시 풀어야 할 숙제입니다. 나는 북한의 도발을 막는 국제적 제재에 러시아가 적극적으로 동참해온 것을 감사드리면서 지속적인 지지를 요청합니다. 또한, 나는 동북아 국가들이 협력하여 극동 개발을 성공시키는 일 또한 북핵 문제를 해결하는 또 하나의 근원적인 해법이라고 생각합니다. 동북아 국가들이 극동에서 경제 협력에 성공하는 모습을 보면 북한도 이에 참여하는 것이 이익임을 깨닫게 될 것입니다. 그리고 그것이 핵 없이도 평화롭게 번영할 수 있는 길임을 알게 될 것입니다. 이러한 측면에서 남북러 3각 협력을 위해 그간 논의되어 온 야심찬 사업들이 현재 여건상 당장 실현되기는 어렵더라도, 한국과 러시아 양국이 힘을 합쳐 협력할 수 있는 사업들은 지금 바로 시작해야 합니다. 물론 북한이 시작부터 함께 한다면 더 좋은 일입니다. 조속한 시일 내에 북한이 핵을 포기하고 국제사회로 복귀하여 이러한 사업들에 동참하기를 절실하게 바랍니다.

- 동방경제 포럼 기조연설 중에서(2017.09.07.)

문재인 대통령은 극동 개발의 성공이 북핵 문제 해결의 근원적인 해법이라며, 이를 통해 북한이 핵 없이도 평화롭게 번영할 수 있을 거라고 밝힌다. 그리고 이 구상을 더욱 구체적으로 설명한다.

"앞으로 남북관계가 풀리면 북한을 경유한 가스관이 한국까지 오게 될 것입니다."

- 동방경제 포럼 기조연설 중에서(2017.09.07.)

문재인 대통령은 가스관을 이야기했다. 북한을 통과하는 가스관은 그 자체로 북한의 체제를 보장하는 역할을 할 수 있다. 한국은 에너지 수입량이 상당히 많은 국가다. 때문에, 가스관이 연결되어 러시아로부터 천연가스를 수입하게 되면, 러시아 에너지 수출의 상당량을 차지하게 될 것이다. 만약 북한에 전쟁이라도 발생해서 가스관에 문제가 생기면, 한국의 에너지 수급에도 차질이 생기고, 러시아의 경제도 타격을 입을 것이다. 세계 경제에서 한국과 러시아가 차지하는 비중을 생각하면 그 파급력은 상상하기 힘들 정도로 커진다. 세계 경제가 같이 출렁일 것이 분명하다. 이를 감수하면서까지 북한에 군사력을 쓰기는 쉽지 않다. 특히나 한 국가가 독단적으로 군사행동을 하기는 어려워진다. 관련국과 협의해야 한다. 결국, 가스관 하나가 전쟁을 막는 훌륭한 억제력이 될 것이고, 체제안정에 대한 북한의 불안을 줄여주는 요소가 될 것이었다.

전력 협력은 에너지 전환이라는 세계적 과제를 해결하는 일입니다. 나는 이 일에 러시아가 앞장서 주시길 바랍니다. 러시아의 에너지 슈퍼링 구상이 몽골 고비사막의 풍력, 태양광과 함께 거대한 슈퍼그리드로 결합하면 동북아시아는 세계 최대의 에너지 공동체를 형성할 수 있습니다. 그리고 이는 EU처럼 동북아경제공동체와 다자 안보체제로 발전하는 밑바탕이 될 수 있습니다. 나는 전력협력을 통해 동북아의 경제번영과 평화를 동시에 가져올 수 있다고 확신합니다. 나는 동북아 경제공동체와 다자안보체제까지 전망하는 큰 비전을 가지고 동북아 슈퍼그리드 구축을 위한 협의를 시작할 것을 동북아의 모든 지도자들에게 제안하고 싶습니다.

- 동방경제 포럼 기조연설 중에서 (2017.09.07.)

문재인 대통령은 같은 연설에서 동북아 슈퍼 그리드를 구축하자고 밝힌다. 세계 최대의 에너지 공동체를 만들어 버리자는 것이다. 이렇게 되면 동북아는 EU 같은 동북아경제공동체이자 다자 안보체제가 될 수 있다. 아시아의 냉전·갈등 구도를 끝내고 아시아가 뭉치자는 구상. 이미 밝혀왔던 원대한 구상. 그 구상을 실현할 구체적인 방법 중 하나가 바로 에너지 그리드였다. 만약 문재인 대통령의 구상대로 동북아시아가 에너지 그리드를 구축한다면 동북아의 협력체제를 만들어 낼 수 있다. 에너지는 생존과 경제에 직결된다. 동북아의 한국, 중국, 일본을 합치면 세계 경제에 끼치는 영향력은 실로 거대하다. 그리드가 구축되는 순간 전쟁이나 도발로 이 동북아 연합을 흔드는 일은 거의 불가능해진다. 동북아 연합체가 흔들리면 세계 경제가 함께 흔들리며 세계적인 경제위기가 발생할 것이다. 이를 감당하면서까지 전쟁을 일으키기는 역시 쉽지 않다. 만약 북한이 에너지 그리드에 참여한다면, 북한도 자연스레 전쟁 불안에서 벗어나 체제안정을 이룰 가능성이 농후하다. 더불어 북한도 헛된 군사행동을 하는 일이 없을 것이다. 게다가 연합이 형성되는 순간, 아시아 국가의 에너지 비용이 낮아지고 이는 상당한 경제 성장을 가져오게 될 것이다. 에너지를 판매하는 국가도 소비하는 국가도 모두 경제발전을 이룩할 수 있다. 문재인 대통령의 동북아 슈퍼 그리드는 참여국의 안보를 보장하는 동시에 경제성장까지도 이룰 수 있는 비책이었다. 이를 누가 쉽게 마다할 수 있겠는가?

나는 동북아 경제 공동체와 다자안보체제까지 전망하는 큰 비전을 가지고 동북아 슈퍼그리드 구축을 위한 협의를 시작할 것을 동북아의 모든 지도자들에게 제안하고 싶습니다.

– 동방경제 포럼 기조연설 중에서 (2017.09.07.)

문재인 대통령은 이 같은 자신의 큰 그림을 동북아시아 지도자들에게 밝히고 참여할 것을 종용했다. 동북아 공동체에 함께 할 수 있고, 슈퍼 그리드로 이득을 취할 수 있는 러시아와 몽골, 중국과 같은 나라가 자국의 이익을 위해서 한반도의 평화체제와 문재인 대통령의 구상을 지지하는 것은 당연했다. 그리고 이는 북한도 마찬가지다. 김정은 위원장도 거부하기가 쉽지 않은 제안이었기 때문이다.

문재인 대통령은 북한을 비롯한 관련국 모두가 군침을 흘릴만한 비전을 제시했다. 거절하기 쉽지 않은 달콤한 제안. 그 절묘한 수를 문재인 대통령은 이미 발견한 것이다.

6.
UN에서 본격적인 국제 외교에 시동을 걸다

2017년 9월 21일, 뉴욕 메트로폴리탄 박물관에서 '평화 올림픽을 위한 메트로폴리탄 평창의 밤' 행사가 열렸다. UN 총회 참석차 미국을 방문 중이었던 문재인 대통령은 이 행사에 참석해 평창을 성공시키겠다는 의지를 밝힌다.

내외 귀빈 여러분!
대한민국과 평창은 어렵지만 가치 있는 도전에 나서려고 합니다. 그것은 북한이 참여하는 평화올림픽을 성사시키는 것입니다. 지금 긴장이 고조되어 있지만, 그래서 더더욱 평화가 필요합니다. 이러한 시점에 남북이 함께한다면 세계에 화해와 평화의 메시지를 전하는 좋은 계기가 될 것입니다.

불가능하다고 생각하지 않습니다. 지금까지 여러 차례 남북이 함께한 경험도 있습니다. 올해만 해도, 한국에서 열린 여자 아이스하키와 태권도 대회, 두 번에 걸쳐 북한이 참여했습니다. 태권도 대회 참가는 불과 세 달 전의 일입니다. 그동안, 남북단일팀 구성, 남북선수단 동시입장, 북한 응원단 참가 등 다양한 형태로 남북 스포츠 교류가 있어 왔습니다. IOC와 함께 인내심을 갖고 마지막까지 노력하겠습니다. 쉽지 않은 길이지만 대한민국이 가야만 하는 길입니다. 평화를 사랑하는 세계인 여러분의 많은 관심과 성원을 부탁드립니다.

- 평화올림픽을 위한 메트로폴리탄 평창의 밤 연설 중에서(2017.09.20.)

문재인 대통령은 끊임없이 북한의 평창 참가와 단일팀 구성을 위해 노력하겠다는 뜻을 밝힌다. 문재인 대통령으로서는 북한이 협상테이블로 나올 수 있는 가장 명확하고 확실한 명분이 바로 평창올림픽이라고 여겼을 것이다. 그리고 실제 그렇기도 했다. 올림픽이 지닌 상징성이 분명히 있었다. 북한이 이를 활용하지 않는다는 것은 북한의 선택이 결국 갈등과 전쟁이라는 이야기나 다름없었다. 평창올림픽마저 넘어가 버리면, 북한을 협상장으로 끌고 나올 계기도, 미국의 군사행동을 막을 수 있는 명분도 점차 사라져 갈 것이었다. 심지어는 한국이 잡은 주도권 자체를 잃을 수도 있었다. 북한의 평창올림픽 참가는 가장 간절하고도 시급한 문제였다. 문재인 대통령은 UN 총회 기조연설을 통해 다시 한번 국제사회와 북한에 호소한다. 이제 정말 마지막 순간이 다가오고 있었다.

의장, 사무총장, 그리고 각국 대표 여러분!

나는 전쟁 중에 피난지에서 태어났습니다. 내전이면서 국제전이기도 했던 그 전쟁은 수많은 사람들의 삶을 파괴했습니다. 300만 명이 넘는 사람들이 목숨을 잃었고, 목숨을 건진 사람들도 온전한 삶을 빼앗겼습니다. 내 아버지도 그중 한 사람이었습니다. 잠시 피난한다고만 생각했던 내 아버지는 끝내 고향에 돌아가지 못한 채 세상을 떠났습니다. 나 자신이 전쟁이 유린한 인권의 피해자인 이산가족입니다. 그 전쟁은 아직 완전히 끝나지 않았습니다. 세계적 냉전 구조의 산물이었던 그 전쟁은 냉전이 해체된 이후에도, 정전협정이 체결되고 64년이 지난 지금에도, 불안정한 정전체제와 동북아의 마지막 냉전 질서로 남아 있습니다. 북한 핵과 미사일 문제로 동북아의 긴장이 고조될수록 전쟁의 기억과 상처는 뚜렷해지고 평화를 갈망하는 심장은 고통스럽게 박동치는 곳, 그곳이 2017년 9월, 오늘의 한반도 대한민국입니다. 전쟁을 겪은 지구상 유일한 분단국가의 대통령인 나에게 평화는 삶의 소명이자 역사적 책무입니다. 나는 촛불혁명을 통해 전쟁과 갈등이 끊이지 않는 지구촌에 평화의 메시지를 던진 우리 국민들을 대표하고 있습니다. 또한 나에게는 인류 보편의 가치로서 온전한 일상이 보장되는 평화를 누릴 국민의 권리를 지켜야 할 의무가 있습니다. 바로 이런 이유로 나는 북한이 스스로 평화의 길을 선택할 수 있기를 바랍니다. 평화는 스스로 선택할 때 온전하고 지속가능한 평화가 된다고 믿기 때문입니다. 나는 무엇보다 나의 이 같은 신념이 국제사회와 함께하고 있다는 점에 감사를 표합니다.

– 제72차 UN 총회 기조연설 중에서(2017.09.22.)

문재인 대통령의 간절한 이야기에는 울림이 있었다. 그 자신이 전쟁이 유린한 인권의 피해자이며, 동북아의 마지막 냉전 질서가 남아있는 한반도의 대통령이었다. 촛불혁명을 통해 전쟁과 갈등이 끊이지 않는 지구촌에 민주주의와 평화의 메시지를 던진 촛불 국민의 대표이기도 했다. 그의 말에는 국제사회를 움직이는 힘이 있었다. 인류 보편의 가치인 '온전한 일상이 보장되는 평화를 누릴 국민의 권리'를 지키겠다는 그의 말에 국제사회 누구도 반박할 수는 없었다.

> 나는 세계 평화와 인류 공영을 위한 실천을 다짐하는 유엔총회의 자리에서 다시 한 번 북한과 국제사회에 천명합니다.
>
> 우리는 북한의 붕괴를 바라지 않습니다. 어떤 형태의 흡수통일이나 인위적인 통일도 추구하지 않을 것입니다. 북한이 이제라도 역사의 바른 편에 서는 결단을 내린다면, 우리는 국제사회와 함께 북한을 도울 준비가 되어있습니다. 북한은 이 모든 움직일 수 없는 사실들을 하루빨리 인정해야 합니다. 스스로를 고립과 몰락으로 이끄는 무모한 선택을 즉각 중단하고, 대화의 장으로 나와야 합니다. 나는 북한이 타국을 적대하는 정책을 버리고 핵무기를 검증 가능하게, 그리고 불가역적으로 포기할 것을 촉구합니다.
>
> - 제72차 UN 총회 기조연설 중에서 (2017.09.22.)

문재인 대통령의 지속적인 대북 비핵화 촉구는 사뭇 비장하기까지 했다. 그는 끝까지 북한 비핵화를 포기하지 않고 있었다. 말하고 또 말하고, 또 말하면서 북한을 설득했다. 6차 핵실험까지 일어났던 상황이었지만 계속해서 평화를 갈구했다. 궁극의 인내심. 끝의 끝까지 포기하지 않는 의지였다.

국제사회의 노력도 더욱 강화되어야 합니다. 북한이 스스로 핵을 포기할 때까지 강도 높고 단호하게 대응해야 합니다. 모든 나라들이 안보리 결의를 철저하게 이행하고, 북한이 추가도발하면 상응하는 새로운 조치를 모색해야 합니다. 안정적으로 상황을 관리하는 것도 매우 중요합니다. 우리의 모든 노력은 전쟁을 막고 평화를 유지하기 위한 것입니다. 그런 만큼 자칫 지나치게 긴장을 격화시키거나 우발적인 군사적 충돌로 평화가 파괴되는 일이 없도록 북핵문제를 둘러싼 상황을 안정적으로 관리해 나가야 할 것입니다. "평화는 분쟁이 없는 상태가 아니라 분쟁을 평화로운 방법으로 다루는 능력을 의미한다"는 레이건 전 미국 대통령의 말을 우리 모두 되새겨야 할 것입니다.

특별히 나는 안보리 이사국을 비롯한 유엔의 지도자들에게 기대하고 요청합니다. 북핵 문제를 근본적으로 해결하기 위해서는 유엔헌장이 말하고 있는 안보 공동체의 기본정신이 한반도와 동북아에서도 구현되어야 합니다. 동북아 안보의 기본 축과 다자주의가 지혜롭게 결합되어야 합니다.

- 제72차 UN 총회 기조연설 중에서 (2017.09.22.)

문재인 대통령은 국제사회가 힘을 모을 것도 요청한다. 북한 문제를 북·미 간의 문제, 남·북 간의 문제로만 한정 지어서는 절대로 이 문제가 해결되지 않기 때문이었다. 한반도의 문제는 냉전의 유산이다. 이는 국제사회가 만들어 놓은 갈등이었다. 그렇다면 지금까지 국제사회는 이 문제를 제대로 해결할 의지를 가지고 있었는가? 아니면, 이 상황하에서 자국의 이익만을 생각해 왔는가? 제재에도 불구하고 북한과 뒤로 거래를 하기도 하고, 북한이 유발하는 갈등을 자국의 이익에 맞게 정치적으로 이용하지는 않았는가? 때로는 북한의 도발을 일부러 자극하지는 않았는가? 결국, 국제사회도 이 문제를 일정 부분 간과하고 이용하며 갈등을 키워오지 않았는가?

국제사회는 이에 대한 답을 내놔야 했다. 그리고 그 답은 북한 문제에 있어서 '국제사회의 책임도 분명히 있다는 것'이어야 했다. 역사적인 맥락을 살피면 북핵 문제를 해결하기 위해서 국제사회의 지지와 도움은 필수였다. 책임의식과 반성이 있어야 국제사회는 앞으로 나아갈 수 있고, 화합과 신뢰와 평화의 시대로 향할 수 있었다. 문재인 대통령의 어조는 차분했지만, 그 안의 메시지는 일갈하고 있었다.

> 나는 여러 차례 '한반도 신(新)경제지도'와 '신(新)북방경제비전'을 밝힌 바 있습니다. 한 축에서 동북아 경제공동체의 바탕을 다져나가고, 다른 한 축에서 다자간 안보협력을 구현할 때, 동북아의 진정한 평화와 번영을 시작할 수 있다고 믿습니다.
>
> — 제72차 UN 총회 기조연설 중에서 (2017.09.22.)

지독할 정도의 집요함, 지속적인 설득. 그 지난한 과정. 정성은 진심을 드러내고, 진심은 변화를 만들어 낼 수 있다는 믿음으로 이뤄진 연설이었다. 문재인 대통령의 UN총회 기조연설은 국제사회와 북한에 보내는 간절한 호소였다. 북한이 6차 핵실험을 강행한 상황에서, 냉전의 고통을 직접 경험하고 냉전의 유산 위에서 자란, 평화를 갈구하는 한 인간이 진심으로 전하는 편지이기도 했다.

한 시대를 살아가는 한 인물의 이야기는 많은 이들에게 울림을 전해주곤 한다. 이를 소재로 한 상당히 많은 문학작품과 대중예술이 상을 받고 찬사를 받는 일도 흔하다. 왜 그럴까? 시대를 가장 깊이 체험하는 것은 한 인간이고, 그 한 인간의 삶은 시대를 가장 넓게 투영하기 때문이다. 그것이 작품이 되고, 사람의 마음을 흔든다.

그런데 그 이야기가 작품이 아닌 현실일 때, 그리고 그 이야기가 실제로 지금 내 삶 속에 존재하고 있을 때, 이는 세계인에게 얼마나 큰 공명을 만들어 내겠는가? 문재인 대통령의 삶은 그 자체로 이야기였고, 문학작품이었고, 영화였다. 그리고 현실이었다. 그 간절한 호소를 국제사회는 그리고 북한은 들어야만 했다.

UN 기조연설 이후 9월 22일에 한·미·일 정상회동이 있었다. 그리고 이 자리에서 문재인 대통령은 "미국은 우리의 동맹이지만 일본은 동맹이 아니다"라고 말했다.[50]

냉전 체제의 아픈 유산인 한반도가 다시 신냉전체제의 질서를 받아들여서는 안 됐다. 일본은 계속해서 한·미·일 공조와 신냉전체제 질서를 원하고 있었다. 그것이 자국의 이익이며, 아베 신조 정권의 이익에 부합한다고 판단했을 것이다. 그렇기에 문재인 대

---

50 문 대통령, 트럼프·아베 면전서 "일본은 우리 동맹이 아니다", 중앙일보, 2017.11.05.

통령은 단호하게 말해야 했다.

'우리가 원하는 것은 그것이 아니다. 냉전 체제의 유산인 갈등과 대립은 협력에 따른 평화와 번영으로 변해야 한다.'

일본을 동맹이 아니라고 말한 것은 단순히 일본을 거부한 것이 아니라, 일본이 원하는 갈등의 질서를 용납할 수 없다는 메시지였다. 문재인 대통령의 이 발언은 UN총회 기조연설이 진심임을 다시 한번 공표한 것이었다. 이에 대해, 트럼프 대통령은 "이해한다."라고 답했다. 강력한 한미동맹, 하지만 약한 한·미·일 관계라는 불가능해 보이는 일을 문재인 대통령은 이뤄냈다. 한국과 미국은 함께 새로운 세상으로 나가겠다는데 뜻을 모았다.

6차 핵실험 이후로 문재인 대통령은 더욱 강하게 대응하고 더욱 간절하게 호소했다. 한반도의 갈등이 더 커져선 안 됐다. 돌아올 수 없는 강을 건너서도 절대로 안 됐다. 이제는 갈등을 줄이고 점차 협상의 분위기가 무르익어야 할 시기였다. 문재인 대통령은 이 악물고 판을 이끌어 나가고 있었다.

7.
북한의 도발이 멈추다

문재인 대통령의 UN총회 연설 이후, 북한의 도발은 멈춰있었다. 그러나 북한에 대한 강력한 대북제재는 이어지고 있었고, 심지어 미국은 9월 23일에 전략폭격기인 'B-1B'를 출격시켜 북방한계선 이북에 전개하기도 했다. 특히 B-1B의 NLL 비행은 무척이나 인상적인 사건이었는데, 북한이 이에 대해 아무런 대응을 하지 못했기 때문이었다.

국회 정보위원회 더불어민주당 간사인 김병기 의원은 9월 26일, '미국 전략폭격기 북한 비행 관련 비공개 간담회'에 참석했다. 기자들은 김병기 의원에게 '언론 발표 전까지 북한은 (B-1B NLL 전개를) 전혀 몰랐느냐'고 질문한다. 김병기 의원의 대답은 '몰랐다'였다.

북한이 B-1B의 전개를 언론 발표를 통해 알고는 얼마나 놀랐을지 상상해 보는 것은 어렵지 않다. 북한은 알지도 못한 채로 미국에 공격당할 수 있음을 깨달았을 것이다. 심지어 당시 미국은 대북 군사 옵션을 논의했고, 미국 CIA의 한국임무센터(KMC)는 구체적인 대북 군사 옵션 시나리오를 20여 가지나 준비하고 있었다.[51] 북한이 당시 정세를 넋 놓고 보고 있었을 리가 없다. 북한의 6차 핵실험 이후에 펼쳐진 문재인 대통령의 강한 대응과 간절한 설득에 담긴 의미와 영향, 미국의 심상치 않은 동태를 모두 파악했을 것이다. 결론적으로 더 이상의 도발은 무의미하며 위험하다고 판단했을 것이다.

한국은 이 같은 상황에서 대북 압박을 강화하고 외교적인 노력도 계속해 간다. 10월 10일, 미국의 B-1B 폭격기 2대와 한국의 F-15K 전투기 2대가 연합훈련을 실시했다. 10월 27일, 방한한 제임스 매티스 미 국방부 장관은 문재인 대통령을 예방해 한미

---

51 트럼프, B-1B 출격 때 백악관 상황실서 '군사옵션 논의', JTBC, 2017.10.11.
　"美 2017년 대북 군사옵션 시나리오 20여 개 준비", 세계일보, 2018.05.16.

동맹이 굳건함을 밝혔다. 북한에 대한 압박 수위를 높이는 행보였다. 10월 28일에는 한미안보협의회가 열렸다. 매티스 미 국방장관은 "군사 옵션이라는 것은 기본적으로 평화를 유지하기 위한 목적으로 되어있는 것이고, 외교관에 힘을 실어주기 위한 것이 군사 옵션[52]"이라고 말했다. 북한에 대한 강력한 압박을 통해 북한의 도발이 잦아들자, 다시 외교를 앞에 내세운 것이다. 이는 한국과 미국의 공조가 잘 이뤄지고 있다는 증거였다.

또한, 트럼프 대통령의 아시아 순방 일정이 확정되었다. 일본, 한국, 중국을 방문하고 이후 APEC 정상회담에 참석하는 일정이었다. 특히 한국에서는 국회 연설까지 할 계획이었다. 아주 공고한 한미동맹은 그 자체로 북한에게 커다란 압박이 된다. 이후에는 중국에서 시진핑 국가주석과의 정상회담도 예정되어 있었다. 트럼프 대통령과 시진핑 국가주석이 북한에 대해 한목소리를 낸다면 북한은 더욱 큰 부담을 느끼게 될 것이 분명했다.

대한민국의 외교도 멈추지 않았는데, 10월 31일, 한국과 중국의 외교부는 '한중관계 개선 관련 양국 간 협의 결과'라는 발표문을 공동 게재했다.

양측은 한반도 비핵화 실현, 북핵문제의 평화적 해결 원칙을 재차 확인하였으며, 모든 외교적 수단을 통해 북핵 문제 해결을 지속적으로 추진해 나가기로 재천명하였다. 양측은 이를 위해 전략적 소통과 협력을 더욱 강화해 나가기로 하였다.

---

[52] [일문일답] 매티스 "군사옵션, 평화유지·외교관에 힘실어주기 위한것", 연합뉴스, 2017.10.28.

(중략)

　양측은 한중 관계를 매우 중시하며, 양측 간 공동문서들의 정신에 따라, 한중 전략적 협력 동반자 관계 발전을 추진해 나가기로 하였다. 양측은 한중 간 교류 협력 강화가 양측의 공동 이익에 부합된다는 데 공감하고 모든 분야의 교류 협력을 정상적인 발전 궤도로 조속히 회복시켜 나가기로 합의하였다.

- 한중 관계 개선 관련 양국간 협의 결과(2017.10.31.)

　그동안 중국의 움직임은 크지 않았다. 중요한 당 대회를 앞두고 있었기 때문이었다. 10월 19일, 중국 19차 당 대회를 통해 시진핑 주석의 집권 2기가 출범했고, 중국이 본격적으로 움직일 환경이 조성됐다.

　중국은 시급하게 한·중 관계 회복에 나설 필요가 있었다. 미·중 정상회담을 앞둔 상황에서 중국은 냉전 체제의 구질서로 갈 것인지, 문재인 대통령이 제시한 동북아 연합의 신질서로 갈 것인지 정해야 했다. 물론 이미 중국은 후자를 선택한 상태였다.

　시진핑 중국 국가주석의 통치 철학인 4대 전면[53]중에 '소강사회 건설'이 있다. 소강사회는 모든 국민이 편안하고 풍족한 생활을 누리는 사회를 말한다. 이를 이루려면 경제성장과 사회 안정이 필수다. 경제성장과 사회 안정은 대립과 갈등의 냉전 질서로는 이룰 수 없다. 냉전 질서가 공고해질수록 중국은 미국과의 극심한 대립을 겪어야만 할 것이고, 전쟁의 가능성을 언제나 염두

---

[53] 4대 전면: 소강사회 건설, 개혁 심화, 의법치국, 당기강 확립 - 한경 경제용어사전

에 둘 수밖에 없을 것이다. 시진핑 주석은 냉전 질서가 공고해지는 것에 대한 부담을 느낄 수밖에 없다. 또한, 북한이 비핵화하고 한국과 함께 남·북·미·일의 연합을 형성해 냉전 질서의 균형추를 기울이는 것 또한 중국은 결코 원하지 않을 것이다. 결국, 중국이 선택할 수 있는 것은 냉전 질서 자체를 해체하는 것뿐이었다. 그동안 문재인 대통령은 끊임없이 자신의 비전을 알려왔고, 그 진심을 국제사회에 설득하고 있었다. 특히 '일본과는 동맹이 아니다'라는 한마디를 통해 중국은 한국이 하려는 것이 냉전 질서의 강화가 아니라는 것을 믿을 수 있게 됐을 것이다. 문재인 대통령은 '소강사회 건설'에 반하는 냉전 질서 유지도 아니고, 남북이 함께 미국, 일본과 연합해 중국을 압박하는 방식도 아닌, 모두가 같이 협력하는 새로운 길을 제시하면서 중국이 가고자 하는 길이 문재인 대통령이 구상한 길과 반하지 않다는 것을 알려왔다. 그러니 중국은 문재인 대통령의 구상에 함께하는 것이 당연했다. 결과적으로 중국은 당 대회 이후에 한국과의 관계를 회복했다. 이는 중국이 곧 있을 트럼프 대통령과의 정상회담에 앞서 미국에 미리 메시지를 보낸 것이기도 했다.

'중국은 갈등과 대립보다는 평화와 번영으로 가겠다, 적어도 한반도 질서에서는.'

이 메시지를 받은 미국은 흡족했을 것이다. 트럼프 대통령의 목표도 미국을 다시 위대하게 만들겠다는 것이며, 문재인 대통령의 구상과 큰 어긋남이 없었다. 문재인 대통령의 구상을 바탕으로 미국과 중국이 적어도 대북 외교에서는 손잡고 협력할 수 있는 상황이 만들어졌다.

한국은 이를 적극 활용해 한·중 관계를 회복하고 한중정상회담 개최까지 끌어냈다. 문재인 정부는 정말 열심히 일하고 있었다. 결과적으로 한미정상회담, 미중정상회담, 한중정상회담의 연이은 개최가 확정됐다. 북한은 한·미·중이 손을 잡은 모습을 바라봐야 했다. 이보다 더 완벽한 압박은 없었다.

중국마저 문재인 대통령의 구상에 참여하면서 북한은 문재인 대통령이 운전하는 문재인호에 탑승하는 것밖에는 선택할 수 있는 것이 없게 됐다. 어느새 북한이 손에 쥔 선택지에는 '전쟁 또는 평화'가 아니라, 오직 '평화'만이 남아있었다.

8.
한반도 평화프로세스의 슈퍼위크가 시작되다

한반도 문제의 당사국인 한국과 관련국인 미국, 중국, 일본의 정상이 연이어 만나는 슈퍼위크가 시작됐다. 특히 트럼프 대통령과 한국, 중국, 일본의 정상이 만나는 아시아 순방은 그 의미가 더욱 각별할 것이 분명했다.

아시아 순방의 시작은 일본이었다. 트럼프 대통령은 아베 신조 총리와 만나 정상회담을 했다. 그 만남의 결과는 미국과 일본의 관계가 오바마 대통령 시절과는 다를 것이라는 전망을 가능하게 했다. 트럼프 대통령은 일본으로 향하면서 트위터를 남긴다.

"진주만을 기억해라. 애리조나함을 기억해라. 그날을 나는 잊지 않을 것이다."**54**

일본으로서는 뜨끔할 수밖에 없는 이야기였다. 그리고 미·일 정상회담이 끝났을 때도 트럼프 대통령은 트위터에 남긴 글을 통해 앞으로 일본과의 관계가 어떠할지를 암시한다.

"나의 일본 방문과 아베 신조 총리와의 우정은 위대한 우리나라를 위해 많은 이익을 만들어 낼 것이다. 대량의 무기와 에너지 주문이 있을 것"**55**

우리는 이런 관계를 흔히 비즈니스 관계라고 이야기한다. 트럼프 대통령은 성공한 비즈니스맨 이며 미국의 경제를 위해 비즈니스를 매우 중히 여기고 있다는 것은 분명한 사실이었다. 트럼프 대통령의 성향을 볼 때, 일본과의 관계에서 경제를 가장 우선하는 것도 당연했다. 하지만 미·일 정상회담 직후에 있었던 한국 국빈 방문에서 트럼프 대통령이 미국의 희생과 한국의 성취, 두 나라의 특별하고 위대한 관계를 지속적으로 언급한 것을 봤을 때, 트럼프 대통령이 일본을 중요한 동맹으로 여기고 있으며 실

---

54 Thank you to our GREAT Military/Veterans and @PacificCommand. Remember #PearlHarbor. Remember the @USSArizona! A day I'll never forget. - 트럼프 대통령, 트위터, 2017.11.04.

55 My visit to Japan and friendship with PM Abe will yield many benefits, for our great Country. Massive military & energy orders happening+++! - 트럼프 대통령, 트위터, 2017.11.07.

제로도 그러하지만, 위대한 동맹으로 여기는 것은 아니라는 인식을 엿볼 수 있다. 심지어 미·일 정상회담을 보도한 『워싱턴포스트』지는 아베 신조 총리를 트럼프 대통령의 충실한 조수로 표현했을 정도다.[56]

또한, 미국과 일본은 공동 성명을 발표하지 못했다. 대신 양국은 따로 각국의 발표문을 내놨는데, 이 내용에서도 중요하게 살펴볼 부분이 있다. 바로 인도·태평양 전략에 대한 것이다. 일본의 발표문에는 인도·태평양 전략이 매우 자세하고 구체적으로 적혀있었다.[57] 그러나 미국의 발표문에는 "미국과 일본은 인도 태평양 지역에 안정된 환경과 높은 기준의 규칙 발달과 번영을 촉진하는 데 상호 공헌할 것을 확인한다."로 간략하게만 언급되어 있었다.[58]

인도·태평양 전략은 기본적으로 중국을 견제하기 위한 구상으로 알려져 있다.[59] 중국은 미국의 대중봉쇄를 풀어내기 위해 남중국해부터 인도양까지 해상로를 확보하는 진주목걸이 전략을 쓰고 있었다. 또한, 일대일로 정책을 통해 중국의 영향력을 확대하는 계획도 이행 중이었다. 인도·태평양 전략은 중국의 이런 의

---

56 Japanese leader Shinzo Abe plays the role of Trump's loyal sidekick, The Washinton Post, 2017.11.06.

57 일본은 '자유롭고 개방된 인도·태평양 전략'에 대해서도 발표문에 △ 법의 지배, 항행의 자유 등 기본적 가치의 보급과 정착 △ 연결성의 향상 등 경제적 번영의 추구 △ 해상법 집행 능력 구축 지원 등 평화와 안정을 위한 대처 등 3대 원칙하에 정책을 추진하겠다며 자세히 적었다. - "아베는 트럼프의 충실한 조수"…미·일 정상회담 상반된 평가, 한겨레, 2017.11.08.

58 "아베는 트럼프의 충실한 조수"…미·일 정상회담 상반된 평가, 한겨레, 2017.11.07.

59 미국의 '인도-태평양'구상과 한국의 과제, 이서항, 한국해양전략연구소, 2017.12.01.

도를 미국, 일본, 인도, 호주의 연합으로 억제하겠다는 목적을 지니고 있다. 인도·태평양 전략은 결국 아시아에서 펼쳐지는 미국·일본 대 중국의 패권 싸움을 근간에 두고 있다.

아베 신조 총리는 2007년에 '4개국 안보 대화'로, 2012년에는 한 매체에 기고한 글을 통해 '다이아몬드 연합'으로 이 전략을 제안한 바 있다. 그만큼 아베 총리가 적극적으로 밀고 있는 전략이었으니 일본은 이 전략을 끌고 나가 아시아 태평양에서의 영향력을 확대하길 원했을 것이다. 문제는 이 전략이 결국 미국 대 중국이라는 냉전의 갈등 구조를 벗어나기 힘들다는 것이며, 이는 문재인 대통령이 제시한 새로운 국제질서와는 거리가 있는 것이었다.

문재인 대통령은 취임 이후부터 한반도 문제를 국제사회 보편의 문제로 꾸준히 확장해왔다. 평화라는 보편의 가치를 국제사회에 계속 호소하면서 지지를 얻어온 것이다. 이런 상황에서 어떤 국가도 평화보다는 대립이, 대화보다는 갈등이 더 낫다고 드러내놓고 말할 수는 없었다. 이는 한반도와 가장 관련이 큰 두 나라인 미국과 중국도 마찬가지였다. 미국은 북한을 압박하지만 그러면서도 외교적 해결의 가능성을 열어두었고, 중국도 북한 문제의 평화적인 해결에 대한 찬성 입장을 밝혀왔다. 두 국가 모두 문재인 대통령의 방식을 인정하고 지지한 것은 물론이다. 결국, 미국과 중국도 새로운 국제질서인 화합과 평화로 나아갈 가능성이 커졌다. 여전히 서로에 대한 강한 의심과 견제가 남아있음에도 불구하고, 양국 사이에 남중국해라는 갈등 요소를 여전히 품고 있음에도 불구하고, 적어도 동북아시아와 한반도에서는 양국이 가고자 하는 방향성에 대한 암묵적인 동의가 각국의 행보에 이미 드러나 있었다. 그런 상황에서 인도·태평양 전략은 미국과 중국이 더욱 대립하는 결과를 만들어 낼 수도 있었으며, 남중국해와 동북아시아를 모두 패권전쟁의 소용돌이 속으로 집어넣어 더욱 커다란 세계적 재앙을 불러올 수 있었다.

일본은 미일정상회담을 통해 어떻게든 인도·태평양 전략을 제대로 밀어붙일 생각이었던 것으로 보인다. 하지만 미국은 인도·태평양 전략에 대해 가볍게 언급만 하는 것으로 마무리했다. 이를 통해 인도·태평양 전략에 대해서는, 미국과 일본 사이에 온도 차가 있음이 드러났다.

트럼프 대통령은 11월 10일 에이펙 정상회의 연설에서 인도·태평양 정책에 관해서 설명했는데, 주로 경제문제로만 다뤘다. 미국이 인도·태평양 국가들과 손해 보지 않는 양자 무역체계를 체결하겠다는 것이다. 또한, 안보 관점에서는 '이 지역의 미래와 아름다운 사람들이 독재자의 환상의 인질이 되어서는 안 된다'며 북한을 언급하고, 그 이외에는 기본적인 법, 인권, 자유에 관한 이야기와 범죄나 테러에 관한 이야기를 주로 했다.

트럼프 대통령은 에이펙 정상회의 전에 있었던 한미정상회담에서도 인도·태평양 전략에 한국의 참여를 요청한 바 있다. 그러나 문재인 대통령은 답을 유보했다. 청와대가 인도·태평양 전략의 참여에 대해서 애매모호한 스탠스를 취한 것인데, 이는 적절한 대처였다. 한반도 문제를 화합과 평화로 풀고자 하는 문재인 정부가 중국을 자극할 수 있고 전형적인 진영 대결로 빠질 수 있는 인도·태평양 전략을 그대로 받아들일 수는 없는 노릇이었다. 청와대는 공식 입장문을 통해 미국의 인도·태평양전략 참여 요청에 대해서 "앞으로 미국의 새로운 이니셔티브에 대해서는 한·미간 긴밀히 협의하면서 가능한 협력방안들을 모색해 나가기로 했다."라고 밝혔다.[60] 이후 12월 26일에 열린 강경화 외교부 장관의 간담회에서 강경화 장관은 인도·태평양 전략에 대해 유화적인 언급을 한다.

> "인도·태평양 지역에 대한 미국의 전략적인 개념이나 방향, 원칙 이런 것은 최근에 발표된 국가안보전략(NSS)에도 명시가 돼 있지만, 아직도 개념 수준에 머무른 것으로 분석한다. 물론 미국이 이 지역의 평화·번영·안정에 기여한다는 것은 우리가 적극적으로 환영할 부분이다. 구체적으로 미국과 조금 더 긴밀히 협의하면서 우리가 기여할 부분, 협력할 부분이 무엇인가에 대해서 정립해 나가야 될 것으로 생각된다."

강경화 장관은 미국의 인도·태평양 전략과 방침에 부분적으로 환영을 표시하고 있다. 이는 미국이 주장하는 인도·태평양 전략이 기존 일본 주도의 대중봉쇄 전략과는 다른 점이 있다는 판단을 했기 때문일 것이다.

중국은 당연히 일본의 인도·태평양 전략에 대해 불편함을 감추지 않았다. 중국은 미일정상회담에서 논의된 인도·태평양 전략을 두고 일본의 아베 총리를 비꼬기도 했다.[61]

---

60 '인도태평양 안보' 논란 불끄기···靑·외교부 "美와 협력모색", 연합뉴스, 2017.11.09.
61 중국 정부의 입장을 대변해 온 관영 환추스바오는 7일 사설을 통해 "미일 정상이 논의했

결과적으로 일본은 아시아 태평양 지역에서 외교 영향력을 점점 잃어가고 있었다. 일본 혼자만 과거에 남아 구질서에 대한 미련을 버리지 못하고 있었고, 문재인 대통령이 구상한 새로운 흐름에 올라타지 못했기 때문이었다. 따라서 일본이 생각하는 방식의 인도·태평양 전략은 점차 힘을 잃을 가능성이 높았고, 실제로 그렇게 되었다. 2017년 이후, 본격적인 한반도 평화프로세스가 진행되면서 인도·태평양 전략이 화제가 되는 일은 거의 없어졌다. 그러다 2019년 6월 1일에 미 국방부가 '인도·태평양 전략보고서'를 발간하고, 2019년 6월 30일에 8차 한미정상회담에서 한국의 신남방정책과 미국의 인도·태평양 전략의 조화로운 협력을 추구하기로 결정하면서, 일본 주도의 인도·태평양 전략은 거의 유명무실해지게 됐으며, 아시아 태평양 지역의 국제질서는 완전히 새로운 지점으로 도약했다.

이렇게 미래를 암시할 수 있는 몇 가지 유의미한 모습을 보여주며 미일정상회담은 끝났다. 트럼프 대통령의 다음 일정은 한국이었다. 트럼프 대통령은 한국을 국빈 방문하고 한미정상회담을 가졌다.

저는 트럼프 대통령과의 특별한 인연을 아주 뜻깊고 기쁘게 생각합니다. 그간 트럼프 대통령과 저는 여러 차례의 만남과 소통을 통해 깊

다는 이 구상에 어떤 내용이 포함됐는지 명확하지 않으며 트럼프 대통령 측도 공식적인 입장을 내놓지 않았다"면서 "미국과의 관계를 확신하지 못하는 아베 총리가 트럼프 대통령을 포용하면서도 눈은 중국 쪽을 바라봤다"고 비꼬았다. - 중국, 아베·트럼프 '인도·태평양 전략' 고도 경계, 중앙일보, 2017.11.07.

은 신뢰와 우의를 맺어왔습니다. 오늘도 한·미동맹의 굳건함에 대해 허심탄회한 대화를 나누었습니다. 또한 북핵 문제를 평화적으로 해결하고, 한반도의 항구적인 평화체제를 정착시키기로 했습니다. 갈수록 높아지는 북한의 핵과 미사일 위협에 압도적인 힘의 우의를 바탕으로 함께 단호하게 대응해 나가야 한다는 원칙을 재확인했습니다. 트럼프 대통령은 철통같은 방위공약을 거듭 확인했고, 트럼프 대통령과 저는 굳건한 연합방위태세를 더욱 강화해 나가기로 했습니다.

(중략)

우리는 북한이 핵과 미사일 도발을 즉각 중단하고, 하루속히 비핵화를 위한 대화의 장으로 나올 것을 다시 한 번 강력히 촉구합니다.

트럼프 대통령과 저는 북한이 스스로 핵을 포기하고 진지한 대화에 나설 때까지 최대한의 제재와 압박을 가해 나간다는 기존의 전략을 재확인했습니다. 동시에 북한이 올바른 선택을 할 경우, 밝은 미래를 제공할 준비가 되어 있음도 재확인했습니다. 우리는 이러한 공동의 접근 방법을 바탕으로 북핵 문제의 평화적이고 근원적인 해결을 위해 계속 노력해 나갈 것입니다. 주변국을 포함한 국제사회와도 긴밀히 협력해 나갈 것입니다. 트럼프 대통령의 이번 방한이 한반도 상황을 안정적으로 관리해 나갈 수 있는 전환점이 되기를 기대합니다.

- 한미 정상 공동 언론 발표 중에서 (2017.11.07.)

문재인 대통령은 한미정상회담 직후에 열린 공동 기자회견 모두발언에서 북핵 문제 해결방법에 대해 '강한 압박을 통한 외교적 해결'에 한·미 정상이 동의하고 있음을 밝힌다. 한 외신은 이 같은 문재인 정부의 방침을 기존 햇볕 정책과 다른 일광화상

(sunburn) 정책이라고 명명하기도 했다.[62] 문재인 대통령은 트럼프 대통령의 '강한 힘을 통한 평화'에 동의해왔고, 북한의 무력도발에 맞서 미사일 사격훈련을 지시하고, 한국의 미사일 탄두 중량을 해제하는 등 힘을 기르는 데 주저함이 없었다. 즉, 말뿐만 아니라 실제로 한국과 미국은 대북정책을 공유해 나가고 있었으며 한국과 미국은 그 어느 때보다 돈독한 관계로 맺어져 있었다. 트럼프 대통령 역시 모두발언을 통해서 북한이 올바른 선택을 할 것을 종용하며 동시에 국제사회가 함께해야 한다는 의견을 피력한다.

우리는 함께 북한의 위협적 행동에 맞설 것이며 북한의 독재자가 수백만의 무고한 인명을 위협하지 못하도록 할 것입니다. 북한은 전 세계적으로 수백만의 인명에 위협을 가하고 있습니다. 그리고 북한은 전 세계적인 위협입니다. 그리고 이에 대해서는 전 세계적인 조치를 필요로 합니다.

우리는 중국과 러시아를 포함한 책임 있는 모든 국가들에게 북한 체제가 핵무기와 미사일 프로그램을 종식하도록 요구할 것을 촉구합니

---

62 Presidents Kim Dae Jung and Roh Moo Hyun, whose consecutive administrations ran for 10 years from 1997 to 2007, pursued the Sunshine Policy in which South Korea would dialogue and engage with North Korea, believing that warm gestures rather than harsh standoffs would cause the Kim regime to open its doors. But Moon, son of North Korean refugees and a former special forces paratrooper, is not a dove. He has always advocated for an alternating, dual-track approach to North Korea of pressure and dialogue—instead of "sunshine," what may be called a "sunburn" policy. - South Korea's President May Be Just the Man to Solve the North Korea Crisis, The Atlantic, 2017.07.18

다. 그리고 평화롭게 한국민들과 함께 살아가도록 촉구합니다.

- 한미 정상 공동 언론 발표 중에서 (2017.11.07.)

한미정상회담 이후, 트럼프 대통령은 국회에서 연설하는 시간을 갖는다.

우리 양국의 동맹은 전쟁의 시련 속에서 싹텄고 역사의 시험을 통해 강해졌습니다. 인천상륙작전에서 폭찹고지 전투에 이르기까지 한미장병들은 함께 싸웠고, 함께 산화했으며, 함께 승리했습니다. 근 67년 전 1951년 봄, 양국 군은 오늘 우리가 자랑스럽게 함께 하고 있는 서울을 탈환했습니다. 우리 연합군이 공산군으로부터 수도지역을 재탈환하기 위해 큰 사상자를 낸 것은 그 해로 두 번째였습니다. 그 이후 수주, 수개월에 걸쳐 우리 양국 군은 험준한 산을 묵묵히 전진했고 혈전을 치렀습니다. 때로는 후퇴하면서도 이들은 북진했고 선을 형성했습니다. 그 선이 오늘날 탄압받는 자들과 자유로운 자들을 가르는 선이 되었습니다. 그리고 한미장병들은 그 선을 70년 가까이 지키며 함께 하고 있습니다.

1953년 정전협정에 서명했을 당시 3만 6천여 미국인이 한국전에서 전사했고, 10여만 명이 부상을 입었습니다. 그들은 영웅이며, 우리는 그들에게 경의를 표합니다. 우리는 또한 한국민들이 자유를 위해 치렀던 끔찍한 대가에 경의를 표하며 이를 기억합니다. 한국은 끔찍한 전쟁으로 수십만의 용감한 장병들과 수많은 무고한 시민들을 잃었습니다. 이 훌륭한 도시 서울의 대부분은 초토화되었습니다. 한국의 많은 지역에 이 끔찍한 전쟁의 상흔이 남았고, 한국 경제는 무너졌습니다.

하지만 전 세계가 알고 있듯이, 그 후 두 세대에 걸쳐 한반도 남쪽에는 기적 같은 일이 일어났습니다. 한 가구씩, 한 도시씩, 한국민들은 이 나라를 오늘날 세계의 가장 위대한 국가 중 하나로 바꾸어 놓았습니다. 축하를 드리고 싶습니다.

한국은 이제 전 세계적으로 훌륭한 국가 중 하나로 발돋움했습니다. 한 평생이라는 시간보다 짧은 기간에 한국은 끔찍한 참화를 딛고 지구상 가장 부강한 국가의 반열에 올랐습니다.

- 트럼프 대통령 국회 연설 중에서(2017.11.08.)

트럼프 대통령의 국회 연설은 민주주의를 지키기 위해 피를 흘린 한국·미국의 위대함과 그 위대한 한국·미국이 이룩한 위대한 성취인 현재의 대한민국에 대한 놀라운 통찰이 담겨있다. 트럼프 대통령의 국회 연설은 그 자체로 대한민국의 근현대사이자, 세계사의 한 부분이며, 그 과정에서 탄생한 두 위대한 국가의 이야기였다. 이를 통해 한국과 미국은 위대한 동맹이며, 미국은 이 위대한 동맹을 만들어 냈던 것처럼 북한 문제도 그렇게 대처해 나갈 것을 밝힌다.

오늘 우리 양국뿐 아니라 모든 문명국가들을 대신하여 북한에 말합니다. 우리를 과소평가하지도 시험도 하지 마십시오. 우리는 공동의 안보, 우리가 공유하는 번영, 신성한 자유를 방어할 것입니다.

(중략)

미국의 힘, 결의를 의심하는 자는 우리의 과거를 보고 더 이상 의심치 말아야 합니다. 우리는 미국이나 동맹국이 협박 혹은 공격받는 것을 허용하지 않을 것입니다. 우리는 미국 도시들이 파괴 위협받는 것을 허용치 않을 것입니다. 우리는 협박 받지 않을 것입니다. 우리가 지키기 위해 싸우고 목숨을 걸었던 땅인 이곳에서 최악의 잔혹이 반복되도록 하지 않을 것입니다.

그래서 나는 이곳에 왔습니다. 자유롭고 번영하는 한국에 평화를 사랑하는 국가들을 위한 메시지를 들고 왔습니다. 변명의 시대는 끝났습니다. 이제는 힘의 시대입니다. 평화를 원하면 우리는 항상 강해야 합니다. 세계는 핵 참화로 협박하는 악당 체제의 위협을 관용할 수 없습니다.

- 트럼프 대통령 국회 연설 중에서(2017.11.08.)

변명이 아닌 힘으로서 동맹국을 보호하고 평화를 지켜내겠다는 선언을 통해 트럼프 대통령은 미국의 위대함을 국제사회에 알리고 있었다. 과거 힘으로서 전쟁을 끝내고 세계의 평화를 이끌었던 미국의 모습을 다시 떠올리게 했다. 트럼프 대통령이 계속 주장하고 있는 '힘을 통한 평화'는 당시의 미국을 되찾아 오겠다는 의지의 산물이기도 했다.

하늘에서 한반도를 바라보면 눈부신 빛이 남쪽에 가득하고, 뚫을 수 없는 어둠의 덩어리가 북쪽을 차지하고 있습니다. 우리는 빛과 번영과 평화의 미래를 원합니다. 하지만 우리는 북한 지도자들이 도발을 멈추고 핵 프로그램을 폐기할 경우에만 이 같은 밝은 길을 논의할 준비가 되어있습니다.

(중략)

한국인들이 한반도에서 이룩한 것은 한국의 승리, 그것 이상입니다.

인류의 정신을 믿는 모든 국가들에게 승리입니다. 우리의 희망은 조만간 여러분들의 북한 형제자매들이 하나님이 뜻한 인생을 충만히 누리는 것입니다. 한국은 우리에게 무엇이 가능한지 보여줍니다. 단지 몇십 년의 세월 동안 근면, 용기, 재능만 갖고 여러분들은 전쟁으로 폐허가된 이 땅을 부와 풍부한 문화와 심오한 정신을 갖춘 축복 받은 나라로 바꾸어 놓았습니다.

모든 가정이 잘 살고 모든 어린이들이 빛나고 행복할 수 있는 나라를 만들었습니다. 이러한 한국은 자주적이고 자랑스러우며 평화를 사랑하는 국가들 사이에 강하고 위대하게 서 있습니다. 우리는 국민을 존중하고 자유를 소중히 여기며 주권을 간직하고 스스로 운명을 만드는 나라들입니다. 모든 인간의 존엄성 확인하며 완전한 잠재력을 받아들입니다. 우리는 폭군들의 잔인한 야심으로부터 우리 국민들의 중요한 이해관계를 보호할 준비가 늘 되어있습니다.

우리는 함께 하나의 한국, 안전한 한반도, 가족의 재회를 꿈꿉니다. 남북을 잇는 고속도로, 가족의 만남, 핵 악몽은 가고 아름다운 평화의 약속이 오는 날을 꿈꿉니다. 그날이 올 때까지 우리는 강하고 방심하지 않으며, 우리의 눈은 북한에 고정되어 있고, 가슴은 모든 한국인들이 자유롭게 살 그날을 위해 기도할 것입니다.

— 트럼프 대통령 국회 연설 중에서(2017.11.08.)

트럼프 대통령은 연설의 끝에 다시 대한민국의 성취를 평가한다. 그리고 안전한 한반도와 남북의 만남을 기원한다. 트럼프 대통령의 이런 기도는 그가 미국의 대통령이기에 단순한 바람처럼 들리지 않는다. 이는 그렇게 만들어 내겠다는 각오이기도 했다.

트럼프 대통령의 국회 연설은 한미동맹의 굳건함을 밝히고, 미국이 지금까지 자유와 평화를 위해 어떻게 피를 흘러왔는지, 그리고 앞으로도 기꺼이 이를 위해 희생할 수 있음을 국제사회에 알리고 있었다. 그리고 북한이 핵 폐기를 한다면 번영을 누릴 수 있도록 미국이 기꺼이 돕겠다는 북한에 대한 직접적인 메시지를 전하기도 했다.

6차 핵실험 이후에 문재인 대통령의 UN총회 연설, 그리고 이어진 트럼프 대통령의 국회 연설은 북한에 전하고 있었다.

'비핵화와 평화의 길로 가야 한다. 그랬을 때, 번영에 이를 수 있다.'

한미정상회담은 한국의 주도권을 확인하고 미국의 힘을 드러내며 양국의 위대한 동맹을 더욱 단단하게 만드는 것으로 마무리됐다. 이 단단한 관계는 결국 한반도의 중심에 한국이 있음을 명확하게 해주었고, 북한에게 핵을 포기하는 것만이 옳은 일임을 상기시켜 주었다.

트럼프 대통령의 다음 행선지는 중국이었다. G2의 만남. 패권국인 미국의 정상과 차기 패권국을 원하는 중국 정상의 만남은 그 자체로 전 세계적인 관심사였다. 중국은 자금성을 통째로 쓰며 트럼프 대통령을 극진히 대접했다. 그리고 두 정상은 주요 이슈였던 경제 부분에서 유연한 모습을 보여주었다. 심지어 트럼프 대통령이 불공정한 미·중 무역에 대해서 중국을 탓하지 않겠다며 중국을 믿는다고 말한 것을 두고 『뉴욕타임스』는 '원하는 것을 얻기 위해 중국과 대립하는 것보다는 아첨해야 하는 시기에 왔다'고 평가했다.[63] 그러나 이후 미·중 무역갈등이 일어나, 여전히 미·중 사이의 파워게임이 이어지고 있음이 드러났으며, 트럼프 대통령이 중국에 아첨하기보다는 제대로 협상을 하는 인물이라는 것이 밝혀졌다.

그러나 다행스럽게도, 미국과 중국의 두 정상은 한반도 문제에 대해서만큼은 한목소리를 냈다. 미·중 두 정상은 한반도 비핵화와 국제 핵 비확산 체제를 견지하고, 안보리 결의를 엄격하고도 전면적으로 이행할 것이며 대화를 통한 해결방안 모색에 합의했다고 밝혔다. 이는 미·중의 정상이 기존의 냉전 질서를 버리고 한반도의 새로운 질서를 받아들인다는 공식적인 신호였다.

냉전 질서 하에서는 미국과 중국이 갈등하고 대립하는 것이 자연스러웠다. 그러나 세상은 변하고 있었다. 당연히 경쟁이 아예 사라지진 않을 것이다. 미국과 중국 또한 외교·안보·경제에서 계속 경쟁할 것이고 때로는 대립할 것이다. 다만, 한반도가 속한 동북아시아에서는 협의와 공존을 모색하게 될 것이다. 문재인 대통령의 포석이 이를 강제할 것이기 때문이다. 결론적으로 트럼프 대통령과 시진핑 국가주석은 탁월한 선택을 했다. 그리고 새로운 질서에 아직 함께하지 못한 국가인 북한에 이 모습은 큰 귀감이 되었을 것이다. 북한의 김정은 국무위원장은 변해가는 세상을 보며 자신이 원하는 것을 실제로 얻을 수 있을 거라고 판단했을 것이다. 북한이 결단을 내릴 시점이 점차 다가오고 있었다.

---

63 Trump, Aiming to Coax Xi Jinping, Bets on Flattery, The New York Times, 2017.11.09.

문재인 대통령은 흐뭇했을 것이다. 그의 담대한 구상이 점차 현실화되는 것을 트럼프 대통령의 아시아 순방을 통해 지켜봤기 때문이다. 트럼프 대통령은 미국이 그 어느 때보다 유연하며 아시아에서, 적어도 한반도에서만큼은 새로운 질서를 충분히 받아들이고 만들어 낼 수 있는 준비가 되어있다는 것을 제대로 보여줬다. 시진핑 주석 또한 한반도 문제에서만큼은 미국과 경쟁·대립하는 것보다는 협력하는 것이 자국의 이익에 부합한다는 것을 명확하게 알고 이를 받아들였다. 북핵 문제에 있어서 가장 중요한 두 국가가 같은 인식을 공유하고 협력한다는 것은 한반도에 언제 다시 찾아올지 모르는 정말 소중하고 귀한 기회였다.

9.
신남방정책을 본격적으로 추진하다

트럼프 대통령이 한국을 떠나자마자, 문재인 대통령은 인도네시아로 향했다. 문재인 대통령의 동남아시아 순방이 시작된 것이다. 인도네시아, 베트남, 필리핀으로 이어지는 이 행보는 문재인 대통령의 신남방정책을 위한 것이었다. 문재인 대통령은 이미 대선 공약으로 아세안 국가와의 관계를 미·중·일·러 주변 4대국 수준으로 높이겠다는 신남방정책을 제시한 상태였다. 신남방정책은 외교 다변화와 이를 통한 대한민국의 경제발전을 위해 반드시 필요했다. 하지만 단지 이뿐만일까? 그렇지 않다. 문재인 대통령의 신남방정책은 한반도 비핵화에 있어서 가장 핵심이며, 새로운 국제질서를 위해서도 필수인 정책이었다.

앞서 밝힌 것처럼 남중국해는 미국과 중국이 패권을 두고 열심히 다투고 있는 지역이다. 그리고 이 남중국해를 둘러싸고 있는 국가가 바로 인도네시아와 베트남, 그리고 필리핀이다. 문재인 대통령이 이 국가들과 외교 관계를 확대하면 어떤 일이 발생할까? 대미·대중 협상력의 증가다.

대한민국은 경제 강국이며, 아시아의 정치, 사회, 문화에 상당한 영향력을 행사하고 있다. 따라서 동남아시아 국가들과의 교류·협력이 늘어날수록 이 지역에 미치는 영향력은 더욱 커질 수밖에 없다. 미·중이 첨예하게 대립하고 있는 이 지역에서 한국이 갖는 영향력이 커진다면, 당연히 이 두 국가도 한국을 더욱 신경 쓰고, 때로는 한국을 포섭해야 할 필요성을 느끼기도 할 것이다. 즉, 동남아시아 국가들과의 관계가 돈독해질수록, 한국이 갖는 외교적 영향력은 커지고, 대한민국의 대미·대중 영향력도 같이 증가할 수밖에 없다. 게다가 문재인 대통령과는 달리 냉전 체제를 지속시키길 원하는 일본의 대 동남아시아 영향력을 축소 시키는 효과도 있다. 결과적으로 동아시아를 둘러싸고 있는 미·일 대 중국의 강대강 냉전 대립구조를 한국과 아세안의 연합을 통해 완화시킬 수 있는 것이다. 그렇기에 문재인 대통령의 신남방 정책은 동아시아 지역에 한·아세안이라는 또 하나의 큰 세력을 만들어 각 세력간 적절한 견제를 가능하게 하고 이를 바탕으로 항구적인 평화를 만드는 거대한 구상이며, 냉전체제를 종식하고 새롭게 국제정세를 개편하는 데 있어서 핵심이 되는 정책이었다.

인도네시아에 도착한 문재인 대통령은 일정 중에 현지인이 즐겨 찾는 쇼핑몰에 방문한다. 문재인 대통령이 인도네시아 방문에 앞서 "위도도 대통령 측에 국빈 방문의 공식 일정 이외에 일반 국민들이 사는 모습을 함께 보는 것이 어떠냐고 제안해 보라"고 지시하면서 쇼핑몰 방문이 이뤄졌다. 이를 통해 인도네시아 국민과 직접 스킨십이 가능했고, 좋은 이미지를 만들어 낼 수 있었다. 문재인 대통령은 이렇게 회담국의 국민과 스킨십하는 외교 방식을 이후에도 적극적으로 사용한다. 비록 정상회담이라는 것이 나라와 나라, 정상과 정상 간에 일어나는 일이지만, 상대국의 국민에게 좋은 평가를 얻고, 긍정적인 이미지를 심어줄 수 있다면 그 이상의 거대한 성과는 없을 것이다. 민심은 그만큼 무섭고 위대하다는 것을 문재인 대통령은 알고 있었다.

문재인 대통령의 인도네시아 국빈 방문은 그런 점에서 상당히 성공적으로 마무리됐으며, 인도네시아와 '특별 전략적 동반자 관계'를 맺는 성과를 거뒀다.

인도네시아에서 베트남으로 건너간 문재인 대통령은 쩐 다이 꽝 베트남 국가주석과도 정상회담을 가졌다. 양국의 전략적 동반자 관계를 더욱 확대하고 2020년까지 교역목표 1천억 달러를 달성하기로 했다. 베트남은 사회주의 국가다. 북한이 발전 모델로 많이 참고한다고 알려진 나라이기도 하다.[64] 한국과 베트남의 외교 관계가 발전하고, 특히 경제 교류가 증가할수록 북한에 메시지가 자연스레 전달된다.

---

64 北 경제개발 롤모델 중국·베트남…미국과 수교 후 고속성장 궤도에, 매일경제, 2018.04.23.

'북한의 체제로 경제발전을 누릴 수 있다. 그것을 한국이 도울 수 있다.'

문재인 대통령이 베트남과의 교류를 더 강화한 것은 경제적인 이유에 더해 이제 이념 갈등으로 가득 차 있던 세계 질서를 새로운 방향으로 끌고 가자는 메시지를 북에 전한 것과 같았다.

베트남과의 정상회담 이후, 다낭에서 중국 시진핑 국가주석과의 정상회담이 시작됐다. 중국은 19차 당 대회를 마무리 지었고, 시진핑 주석은 총서기 연임을 하게 됐다. 이로써 중국의 내부가 재정비됐다. 이제 중국도 본격적으로 외부 문제에 눈을 돌리고 있었다. 시진핑 주석은 모두발언에서 "중·한 양국은 각자 경제사회 발전, 양자 관계의 발전적인 추진, 세계 평화의 발전에 있어서 광범위한 공동의 이익을 갖고 있다. 중한 관계와 한반도 정세는 중요한 시기에 있다. 오늘 우리 회동은 앞으로 양국관계 발전과 한반도 문제에 있어 양측의 협력, 그리고 리더십의 발휘에 있어 중대한 계기가 될 것으로 믿는다."라고 말했다. 중국이 본격적으로 움직이겠다는 신호였고, 이를 위해서는 결국 한국과의 관계를 회복해야 한다는 말이기도 했다.

한국은 문재인 대통령 취임 이후 외교 영향력을 꾸준히 높여왔고, 한반도 문제의 주도권을 행사하고 있었다. 그러니 중국이 한반도의 외교 판에 들어오기 위해서는 사드 배치에도 불구하고 한국과의 관계개선을 선행해야 했다. 중국도 새로운 질서의 흐름에 올라타는 것이 자국의 이익에 더 부합한다는 것을 모를 리 없었고 이미 미국과도 그렇게 합의한 상태였다. 결과적으로 중국은 한국과의 관계를 정상으로 회복시키기로 했다. 문재인 대통령은 모두발언을 통해 이를 평가한다.

> 한중 외교당국 간 협의를 통해 두 나라 사이에서 모든 분야의 교류와 협력을 정상적으로 회복시키기로 한 것을 기쁘게 생각한다. 비 온 뒤에 땅이 굳는다는 한국 속담이 있다. 매경한고(梅經寒苦)라고 봄을 알리는 매화는 겨울 추위를 이겨낸다는 중국 사자성어도 있다. 한중 관계가 일시적으로 어려웠지만 한편으로는 서로의 소중함을 재확인하는 시간이었다.
>
> — 한중 정상회담 모두발언 중에서 (2017.11.11.)

이 내용을 보고 미국과 북한은 모두 놀랐을 것이다. 미국은 '아니! 사드를 배치한 상태로 중국과 관계개선이 된다고?', 북한은 '아니! 중국이 사드 배치를 용인한 상태로 한국하고 관계를 푼다고?'라며 한국의 외교력을 높이 평가했을 것이다. 게다가 12월에 문재인 대통령이 중국에 방문해 정상회담을 하기로 결정하면서 한·중 관계가 확실한 해빙기를 맞이하고 있음을 증명했다.

미국은 중국이 북한에 영향력을 끼칠 수 있고, 끼쳐야 한다고 믿고 있었다. 트럼프 대통령도 지속해서 중국의 역할을 강조했다. 그렇기에 미국은 한국이 대중 관계를 회복시킨 것을 대북 협상력이 증가했다는 의미로 받아들였을 공산이 크다. 즉, 미국이 판단하기에 북핵 문제의 평화적 해결 가능성이 증가했다. 대북 강경책을 준비하던 미국으로서는 상황을 조금 더 지켜볼 필요가

생겼다.[65]

북한은 중국과의 관계가 좋지 않았지만, 그럼에도 중국은 북한에 영향력을 발휘할 수 있는 국가였다. 중국이 제재에 동참하고 더욱 강하게 북한을 압박한다면? 석유를 끊어버린다면? 북한은 나라의 존립에 심각한 위기를 느낄 것이었다. 한국과 중국의 관계개선은 북한에게 한국이 하자는 대로 따라가는 것이 북한에 이롭다는 것을 다시 한번 깨닫게 해줬을 것이다. 그리고 중국에서 열릴 한중정상회담은 이러한 인식에 쐐기를 박았다. 12월, 평창올림픽이 열리기 전, 북한이 비핵화 결정을 내리기 위한 마지노선을 앞두고 한중정상회담이 열리는 것은 우연이라기엔 매우 적절한 시점이었다. 한국이 미국에 이어 중국과 강력한 관계를 구축하는 순간, 북한은 고립되어 버리고 결국 대화의 장으로 나와야 하는 압박을 받게 된다.

중국과의 성공적인 외교 다음에 이어진 국가는 필리핀이었다. 필리핀은 그 위치가 상당히 독특했다. 남중국해의 영토분쟁으로 중국과 싸웠지만, 두테르테 대통령의 당선 이후에는 상당한 친중행보[66]를 보이면서 그 정확한 스탠스를 확인하기 힘들었다. 따라서 필리핀은 미국과 중국이 둘 다 중요하게 여길 수밖에 없는 국가였다.

---

65 "무엇이든 할 준비돼 있다" 트럼프 '대북 군사옵션' 경고, 한국경제, 2017.10.23.
66 필리핀 친중행보⋯두테르테, 중국에 통신 진입특혜 선사, 연합뉴스, 2017.11.21.
트럼프 초대 받은 두테르테 도리어 '친중 행보'⋯중국 군함 시찰·합동훈련 가능성 언급, 아시아투데이, 2017.05.02.
'반미·친중 행보' 필리핀 두테르테의 도박 성공할까, 연합뉴스, 2016.10.16.

문재인 대통령은 두테르테 대통령과 정상회담을 하고, 한국과 필리핀의 관계를 돈독히 하는 데 합의했다. 특히 방산 부분에 있어서 협력을 강화해 나가기로 했는데, 한국이 필리핀과 방산 부분에서 협력을 강화할수록 대중 영향력이 커지게 된다. 한국과 미국은 군사동맹이기 때문에 필리핀과 방산 협력을 강화하는 순간 중국은 이 관계를 주의 깊게 살필 수밖에 없다.

이렇게 문재인 대통령의 동남아시아 순방은 막을 내린다. 남중국해로의 진입, 미국과 중국이 갈등하는 지역에 뛰어들어 대한민국의 영향력을 극대화한, 이 지역에 대한 영향력을 바탕으로 계속해서 구질서를 이어가려는 일본의 영향력을 축소시킨 외교한판이었다. 그리고 이 놀라운 외교행보는 이후 한·아세안 정상회의를 통해 한국을 동북아의 3대 세력(한·중·일)으로 격상시키는 결과를 끌어낸다.

동남아시아 순방이 끝나고 며칠 뒤, 한국과 캐나다는 만기와 한도가 없는 통화스와프를 체결한다. 세계에는 6개의 기축 통화국이 있다. 미국, 유로존, 일본, 영국, 스위스, 캐나다이다. 한국은 이중 캐나다와 무기한, 무한도의 통화스와프를 체결하면서 준 기축 통화국과 다름없는 외화 안정성을 확보하게 됐다.

일본은 이 기축통화를 가지고 한국을 상당히 압박해 온 전력이 있다. 2015년에 한일 통화스와프가 중단된 이후 박근혜 정권의 요청으로 한일 통화스와프 협상이 진행되고 있었다. 그런데 2017년 1월 6일, 부산 주한일본영사관 앞에 위안부 소녀상 설치를 한 것에 대한 항의의 표시로 일본이 협상을 전면 중단해 버렸다. 이처럼 일본은 통화스와프를 가지고 한국에 영향력을 행사하려 했다. 그리고 이런 시도를 문재인 정부는 한·캐나다 통화 스와프로 박살 내 버린다. 이제 구태여 일본에 매달릴 필요가 없어진 것이다. 게다가 한국의 대외 신뢰도가 높아지면서 경제 안정성도 증가하게 됐다. 이는 교량국가로서 대한민국이 더욱 활발히 역량을 발휘할 수 있는 계기가 됐다.

일본은 동남아에 이어 한국에 대한 영향력도 상당히 줄어들게 됐다. 결국, 구질서를 쫓는 일본의 외교는 점차 설 자리를 잃어가는 중이었고, 반대로 한국은 아시아에서 영향력을 점차 확대하고 있었다.

10.
도발 재개? 북한, ICBM을 발사하다

11월 29일, 북한이 ICBM을 발사한다. 6차 핵실험 이후 75일 만에 발생한 도발이었다. 심지어 ICBM이었다. 문재인 대통령은 이미 "북한이 ICBM 탄도미사일을 완성하고 거기에 핵탄두를 탑재해서 무기화하는 것을 '레드라인'이라고 생각합니다"라고 밝힌 바 있었다. 6차 핵실험을 통해 핵탄두 소형화에 성공했다고 자평한 북한이 ICBM 실험까지 성공시키면서 많은 이들은 북한이 레드라인을 넘었다고 생각했다.

하지만 신중론도 있었다. 대기권 재진입 기술을 완성했는지 확실하지 않다는 의견이었다. ICBM이 완성됐다고 이야기를 하려면 대기권 재진입 기술은 필수적이었다. 하지만 이를 증명하지 않은 채로 북한은 "조선노동당의 정치적 결단과 전략적 결심에 따라 새로 개발한 대륙 간 탄도 로켓 '화성-15형' 시험발사가 성공적으로 진행됐다."라며 자신들의 핵무력이 완성되었다고 밝혔다.

문재인 대통령은 북한을 강력히 규탄하고, 육해공 합동 미사일 정밀 타격훈련을 시행했다. 또한, 트럼프 대통령과 전화 통화를 하며 미국과 긴밀한 협의를 이어간다. 이 통화에서 문재인 대통령은 "굳건한 한미연합방위태세를 바탕으로 북한의 도발에 강력하고 단호하게 대응하는 한편 국제사회와 긴밀히 협력하면서 북한에 대한 제재와 압박을 계속해 나감으로써 북한을 대화의 장으로 끌어내기 위한 노력을 경주해 나가자."라고 말한다. 레드라인을 넘었을지도 모르는 상황에서 문재인 대통령은 여전히 대화를 이야기하고 있었다. 그런데 더 놀라운 것은 트럼프 대통령의 반응이었다. 트럼프 대통령은 "오늘 미사일 도발에 대한 상세하고 정확한 평가와 양국 당국 간 긴밀한 협의를 바탕으로 구체적인 대응방안을 추가로 협의하자."라고 말했다.

트럼프 대통령의 발언에서 주목해야 할 것은 바로 '상세하고 정확한 평가'이다. 트럼프 대통령은 세간의 평가와 달리 상황을 파악하고 이를 통해 거래하는 전문가였다. 그는 막말이나 순간적인 반응이 아닌, 정확한 정보를 원했다. 위기의 순간에 한·미 두 정상만은 냉정하게 상황을 파악하고자 하는 노력을 멈추지 않은 것이다.

다음 날, 문재인 대통령과 트럼프 대통령은 다시 전화 통화를 한다. 문재인 대통령은 이 통화에서 "어제 발사된 미사일이 지금까지의 미사일 중 가장 진전된 것임은 분명하나, 재진입과 종말 단계 유도 분야에서의 기술은 아직 입증되지 않았고, 핵탄두 소형화 기술 확보 여부도 불분명하다."라고 말했다. 트럼프 대통령이 원했던 정보를 제시한 것이다.

사실 북한의 핵무력 완성 선언에는 조금 이상한 점이 있었다. 우선 대기권 재진입 기술이 있는지 확실하지 않았다. 지금까지의 북한이라면 기술을 드러내고, 우리가 이 정도의 기술을 가지고 있다고 최대한 많이 알렸을 것이다. 그것이 북한의 대외 협상력을 높여주기 때문이다. 하지만 북한은 그렇게 하지 않고 갑자기 핵무력 완성을 선언했다. 성급한 움직임을 보인 것이다. 그렇다면 북한은 어째서 성급하게 핵무력 완성을 선언했을까?

흥미로운 부분은 딱 여기까지가 문재인 대통령이 밝힌 레드라인을 넘지 않는 지점이라는 것이다. ICBM을 완성했다고 보기에는 조금 부족하지만 일단 핵무력 완성이라고 선언함으로써 북한의 자존심도 지키고 대미 협상력도 확보할 수 있는 절묘한 지점이었다. 즉, 성급해 보이는 핵 무력 완성 선언에는 레드라인을 넘지 않고 최대한의 판돈은 확보한다는 북한의 숨은 의중이 담겨있었다. 이를 고려해보면 북한이 곧 태도를 바꾸고 협상테이블로 나올 수 있다는 결론에 이르게 된다.

2018년 3월 19일, 『월간 중앙』에 따르면, 국정원은 대북 정보망을 총동원해 얻은 정보를 통해 11월 20일부터 12월 초 사이에 북한이 ICBM을 발사할 가능성이 있다는 것을 미리 알고 있었다. 또한, 미사일 발사를 최대한 고각으로 해서 일본을 넘어가지도 않고 괌이나 하와이 주변에 떨어지지도 않은 점을 분석해 이를 유화적 제스처라고 판단했다. 조선중앙TV의 발표도 "시험발사가 최대 고각 발사체제로 진행됐고, 주변 국가들의 안전에 그 어떤 부정적 영향도 주지 않았다."라고 밝히며 이를 강조하고 있었다.

이런 정보를 종합해볼 때 북한이 대화의 장으로 나올 가능성이 있다는 내부 판단이 있었다고 한다. 대북통인 서훈 국정원장의 힘이었다. 서훈 원장은 김정은 위원장이 신년사에서 전향적인 입장을 표할 가능성을 크게 보고 있었고, 이런 정보와 판단을 미국의 폼페이오 당시 CIA 국장과 긴밀하게 교환했을 것이다. 결국, 그의 예상대로 김정은 위원장은 2018년 신년사를 통해 평창올림픽 참가를 밝히고, 북한이 평화와 번영의 길로, 비핵화의 길로 가겠다는 뜻을 전하게 된다.

당시 북한의 ICBM 발사와 핵무력 완성 선언의 의미를 제대로 읽어내지 못했다면 어떻게 됐을까? 그리고 이 정보를 미국과 긴밀히 교환하지 않았다면 어떻게 됐을까? 아마 대한민국에서 평화는 사라졌을지도 모르겠다. 문재인 대통령과 정부의 전문성과 능력, 그리고 취임 이후부터 미국과의 관계를 회복해온 노력이 결국 위기를 넘기고 한반도의 평화를 위해 나아갈 수 있도록 한 것이다.

북한이 자존심도 세우고 레드라인도 넘지 않는 절묘한 지점에서 핵무력 완성을 외치면서 대화의 장으로 나오겠다는 신호를 보냈다. 그리고 한국은 이를 읽어냈다. 이제 한국이 해야 할 일은 간명했다. 북한이 대화의 장으로 나올 수 있도록, 올림픽이라는 명분을 북한이 활용할 수 있도록 멍석을 깔아주는 것이었다.

11.
중국이 문재인호에 올라타다

2017년 12월 13일, 문재인 대통령은 중국을 국빈 방문했다. 한중정상회담은 무너졌던 중국과의 관계를 재건하고 북한을 대화 테이블로 이끌어 오는 데 있어서 매우 중요한 행사였고 성공적으로 진행됐다. 하지만 한국에서는 중국이 문재인 대통령을 홀대했다는 홀대론이 확대되고 있었다.[67]

문재인 대통령이 중국에 도착한 13일, 시진핑 주석이 난징으로 향한 것에 대한 문제 제기가 있었다. 국빈이 왔는데 베이징을 비우는 것이 결례라는 것이다. 하지만 12월 13일은 중국의 난징대학살 80주년 추모식이 있는 날이었다. 국가행사가 있으니 시진핑 주석이 베이징을 비우는 것은 어쩔 수 없는 일이었다. 그렇다면 어째서 행사가 있는 날에 국빈 방문을 했을까? 『중앙일보』의 12월 13일 자 "13일은 中 슬픈날…'난징대학살날 방중 잡은 건 한국'"이라는 기사에 따르면, 익명의 베이징 외교 소식통은 "13일은 한국 측이 제시한 날짜"라고 했다. 만약 이 기사가 사실이라면, 한국은 13일에 방중해야 할 이유가 있었다. 그리고 이 이유를 예측하는 것은 어렵지 않다.

일단, 연내 방중이 필요했다. 한중정상회담은 북한의 평창올림픽 참석을 압박하는 데 중요한 역할을 할 수 있었다. 강력한 한미동맹에 더해 중국과의 관계도 공고하게 한다면, 북한이 받게

---

67 [한·중 정상회담] 중, 문 대통령 진짜 홀대하나, 경향신문, 2017.12.14.

될 압박은 상당할 것이고, 결국 비핵화를 선택할 수밖에 없다. 따라서 북한이 비핵화를 선택할 수 있는 평창올림픽 전에 한중 정상회담이 이뤄져야 했다. 게다가 중국의 국빈 방문 초청이 11 월에 이뤄졌기에 준비할 시간을 생각하면 12월 정도밖에 가능한 시기가 없었다.

이런 상황을 고려했을 때, 12월 13일은 나쁜 선택이 아니었다. 우선 난징대학살 80주년 추모식이 있기에 일본으로부터 같은 아 픔을 겪은 역사를 바탕에 두고 중국과 더욱 밀접한 심적 관계를 형성할 수 있다. 문재인 대통령은 방중 첫 공식 일정인 재중국 한국인 간담회에서 "오늘은 난징대학살 80주년 추모일로, 한국 인들은 중국인들이 겪은 고통스러운 사건에 깊은 동질감을 갖고 있다."라고 직접 밝혔다. 심지어 문재인 대통령은 대통령을 맞이 하러 공항에 와야 할 주중 한국대사를 난징대학살 추모식에 참 석시켜 버린다.

기존 한·미·일·북·중·러의 냉전 질서하에서, 중국은 북한이 비 핵화하고 미국과 친교를 맺는 것을 환영하기 어렵다. 균형이 깨 지고 중국이 위협을 느낄 수 있기 때문이다. 당연히 미국과 위대 한 동맹을 맺고 북한을 비핵화시키려는 문재인 대통령의 행보에 대해서도 환영하거나 지지할 수 없을 것이다. 하지만 문재인 대 통령이 일본과 분명하게 선을 그으면, 중국은 이러한 우려를 조 금 덜 수 있을 것이 확실했다.

문재인 대통령 방중일정의 마지막 또한 충칭에 있는 대한민국 임시정부 청사와 광복군 총사령부 유적을 방문하는 것이었다. 중국과의 역사적 유대를 돈독히 하고 일본으로부터의 아픔을 공유하는 행보였다. 문재인 대통령의 방중 일정은 지금까지 문재인 대통령이 추구한 강한 한미동맹, 약한 한·미·일 관계 전략과 이어지는 자연스러운 것이었다. 문재인 대통령이 중국에 전달하고자 하는 '북한의 비핵화와 한반도의 항구적인 평화는 새로운 질서로 나아가고자 하는 것이며, 남북이 미국·일본과 협력해 중국을 위협하려는 것이 아니'라는 메시지가 계속됐다. 이런 배경을 생각해보면 문재인 대통령이 13일에 방중한 것은 오히려 좋은 전략이라고 보는 것이 옳다.

또한, 문재인 대통령의 혼밥 논란도 있었다. 문재인 대통령은 14일, 중국 식당에서 중국 서민들이 즐겨 먹는 '유탸오'와 '더우장'으로 아침 식사를 했다. 이를 두고 문재인 대통령이 혼밥을 했다며 굴욕을 당했다는 것이다. 문재인 대통령은 이미 인도네시아에서 그런 것처럼 정상회담 일정 내에 회담국의 국민과 스킨십하려는 모습을 계속 보였다. 당연하게도 정상뿐만 아니라 그 나라 국민의 마음도 빼앗아야 진정한 외교적 성과를 얻을 수 있다. 문재인 대통령은 그걸 분명히 알고 있었다.[68] 한국에서는 홀대론·혼밥론이 나오고 있었지만, 정작 중국에서는 수많은 찬사가 쏟아졌으니 홀대·혼밥론을 주창한 사람들은 박근혜식의 의전 외교를 추종하는 단견을 지녔거나, '아는 것 없이 떠들었다'는 비판을 피할 길이 없었다. 문재인 대통령의 외교는 큰 성공을 거뒀다고 평가하는 것이 맞다. 특히, 정상회담의 결과는 무척이나 놀라웠다.

---

68 文대통령 혼밥 논란…靑 "기획 일정, 홀대론 동의 못해", 중앙일보, 2017.12.15.

문재인 대통령과 시진핑 국가주석은 한반도 평화와 안정을 위한 4대 원칙에 합의했다. 이 4대 원칙은 '한반도에서의 전쟁 불가', '한반도 비핵화', '북한 문제의 평화적 해결', '남북관계 개선'이었다. 이는 한국이 원하는 모든 것을 중국이 지지하겠다는 이야기였다. 또한, 경제·통상·사회·문화·인적교류 중심의 양국 간 협력을 정치·안보·정당 간 협력 등의 분야로 확대해 나가기로 했다. 중국과 정치·안보협력을 확대하겠다는 것은 대한민국이 동아시아에서 외교·안보·정치의 중심에 있겠다는 선포나 다름없었다. 한국이 미국이나 일본에 종속되어 있지 않다는 선언이기도 했다. 한국이 하려는 것이 구질서의 연장이 아니라 새로운 질서를 만드는 것임을 또다시 드러내는 모습이었다. 중국은 안도했을 것이며, 문재인 대통령이 운전하는 자동차에 계속 타 있겠다고 판단했을 것이다.

중국과의 관계개선을 통해 한국은 미국과는 위대한 동맹이면서, 동시에 동아시아에서 주도적인 외교를 펼치는 중간국가로서의 근간을 확보했다. 미국은 협의와 중재로서 동북아에 영향력을 발휘할 수 있는 한국이라는 채널을 얻게 되었으니 미국 역시 환영할만한 성과를 이룬 것이다. 만약 한미동맹에 대한 군건한 신뢰가 없었다면, 이를 미국이 가만히 두고 보지는 않았을 것이다. 하지만 문재인 대통령은 취임 직후부터 트럼프 대통령과 협력해 위대한 한미동맹과 신뢰를 구축해 왔기 때문에 기존 냉전질서를 뛰어넘는 한국의 움직임을 미국이 받아들일 수 있었다. 즉, 한국은 미국도 받아들일 수 있으면서 동시에 중국도 납득할 수 있는 위치를 지니게 됐다. 이것으로 대한민국은 한반도와 동북아외교의 중심에 설 수 있게 됐으며, 교량국가이자 중간국가로서 완전히 새로운 국제적 지위를 얻기 시작했다. 문재인 대통령이 임기 1년도 되지 않아 이룩해낸 대한민국의 쾌거였다.

12.
2018년 1월 1일, 북한, 마침내 문재인호에 올라타다

2017년 12월 19일, 문재인 대통령은 평창동계올림픽 홍보행사를 위해 KTX에 탑승한다. 그리고 기차 안에서 NBC와 인터뷰가 진행됐다. 문재인 대통령은 인터뷰에서 "한국과 미국은 한·미 연합군사훈련을 연기하는 문제를 검토할 수 있다."라고 말했다. 그리고 미국에도 연기 검토를 제안했고 미국도 검토하고 있다고 밝혔다.

문재인 대통령의 한미연합군사훈련 연기는 북한에 던지는 마지막 승부수였다. 마지막 초대장이기도 했다. 리비아와 이란 사태를 경험하면서 북한은 비핵화를 하고 싶어도 쉽게 할 수 없는 상황이었다. 북한이 비핵화를 하려면 체제안정과 경제성장을 얻어내야 하는데, 리비아와 이란의 경우를 반추해보면 비핵화가 이를 보장해 주지 못했다. 그렇기에 북한은 신중할 수밖에 없었고, 문재인 대통령은 계속해서 방안을 제시하고 국제사회의 지지를 모으면서 신뢰를 쌓아야 했다. 북한은 확신이 필요했다.

문재인 대통령의 한미연합훈련 연기 검토제안은 문재인 대통령이 미국에 먼저 제안했다는 점에서 한국이 지닌 미국과의 강한 유대와 신뢰, 협상력을 모두 드러내는 상징적 의미가 있었다. 북한은 한국이 한미연합훈련 연기 검토를 제안할 수 있을 정도라면 북·미 협상에서도 상당한 외교력을 발휘해 줄 수 있다는 판단을 했을 것이다. 심지어 한국은 이미 중국하고도 관계 정상화를 하며 외교력을 상당히 높여 놓은 상태였으니, 북한이 대한민국을 믿고 문재인 호에 타보겠다는 마지막 결심을 하기에 충분한 계기가 되었을 것이다.

틸러슨 미 국무장관이 한미연합훈련 연기 제안에 대해 몰랐다고 밝혀 잠시 논란이 됐지만, 문재인 대통령이 없는 말을 했다고 보기는 힘들다. 돈독한 한·미 관계를 유지해야 하는데 거짓말을 할 리가 없고, 문재인 대통령의 성정도 거짓이나 꼼수와는 거리가 멀었다. 아마 국무라인이 아닌 정보나 국방 쪽 라인을 통해 검토제안을 했기에 틸러슨 국무장관이 관련 내용을 모르고 있었다고 보는 것이 더 타당할 것이다. 다음 날인 12월 30일, 짐 매티스 국방부 장관이 군사훈련 중단에 대해서는 '절대 중단하지 않겠다'고 밝히는 대신 "한국은 올림픽 주최 국가이고, 우리는 항상 훈련 일정을 조정한다."라고 말해 연기 가능성을 열어놓은 것을 보면 연기 검토제안은 있었던 것으로 보인다.

문재인 대통령은 한미연합훈련의 연기를 제안함으로써 북한 내부에 있을지도 모르는 군부 강경파의 비핵화 반대도 설득할 수 있는 계기를 만들었다. 평창올림픽까지 직진할 수 있는 꽃길을 다 만들어 놓은 것이다.

문재인 대통령은 미국과의 관계를 위대한 동맹으로 격상시키고, 한반도 운전대를 잡았다. 그 이후에 국제적인 명분을 쌓으며 결국 중국까지 문재인호에 태우는데 성공했다. 북한이 평창올림픽을 계기로 대화에 임할 수 있는 길도 다 닦아 놓았다. 남은 것은 단 하나, 북한의 결심뿐이었다. 그리고 2018년 1월 1일, 김정은 국무위원장의 신년사가 발표됐다.

남조선에서 머지않아 열리는 겨울철 올림픽 경기대회에 대해 말한다면, 그것은 민족의 위상을 과시하는 좋은 계기로 될 것이며 우리는 대회가 성과적으로 개최되기를 진심으로 바랍니다. 이러한 견지에서 우리는 대표단 파견을 포함하여 필요한 조치를 취할 용의가 있으며 이를 위해 북남 당국이 시급히 만날 수도 있습니다.

한 핏줄을 나눈 겨레로서 동족의 경사를 같이 기뻐하고 서로 도와주는 것은 응당한 일입니다. 우리는 앞으로도 민족자주의 기치를 높이 들고 우리민족끼리 해결해 나갈 것이며 민족의 단합된 힘으로 내외 반통일세력의 책동을 짓부시고 조국통일의 새 역사를 써 나갈 것입니다. 나는 이 기회에 해외의 전체 조선 동포들에게 다시 한번 따뜻한 새해 인사 보내면서 의의 깊은 올해의 북과 남에서 모든 일이 잘되기를 진심으로 바랍니다.

- 김정은 2018년 신년사 중에서(2018.01.01.)

북한이 화답했다. 한반도 평화를 향해 달려가는 문재인호에 북한이 탑승했다. 한반도의 평화를 위해 나아갈 수 있는 환경이 완성됐다. 이날을 위해 그동안 온갖 억측과 비판에도 불구하고 문재인 대통령은 자신의 길을 굽히지 않았다. 그리고 그 노력은 결국 희망의 씨앗을 틔웠다.

김정은 국무위원장은 신년사를 통해서 평창올림픽에 참가할 뜻을 밝혔다. 시급히 만날 수도 있다고 밝히면서 한반도에는 협상의 분위기가 피어나기 시작했다. 청와대는 브리핑을 통해 "오늘 북한의 김정은 위원장이 신년사에서 남북관계 개선의 필요성을 제기하면서 평창올림픽 대표단 파견 용의를 밝히고 이를 위한 남북관계 만남을 제의한 것을 환영한다."라고 밝히며 시기·장소·형식에 관련 없이 북한과 대화를 할 수 있다고 말했다. 하지만 동시에 신중했다. 트럼프 대통령의 반응도 '지켜보자[69]'는 것이었다. 한국과 미국은 북한의 태도 변화에 대해서 신중함을 유지하고 있었다.

2018년 1월 2일, 문재인 대통령은 2018년 첫 국무회의에서 "북한 김정은 위원장이 신년사에서 북한 대표단의 평창올림픽 파견과 당국 회담 뜻을 밝힌 것은 평창올림픽을 남북관계 개선과 평화의 획기적인 계기로 만들자는 우리의 제의에 호응한 것으로 평가한다."라고 말했다. 이는 정부의 대북라인이 충분히 많은 정보를 취합하고 북한의 의도를 파악한 이후에 내린 결론일 것이다. 즉, 북한은 문재인 대통령이 밝힌 구상에 호응한 것이 분명했다.

북한의 평창올림픽 참가는 문재인 대통령이 베를린 구상에서 밝힌 로드맵의 두 번째 단계였다.

○ 첫째, 시급한 인도적 문제부터 해결하는 것입니다.

---

[69] 트럼프, 北김정은 신년사에 첫 반응은…"지켜보자", 뉴스1, 2018.01.01.

○ 둘째, 평창올림픽에 북한이 참가하여 '평화 올림픽'으로 만드는 것입니다.

○ 셋째, 군사분계선에서의 적대행위를 상호 중단하는 것입니다.

○ 넷째, 한반도 평화와 남북협력을 위한 남북 간 접촉과 대화를 재개하는 것입니다.

앞서 이야기한 것처럼 문재인 대통령은 북한이 비핵화를 거쳐 평화·번영의 길로 가기 위한 구체적인 로드맵을 이미 친절하고도 상세히 알려준 바 있다. 북한의 평창올림픽 참가 결정은 단순히 올림픽에 한 번 참가하겠다는 것을 넘어, 문재인 대통령의 한반도 구상에 북한이 화답했다는 신호로 읽어야 했다.

문재인 대통령은 꾸준히 한반도 운전자론을 위해 애썼다. 한반도 문제는 남·북이 주도해야 풀어낼 수 있다는 믿음이 있었기 때문이었다. 당사자가 아닌 이상, 다른 열강들은 자신의 이익에 따라 시시각각 태도를 바꿀 수 있었다. 오직 당사자인 한국과 북한만이 한반도 평화와 번영이라는 공동의 목표를 향해 흔들림 없이 나아갈 수 있다. 그것이 변할 수 없는 한국과 북한의 이익이기 때문이다. 또한, 미국과 중국이라는 첨예하게 얽힌 국제 관계에서 원하는 결과를 만들어 내기 위해서는 미국과 중국 모두와 깊은 관계를 맺고 있어 협상력을 발휘할 수 있는 한국이 중심에 서야만 했다. 한국은 미국과는 위대한 동맹으로 중국과는 제1 교역국으로 묶여 있었다. 한국만이 이 두 열강 사이에서 중심을 잡을 수 있었다. 문재인 대통령이 미국과의 신뢰구축과 강한 동맹을 위해 끊임없이 노력하고 주도권을 얻어낸 이유, 국제 정치를 통해 끊임없이 전 세계의 지지를 구하고 결국 중국으로부터도 지지를 얻어낸 이유는 그것이 한반도 평화를 성취하기 위한 유일한 방법이었기 때문이었다. 단견을 지닌 자는 보지 못한 큰 그림을 문재인 대통령은 보고 있었다. 그리고 문재인 대통령의 그림이 점차 실현되는 과정에서 북한도 알았을 것이다. 한국이 중심에 섰을 때, 북한의 체제안정과 경제성장이 가능하다는 것을. 북한의 신년사는 이에 대한 답이었다.

북한이 평창올림픽 참가를 밝히면서 문재인 대통령의 한반도 평화호에 당사자와 관련국 모두가 탑승했다. 가는 길에 다양한 다툼도 있을 것이고, 자리싸움도 있을 것은 자명했다. 하지만 문재인 대통령은 한반도 평화에 도달하는 순간까지 그 누구도 내리게 하지 않을 것이 분명했다. 차에 타기 전과는 달리 차에 탄 이상, 운전자의 의도보다 더 강력한 것은 없기 때문이다. 문재인 대통령은 1월 2일, 통일부와 외교부, 문화체육관광부에 북한의 평창올림픽 참가를 위한 후속 조치 마련을 즉각 지시했다. 이로써 한반도 평화프로세스는 완전히 새로운 국면을 맞이하게 됐다.

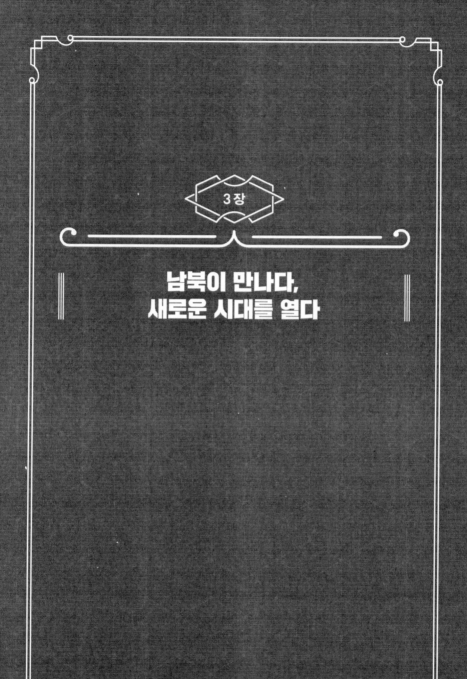

3 장

남북이 만나다,
새로운 시대를 열다

1.
문재인 대통령이 화답하다

2018년 1월 2일, 조명균 통일부 장관은 1월 9일에 판문점 평화의 집에서 남북 고위급 회담을 열자는 제안을 북측에 전한다.

정부는 평창 동계올림픽 북측 참가 등과 관련한 문제를 협의하기 위해 동계올림픽이 한 달여 앞으로 다가온 점을 감안하여 1월 9일 판문점 평화의 집에서 고위급 남북당국회담을 개최할 것을 북측에 제의합니다.

남북이 마주 앉아 평창 동계올림픽 북측 참가 문제 협의와 함께 남북관계 개선을 위한 상호 관심사에 대해 허심탄회하게 논의할 수 있게 되기를 기대합니다.

아울러 정부는 시기, 장소, 형식 등에 구애됨이 없이 북측과 대화할 용의가 있음을 다시 한 번 밝힙니다.

남북당국회담 개최 문제를 협의해 나가기 위해서는 판문점 남북 연락채널이 조속히 정상화되어야 한다고 보며, 판문점 연락채널을 통해 의제, 대표단 구성 등 세부절차에 대해 협의해 나갈 것을 제의합니다.

- 통일부 기자회견 중에서(2018.01.02.)

조명균 통일부 장관은 발표문을 통해 북한의 평창올림픽 참가를 위한 고위급 회담을 제의함과 동시에 시기, 장소, 형식에 구애 없이 언제든지 대화하겠다는 의견을 밝힌다. 긴급히 만날 수 있다던 북한에 대한 화답이었다. 이에 더해 판문점 남북 연락채널의 정상화를 이야기했다.

한국은 북한과의 대화채널이 모두 끊겨 있는 상황이었다. 대화채널이 없다는 이야기는 언제든지 우발적인 상황으로 인해 일어나서는 안 될 끔찍한 결과를 맞이할 수도 있다는 말과 같다. 정의용 안보실장은 이런 상황을 2017년 9월 독일 『슈피겔』지와의 인터뷰에서 이미 언급한 바 있다.

"현재 우리는 북한과 대화채널이 없는 상태다. 판문점에서 핸드마이크나 육성으로 간단한 의사를 전달하고 있다."

앞으로 북한과 대화와 협상을 해 나가야 하는 상황에서 남북 연락채널이 정상화되는 것은 그 무엇보다도 시급하고 중요한 과제였다. 게다가 남과 북이 소통하게 되는 순간, 한국의 한반도 주도권은 더욱 강고해지게 된다. 북한과의 밀접한 소통은 한국만이 가질 수 있는 중요 정보가 늘어난다는 의미이며, 이는 미국과 중국을 설득하거나 때론 협상할 때 큰 무기가 되어 줄 것이다. 문재인 정부는 이미 모든 준비가 되어있음을 증명하듯이 매우 빠르게 핵심을 짚어 나가고 있었다.

조명균 통일부 장관이 남북 연락채널의 정상화를 말한 바로 다음 날인 1월 3일, 북한은 판문점 연락채널을 재개통했다. 2016년 2월 개성공단 폐쇄에 대한 반발로 끊어진 이후 근 2년 만의 복구였으며, 남북 소통이 본격적으로 시작된다는 증거였다.

1월 4일, 한·미 정상은 평창올림픽 기간 동안 한미연합훈련을 연기하는 데 합의했다. 문재인 대통령이 한미연합훈련 연기를 제안했을 때, 자유한국당은 이를 '대한민국 안보를 포기하자는 말이나 다름없다'고 비판했다.[70] 하지만, 진정한 안보는 북한의 비핵화를 통해 북핵 위험 자체를 없애는 것으로 이룰 수 있는 것이지, 자유한국당이 그랬던 것처럼 개성공단을 갑자기 닫거나 '통일은 대박'이라며 혼자 김칫국 마신다고 이뤄지는 것은 아니다. 북한 비핵화를 위해서 북한은 평창올림픽에 참가해야만 했고, 이를 위해 한미연합훈련을 연기하는 데 미국도 동의했다. 진짜 안보를 위해 한·미가 평창올림픽을 평화올림픽으로 만드는 데 뜻을 모은 것이다. 그리고 같은 날 이뤄진 문재인 대통령과 트럼프 대통령의 전화통화에서 트럼프 대통령은 '문재인 대통령을 100% 신뢰한다'고 밝혔다. 문재인 대통령의 구상대로 북한이 결국 평창올림픽을 기점으로 대화하겠다고 나왔으니, 트럼프 대통령이 문재인 대통령을 신뢰하지 않을 수 없었을 것이다.

1월 5일, 조명균 통일부 장관은 판문점 고위급 회담 제의를 북

---

[70] 한국당 "文 대통령 한미훈련 연기 제안, 대한민국 안보 포기하자는 것", 동아일보, 2017.12.21.

한이 수락했다고 밝혔다. 북한이 한국의 제안을 그대로 수용하면서 1월 9일에 판문점에서 고위급 회담이 이뤄지게 됐으며, 의제는 당연히 북한의 평창동계올림픽 참여였다.

1월 7일, 트럼프 대통령은 캠프 데이비드에서 기자회견을 한다. 이 자리에서 남북 대화에 대해 매우 긍정적으로 보고 있음을 밝힌다. 특히, "나는 그들(남북)이 평창동계올림픽 문제를 넘어서는 걸 정말 보고 싶다."[71]라고 밝히면서, 평창올림픽이 시작이며 그 이상으로 나아가야 한다는 인식을 드러낸다. 그는 "이러한 대화를 통해 뭔가 나올 수 있다면 이는 모든 인류를 위해, 그리고 세계를 위해 위대한 일이다. 매우 중요한 일이다."[72]라고 말하기도 한다. 문재인 대통령의 인식과 궤를 같이하는 발언이었다.

한국에는 문재인 대통령의 외교 행보를 비판하는 세력이 여전히 많았다. 한국과 미국의 긴밀한 협의에 대해서도 의심하는 자들이 있었다. 그러나 트럼프 대통령의 '100% 신뢰' 발언과 캠프 데이비드의 기자회견을 통해 한미동맹이 그 어느 때보다 굳건하며 북한 문제에 대해서 같은 인식을 공유하고 매우 긴밀하게 협의를 이어간다는 것이 명확하게 증명됐다. 많은 국민이 자유한국당을 비롯한 야당과 보수 언론의 이야기를 더 이상 믿지 않게 됐고, 문재인 대통령의 외교 성과에 신뢰를 보내기 시작했다.

1월 9일, 마침내 남북 고위급 회담이 개최됐다. 공동보도문에

---

71 I would love to see it go far beyond the Olympics. - 트럼프 대통령, 2018.01.06.

72 If something can happen, and something can come out of those talks, that would be a great thing for all of humanity. That would be a great thing for the world. Very important, okay? - 트럼프 대통령, 2018.01.06.

따르면 남과 북이 평창올림픽과 패럴림픽에 대해 적극 협력하고, 군사적 긴장 상태를 완화하고 한반도의 평화적 환경을 위해 공동으로 노력하며, 기존 남북선언들을 존중하며, 모든 문제를 대화와 협상을 통해 해결해 나가기로 했다.

거대한 성과였다. 평창올림픽은 대화를 시작하기에 더할 나위 없이 좋은 명분이었다. 그리고 대화가 시작되자 즉시 상상할 수 없을 정도로 훌륭한 성과를 도출했다. 남과 북이 군사적 긴장 상태를 완화하고 한반도 평화를 위해 공동으로 노력한다고 합의함으로써 북한의 미사일 도발이 중단될 가능성이 농후해졌고, 북한이 비핵화를 선택했다는 신호를 엿볼 수 있었다. 또한, 기존 남북선언들을 존중한다고 밝히면서 이명박·박근혜가 망쳐버린 남북관계를 단번에 회복했으며, 그 이상의 관계로 나아갈 이정표를 마련했다. 문재인 대통령은 이미 이렇게 해야 한다고 2017년 6월 15일에 열린 6·15 남북공동선언 17주년 기념식 축사를 통해서 밝힌 바 있다.

> 역대 정권에서 추진한 남북합의는 정권이 바뀌어도 반드시 존중되어야 하는 중요한 자산입니다. 정부는 역대 정권의 남북합의를 남북이 함께 되돌아가야 할 원칙으로 대할 것입니다. 또한 당면한 남북문제와 한반도 문제 해결의 방법을 그간의 합의에서부터 찾아나갈 것입니다.
>
> – 6·15 남북공동선언 17주년 기념식 축사 (2017.06.15.)

결국, 남북고위급회담의 공동보도문은 문재인 대통령의 구상에 북한이 의견을 모았으며, 앞으로 그의 구상대로 일이 풀려나갈 가능성이 크다는 것을 암시하고 있었다. 마지막으로 대화와 협상을 통해 한반도 문제를 풀어나갈 것을 천명하면서 한반도의 전쟁 위험이 극적으로 낮아지게 됐다.

1월 10일, 문재인 대통령은 신년 기자회견을 한다. 북한이 대화 테이블로 나온 이 순간에 한반도의 운전대를 잡은 문재인 대통령의 말 한마디는 무척이나 중요했다. 그의 말에 국민뿐만 아니라 전 세계가 귀를 기울이고 있었다.

> 존경하는 국민 여러분,
>
> 한반도의 평화정착으로 국민의 삶이 평화롭고 안정되어야 합니다. 한반도에서 전쟁은 두 번 다시 있어선 안됩니다. 우리의 외교와 국방의 궁극의 목표는 한반도에서 전쟁의 재발을 막는 것입니다. 저는 당장의 통일을 원하지 않습니다. 제 임기 중에 북핵문제를 해결하고 평화를 공고하게 하는 것이 저의 목표입니다. 나라를 바로 세운 우리 국민이 외교안보의 디딤돌이자 이정표입니다. 한반도에서 평화를 이끌어 낼 힘의 원천입니다. 지난해 저는 그 힘에 의지해, 주변 4대국과 국제사회에 한반도 평화 원칙을 일관되게 주장할 수 있었습니다. 당당한 중견국으로 신북방정책과 신남방정책을 천명할 수 있었습니다. 남북관계에 있어서도 대화의 필요성을 지속적으로 제기할 수 있었습니다. 어제 북한과 고위급 회담이 열렸습니다. 꽉 막혀있던 남북대화가 복원되었습니다. 북한의 평창올림픽 참가를 합의했습니다. 트럼프 대통령은 남북대화와 평창올림픽을 통한 평화분위기 조성을 지지했습니다. 한미연합 훈련의 연기도 합의했습니다. 이제 시작입니다. 우리는 평창동계올림픽과 패럴림픽을 성공적으로 치러내야 합니다. 평화올림픽이 되도록

끝까지 노력해야 합니다. 나아가 북핵문제도 평화적으로 해결해야 합니다. 이를 통해 남북관계 개선과 한반도 평화의 전기로 삼아야 합니다. 올해가 한반도 평화의 새로운 원년이 되도록 최선을 다하겠습니다. 이 과정에서 동맹국 미국과 중국, 일본 등 관련 국가들을 비롯해 국제사회와 더욱 긴밀히 협력할 것입니다. 평창에서 평화의 물줄기가 흐르게 된다면 이를 공고한 제도로 정착시켜 나가겠습니다. 북핵문제 해결과 평화정착을 위해 더 많은 대화와 협력을 이끌어내겠습니다. 다시 한번 강조합니다. 한반도 비핵화는 평화를 향한 과정이자 목표입니다. 남북이 공동으로 선언한 한반도 비핵화가 결코 양보할 수 없는 우리의 기본 입장입니다. 한반도에 평화의 촛불을 켜겠습니다.

- 2018 문재인 대통령 신년사 중에서(2018.01.10.)

문재인 대통령의 신년사에는 새로운 것이 전혀 없었다. 그도 그럴 것이 문재인 대통령은 취임 전부터 꾸준히 같은 얘기를 하고 있었고, 전략을 급격하게 수정하거나 방향을 바꾼 적도 없었다. 그는 치밀하게 만들어 놓은 로드맵을 따라 움직이고 있었다. 다만 꼭 주의해서 들어야 할 내용은 있었다.

나라를 바로 세운 우리 국민이 외교 안보의 디딤돌이자 이정표입니다. 한반도에서 평화를 이끌어낼 힘의 원천입니다.

- 2018 문재인 대통령 신년사 중에서(2018.01.10.)

문재인 대통령은 공을 국민에게 돌리고 있었다. 그리고 그 이유가 바로 뒤에 이어서 나온다.

당당한 중견국으로 신북방정책과 신남방정책을 천명할 수 있었습니다.

- 2018 문재인 대통령 신년사 중에서(2018.01.10.)

그렇다. 촛불혁명으로 인해 대한민국은 아시아 최고의 민주주의 강국이 됐다. 경제와 문화뿐만 아니라 사회·정치의 성취가 있었기에 당당한 중견국의 지위를 얻을 수 있었다. 그리고 중견국의 지위가 있기에 문재인 대통령의 구상이 실현될 가능성이 커졌다. 이를 이뤄낸 것은 촛불을 들어 올린 국민의 힘이었다. 문재인 대통령이 국민의 힘을 언급한 것은 그럴 만한 당위가 있었다.

또한, "평창에서 평화의 물줄기가 흐르게 된다면 이를 공고한 제도로 정착시켜 나가겠습니다"라고 말했는데, 이는 단순히 평창을 한 번의 이벤트로 만들지 않을 것이며, 평화를 지속할 수 있는 체계를 만들겠다는 대통령의 의중을 보여주는 것이었다. 그는 남북이 평화를 위한 진전을 이뤘으나 자유한국당과 같은 안보 팔이 정당이 집권하면서 평화가 크게 후퇴했던 역사를 반복할 생각이 없으며, 이를 막기 위해 국회 비준 등의 방안까지도 이미 준비하고 있었다.

신년사에 이어 기자 질의응답이 이어졌다. 『중앙일보』의 강태화 기자는 남북정상회담에 대한 질문을 던진다. 이제 막 대화가 시작된 시점에서 '남북정상회담'은 빠를 수도 있는 질문이었다. 하지만 필요한 질문이기도 했다. 문재인 대통령은 이 질문에 의외의 답을 한다.

"남북관계 개선과 북핵 문제 해결에 필요하다면 저는 정상회담을 비롯해서 어떠한 만남도 열어두고 있습니다. 그러나 회담을 위한 회담이 목표일 수는 없습니다. 정상회담을 하려면 정상회담을 할 수 있는 여건이 조성되어야 되고, 또 어느 정도의 성과가 담보되어야 할 것으로 생각합니다. 그런 여건이 갖춰지고 전망이 선다면, 언제든지 정상회담에 응할 용의가 있습니다."

문재인 대통령은 답을 통해 남북정상회담을 할 수 있다는 가능성을 열어둔다. 하지만 동시에 회담을 위한 회담은 하지 않겠다며, 성과가 없는 회담은 애초에 할 생각이 없음을 밝힌다.

이전까지 문재인 대통령이 성급한 외교를 한다든지 북한에 끌려다니는 외교를 한다는 비판이 있었다. 북한과의 대화가 시작되면서 남북정상회담을 성급하게 추진하면 이런 비판이 다시 나올 것이 분명했다. 어쩌면 그런 비판을 하려고 미리 준비하던 이들이 있었을지도 모른다. 그들은 기자의 질문에 문재인 대통령이 '최대한 빨리 남북정상회담을 추진하겠다'라고 답하기를 바랐을 것이다. 그러나 문재인 대통령은 서두르지 않고 신중한 태도를 보였다.

북한이 평창올림픽 참가를 결정한 순간 정상회담은 당연히 이뤄질 일이었다. 북한의 평창올림픽 참가는 비핵화를 하겠다는 뜻이며, 한국을 주도자이자 중재자로 인정한다는 말이었다. 비핵화를 위해 한국과의 대화는 필수이며, 비핵화 정도의 무게를 다루려면 형식은 정상회담뿐이었다. 특히나 문재인 대통령은 톱다운 방식의 비핵화를 추진하고 있었다. 당연히 정상회담은 필요했다. 문재인 대통령이 이것을 몰랐을 리가 없다. 어쩌면 남북

정상회담을 가장 간절히 원하고 있는 것은 문재인 대통령이었을 지도 모른다.

이런 상황에서 '성과가 담보되지 않은 정상회담은 할 생각이 없다'고 답한 것은 문재인 대통령이 북한에 메시지를 던진 것이나 다름없다. 그냥 만나기 위한 정상회담은 안 할 터이니 정상회담을 하려면 확실하게 비핵화 결정을 해오라는 것이었다.

대한민국은 비핵화 과정에서 북·미 간의 중재 역할을 해야 했다. 그런데 한국이 남북정상회담을 서둘러 추진하게 되면 이래저래 북한에 양보해야 하는 것들이 생길 수밖에 없다. 이는 중재자가 거래자에게 거래의 주도권을 넘기는 것이나 다름없다. 당연히 또 하나의 거래 당사자인 미국이 이를 가만히 두고 볼 리가 없다. 중재자는 거래자들을 테이블로 끌고 오는 데까지는 적극적으로 움직여야 하지만, 그 이후에는 거래가 제대로 이뤄질 수 있는 환경을 조성하는 것이 더 중요하다. 문재인 대통령은 신중한 답을 통해 주도권을 뺏기지 않고 오히려 남북정상회담을 위해 북한이 무엇을 내놓을지 생각하라는 숙제를 던져 버린 것이다. 북한은 확실한 무언가를 내놓아야 했다.

ABC News의 조주희 기자도 매우 중요한 질문을 던진다.

"조금 어려운 질문이 될 수도 있겠는데요, 미국은 한국의 가장 가까운 동맹국가이고, 북한은 한국의 형제국가 아닙니까? 미국과 지금 양보 없는 대치 상황 속에서 이전에는 한국이 위협받는 상황에서 미국이 한국을 도와주는 그런 포지션이었다면 이제는 북한이 직접 미국을 겨냥하며 협박할 수 있는 그런 시대가 왔습니다. 이게 양자택일할 수 있는 문제인지는 모르겠지만 일부 미국인들 사이에서는 미-북 간 갈등 상황이 일어나면 한국은 어떻게 포지셔닝을 할 것인지 궁금해하는 미국인들이 꽤 많습니다. 거기에 대해서 대통령께서 어떻게 하시는지 한 말씀 해주시죠."

'군건한 동맹인 미국과 한민족인 북한. 만약 북한과 미국 사이에 분쟁이 생긴다면 한국은 어떻게 하겠는가?'에 관한 질문이다. 미국 내에는 당연히 이에 대한 불안감이 있다. 최악의 상황이 오면 대한민국이 한민족인 북한을 선택할 것이라는 판단이다. 그렇기에 미국의 아시아 최고의 우방은 한국이 아닌 일본이 될 수밖에 없다는 의견도 있다.

문재인 대통령은 이런 질문에 미국과 북한 중 어느 한 곳을 찍어 대답하지 않는다. 대신, '안보에 관한 이해를 미국과 공유하고 있다'고 밝히면서 미국과 한국이 이견이 없다는 식으로 돌려 말한다. 이는 매우 현명한 대처였다. 중재자가 거래자 중의 하나를 선택해버리는 순간 거래는 깨지게 된다. 앞으로 미국과 북한을 잘 조율해서 문제를 풀어나가야 하는 한국이기에 딱 이 정도의 답을 해야만 했다. 질문도 좋았고, 대답도 현명했다.

『워싱턴 포스트』의 안나 파이필드(Anna Fifield) 기자는 "문 대통령께서 생각하시기에 트럼프의 공이 어느 정도 되는지 궁금합니다"라고 질문을 한다. 그리고 문재인 대통령은 이렇게 답한다.

"남북 대화 성사에 대한 트럼프 대통령의 공은 매우 크다고 생각합니다. 감사를 표하고 싶습니다."

문재인 대통령은 자신의 역할이 정확하게 무엇인지를 알고 있었다. 자신은 스타가 될 필요가 없었다. 자신이 모든 공적을 가져갈 필요도 없었다. 원하는 것은 평화일 뿐이었다. 그렇기에 그는 아무런 주저 없이 공을 트럼프 대통령에게 넘긴다.

한반도 비핵화와 같은 거대한 문제를 단 한 명의 힘으로 해결하는 것은 불가능하다. 여럿의 노력이 결과를 이룬다. 그러나 일반적으로 많은 이들이 그 공을 독점해 빛나고 싶어 한다. 자신이 별이 되고 싶은 것이다. 그게 평범한 인간의 심리다.

북한이 대화 테이블로 나오면서 대통령 임기 이후 8개월에 가까운 노력이 작은 결실을 맺었기 때문에, 일반적인 지도자라면 이를 자신의 업적으로 자랑하고 싶을 것이다. 하지만 원하는 것이 평화고 자신이 해야 할 일이 중재라는 것을 아는 문재인 대통령은 공을 트럼프 대통령에게로 돌린다. 트럼프 대통령은 문재인 대통령과 뜻을 같이했고, 한국의 주도권을 인정하고, 한국을 지지했으며, 문제 해결을 하겠다는 확고한 의지를 지니고 있었다. 실제로 트럼프 대통령의 공도 있었다. 문재인 대통령은 그것을 인정한 것이다. 그는 구태여 스타가 될 필요가 없었다. 그에겐 어둠을 비추는 달의 역할이 주어져 있었다.

신년 기자회견이 있던 날 밤에 문재인 대통령과 트럼프 대통령은 다시 전화통화를 했다. 이 통화에서 트럼프 대통령은 남북고위급회담이 북한의 평창올림픽 참가를 넘어 한반도 비핵화를 위한 북·미 회담까지 이어질 수 있다고 이야기를 한다. 또한, 남북 간 대화 중에는 어떤 군사적 행동도 없을 거라고 명확하게 밝힌다. 2017년에 가장 중히 관리해야 했던 미국의 대북 군사행동의

가능성이 거의 사라지게 됐다. 트럼프 대통령은 마이크 펜스 부통령을 평창올림픽에 보내겠다고 밝히면서, 북한의 평창올림픽 참가를 독려한다. 미국이 펜스 부통령을 보낸다는 이야기는 평창에서 북한과 대화를 할 수 있다는 뜻이었다.

문재인 대통령의 구상대로, 한반도의 평화프로세스가 착착 진행되고 있었다.

2.
평창올림픽을 준비하다

북한이 평창올림픽에 참가한다는 큰 결정이 내려지자, 이제 디테일의 악마들이 활동에 나설 차례였다. 어떻게, 어떤 규모로, 누가 참석할 것인지를 하나하나 결정해야 했다.

우선 북한의 예술단 파견에 대한 논의가 있었다. 1월 15일에 판문점 통일각에서 진행된 남북 실무접촉에서 평창올림픽 동안 북한이 약 140여 명 규모의 북한 삼지연관현악단을 파견, 서울과 강릉에서 공연을 열기로 합의했다. 특히 합의 과정에서 현송월 모란봉악단 단장이 모습을 드러내 화제가 됐는데, 『조선일보』가 2013년 8월 29일에 '현송월 단장이 기관총으로 총살됐다'는 보도를 한 적이 있었기 때문이었다.[73] 『조선일보』의 완벽한 오보였다. 이는 그동안 한국사회가 북한에 대해 얼마나 무지했는지,

---

[73] 김정은 옛애인, 현송월 포르노 찍어 유출 돼 공개처형, 조선일보, 2013.08.29.

그리고 한국의 언론이 진실을 얼마나 왜곡하고 있는지를 보여주는 상징적인 사건이었다.

1월 17일에는 판문점 평화의집에서 북한의 평창올림픽 및 패럴림픽 참가 관련 실무회담이 진행됐다. 이 회담에서 개회식 남북 공동입장, 여자 아이스하키 단일팀 구성이 결정됐다. 북한은 230여 명 규모의 응원단과 30여 명의 태권도 시범단, 그리고 기자단을 파견하기로 했다. 패럴림픽 올림픽과 관련해서도 150여 명 규모의 대표단, 선수단, 응원단, 예술단, 기자단을 파견하기로 했다. 그리고 기타 다양한 협의는 IOC와 함께, 남북의 실무적 문제는 문서 교환으로 협의하기로 했다.

북한의 평창올림픽 참가 절차는 착착 진행되고 있었다. 그러나 한국에서는 북한의 올림픽 참가에 대한 논란이 커지고 있었다. 가장 큰 논란은 여자 아이스하키 단일팀과 관련된 것이었다. 여자 아이스하키 남북단일팀을 만들면, 열심히 노력한 한국 선수가 손해를 본다는 프레임이 널리 퍼져 나갔다. 일종의 불공정논란이었다. 여기에 더해 평창올림픽을 평양올림픽이라고 부르며 비판하는 자유한국당 의원들의 발언이 널리 보도되면서 평창올림픽에 대한 논란은 더 뜨거워져 갔다.

자유한국당의 장제원 의원은 "평창동계올림픽을 자진 반납하고 평양올림픽을 공식 선언하더니, 오늘은 아예 평양올림픽임을 확인이라도 하듯 일개 북한 대좌 한 명 모시는데 왕비 대하듯 지극정성을 다하고 있다."라고 비판했다. 홍준표 자유한국당 대표도 "평창올림픽을 평양올림픽으로 만들고 김정은 독재 체제 선전장으로 만들고 있다."라며 목소리를 높였다.

하지만 아이러니하게도 박근혜 정부 시절, 남북단일팀 지원을 위한 법안을 내놓은 것은 자유한국당 의원들이었다.[74] 자신들이 만들고 동의한 법안에 따라 일하고 있는 문재인 정부를 욕하는 것은 전형적인 내로남불이었다. 그들은 평화보다는 현 정부를 비난하고 정권을 되찾는 것이 더 중요한 정치 장사꾼이었다.

청와대는 1월 21일에 윤영찬 국민소통수석 명의로 입장문을 발표하고 논란을 잠재우기 위해 노력한다. 윤영찬 수석은 다양한 우려에도 불구하고 "우리는 평창올림픽을 반드시 성공시켜야 하고, 북한의 올림픽 참가는 평창올림픽을 성공적으로 치르는데 기여할 것이라는 점을 말씀드리지 않을 수 없다."라고 말했다. 문재인 대통령도 1월 22일, 수석보좌관 회의에서 "지금 같은 기회를 다시 만들기 어려운 만큼 국민들께서는 마치 바람 앞에 촛불을 지키듯이 대화를 지키고 키우는 데 힘을 모아주실 것을 부탁드린다."라고 말했다. 이미 밝힌 것처럼 평창올림픽은 단순한 스포츠 행사가 아니었다. 북한의 평창올림픽 참가는 북한 비핵화를 위한 첫 단계이자, 한반도 평화체제 구축의 시작점이었다. 반드시 성공시켜야 했다.

북한의 평창올림픽 참가에 대한 수많은 논란은 야당과 보수 언론이 앞장서서 키운 면이 있다. 남북이 평화를 이루면 자칭 보수 정당이라는 자유한국당은 더 이상 안보 팔이 장사를 할 수 없을 것이다. 자신의 입지를 다시 회복할 가능성도 없었다. 그러니 문재인 대통령의 한반도 평화구상이 실현되는 상황이 못마땅

---

[74] '평양올림픽' 주장하는 한국당 의원 3명, MB땐 '남북단일팀' 발의, 시사저널, 2018.01.22.

했을 것이다. 하지만 그럼에도 간신이 얻은 평화의 기회를 이렇게 방해하는 것은 한 나라의 공당이나 언론이 할 짓은 아니었다. 결국, 이들은 평창올림픽의 성공과 함께 자신의 정치적 입지를 스스로 쪼그라뜨린다. 할 줄 아는 것이라고는 갈등을 조장해 국민을 협박하는 것이 전부인 세력의 미래는 뻔한 것이었다

문재인 정부는 국내에서의 논쟁을 잠재우면서 국제적으로는 평창올림픽을 전 세계적인 외교의 장으로 만들기 위해 계속 노력하고 있었다. 북한이 참가 의사를 밝히기 전, 평창올림픽에 대한 국제사회의 우려가 있었다. 북한은 핵실험을 하고 ICBM 시험발사를 하면서 세계를 불안에 떨게 했다. 때문에, 한국에 가는 것이 무척이나 위험하다는 의견이 있었다. 북한이 참가를 결정한 이후에도 평창올림픽 참가에 신중을 기하는 국가들이 있었다.[75] 미국이 평창올림픽에 참가하지 않을지도 모른다는 논란도 있었다.[76] 이런 우려를 불식시키지 않으면 평창올림픽은 실패한 올림픽이 될 가능성이 높았다. 그리고 평창올림픽의 실패는 북한의 참가가 만들어 낼 커다란 진전의 의미 또한 축소할 것이었다. 청와대가 이를 지켜보고 있을 리 만무했다.

1월 29일, 청와대는 평창동계올림픽 참석을 위해 방한이 확정된 21개국 정상급 외빈 26명의 명단을 발표했다. 미국 마이크 펜스 부통령과 아베 신조 일본 총리, 한정 중국 공산당 중앙정치국 상무위원, 프랑크 발터 슈타인마이어 독일 대통령, 슬로베니아

---

75 평창동계올림픽 '설상가상'…미국 등 유력국 참가 불투명, 프레시안, 2017.12.11.
76 미 상원의원 "북한 평창올림픽 참가하면 미국 불참 확신", VOA, 2018.01.03.

보투르 파호르 대통령, 유엔 안토니아 구테레쉬 사무총장, 노르웨이 솔베르그 총리, 네덜란드 마트 루터 총리 등 한반도를 둘러싼 열강의 지도자와 많은 세계의 지도자들이 평창올림픽을 위해 방한하기로 했다. 청와대가 얼마나 공을 들였는지 알 수 있는 결과였다. 이렇게 많은 정상의 참가가 결정되면서 평창올림픽에 대한 안전 우려는 깔끔하게 씻겨 나갔다. 평창올림픽이 평화 올림픽으로 치러질 수 있는 바탕이 마련된 것은 물론이다. 그리고 북한은 이 평화 올림픽에 참가하면서 북한 역시 평화를 추구하는 국제사회의 일원이라는 상징적인 메시지를 전할 수 있게 됐다. 국제사회에서 인정받아야 하는 북한에, 평창올림픽은 훌륭한 시험대이자 동시에 완벽한 기회였다.

2월 2일, 한·미 정상은 전화통화로 평창올림픽과 패럴림픽에 대해 의견을 나눈다. 트럼프 대통령은 "올림픽의 성공과 안전을 기원하며 100% 한국과 함께 하겠다."라고 약속했으며, 문재인 대통령은 "트럼프 대통령의 일관되고 원칙적인 한반도 정책이 북한의 올림픽 참가 등 평화 올림픽 조성에 크게 기여했다."라고 평가했다.

2월 4일, 북한은 북한의 헌법상 국가원수인 김영남 최고인민회의 상임위원장을 단장으로 단원 3명과 지원 인원 18명의 고위급 대표단이 한국을 방문한다고 밝혔다. 특히 헌법상의 원수인 김영남 위원장이 단장으로 오는 것이 무엇보다 중요했다. 평창올림픽의 상징성과 국제외교의 보편적 방식을 북한이 모두 고려한 것이기 때문이다. 청와대는 이를 두고 "김 상임위원장 방문은 남북관계 개선과 올림픽 성공에 대한 북한의 의지가 반영됐고 북한이 진지하고 성의 있는 자세를 보였다."라고 평가했다. 그리고 2월 7일, 북한은 고위급 대표단 단원 명단을 한국에 통보했다. 그리고 명단 안에는 김정은 국무위원장의 여동생인 김여정 당중앙위원회 제1부부장이 포함되어 있었다.

김정은 국무위원장의 친동생인 김여정 부부장의 방한은 놀라운 일이었다. 이는 북한이 평창올림픽 참가를 한 번의 이벤트로 생각하는 것이 아니라, 앞으로 지속해서 외교 행보를 해 나갈 것이라는 상징적인 조치였기 때문이었다. 백두혈통이라고 불리는 김여정 부부장의 방한은 문재인 대통령에게 전달할 북한 지도자의 메시지가 있다는 뜻이었다. 그리고 그것이 남북정상회담일 것이란 예측은 어려운 것이 아니었다. 문재인 대통령은 이미 신년 기자회견을 통해서 북한에 메시지를 보냈었다.

'남북정상회담을 하려면 성과가 있어야 한다.'

이 메시지에 대한 답으로 김여정 부부장을 한국으로 내려보낸다는 것은 성과 있는 남북정상회담을 하겠다는 북한의 강력한 의사표명이었다.

2월 8일, 북한은 건군 70주년 열병식을 실시했다. 70주년과 핵무력 완성 등을 생각해보면 열병식은 성대하게 개최될 가능성이 있었다. 이미 5차례나 열병식을 생중계한 적이 있기에 70주년 열병식도 대대적으로 생중계하며 성공을 과시할 수도 있었다. 그러나 북한은 70주년 열병식을 비공개로 치른다. 북한이 확실히 태도를 바꾸었다는 신호였다. 덕분에 이 열병식을 계기로 공세를 강화하려 했던 보수세력들은 입을 다물었고, 평창올림픽은 평화 올림픽이 될 가능성을 한 차례 더 높이고 있었다.

3.
새로운 남북관계가 시작되다

미국의 마이크 펜스 부통령이 평창올림픽을 위해 한국에 방문했다. 마이크 펜스 부통령은 대북 강경파로 알려진 인물이며, 아버지는 한국전쟁 참전용사이다. 그가 대한민국에 온다는 것은 한국과는 강한 동맹을 앞세우면서 북한과는 양보 없는 협상을 하겠다는 미국의 메시지였다.

문재인 대통령은 2월 8일 청와대에서 마이크 펜스 부통령을 접견한다. 이 자리에서 펜스 부통령은 "미국은 북한이 영구적으로 돌이킬 수 없는 방식으로 핵·탄도미사일 프로그램을 포기하는 날까지 최대한의 압박을 계속할 것"이라고 말했다. 미국은 북한이 대화 테이블로 나왔고 반드시 협상을 해야 하는 상황이므로 자신이 얻고자 하는 완전하고 검증 가능하며 불가역적인 비핵화(CVID)를 대놓고 주장한다. 확실한 성과가 없는 협상은 하지 않겠다는 펜스 부통령의 뜻은 이미 성과 없는 회담은 없다고 밝힌 문재인 대통령의 태도와 일치해 있었다. 하지만 그럼에도 대화는 필요했다. 문재인 대통령은 강경한 입장을 고수하는 동시에 북한과 미국이 대화할 수 있는 분위기를 조성해야 하는 과제를 떠안고 있었다. 아직 남과 북의 관계가 완전히 회복되지 않았고, 또 김정은 위원장의 의중을 정확하게 파악하지 못한 상태이기에 한국은 매우 조심스레 접근해야 했다.

2월 9일, 마이크 펜스 부통령은 서해 수호관을 방문한다. 서해 수호관은 제1연평해전부터 북한의 연평도 포격 도발, 북한의 NLL 침범 등 북한의 도발 만행에 대한 이해를 돕기 위한 취지를 가지고 설립된 곳이었다. 펜스 부통령은 탈북민을 만나기도 했다. 의도가 분명한 행보였다. 펜스 부통령은 북한을 압박하고 있었다. 사실, 협상을 앞둔 상황에서 이 같은 기 싸움은 흔한 일이다. 하지만 문재인 대통령에게는 일종의 시험이었다. 자칫 공격적으로 느껴질 수 있는 미국의 태도에도 불구하고 북한이 대화를 중단하지 않도록 관리해야 했기 때문이다. 문재인 대통령은 중재력을 보여야 했다.

평창올림픽 개막을 앞두고 용평리조트에서 여러 해외 정상을 위한 리셉션이 개최됐다. 문재인 대통령은 환영사를 통해 올림픽이 지닌 역사적 의의와 평창올림픽의 중요성을 알린다.

근대 올림픽은 위대한 한 사람의 열정에서 출발했습니다. 19세기 말, 피에르 드 쿠베르탱은 스포츠라는 공정한 경쟁을 통해 육체적·도덕적 능력은 물론 평화를 향한 의지를 향상시킬 수 있다고 굳게 믿었습니다. 근대 올림픽이 시작된 지 120여 년이 흐른 지금 세계인들은 다시 공정한 사회의 중요성을 깨닫고 스포츠에 주목하고 있습니다.

(중략)

오늘 이 자리에는 세계 각국의 정상과 지도자들이 함께하고 있습니다. 나는 이 순간 갈등과 대립이 상존하는 지구촌에 이런 스포츠 대회가 있다는 것이 얼마나 의미 있고 다행스런 일인지 깊이 실감하고 있습니다. 만약 올림픽이라는 마당이 없었다면 어느 자리에서 지구촌의 많은 나라들이 이렇게 즐거운 마음으로 함께할 수 있겠습니까?

이 자리에 함께하고 있지만, 세계 각국은 서로 간에 풀어야 할 어려운 문제들이 있습니다. 한국도 몇몇 나라들과 사이에 해결해야 할 어려운 숙제가 있습니다. 평창동계올림픽이 아니었다면 한 자리에 있기가 어려웠을 분들도 있습니다. 그러나 그 무엇보다 중요한 것은 우리가 함께하고 있다는 사실입니다. 우리가 함께 선수들을 응원하며, 우리의 미래를 얘기할 수 있다는 사실입니다. 우리가 함께하고 있다는 사실 그 자체가 세계의 평화를 향해 한 걸음 더 다가갈 소중한 출발이 될 것입니다.

- 평창동계올림픽 개회식 사전 리셉션 환영사 중에서 (2018.02.09.)

문재인 대통령은 올림픽 정신이 얼마나 귀중하며, 또 지금 평창에 세계가 모여 있는 것이 얼마나 큰 의미인지를 감격스럽게 전한다. 정상들이 모인 장소에서 평화라는 명분을 지니고 하는 말의 울림은 당연히 클 수밖에 없다. 문재인 대통령은 그 울림이 사라지기 전에 남과 북의 이야기를 잇는다.

남과 북은 1991년 세계탁구선수권대회에서 단일팀을 구성해 여자단체전에서 우승했습니다. 2.7g의 작은 공이 평화의 씨앗이 되었습니다. 오늘 이곳 평창에서는 올림픽 역사상 최초의 남북 단일팀, 여자 아이스하키팀이 출전을 준비하고 있습니다. 2.7g의 탁구공이 27년 후 170g의 퍽으로 커졌습니다. 남북은 내일 관동 하키센터에서 하나가 될 것

입니다. 남과 북의 선수들이 승리를 위해 서로를 돕는 모습은 세계인의
가슴에 평화의 큰 울림으로 기억될 것입니다. 선수들은 이미 생일 촛
불을 밝혀주며 친구가 되었습니다. 스틱을 마주하며 파이팅을 외치는
선수들의 가슴에 휴전선은 없습니다. 여러분을 그 특별한 빙상 경기장
으로 초대하고 싶습니다. 남북의 여자 아이스하키 선수들은 작은 눈덩
이를 손에 쥐었습니다. 한 시인은 "눈사람은 눈 한 뭉치로 시작한다"고
노래했습니다. 지금 두 손안의 작은 눈뭉치를 우리는 함께 굴리고 조
심스럽게 굴려가야 합니다. 우리가 함께 마음을 모은다면 눈뭉치는 점
점 더 커져서 평화의 눈사람으로 완성될 것입니다.

존경하는 내외 귀빈 여러분,

이제 몇 시간 뒤면 평창의 겨울이 눈부시게 깨어납니다. 아름다운
개막식과 함께 우정과 평화가 시작됩니다. 여러분 모두가 공정하고 아
름다운 경쟁을 보게 될 것이며, 한반도 평화의 주인공이 될 것입니다.
나는 우리의 미래세대가 오늘을 기억하고 '평화가 시작된 동계올림픽'
이라고 특별하게 기록해주길 바랍니다. 나와 우리 국민들은 평창으로
세계가 보내온 우정을 결코 잊지 않을 것입니다. 평화의 한반도로 멋지
게 보답하겠습니다. 우리는 준비되어 있습니다.

　　　　－ 평창동계올림픽 개회식 사전 리셉션 환영사 중에서(2018.02.09.)

문재인 대통령은 비핵화와 같은 정치적인 이야기는 하지 않는
다. 그가 하는 이야기는 오직 한민족의 화합과 평화라는 보편적
인 이야기였다. 다분히 감성적인 접근이었지만, 무엇보다 감성적
인 접근이 필요할 때였다. 그것이 각국의 이해관계를 뛰어넘어
모두의 공감대를 이루어낼 수 있는 최적의 방법이었기 때문이다.

세계가 지켜보는, 세계가 지켜내는, 우정과 화합·평화의 메시지를 거부할 수는 없다. 그렇게 문재인 대통령은 한반도 문제를 대결과 갈등이 아닌 대화와 평화로 해결해야 한다는 신념을 세계 지도자들과 공유했다.

문재인 대통령의 환영사가 이어지는 동안 미국의 마이크 펜스 부통령과 일본의 아베 총리는 리셉션장에 모습을 드러내지 않았다. 둘은 별도의 방에 있었다. 환영사가 끝난 후 문재인 대통령은 두 사람이 있던 방으로 가 기념촬영을 하고 리셉션장에 함께 입장했다. 하지만 펜스 부통령은 악수 몇 번을 하고는 곧 리셉션장을 빠져나왔다.

이후 이 행동에 대한 논란이 일었다. 문재인 정부를 비난하는 것에 목매고 있던 자유한국당은 이를 두고 문재인 정부의 외교 참사라고 호들갑을 떨었다.[77] 청와대는 펜스 부통령이 미국 선수단과의 저녁 약속을 이유로 리셉션 불참이 사전 고지된 상태였다고 답하며 만들어진 논란을 가라앉히려고 노력했다.

미국 내에서는 펜스 부통령이 외교 결례를 범했다며 펜스 부통령에 대한 비판이 커졌고, 이에 대해 백악관은 "펜스 부통령이 리셉션에서 북한 측 대표단을 고의로 피한 것이 아니며 단순히 그가 다른 사람들과 인사하는 거리에 북한 대표단이 앉지 않았기 때문"이라고 해명하기도 했다.[78]

당시는 알려지지 않았지만, 2월 10일에 펜스 부통령과 북한 고

---

77 한국당, 펜스 美 부통령 퇴장에 "文 정부의 외교참사", 중앙일보, 2018.02.10.
78 美 "펜스, 고의로 北 피한 것 아니다", 외교결례 반박, 뉴스1, 2018.02.10.

위급 대표단과의 회담이 계획되어 있었다.[79] 그렇기에 펜스 부통령이 어느 정도 수위 조절을 했다면 회담이 이뤄지고 북·미 관계의 진전은 더욱 빨랐을 것이다. 하지만, 결과적으로 북한은 회담 2시간 전에 회담을 취소해 버린다. 이미 트럼프 대통령의 딸인 이방카 백악관 선임고문이 대통령 사절단과 평창올림픽 폐막식에 방한할 예정이었다. 북한에게는 펜스 부통령이 아니어도 또 한 번의 대화 기회가 남아있었다. 따라서 북한은 우선 대한민국과의 관계개선에 집중할 생각이었던 것 같다. 또한, 한참 뒤에 알려진 바에 따르면 CIA 한국임무센터의 앤드루 김이 평창올림픽 기간에 북한 맹경일 통일전선부 부부장과 만나 폼페이오 국무장관의 방북에 대해 조율을 했다고 한다.[80] 즉, 미국과 북한의 정보라인이 물밑에서 접촉하고 있었기 때문에, 구태여 펜스 부통령과의 회담을 끌고 갈 필요는 느끼지 못했을 수도 있다.

어쨌든, 평창올림픽을 계기로 외교 움직임이 활발하게 이뤄지고 있었다. 어떻게든 외교가 시작되고 나면 결국 외교는 협상을 통해 결과를 도출하게 되어있다. 문재인 대통령이 평창올림픽을 중요하게 여긴 이유가 바로 그것이었으며, 그 방향이 맞다는 것이 계속 증명되고 있었다.

평창올림픽 개막식이 시작됐다. 문재인 대통령은 이 자리에서 김여정 부부장과 처음으로 대면하고 악수를 했다. 문재인 대통령과 김여정 부부장의 악수 사진은 전 세계의 언론에 대대적으

---

79 "펜스-김여정 청와대 회담, 北제의로 계획후 北이 2시간전 취소", 연합뉴스, 2018.02.21.
80 "폼페이오 방북, 美앤드루 김-北맹경일이 평창올림픽 때 조율", 연합뉴스, 2018.05.15.

로 보도되면서 큰 관심을 모았다. 때로는 수많은 말보다도 사진 한 장이 더 많은 이야기를 전하곤 한다. 사진 안에 담긴 문재인 대통령과 김여정 부부장의 눈빛과 표정은 전 세계에 새로운 남북관계가 시작되고 있다는 것을 알렸다.

'남과 북이 화해하고 교류하기 시작한다.'

이는 한반도를 둘러싼 열강의 전략 변화를 강제하고 있었다. 미국도 중국도 일본도 러시아도, 한반도 문제를 과거의 방식으로 대할 수 없게 됐다. 남북이 대립에서 벗어나 뭉치게 되면 남과 북을 찢어 균형을 맞추던 기존의 냉전 질서는 당연히 무너지게 된다. 남북이 뭉치면, 남북이 어디와 손잡을지에 따라 동북아 질서의 무게추가 완전히 기울 수 있었다. 남북이 미·일과 손을 잡으면 미국 패권의 승리, 남북이 중·러와 손을 잡으면 중국 패권의 승리가 된다. 동북아의 중심에 한반도가 위치하게 되고, 한반도의 선택이 많은 것을 결정하게 되는 것이다. 당연히 한반도가 동북아 외교의 중심에 설 수밖에 없다. 다만 한국이 북한과 손을 잡고 냉전의 무게추를 기울이는 방향으로 가고자 했다면, 미국도 중국도 일본도 러시아도 한마음으로 이를 막으려 애썼을 것이다. 하지만 문재인 대통령의 길은 전혀 달랐다. 남과 북이 함께 기존의 질서 자체를 깨버리겠다는 분명한 의지가 있었다. 평화에 대한 끊임없는 추구가 있었다. 그렇기에 미국, 중국, 일본, 러시아가 이 같은 움직임을 공식적으로 반대할 명분이 없었고, 대한민국은 새로운 시대를 이끌어 나갈 수 있게 됐다. 문재인 대통령이 한반도 평화프로세스의 중심에 선 것이다. 이제 모든 열강은 한반도와 동북아 문제에 있어서는 문재인 대통령을 거쳐야만 했다.

4.
김정은 위원장, 문재인 대통령을 초청하다

문재인 대통령은 2월 10일 오전에 청와대에서 북한 대표단을 예방한다. 대표단에는 김정은 위원장의 특사 자격으로 온 김여정 제1부부장이 포함되어 있었다. 이미 김여정 부부장이 김정은 위원장의 친서를 전달할 것이라는 예상이 있었다. 김여정 부부장은 환한 미소와 함께 문재인 대통령에게 친서를 전했다. 또한, 구두로 문재인 대통령을 평양에 초청한다.

문재인 대통령은 이에 대한 답으로 "앞으로 여건을 만들어 성사시켜 나가자."라고 말했다. 문재인 대통령은 북한의 태도가 변화한 이후 오히려 신중을 기하고 있었다. 이전까지가 환경과 명분을 만드는 큰 틀의 작업이었다면, 대화와 협상이 시작된 순간부터는 세부적이고 꼼꼼한 실무 작업이 진행되는 상황이었다. 약간의 어긋남만 있어도 분위기가 반전될 수 있었다. 당연히 신중해야만 했다. 다행인 것은 문재인 대통령의 목표가 한반도의 평화에 고정되어 있었기 때문에, 자신의 성취를 과시하기 위해 성급한 결정을 하는 실수를 저지를 가능성은 없다는 점이었다.

문재인 대통령은 북한의 초청에 즉답을 하는 대신, 강릉 아이스 아레나를 찾아간다. 그곳에는 미국의 마이크 펜스 부통령이 있었다. 문재인 대통령은 마이크 펜스 부통령과 경기를 함께 관람한다. 그리고 계속해서 대화를 나눈다. 꼭 필요한 행보였다.

문재인 대통령을 북한으로 초청하고, 펜스 부통령과의 회담은 취소하면서, 북한은 한반도 문제의 주도권을 쥘 좋은 기회를 얻게 됐다. 만약 문재인 대통령이 바로 정상회담을 받아들이고 이를 대대적으로 발표했다면, 미국은 한국에 대한 불신을 키웠을 것이다. 중재자의 중립성이 깨졌다고 충분히 의심할 수 있기 때문이다. 미국은 '한국이 최후의 순간에 미국을 버리고 북한을 선택할 수 있다'는 불안감을 지니고 있다. 이는 문재인 대통령 신년 기자회견에서 ABC News 기자가 한 질문으로도 알 수 있다. 미국이 한국을 불신하는 순간, 미국은 북핵 문제 해결을 위해 한국을 제외하고 북한과 직접 상대할 수 있다. 그렇게 되면 북한의 영향력은 올라갈 수 있지만, 한반도에서 전쟁과 갈등의 불안을 완벽히 해결하기는 불가능해진다. 그 상황을 중국이 가만히 두고 볼 리가 없으며, 종국에는 미·중 충돌로 이어질 가능성이 있기 때문이다. 한국은 남북관계 개선과 동시에 미국과의 동맹을 굳건히 해야 할 필요가 있었다. 상당히 어려운 줄타기였다.

문재인 대통령은 북한의 초청이 만들 수 있는 이 부정적인 영향에 대해 정확하게 인지하고 있었다고 보인다. 그렇기에 즉답을 피하고, 예정에도 없던 일정을 만들어 펜스 부통령을 만나고 대화를 한 것이다.

펜스 부통령은 미국으로 돌아가는 비행기 안에서 가진 『워싱턴포스트』지와의 인터뷰에서 문 대통령이 스케이트 링크에서 펜스 부통령에게 "북한에 미국과 대화해야 한다는 점을 전달했다고 말했다."[81]라고 밝혔다. 이는 문재인 대통령이 결코 미국을 배제할 생각이 없으며 미국과 북한이 문제를 해결해 나가는 데 있어서 한국이 중재자의 역할을 하겠다는 의중을 전달한 것이었다. 이렇게 문재인 대통령은 펜스 부통령을 직접 찾아가 미국의 불안을 적극적으로 해소해줬다. 결과적으로 펜스 부통령은 같은 인터뷰에서 "북한이 대화를 원하면 우리도 대화할 것[82]"이라고 밝히게 된다. 미국이 한국의 주도권을 계속 인정하고, 북한과 협상을 이어가겠다는 판단이었다. 청와대의 발 빠른 움직임 덕에 펜스 부통령의 외교 결례 논란으로 인해 불거진 한미동맹의 균열 및 문재인 대통령의 대북정책 실패에 대한 비난은 자연스레 사라졌다.

문재인 대통령은 2월 17일에 평창 알펜시아 리조트의 메인프레스 센터를 방문한다. 이 자리에서 남북정상회담에 대해 "많은 기대를 하지만 마음이 급한 것 같다, 우리 속담으로 하면 우물가에서 숭늉 찾는 격"이라고 말하며, 신중한 기조를 끝까지 이어간다.

2월 22일, 북한은 평창올림픽 폐막식에 참가할 고위급 대표단 명단을 발표했다. 김영철 조선노동당 중앙위원회 부위원장 겸 통일전선부장이 단장으로, 리선권 조평통 위원장과 수행원 6명이

---

81 Moon told me at the skating rink that he told [the North Koreans], 'You've got to talk to the Americans' - 펜스 부통령, Pence: The United States is ready to talk with North Korea, The Washington Post, 2018.02.11.

82 So the maximum pressure campaign is going to continue and intensify. But if you [North Korea] want to talk, we'll talk. - 펜스 부통령, Pence: The United States is ready to talk with North Korea, The Washington Post, 2018.02.11.

었다. 김영철 통일전선부장은 북한 정보라인의 핵심이며, 서훈 국정원장의 카운터파트였다. 또한, 서훈 국정원장은 당시 폼페이오 CIA국장과 긴밀하게 소통하고 있었다.

폐막식을 위해 이방카 미 백악관 보좌관도 미국 정부 대표단을 이끌고 한국을 찾을 예정이었다. 대표단에는 앨리스 후커 백악관 국가안보회의 보좌관이 포함됐다. 앨리스 후커 보좌관은 NSC에서 한반도 정책 책임자를 맡고 있으며, 2014년 북한을 직접 방문해 김영철 통일전선부장과 접촉을 한 경험이 있는 인물이었다. 북한도, 미국도, 필요한 인물들을 속속 평창으로 보내고 있었다.

하지만 자유한국당과 바른미래당은 김영철 통일전선부장이 한국에 오는 것을 극구 반대했다. 자유한국당 김성태 원내대표는 "김영철이 한국 땅을 밟는다면 긴급 체포를 하거나 사살시켜야 할 대상"이라고 말했다. 심지어는 북한 대표단이 오는 길목인 통일대교를 점거하고 밤샘 농성을 하기도 했다. 자유한국당의 몽니는 이후에도 계속되는데, 나라를 위하지 않는 정치집단이 국익을 얼마나 저해하는지를 명백히 보여주고 있었다.

김영철 통일전선부장의 방한은 정보라인을 통해 비핵화 문제를 해결할 실마리를 찾을 수 있다는 3국 정부의 공통된 이해를 보여주는 것이었다. 이미 문재인 대통령은 임기를 시작하자마자 서훈 국정원장을 등용했고, 미국도 CIA 내에 코리아 임무센터를 만들면서 발을 맞췄다. 따라서, 김영철 통일전선부장의 방한은 북한의 정보라인도 이에 발맞춰 움직이겠다는 이야기나 다름없었다. 이후 폼페이오 국무장관의 방북도 평창에서 정보라인이 활약한 결과인 것을 보면 문재인 대통령이 서훈 국정원장을 기용하고 정보라인을 적극적으로 이용한 것은 매우 성공적인 전략이었다.

당시에는 많이 드러나지 않았지만, 평창올림픽이 펼쳐지는 동안 물밑에서는 활발하게 남북미 3국의 정보라인이 움직이면서 그림을 그리고 있었다. 올림픽 열기가 더해가는 만큼 평창에서의 외교 열기도 무척이나 뜨겁게 달아올라 있었던 것이다.

5.
남북·북미 정상회담으로 톱다운 방식을 완성하다

2월 23일, 이방카 트럼프 백악관 선임고문이 방한했다. 북한 문제에 대한 특별한 메시지나 행보는 없었다. 하지만 앨리슨 후커 백악관 국가안보회의 한반도 담당 보좌관이 대표단에 합류했기에 물밑에서 다양한 접촉이 있을 것은 누구라도 예측할 수 있는 일이었다.

2월 25일, 김영철 조선노동당 부위원장 겸 통일전선부장과 북측 대표단이 방한했다. 자유한국당 의원들은 통일대교에서 진을 치고 농성을 벌였지만, 김영철 통일전선부장과 대표단은 길을 우회해 버렸다. 자유한국당은 문재인 패싱, 코리아 패싱이라며 문재인 정부의 외교 노력을 폄하했지만 실제로는 자유한국당 패싱이 이뤄지고 있었다.[83]

---

83 홍준표 "코리아패싱 아니라 '문재인 패싱'…한국, 아무 역할 못하는 모습", 조선일보, 2017. 08.10.

문재인 대통령은 김영철 통일전선부장과 비공개 회담을 가졌다. 그리고 이 자리에서 "북한을 둘러싼 모든 문제를 본질적으로 해결하려면 미국과 북한의 대화가 조속히 실현돼야 한다."라고 말했다. 문제를 푸는 핵심에 미국이 있다는 것을 그는 이미 알고 있었다. 김영철 통일전선부장은 "북미 대화에 임할 용의가 충분히 있다. 북도 남한과의 관계와 미국과의 관계를 같이 발전시켜야 한다는 점에 공감한다."라고 답했다. 이를 통해 남과 북이 한반도 문제 해결 방안에 어느 정도 공감대를 형성했음이 드러났다. 심지어 문재인 대통령은 비핵화를 위한 구체적 방법까지 북한에 제시한 것으로 알려졌다.[84]

계속되는 외교와 함께 평창올림픽은 그 대단원의 막을 내리고 있었다. 누구도 성공할 것이라 여기지 않았던 올림픽이 전 세계가 인정하는 성공한 대회가 됐다. 하지만 그뿐만이 아니었다. 세계에 평화를 각인시킨 역사적인 올림픽이자, 냉전의 끝을 위해 치열하고도 뜨겁게 타올랐던 외교 올림픽이기도 했다. 여자아이스하키 남북단일팀을 통해 불거졌던 논란은 세계에 평화와 화합의 위대함을 보여주며 감동을 선물했다. 한민족에 대해 생각해보지 못했던 젊은이들은 평화와 민족번영에 대한 정서적 공감을 갖게 됐다. 그렇게 평창올림픽은 그 전과 후를 다른 세상으로 만들어 냈다.

홍준표 "주변 강대국들이 '문재인패싱' 하고 있다", 경향일보, 2017.08.10.
한국당, '문재인패싱·코리아패싱' 등 안보 총공세…색깔론 기웃, 조세일보, 2017.08.10.
84 "문재인, 북한 대표단에 구체적인 비핵화 방법까지 얘기", 오마이뉴스, 2018.02.26.

평창올림픽은 그렇게 끝이 났다. 그러나 외교는 멈추지 않았다. 폐막식 다음 날인 26일, 정의용 국가안보실장과 김영철 통일전선부장이 비공개 오찬을 가졌다. 정의용 국가안보실장은 미국통으로 알려진 만큼 단순 남북만의 이야기만 다루지는 않았을 것이다. 분명 미국이 관련되어 있었다. 김영철 통일전선부장이 비공개 오찬에서 "미국과 대화의 문은 열려있다."라고 말한 것[85]을 보면 중재자가 본격적으로 두 거래 당사자의 만남을 조율하고 있는 것처럼 보였다. 문재인 대통령은 남북정상회담에 대해선 신중을 기하면서도, 북미 외교 문제에 대해선 적극적인 드라이브를 걸고 있었다.

3월 1일, 문재인 대통령은 트럼프 대통령과 통화한다. 이 통화에서 문재인 대통령은 대북특사를 파견할 계획을 알렸고, 트럼프 대통령은 결과를 공유하자고 답했다. 대북특사가 행할 역할은 눈에 훤했다. 평창올림픽 동안 이뤄진 수많은 외교 협상에 관한 결과를 얻으러 가는 것이었다. 평창올림픽이 만들어 낸 외교 무대에서 한국과 미국의 의사는 충분히 북한에 전달됐다. 그렇다면 이제 남은 것은 그 의사를 전달받은 김정은 위원장의 결정이었다. 대북 특사단의 역할은 바로 김정은 위원장의 결단을 직접 듣는 것이었다.

3월 5일, 정의용 국가안보실장을 단장으로 서훈 국가정보원장, 천해성 통일부 차관, 김상균 국정원 2차장, 윤건영 청와대 국정

---

85 北김영철 "미국과 대화의 문 열려 있다"…정의용 靑 안보실장과 오찬, 아시아투데이, 2018.
02.26.

상황실장 등이 포함된 특사단이 북한으로 향했다. 대표적인 대미 라인인 정의용 국가안보실장과 대표적인 대북통인 서훈 국정원장이 함께 움직인다는 것은 외교안보라인과 정보라인이 동시에 할 일이 있다는 것이었다. 외교안보라인과 정보라인이 동시에 해야 할 일, 그것도 북한과 미국이 함께 관련된 일. 북한이 내놓을 대답은 분명 이와 관련되어 있었다. 그리고 우리는 그 결과를 평창이 만들어 낸 기적이라 표현해도 될 것이다.

평양에 도착한 대북 특사단은 오후 6시에 조선노동당 당사에서 김정은 국무위원장과 만찬을 가졌다. 김정은 위원장의 아내인 리설주 여사와 김여정 부부장도 함께였다. 4시간의 만찬 후에 청와대는 "결과가 있었고 실망스럽지 않다."라고 밝혔다. 다음 날 대북 특사단은 한국으로 돌아와 문재인 대통령을 접견하고 회담 결과를 발표했다.

1. 남과 북은 4월 말 판문점 평화의집에서 제3차 남북정상회담을 개최하기로 하였으며, 이를 위해 구체적 실무협의를 진행해나가기로 하였음

2. 남과 북은 군사적 긴장 완화와 긴밀한 협의를 위해 정상간 핫라인(Hot Line)을 설치하기로 하였으며, 제3차 남북정상회담 이전에 첫 통화를 실시키로 하였음

3. 북측은 한반도 비핵화 의지를 분명히 하였으며 북한에 대한 군사적 위협이 해소되고 북한의 체제 안전이 보장된다면 핵을 보유할 이유가 없다는 점을 명백히 하였음

4. 북측은 비핵화 문제 협의 및 북미관계 정상화를 위해 미국과 허심탄회한 대화를 할 수 있다는 용의를 표명하였음

5. 대화가 지속되는 동안 북측은 추가 핵실험 및 탄도미사일 시험발사 등 전략 도발을 재개하는 일은 없을 것임을 명확히 하였음. 이와 함께 북측은 핵무기는 물론 재래식 무기를 남측을 향해 사용하지 않을 것임을 확약하였음

6. 북측은 평창올림픽을 위해 조성된 남북간 화해와 협력의 좋은 분위기를 이어나가기 위해 남측 태권도시범단과 예술단의 평양 방문을 초청하였음

- 대북특별사절단 발표 중에서(2018.03.06.)

남북정상회담의 개최가 결정됐다. 문재인 대통령은 성과 없는 남북정상회담은 하지 않겠다고 이미 말했다. 즉, 남북정상회담의 성과까지 이미 담보되었다. 북한이 성과를 약속했고, 대한민국이 이를 확인한 결과가 바로 남북정상회담의 개최였다. 특히 남북정상회담이 판문점의 남측인 평화의 집에서 개최되는 것 또한 매우 큰 의미가 있는 일이었다.

새로운 천년이 시작되던 2000년 6월 15일, 김대중 대통령이 평양을 방문해 김정일 국방위원장과 정상회담을 갖는다. 그리고 그 결과로 6·15 남북공동선언이 만들어졌다.

1. 남과 북은 나라의 통일문제를 그 주인인 우리 민족끼리 서로 힘을 합쳐 자주적으로 해결해 나가기로 하였다.

2. 남과 북은 나라의 통일을 위한 남측의 연합제안과 북측의 낮은 단계의 연방제안이 서로 공통성이 있다고 인정하고 앞으로 이 방향에서 통일을 지향시켜 나가기로 하였다.

3. 남과 북은 올해 8·15에 즈음하여 흩어진 가족, 친척 방문단을 교환하며 비전향장기수 문제를 해결하는 등 인도적 문제를 조속히 풀어나가기로 하였다.

4. 남과 북은 경제협력을 통하여 민족경제를 균형적으로 발전시키고 사회·문화·체육·보건·환경 등 제반분야의 협력과 교류를 활성화하여 서로의 신뢰를 다져 나가기로 하였다.

5. 남과 북은 이상과 같은 합의사항을 조속히 실천에 옮기기 위하여 이른 시일 안에 당국 사이의 대화를 개최하기로 하였다.

김대중 대통령은 김정일 국방위원장이 서울을 방문하도록 정중히 초청하였으며 김정일 국방위원장은 앞으로 적절한 시기에 서울을 방문하기로 하였다.

- 6·15 남북 공동 선언 중에서(2000.06.15.)

6·15 남북공동선언의 끝에 김대중 대통령이 김정일 국방위원장의 답방을 초청했고, 김정일 국방위원장이 서울을 방문하기로 약속했다는 내용이 있다. 하지만 이 약속은 지켜지지 못했다.

'2018 남북정상회담' 장소 선택을 위해 한국은 평양과 서울, 그리고 평화의 집을 제안했다. 3가지 안 중 2개가 남측인 것을 보면 한국은 남측에서 남북정상회담을 하길 원했던 것 같다. 하지만 선택은 김정은 위원장의 몫이었다. 김정은 위원장은 자신에게 가장 편할 평양이 아닌 남측의 평화의 집을 직접 선택했다.[86] 이

---

[86] 남북 정상회담 장소로 '평화의 집' 선택한 건 북쪽이었다. 한겨레, 2018.03.07.

선택으로 김정은 위원장이 6·15 남북공동선언을 이행하겠다는 의지를 지니고 있음이 드러났다. 그렇다면 북한은 2007년 노무현 대통령이 북한에 방문해 김정일 국방위원장과 정상회담을 해서 만들어 낸 10.4 남북공동선언 또한 이행할 의지가 있다고 봐야 했다. 문재인 대통령이 말했던 과거 지점으로의 복귀, 그리고 그곳에서부터 다시 전진해 나가는 방안에 북한이 동의한 것이다. 문재인 대통령은 잃어버린 9년을 순식간에 회복해 버렸다.

이런 의의를 바탕에 깔면 '2018 남북정상회담'은 당연히 성공할 것이며, 이는 한반도 비핵화에 크나큰 진전을 가져올 것이 확실했다. 이미 특사단은 북측이 한반도 비핵화 의지를 분명히 하였다는 놀라운 내용을 발표했다. 체제 안전이 보장된다면 핵을 보유할 이유가 없다는 점을 북한이 명백히 밝혔다는 것이다. 단 몇 달 전만 해도 북한이 비핵화 의지를 천명한다는 것은 상상도 할 수 없는 일이었다. 하지만 그 일이 실현됐다. 게다가 대화가 이어지는 동안은 군사행동을 하지 않겠다고 했다. 심지어 북한이 한미연합 군사훈련을 이해한다고 말했음을 정의용 실장이 기자회견에서 공개했다. 천지개벽과도 같은 변화였다.

한국에서는 '4월 전쟁설'이 돌고 있었다. 그리고 평창올림픽이 열리던 2월에는 '코피 전략[87]'이 크게 회자되면서 불안감이 더욱 커져 있었다. 겉으로 보이는 대화 분위기에도 불구하고 일부에서는 계속해서 전쟁 가능성을 극대화를 시키며 사회 불안을 조

---

[87] bloody nose(bloody nose strike) : 코피 작전(미국의 대북 정책으로 거론된 군사 작전으로 예방타격을 하기 위해 상징적인 시설을 정밀 폭격하는 작전) - 국제영어대학원대학교 신어사전.

장하고, 문재인 정부를 흔들고 있었다. 하지만 대북 특사단이 가져온 결과는 일거에 모든 논란을 의미 없는 것으로 만들어버렸다. 그리고 트럼프 대통령은 "한국과 북한에서 내놓은 발표들이 매우 긍정적으로 보인다. 세계를 위해 위대한 일이 될 것이다."[88]라고 말했다. 특사단의 성과는 미국의 대북 군사행동 가능성도 사라지게 했다.

이 모든 것이 평창 외교가 만들어 낸 경이로운 성과들이었다. 하지만 아직 또 하나의 기적이 남아있었다.

3월 7일, 청와대는 정의용 국가안보실장과 서훈 국정원장이 8일에 미국으로 향한다고 밝혔다. 트럼프 대통령을 직접 만나 김정은 위원장과 나눈 대화를 전달한다는 것이다. 하지만 단순히 대화의 전달이라면 구태여 외교안보라인과 정보라인의 수장이 모두 미국으로 향할 이유는 없었다. 이는 대화의 전달이 목표가 아니라 대화를 전하고 트럼프 대통령의 결정을 듣는 것이 목표라고 이해해야 했다. 특사단이 북한에 가서 김정은 위원장의 결단을 듣고 온 것처럼 말이다. 그렇다면 도대체 김정은 위원장의 이야기를 전달하고 미국 트럼프 대통령의 결정을 들어야 하는 일은 무엇일까? 이는 딱 한 가지뿐이었다. '북미정상회담'.

3월 9일, 정의용 국가안보실장과 서훈 국정원장이 백악관에서 도널드 트럼프 대통령을 면담했다. 그리고 이례적으로 정의용 국

---

88 I think that their statement and the statements coming out of South Korea and North Korea have been very positive. That would be a great thing for the world. - 트럼프 대통령, Trump touts 'positive' Korea talks but wants action, CNN, 2018.03.07.

가안보실장이 그 결과를 직접 브리핑한다.

> 저는 트럼프 대통령에게 북한의 지도자인 김정은 위원장과의 면담
> 에서 김 위원장이 비핵화에 대한 의지를 갖고 있음을 언급하였다고 하
> 였습니다. 김 위원장은 북한이 향후 어떠한 핵 또는 미사일 실험도 자
> 제할 것이라고 약속하였습니다. 김 위원장은 한·미 양국의 정례적인 연
> 합군사훈련이 지속되어야 한다는 점을 이해하고 있습니다. 그리고 김
> 위원장은 트럼프 대통령을 가능한 조기에 만나고 싶다는 뜻을 표명하
> 였습니다.
>
> 트럼프 대통령은 오늘 브리핑에 감사를 표시하고, 항구적인 비핵화
> 달성을 위해 김정은 위원장과 금년 5월까지 만날 것이라고 하였습니다.
> - 정의용 국가안보실장 백악관 발표 중에서(2018.03.09.)

4월 남북정상회담에 이어 5월에 북미정상회담이 열리게 됐다.
미국과 북한의 정상이 만나는 최초의 자리였다. 역사에 단 한 번
도 일어난 적 없는 일이 실현되고 있었다. 이는 미국의 닉슨 대
통령과 중국의 마오쩌둥 국가주석의 만남과도 견줄 수 있는, 어
쩌면 그 이상의 의미를 지닌 일이었다. 마지막으로 남은 냉전을
끝내는 일이었으며, 세계의 질서를 바꾸는 일이었다.

남북정상회담과 북미정상회담이 거의 동시에 성사된 것도 큰
의미가 있었다. 각국의 정상이 주가 되어 문제를 풀어나가는 소
위 톱다운 방식의 문제 해결에 3국이 동의한 것이기 때문이다.

북핵 문제는 이해관계가 첨예하게 얽혀있는 상당히 정치적인
문제다. 국내정치와 국제정치 모두로부터 영향받을 수 있다. 실

무진 차원에서 풀어보려 했던 지금까지의 시도들이 그 결과를 내놓는 데 번번이 실패했던 이유 중의 하나가 북핵 문제가 지닌 이런 근본적인 성격이다. 그렇다면 문제를 풀어나가는 방식 자체를 바꿀 필요가 있다. 정상이 그림을 그리고 결정하면 실무진은 충실히 이를 이행하기 위해 노력하는 것이다. 바로 톱다운 방식이다.

톱다운 방식에는 몇 가지 장점이 있다. 일단 정상끼리의 결정이기 때문에 다른 이해관계가 영향을 끼치는 것을 최소화 할 수 있다. 게다가 실무 차원에서 결정하기 힘든 민감한 결정을 정상이 나서서 해결해 주기 때문에 일이 빨리 진척될 수 있다. 그리고 무엇보다 각 정상의 임기가 많이 남아있기에 문제 해결의 방향성이 지속될 수 있다는 신뢰를 서로가 가질 수 있다.

문재인 대통령은 4년의 임기를, 트럼프 대통령은 3년의 임기를 남겨둔 상태였다. 김정은 위원장은 임기의 의미가 없는 정상이었다. 이 정도의 긴 시간이라면 정상이 결정한 이후에 그 방향성이 갑자기 변할 가능성은 없었다. 게다가 대한민국은 자유한국당과 같은 가짜 보수 정당이 국민의 심판을 받고, 문재인 대통령이 계속 높은 지지율을 유지하면서 앞으로도 민주 정권이 이어질 가능성이 커졌고, 트럼프 대통령은 재선에 성공하게 되면 임기가 4년이 추가되는 상황이었다. 정상들이 합의한다면 이 기조는 최소 3년에서 8년 이상까지도 이어질 수 있었다. 그렇다면 상대 정상의 결정에 대한 신뢰도는 상당히 높아진다. 내부 정치 때문에 갑작스럽게 기조를 바꾸거나 하는 일은 없을 것이기 때문이다. 이런 신뢰가 더해지면 정상 간의 결정은 더욱 쉬워지고 확실해진다. 톱다운 방식으로의 전환은 북핵 문제 해결을 위한 가장 놀라운 혁신이었다.

이렇게 문재인 대통령의 방식은 성공했고, 결과를 만들어 냈다. 계속 욕을 먹으면서도, 갈등이 계속 커지는 상황에서도 끊임없이 평창올림픽을 이야기했고, 덕분에 평창에서 놀라운 외교전을 펼칠 수 있었다. 그 결과로 남북정상회담과 북미정상회담이 결정되고 톱다운 방식을 실현시킬 수 있게 됐다. 아무도 생각하지 못했던, 그리고 가능하다고 보지 않았던 급진적인 진전은 결국 끝까지 희망을 놓지 않고, 옳은 길을 추구했던 한 인물이 이뤄낸 성과였다.

6.
남북정상회담 준비를 시작하다

문재인 대통령은 3월 12일, 수석보좌관회의 모두발언을 통해 평창이 만들어 낸 기적적인 결과에 대한 의견을 밝힌다.

한반도 비핵화와 항구적 평화체제, 남북 공동번영의 길을 열 수 있는 소중한 기회가 마련됐습니다. 앞으로 두 달 사이에 남북 정상회담, 북미 정상회담 등이 연이어 개최되면서 중대한 변화가 있을 것입니다. 우리가 성공해낸다면 세계사적으로 극적인 변화가 만들어질 것이며 대한민국이 주역이 될 것입니다.

지금 세계는 우리의 역량을 주목하고 있습니다. 이 기회를 제대로 살려내느냐 여부에 대한민국과 한반도의 운명이 걸려있습니다. 정권 차원이 아닌 대한민국이라는 국가 차원에서 결코 놓쳐선 안 될 너무나 중요한 기회입니다. 우리가 이런 기회를 만들어낼 수 있었던 것은 결코 우연이 아니라 그 길이 옳은 길이기 때문입니다. 전쟁이 아닌 평화를, 군사적 해법이 아닌 외교적 해법을 전 세계가 바라고 있기 때문입니다.

그러나 우리가 두 달이라는 짧은 기간에 이루려는 것은 지금까지 세계가 성공하지 못한 대전환의 길입니다. 그래서 결과도 낙관하기가 어렵고 과정도 조심스러운 것이 현실입니다.

국민 여러분의 지지와 성원만이 예측 불가한 외부적인 변수들을 이겨내고 우리를 성공으로 이끄는 힘이 될 것입니다. 부디 여야, 보수와 진보, 이념과 진영을 초월하여 성공적 회담이 되도록 국력을 하나로 모아 주시길 국민들께 간곡히 부탁, 당부드립니다.

    - 문재인 대통령, 수석보좌관회의 모두발언 중에서 (2018.03.12.)

문재인 대통령은 남북정상회담과 북미정상회담이 펼쳐질 앞으로의 두 달 동안 중대한 변화가 있을 것이며 이 시기를 통해 '세계사적으로 극적인 변화가 만들어진다.'라고 말했다. 그는 이제껏 그래왔듯, 역사적인 의미를 분명히 한다. 하지만 무엇보다 중요한 내용은 "우리가 두 달이라는 짧은 기간에 이루려는 것은 지금까지 세계가 성공하지 못한 대전환의 길입니다."라는 말이었다. 대전환의 길, 아무도 가본 적이 없기에 결과의 낙관이 어렵고 과정도 조심스러운 길을 문재인 대통령은 말하고 있었다. 그리고 이 길을 걷기 위한 힘으로 국민의 지지와 성원을 요청한다.

가짜 보수 세력은 지금까지 한반도 갈등을 키워왔다. 그것이

자기들이 살아가는 길이기 때문이었다. 만약 이들의 공작 때문에 문재인 대통령의 지지율이 떨어지고 정권이 흔들리면, 어렵게 성공시킨 톱다운 방식의 한반도 평화프로세스가 위험할 수 있었다. 자유한국당을 위시한 가짜 보수로의 정권교체는 대북정책을 후퇴시킬 것이 분명했다. 문재인 대통령이 국민의 지지와 성원을 요청한 것은 바로 이런 이유 때문이었다. 다행히 대한민국 국민은 적폐의 지속적인 흔들기에도 불구하고 굳건하게 대통령을 신뢰함으로써 한반도 비핵화 프로세스가 이어질 수 있는 중요한 바탕 역할을 톡톡히 하고 있었다.

전 국력을 하나로 모아 달라는 요청과 함께, 청와대는 빠르게 후속 조치에 들어간다. 3월 12일에 정의용 국가안보실장이 중국으로 향해 시진핑 국가주석을 접견했고, 3월 13일에는 서훈 국가정보원장이 일본에서 아베 총리를 만났다. 3월 14일, 정의용 국가안보실장은 모스크바에서 세르게이 라브로프 러시아 외무장관과 회담을 가졌다.

남북미가 합의를 한 이상, 이제 중요한 것은 주변국의 관리였다. 특히 중국에 대한 관리는 꼭 필요한 부분이었다. 북한과 가장 가까운 슈퍼 파워이면서 정전협정 당사국이기도 했다. 미국과는 대립과 협상의 묘한 줄타기를 해나가는 관계이기도 했다. 한반도 비핵화 과정에서 중국의 역할은 상당히 클 것이 자명했다. 게다가 중국은 한반도 비핵화를 지지하고 있었다. 중국과 밀접하게 소통해 중국을 한반도 비핵화의 더욱 든든한 우군으로 만들어야 했다.

반대로 일본은 한반도의 평화 분위기를 긍정적으로 여기고 있는 상황은 아니었다. 한반도 비핵화에 대해서는 지지를 했지만, 여전히 북한을 압박하여 굴복시키는 방식을 원하고 있었다. 이렇게 함으로써 냉전의 질서를 계속 가져가고, 아시아에서 일본의 지위를 높이고 중국과 대립하며 미국을 등에 업기를 원했다. 이는 문재인 대통령이 구상한 한반도 평화 비전과는 상당히 거리가 있었다. 문제는 일본이 미국에 상당한 영향력을 행사할 수 있다는 점이었다. 일본은 한반도 평화 분위기를 반대할 이유와 능력이 있었다. 따라서 한국은 일본을 잘 관리해 훼방을 놓지 않도록, 설령 훼방을 놓더라도 큰 영향은 끼치지 못하도록 해야 했다.

러시아 역시 중요한 관련국이었다. 북한 비핵화 이후 북한의 체제를 안정시키고 경제성장을 뒷받침하는 데 중요한 역할을 하게 될 나라였다. 2018년 3월 18일에 러시아 대선이 치러지고 나면 푸틴 대통령이 본격적으로 한반도 문제에 상당한 영향력을 발휘하게 될 것이 분명했다.

청와대는 빠르게 주변국과 소통하고 결과적으로 중국, 일본, 러시아로부터 한반도 비핵화에 대한 지지를 끌어냈다. 사실 어떤 국가도 겉으로는 이에 반대할 수 없다. 그것이 명분의 힘이다. 각국의 이해관계에 따라 뒤에서는 어떤 일을 할지 모르나, 앞으로 드러내놓고 반대하는 일은 불가능하다. 그렇게 북한의 비핵화를 방해하기 위한 시도를 미연에 최소화할 수 있었다.

미국 현지 시각 3월 13일, 트럼프 대통령이 렉스 틸러슨 국무장관을 전격 경질한다. 트위터로 이뤄진 경질이었다. 특히 렉스 틸러슨 국무장관은 대북문제를 해결하는 데 있어서 외교적인 방식을 선호하는 대표적인 비둘기파였다. 남북·북미정상회담이라는 외교적인 접근이 예정된 상태에서 틸러슨 국무장관의 급작스러운 해임은 많은 이들을 혼란스럽게 했다.

『뉴욕타임스』는 이를 두고 문재인 대통령이 백악관에 항의 전화를 한 것이 하나의 요인이라고 보도해 논란이 되기도 했다.[89] 틸러슨 장관이 한국을 패싱하고 북한과의 대화 시도를 했고, 이에 대해 문재인 대통령이 백악관에 항의를 했다는 것이다. 그러나 청와대는 이 내용에 대해 사실무근이라고 밝혔다. 틸러슨 국무장관의 후속으로 폼페이오 중앙정보국 국장이 내정되면서 논란은 더욱 커지기도 했다. 폼페이오는 전형적인 매파로 여겨지는 인물이었다. 그가 국무장관이 되면서 어렵게 만든 대화 분위기가 깨지는 것 아니냐는 우려도 있었다.

이런 움직임을 두고 국내에서는 외교부 패싱이라는 해석이 나오기도 했다.[90] 3월 15일 강경화 장관이 방미해 틸러슨 장관을 만나기로 했던 상황이었는데, 갑자기 틸러슨 장관이 해임됐기 때문이었다. 하지만 미국은 틸러슨 장관 해임에도 불구하고 강경화 장관이 예정대로 방미하기를 희망했다. 진도를 계속 나가자는 뜻이었다. 따라서 틸러슨 장관의 해임은 한국 외교부를 패싱했다기 보다는 빠르게 미국 내부 정비를 했다고 봐야 했다.

틸러슨 국무장관의 교체는 트럼프 대통령의 의지를 보여주고 있었다. 이미 CIA가 한반도 평화프로세스에서 중요한 역할을 하

---

89 Trump Fires Rex Tillerson and Will Replace Him With C.I.A. Chief Pompeo, The New York Times, 2018.03.13.

90 [기자의 시각] '아웃사이더' 외교부, 안준용 기자, 조선일보, 2018.03.15.

고 있었고, CIA 내부의 한국임무센터도 마찬가지였다. 평창에서도 정보라인이 가동됐었다. 정보라인의 수장이었던 폼페이오가 국무장관으로 임명됐다는 것은 어떻게든 대북문제를 해결하겠다는 트럼프 대통령의 결의를 보여준 것이며, 북미정상회담 준비를 충실히 해나가기 위한 사전작업이었다고 보는 것이 올바른 해석이었다. 이렇게 미국은 문재인 대통령이 말한 대전환의 길을 가기 위해 준비하고 있었다. 이는 대한민국도 마찬가지였다.

청와대 역시 속도를 냈다. 3월 15일 청와대는 남북정상회담 준비위원회를 구성한다. 임종석 청와대 비서실장이 위원장을, 조명균 통일부 장관이 총괄간사를 맡았다. 그리고 정의용 국가안보실장, 장하성 정책실장, 강경화 외교부 장관, 송영무 국방부 장관, 서훈 국정원장, 홍남기 국무조정실장이 위원을 맡아 일하게 됐다. 다음 날, 남북정상회담 준비위원회는 첫 회의를 연다. 이 자리에서 남북정상회담을 위한 고위급 회담을 추진하기로 결정하며 본격적으로 업무에 나섰다. 그리고 3월 21일, 남북정상회담 준비위원회의 2차 회의가 열렸다. 문재인 대통령은 모두발언을 통해 남북정상회담 준비를 위한 당부를 한다.

오늘 두 번째 회의죠. 남북 정상회담, 역사적인 회담 준비하시느라고 수고들 많으십니다. 남북 정상회담이 판문점에서, 그것도 군사분계선 남쪽 우리 땅에서 열리는 것은 사상최초입니다. 아주 중요한 의의가 있습니다. 또 대통령 취임 1년 이내에 남북 정상회담이 열리는 것도 사상최초이고, 역시 매우 중요한 의미가 있습니다. 남북 정상회담에 이어서 북미 정상회담은 회담 자체가 세계사적인 일입니다. 장소에 따라서는 더욱 극적인 모습이 될 수도 있습니다. 그리고 진전상항에 따라서는 남,북,미 3국 정상회담으로 이어질 수도 있을 것입니다.

이번 회담들과 앞으로 이어질 회담들을 통해 우리는 한반도 핵과 평화 문제를 완전히 끝내야 합니다. 남북이 함께 살든 따로 살든 서로 간섭하지 않고 서로 피해주지 않고 함께 번영하며 평화롭게 살 수 있게 만들어야 합니다. 우리가 가보지 않은 미답의 길이지만 우리는 분명한 구상을 가지고 있고, 또 남,북,미 정상 간 합의를 통해 이루고자 하는 분명한 목표와 비전을 가지고 있습니다.

한반도 비핵화, 한반도의 항구적 평화체제와 북미 관계의 정상화, 남북 관계의 발전, 북미 간 또는 남,북,미 간 경제 협력 등이 될 것입니다. 준비위원회가 그 목표와 비전을 이룰 수 있는 전략을 담대하게 준비해주기 바랍니다. 그리고 목표와 비전 전략을 미국 측과 공유할 수 있도록 충분히 협의하기 바랍니다.

한 가지만 좀 더 당부하자면 회담 자료를 준비할 때 우리 입장에서가 아니라 중립적인 입장에서 각각의 제안 사항들이 남북과 미국에 각각 어떤 이익이 되는지, 우리에게는 어떤 이익이 있고 북한에게는 어떤 이익이 있고, 또 미국의 이익은 무엇인지, 그리고 그 이익들을 서로 어떻게 주고받게 되는 것인지 이런 것을 설명하고 설득할 수 있도록 그렇게 준비를 해 주시기 바랍니다.

- 남북정상회담 준비위원회 2차 회의 모두발언 중에서(2018.03.20.)

남북정상회담을 앞두고 문재인 대통령은 그 이후를 그리고 있었다. 그렇기에 회담 자료를 우리 입장이 아니라 중립적인 입장에서 준비해 달라고 요청한 것이다. 최대한 중립적이어야 중재자로서 북한과 미국을 설득해 낼 수 있음은 자명했다. 또한, 문재인 대통령은 남북정상회담에서 합의한 내용을 제도화해야 하므로 국회 비준을 받도록 준비하라고도 지시한다. 이는 한반도 평화프로세스를 영속화하고, 혹여 정권이 바뀌어도 정책은 계속 이어지게끔 하겠다는 뜻이었다.

문재인 대통령은 과거의 실패가 주는 교훈을 잊지 않고 있었다. 과거의 실패를 반복할 생각도 전혀 없었다. 성공할 수 있는 최선의 방법을 찾았고 이를 이행하고 있었다. 문재인 대통령은 대선 기간에 자신이 재수 전문이라고 말한 바 있다. 문재인 대통령은 대학 입시에 실패하고 재수를 통해 4년 장학금을 받고 경희대 법대에 수석 입학했다. 사법시험도 처음에는 떨어졌으나 두 번째에 합격하게 된다. 2012년 대선에 출마해 선거에서 패배했지만 2017년에 두 번째로 도전해 대통령에 당선된다.

그가 2012년 대선에서 패배한 이후에 쓴, 『1219 끝이 시작이다』라는 책을 읽어보면 문재인 대통령이 재수에 강한 이유를 알 수 있다. 그는 마치 바둑을 복기하는 것처럼 패배를 곱씹고 이유를 찾고 개선 방안을 고민한다. 그 과정이 치열하고 치밀할수록, 그리고 그 결과로서 나온 개선안을 지독하게 추구할수록, 두 번의 실패는 일어나기 어렵다. 문재인이 딱 그런 사람이었다. 그는 치열하고 치밀하게 복기하고, 개선안을 뚝심 있게 실행해나갔다. 그것이 재수 전문가 문재인을 만든 것이다.

문재인 대통령은 한반도 문제도 재수하고 있었다. 첫 번째는 참여정부 시절에 대통령 비서실장으로, 두 번째는 문재인 대통령으로서 말이다.

이제 큰 판은 만들어졌고, 그 바탕 위에서 섬세한 작업을 해나가야 하는 시기였다. 문재인 대통령의 모두발언은 이미 그 부분의 복기가 끝났음을, 그리하여 이 섬세한 작업을 성공으로 이끌 것이라는 예상을 가능하게 만들고 있었다.

7.
김정은 위원장이 중국을 방문하다

3월 22일, 문재인 대통령은 국빈 자격으로 베트남을 방문한다. 베트남은 미국과의 적대관계를 해소하고 수교를 맺은 국가였다. 경제적으로 큰 성장을 이루고 있는 곳이기도 했다. 북한에게는 일종의 롤모델이 되는 나라였다. 또한, 한국과 베트남은 경제로 밀접하게 얽혀있다. 한국의 투자가 베트남 경제성장에 큰 역할을 했고, 양국의 교역 역시 상당히 활발해, 베트남은 한국의 제4위 교역국이 됐다. 남북정상회담을 앞둔 시점에 문재인 대통령이 베트남을 방문함으로써 북한은 자연스럽게 베트남이 이뤄온 것과 그에 기여한 한국의 모습을 떠올렸을 것이다.

문재인 대통령은 쩐 다이 꽝 주석과 정상회담을 갖고 양국의 관계를 더욱 발전 시켜 나가기로 합의했다. 또한, 베트남 방문의 마지막 날 아침에는 숙소 근처 쌀국수집에 들러 식사를 하면서 회담국 국민과의 스킨십을 중시하는 외교 행보를 이어가기도 했다. 언젠가 문재인 대통령이 북한 평양의 한 냉면집에 들러 편히 냉면을 먹는 날도 올지 모른다는 희망을 함께 전하면서.

베트남 방문 일정을 마친 후, 문재인 대통령은 아랍에미리트를 방문한다. 문재인 대통령은 외교 범위를 계속 넓히고 있었다. 평창올림픽 동안 다양한 유럽 국가들과 외교 관계를 확대했고, 남중국해를 둘러싸고 있는 아세안 국가들과의 외교도 마찬가지였다. 그리고 아랍에미리트와의 정상 외교를 통해 그 범위를 중동까지 넓히고 있었다.

외교 영역의 확대는 대한민국 외교력의 향상을 가져온다. 지난 세기 동안 글로벌화가 빠르게 진행됐고, 국가와 국가 간의 외교는 더욱 복잡하게 얽히고설키게 되었다. 한국이 베트남과 가까워지게 되면 베트남과 외교 관계를 확대하고 있는 미국과도, 미국·베트남의 협력에 불편한 기색을 보이는 중국과도 외교적으로 협상할 수 있는 요소가 늘어나게 되는 것처럼 말이다. 따라서 문재인 대통령의 중동외교는 경제 이익에 더해 대한민국의 외교력을 증대시키는 행보라고 볼 수 있다. 석유를 지닌 중동은 세계 각국과 그리고 이 문제에 많은 공을 들이고 있는 미국과 긴밀한 외교 관계를 맺고 있기 때문이다.

이렇게 문재인 대통령이 해외를 순방하고 있는 동안, 북한의 김정은 위원장이 움직이기 시작했다. 그동안은 대외 행보를 하지 않던 그였다. 하지만 남북정상회담과 북미정상회담을 하기로 결정한 순간, 김정은 위원장은 과거의 은둔자에서 벗어나 세계 무대에 그 모습을 드러내야만 했다. 이는 필연이었다. 그리고 그 행보는 그가 진정으로 하려는 것이 북한의 개혁·개방임을 알리는 증거가 될 수 있었다. 김정은 위원장의 외교 활동이야말로 북한의 보통 국가화를 가장 상징적으로 보여줄 수 있기 때문이다.

김정은 국무위원장은 3월 25일에 중국을 방문했다. 처음에는 예상뿐이었다. 당시에 확인할 수 있던 정보는 북한의 최고위급 인사가 중국을 방문했다는 것까지였다. 그렇다면 그건 김영철 부위원장이나 김여정 부부장일 수도 있었다. 특히, 김정은 위원장은 집권 이후에 해외를 방문한 적이 없었다는 점에서 이런 예상은 꽤 합리적 추론이었다. 하지만 곧 김정은 위원장이 중국에 방문한 것이라는 언론의 보도가 나왔고, 3월 28일 북한 조선중앙방송이 이를 공식 발표하면서 김정은 위원장의 방중이 확인됐다.

김정은 위원장의 방중은 중국 시진핑 주석의 초청으로 이뤄졌다. 이는 한반도에서 펼쳐지고 있는 역사의 대변혁에 중국이 역할을 하겠다는 의사표시라고 볼 수 있다. 이를 위해 중국은 북한과의 관계를 회복할 필요가 있었다.

북한과 중국은 과거에는 가장 가까운 우방이었을지 모르지만, 김정은 위원장의 집권 이후에는 그렇지 못했다. 양국의 관계는 최악을 달리고 있었다. 이런 상황에서 북한이 비핵화와 개혁·개방 노선으로 간다면 어떻게 될까? 남북정상회담을 하고 북미정상회담을 하면 어떻게 될까? 이미 미국과 베트남은 수교를 맺었고, 남중국해에서 중국과 대립하고 있었다. 중국으로서는 북한이 미국과 손을 잡고 중국을 압박하는 그림을 상상하지 않을 리가 없다. 이는 중국이 피하고픈 최악의 결과였다. 그렇기에 중국은 빠르게 북한과의 관계를 회복해야 할 필요가 있었다. 김정은 위원장의 방중을 두고 많은 이들이 미국과의 협상을 앞둔 북한의 불안감을 말하고, 중국에 의지하고자 하는 것이라는 해석을 했다. 이는 타당했지만, 중국으로서도 북한과의 외교 관계를 회복하지 않으면 안 되는 급박함이 있었다. 김정은 위원장의 방중 동안 중국이 보여준 환대가 이를 뒷받침한다.

김정은 위원장은 중국에 방문해 김일성 주석과 김정일 국방위원장의 유훈에 따라 한반도 비핵화 실현에 주력하는 것이 북한의 시종일관된 입장임을 밝혔다. 또한, 남북관계를 화해와 협력의 관계로 바꿀 결의를 갖고 있고, 남북정상회담과 북미정상회담을 하기로 했다고 말했다.

김정은 위원장의 확고한 방향 제시는 문재인 대통령이 그동안 쌓아놓은 명분과 자연스럽게 어우러진다. 그렇기에 중국은 이 방향 자체를 반대할 수 없다. 이미 중국은 한반도 비핵화에 대해서 지지를 표명한 바 있기에 이 과정에서 최대한의 영향력을 발휘해 한반도 평화에 협력하면서 북한과의 관계를 개선하고, 동시에 한국과도 더욱 밀접한 관계를 만들어야 하는 숙제가 생겼다.

남과 북이 한반도 비핵화와 평화·번영이라는 하나의 목표를 향해 뭉치면, 미국, 중국, 일본도 남과 북을 분리하고 갈등을 증폭시켜서 자국의 이익을 극대화하는 것은 불가능했다. 오히려 협력하고 지지하는 것이 자국의 이익을 극대화하는 길이었다. 한반도를 둘러싼 외교의 방향이 완전히 변화했음을 김정은 위원장의 방중과 발언이 보여주고 있었다.

한국에서는 일부 보수 세력이 김정은 위원장의 방북을 두고 이를 몰랐던 청와대의 무능을 지적하기도 했지만, 청와대는 이 내용을 중국 정부로부터 사전 통보받았다고 밝히면서 그들의 입을 다물게 했다. 이미 한반도의 외교는 대한민국을 패싱해서는 아무것도 얻을 수 없는 상황이 되었다는 것을 그들은 모르고 있었다. 하지만 중국은 이를 잘 알고 있었다. 김정은 위원장의 방중 일정이 끝난 다음 날, 중국의 양제츠 중국 외교담당 정치국 위원이 시진핑 주석의 특별대표 자격으로 방한해 북중 정상회담의 결과를 자세히 설명하기로 했다.

3월 30일, 문재인 대통령은 중국의 양제츠 정치국 위원을 만나 북중정상회담 결과를 상세히 전해 듣는다. 그리고 한반도 비핵화와 평화정착을 위해 적극 협력해 나가기로 했다. 북중 정상이 만난 후에 그 결과를 중국이 바로 한국과 공유하고 있었다. 이러한 중국의 움직임은 북한과도 이미 이야기됐거나 혹은 공감대가 형성된 상태였을 것이다. 북한의 움직임도, 중국의 움직임도 결국 문재인 대통령의 한반도 평화프로세스 안에서 이뤄지고 있었다.

8.
폼페이오 국무장관 지명자가 김정은 위원장을 만나다

2018년 3월 29일, 판문점 통일각에서 남북 고위급회담이 개최됐다. 남북정상회담 준비를 위해 모인 이 자리에서 남북정상회담을 4월 27일에 개최하기로 확정했다. 이제 명확한 장소와 날짜가 결정되면서 남과 북은 실무 준비에 더욱 박차를 가하고 있었다.

남북정상회담을 앞두고 양국이 분주한 가운데 먼저 남북교류의 물꼬를 튼 것은 문화·예술이었다. 3월 31일, 북한 공연을 위해 대한민국의 예술단과 태권도시범단이 방북했다. 바로 다음 날인 4월 1일 오후 5시에 남측 예술단의 단독 공연이 예정되어 있었다. 하지만 공연을 준비하고 있던 남측 예술단에 보다 많은 사람의 관람 편의를 위해 공연 시간을 저녁 7시로 변경해 달라는 요청이 있었고, 남측이 이를 수용하면서 공연은 두 시간 뒤에 시작됐다. 그리고 공연장에 김정은 위원장이 찾아왔다.

원래 김정은 위원장은 4월 3일에 개최될 남북 합동 공연에 참석할 것으로 예상되었다. 남북 합동 공연이 규모상으로도 의미로서도 더 적절한 자리였기 때문이었다. 특히, 공연 시간을 미뤄 달라는 요청까지 해서 공연을 관람했다는 것은 김정은 위원장의 공연 관람이 원래 계획된 것이 아닌 갑작스러운 결정이라고 봐야 했다. 이 급작스러운 일정 변경의 이유로 추정되는 일이 이후 언론 보도를 통해 밝혀졌는데, 폼페이오 국무장관 예정자가 북한을 방문해서 김정은 위원장을 만났다는 것이다.[91] 트럼프 대통령은 4월 18일 자신의 트위터를 통해 폼페이오 예정자가 북한에서 김 위원장을 만난 사실을 공개했다.[92]

북미정상회담을 앞두고 미 정보라인의 수장이 북한과 직접 접촉했다는 것은 의미가 꽤 깊다. 그동안 정보라인에서 소통되던 정보의 진위를 미국이 직접 확인한다는 점에서 그렇다. 북한 김정은 위원장의 비핵화 의지를 직접 확인한다면, 이는 지금까지 판을 이끌어온 한국과 한국 정보라인에 대한 신뢰를 높일 것이

---

91 트럼프특사 폼페이오 이달초 극비방북 김정은 만나…비핵화조율, 연합뉴스, 2018.04.18.

92 Mike Pompeo met with Kim Jong Un in North Korea last week. Meeting went very smoothly and a good relationship was formed. Details of Summit are being worked out now. Denuclearization will be a great thing for World, but also for North Korea!
- 트럼프 대통령, 트위터, 2018.04.18.

자명했다. 이후에 남북미 관계를 이끌어 나가는 데 있어서 이런 신뢰 구축은 꼭 필요한 일이었다. 특히 미국은 여전히 북한에 대한 불신이 있는 나라였다. 북한이 보여주는 행보의 진위를 정보 라인의 수장이 직접 확인하게 되면 협상을 더욱 적극적으로 해 나갈 수 있는 계기가 될 것이 분명했다. 게다가 북한은 지도자의 결정이 무엇보다도 중요한 나라였다. 김정은 위원장이 직접 의사 표명을 한다면, 정상끼리 문제를 풀어내는 톱다운 방식이 제대로 작동할 것이며, 지금까지 실무진이 협상해온 일들이 실현될 가능성도 극단적으로 높아지게 된다. 폼페이오 예정자가 직접 평양으로 가서 김정은 위원장을 만난 일은 트럼프 대통령이 확신을 가지고 움직이는 데 가장 중요한 변곡점이 될 사건이었다.

폼페이오 장관은 4월 12일에 열린 연방의회 상원 외교위원회 인준청문회에서 "트럼프 대통령과 북한 지도자가 대화를 갖고 미국과 세계가 간절히 바라는 외교적 결과를 성취하는 길을 열거라 기대한다."라고 말했다.[93] 이와 같은 발언을 통해 폼페이오 장관 예정자와 김정은 위원장의 만남이 성공적이었음을 알 수 있다. 이후에 보도된 바에 따르면, 김정은 위원장이 폼페이오 장관 예정자를 만나서 자신의 암살시도에 대해 말하자 폼페이오 예정자가 농담으로 '아직도 당신을 죽이려 한다.'라고 말하며 분위기

---

93 I'm optimistic that the United States government can set the conditions for that appropriately so that the President and the North Korean leader can have that conversation will set us down the course of achieving a diplomatic outcome that America so desperately, America and the world so desperately need. - 폼페이오 예정자, 인사청문회, 2018.04.12.

를 풀고 웃었다고 한다.**94** 이 살벌한 대화가 농담이 된 것을 보면 이후 협상은 당연히 잘 됐을 것이다.

문재인 대통령은 4월 11일, 남북정상회담 준비위원회의 5차 회의에 참석해 이런 상황에서 무엇을 해야 하는지를 제시한다.

지금 우리는 한반도 평화와 번영을 위한 긴 여정의 출발선에 서 있습니다. 우리가 앞장서서 한반도의 완전한 비핵화와 항구적 평화, 남북관계의 지속가능한 발전이라는 세계사의 대전환을 시작하려 합니다. 모두가 꿈꿔왔지만 아직 아무도 이루지 못했던 목표입니다. 우리가 분열과 대립을 넘어 평화의 새역사를 쓰겠다는 비상한 각오와 자신감이 필요합니다. 그러나 한번에 모든 문제를 다 해결하겠다는 지나친 의욕으로 접근하기보다는 이번 남북정상회담을 계기로 오랜 기간 단절되었던 남북관계를 복원하고 평화와 번영의 한반도로 나아가는 튼튼한 디딤돌을 놓는다는 생각으로 임해주길 바랍니다.

우리 앞에 놓인 기회가 큰 만큼 도전도 엄중하다는 인식을 가지고 마지막 순간까지 긴장하면서 절실한 마음으로 신중하고 착실하게 준비해 가야 할 것입니다. 특히 이번 남북정상회담은 사상 최초의 북미정상회담으로 이어질 예정입니다. 미국과 북한은 시기, 장소, 의제 등을 구체적으로 논의하면서 서로 의지와 성의를 가지고 정상회담을 준비하고 있다고 듣고 있습니다. 북미정상회담은 열리는 것 자체로 세계사적 의미를 가지고 있습니다. 특히 양국이 의지를 가지고 준비하고 있는 만큼 북미정상회담에서 한반도 비핵화 목표의 달성과 이를 통한 항구적

---

94 김정은 "날 제거하고 싶다고?"에 폼페이오 "여전히 그렇다", 연합뉴스, 2018.06.20.

평화정착에 큰 걸음을 뗄 때는 성과가 있을 것으로 기대합니다. 그 목표를 위해서 우리는 남북정상회담이 북미정상회담의 성공으로 이어지는 좋은 길잡이 역할을 할 수 있도록 준비해 나가야 할 것입니다.

- 남북정상회담 준비위원회의 5차 회의 중에서(2018.04.11.)

문재인 대통령은 "미국과 북한이 서로 의지와 성의를 가지고 정상회담을 준비하고 있다고 들었다."라고 밝힌다. 문재인 대통령은 폼페이오 장관 예정자의 방북을 비롯해 북미와 면밀히 소통하며 관련 상황을 파악하고 있었다. 따라서 이 말은 폼페이오 장관과 김정은 위원장의 만남이 성공적으로 마무리됐음을 알려주고 있다. 문재인 대통령은 남북정상회담이 북미정상회담의 성공으로 이어지는 좋은 길잡이 역할을 해야 한다고 지시한다. 즉, 남북정상회담 자체의 성공으로는 부족하며 북미정상회담이 동반 성공해야 제대로 된 한반도 평화체제 구축을 할 수 있다는 것을 명확하게 한 것이다.

4월 17일, 트럼프 대통령은 일본의 아베 총리와 만난 자리에서 남북이 종전 문제를 논의하고 있으며, 이를 정말로 축복한다고 말했다는 사실이 공개된다.[95] 4월 18일 청와대 고위관계자는 기자들에게 "한반도의 정전협정 체제를 평화체제로 바꾸는 방법, 그 가능성을 검토하고 있다."라고 밝혔다. 문재인 대통령은 이미 베를린 구상에서 이와 같은 이야기를 했다.

---

[95] 트럼프 "남북한 '종전 논의' 축복…북미회담 아마도 6월초", 연합뉴스, 2018.04.18.

셋째, 항구적인 평화체제를 구축해 나가겠습니다. (중략) 한반도에 항구적 평화구조를 정착시키기 위해서는 종전과 함께 관련국이 참여하는 한반도 평화협정을 체결해야 합니다. 북핵문제와 평화체제에 대한 포괄적인 접근으로 완전한 비핵화와 함께 평화협정 체결을 추진하겠습니다.

- 쾨르버재단 초청 연설 중에서 (2017.07.06.)

문재인 대통령은 정전협정을 종전선언으로 끝내고 평화협정을 체결해 평화체제로 바꾸는, 자신이 제시한 가이드라인을 충실히 따르고 있었고, 이를 미국도 여전히 지지하고 있었다. 북미정상회담까지 성공적으로 개최된다면 종전선언과 평화협정은 현실이 될 수 있었다. 그렇기에 문재인 대통령은 남북정상회담이 북미정상회담 성공을 위한 좋은 길잡이 역할을 할 수 있도록 준비해달라고 당부한 것이다. 단순히 북한의 비핵화만 생각하거나 그보다 더 작게 한반도의 전쟁 위험만 줄이려 한다면 남북정상회담만으로도 충분했을지 모른다. 하지만 문재인 대통령은 그 이상을 보고 있었다. 한반도 평화협정까지를 말이다.

70년 동안 이어지던 전쟁이 끝날 가능성이 보이기 시작했다. 이제 막 첫발을 내딛으려는 것이고, 실현되기까지는 여전히 가야 할 길이 멀었지만, 70년보다는 훨씬 짧은 시간 안에 상상에서나 꿈으로만 그릴 수 있던 기적과도 같은 일을 전 세계가 목도할 수 있는 길이 서서히 열리고 있었다.

9.
남북정상회담의 준비가 끝나다

남북정상회담의 실무 준비가 착착 진행되고 있었다. 4월 5일에는 의전, 경호, 보도 실무회담이 진행됐고, 4월 6일에는 남북정상회담 준비위원회 위원들이 판문점을 직접 답사하기도 했다. 4월 7일에는 핫라인 설치를 위한 통신 실무회담이 이어졌다.

4월 11일, 다보스포럼의 슈바프 회장이 한국을 방문해 문재인 대통령을 만났다. 이 자리에서 슈바프 회장은 "내년 다보스포럼에 문 대통령을 초청하고 싶다. 내년 포럼에서 저희는 한국을 화두의 중심에 둘 것"이라고 말했다. 다보스 포럼은 세계 경제에 큰 영향을 끼치고 있다. 만약 한반도 비핵화와 번영의 시기가 찾아온다면, 그것이 지닐 세계 경제에 대한 영향력은 다보스 포럼에서 다뤄야 할 수준이라고 슈바프 회장이 직접 증명한 것이었다.

다보스포럼은 기본적으로 거시적인 주제[96]를 다룬다. 남북경제는 그 정도의 글로벌 영향력을 내포하고 있었다. 그렇다면 미국도 중국도 한반도의 비핵화를 이루고 그 과실을 얻고자 하는

---

96 다보스포럼 역대 주제

2012년 '거대한 전환(The Great Transformation: Shaping New Models)'

2013년 '유연한 역동성(Resilient Dynamism)'

2014년 '세계의 재편(The Reshaping of the World: Consequences for Society, Politics and Business)'

2015년 '새로운 세계 상황(New global context)'

2016년 '제4차 산업혁명의 이해(Mastering the Fourth Industrial Revolution)'

2017년 '소통과 책임의 리더십(Responsive and Responsible Leadership)'

2018년 '균열된 세계에서 공동의 미래창조(Creating a Shared Future in a Fractured World)'

욕망이 있을 것이다. 북한은 말할 것도 없다. 경제는 모든 국가의 가장 핵심이 된 지 오래다. 한반도의 평화가 가져올 경제 기회에 전 세계가 관심을 가지지 않을 리가 없다. 이미 세계는 한반도 비핵화 이후를 기대하고 있었다.

문재인 대통령은 4월 12일에 남북정상회담 원로자문단을 청와대로 초청했다. 4월 13일에는 홍준표 자유한국당 대표와 비공개 영수 회담을 가졌다. 4월 17일에는 한반도 평화 기원 법회에 참석해 국민의 마음을 하나로 모아 달라고 요청한다. 남북정상회담은 적어도 한국 안에서는 한목소리로 환영하고 응원하고 지지해야 하는 일이었다. 만약 남북정상회담에 대해 내부적으로 시끄러워지고 큰 반발이 있다면 주변 어느 나라도 한국을 신뢰하지 않을 것이 분명했다. 문재인 대통령은 이 지점을 명확하게 알고 있었다. 따라서 국내의 논란이 커지지 않도록 내부 단속을 더욱 철저하게 해나가고 있었다.

4월 17일, 임종석 대통령 비서실장 겸 남북정상회담 준비위원회 위원장은 언론 브리핑을 통해 남북 정상 선언의 뼈대가 마련됐고, 대통령과도 세 차례 검토했다고 밝혔다. 4월 18일, 남북정상회담 제2차 실무회담에서 남북정상회담의 생중계가 결정됐다. 남북 정상이 첫 악수하는 순간부터 회담의 주요 일정과 행보를 전 세계에 실시간으로 알리겠다는 것이다. 이는 무엇보다 김정은 위원장의 자신감이 드러난 결정이었다. 북한이 비핵화하고 개혁·개방에 나서려면 김정은 위원장도 국제무대에 올라야 한다. 그렇다면 생중계는 언젠가는 어차피 겪어야 할 일이 분명했다. 그러나 미지의 인물로 알려진 김정은 위원장의 기존 이미지를 생각해보면 생중계 선택은 파격적이며 예상외였다. 지금까지 북한 지도자가 공개석상에 나서는 일은 드물었다. 암살의 위험성, 테러에 대한 불안감도 있었을 것이다. 그런데도 생중계를 허용했다는 것은 김정은 위원장의 자신감이라고밖에 달리 해석할 길이 없다. 물론 문재인 대통령에 대한 신뢰가 있었기에 이런 결정이 가능했을 테지만, 김정은 위원장은 알려진 것보다 더 대담하고, 신념이 명확한 인물일 수 있었다.

생중계 결정은 한국도 반길 일이었다. 문재인 정부는 이미 시작부터 국민과의 직접 소통을 추구하고 있었다. 언론의 편향성과 계속되는 오보를 생각하면, 청와대가 국민과의 직접 소통창구를 늘려온 것은 당연한 결과였다. 전 세계가 집중하고 모든 국민의 관심이 쏠릴 남북정상회담의 모습이 언론의 오보와 편향된 해석으로 왜곡되지 않으리란 법은 없었다. 생중계를 통해 이런 위험을 줄이고 국민에게 남북정상회담의 모습을 그대로 전할 수 있다면 그것만으로도 이미 반 이상은 성공했다고 볼 수 있었다.

4월 19일, 문재인 대통령은 48개 언론사 사장들을 청와대에 초청했다. 적어도 남북정상회담만은 제대로 보도해 달라는 바람이 이 같은 자리를 만들었을 것이다. 문재인 대통령은 모두발언에서 "작년 7월 저의 베를린 선언을 두고도 꿈같은 얘기라고 하는 사람이 많았지만, 그 꿈이 지금 현실로 다가오고 있습니다. 대담한 상상력과 전략이 판을 바꾸고 오늘의 상황을 만들어낼 수 있었습니다."라고 말했다. 많은 언론이 문재인 대통령의 베를린 선언을 비판적으로 바라봤었다. 하지만 문재인 대통령의 이니셔티브는 놀라운 성공을 거뒀다. 문재인 대통령은 '그러니 청와대의 노력과 성과를 비판적으로만 보지 말아 줄 것'을 언론에 완곡히 요청하고 있었다.

한국이 내부 정리를 하는 것처럼, 북한 역시 남북정상회담을 앞두고 내부 정리에 들어갔다. 4월 20일, 북한은 노동당 전원회의를 소집한다. 그리고 4월 21일, 북한의『조선중앙통신』은 김정은 국무위원장 주재로 개최된 중앙위원회 전원회의에서 풍계리 핵실험장을 폐기하고 경제건설에 총력을 집중한다는 전략 노선을 채택했다고 밝혔다. 핵실험을 중단하고 비핵화를 해나가며, 경제건설에 매진하겠다는 노선을 북한이 채택하면서 북한의 비핵화 움직임이 빨라지는 것이 확실했다.

이런 북한의 변화에 청와대는 "남북정상회담과 북미정상회담의 성공을 위한 긍정적 환경을 조성하는데 매우 기여할 것이다. 남북정상회담이 한반도 비핵화와 항구적 평화정착을 위한 길잡이가 될 수 있도록 최선을 다해 준비하겠다."라고 밝혔고, 미국의 트럼프 대통령도 트위터를 통해 "북한이 모든 핵실험을 중단하고 주요 핵실험장을 폐쇄하겠다고 동의했다. 이것은 북한과 전 세계를 위해 매우 좋은 소식이고, 큰 진전이다! 우리의 정상회담을 기대한다!"라며 북한의 변화를 환영했다.[97] 문재인 대통령도 수석보좌관 회의에서 "지난 21일 북한은 핵실험과 대륙간탄도미사일 중지를 선언했습니다. 그에 대한 실천적 조치로 풍계리 핵

---

97 North Korea has agreed to suspend all Nuclear Tests and close up a major test site. This is very good news for North Korea and the World - big progress! Look forward to our Summit. - 트럼프 대통령, 트위터, 2018.04.21.

실험장 폐기 선언은 남북정상회담과 북미 정상회담을 앞두고 북한의 성의 있는 조치로 높이 평가합니다."라고 말했다.

남북은 정상회담을 앞두고 각각 내부 정비, 내부 단속에도 끝까지 각별히 신경을 쓰고 있었다. 물론 4월 20일, 남북 정상 간 핫라인 설치를 완료하고, 4월 23일, 군이 대북확성기 방송을 중단하고 북한도 이에 화답하는 등 남북 사이의 준비와 환경 조성도 착착 진행되고 있었다. 청와대는 남북정상회담 홈페이지를 만들어서 정보를 공개하고, 킨텍스에 전 세계 3000여 명이 넘는 매머드급 기자단을 위한 프레스센터 설치를 완료하면서 기술적인 준비도 마무리했다. 4월 24일에는 남북정상회담을 위한 1차 리허설이, 4월 25일에는 남북정상회담을 위한 합동 리허설이 진행되면서 모든 준비가 완료됐다.

그렇게 순식간에 시간이 흘러갔다. 남북정상회담이 결정되고 난 이후에 놀라울 정도의 빠른 속도로 모든 일이 일어났다. 그리고 시간은 어느새 남북정상회담 하루 전이 되었다. 남북정상회담의 전날인 4월 26일, 문재인 대통령은 어떤 일정도 없이 회담 준비를 했다. 청와대는 문재인 대통령이 상당히 홀가분한 기분이라고 전했다.[98]

문재인 대통령이 취임 직후부터 그렸던 그림의 첫 결과물이 이제 나올 참이었다. 그 설렘 속에서 그는 홀가분한 기분을 느끼고 있었다. 어쩌면 그간의 과정을 통해 다음 날 있을 정상회담의

---

[98] 청와대 대변인이 전한 남북 정상회담 D-1 문재인 대통령의 심경, 허핑턴포스트, 2018.04.26.

성공을 이미 확신했기 때문이었을지도 모른다. 어쨌든 분명한 것은 취임 후 1년도 안 되어 여기까지 왔다는 사실이었다. 언제 전쟁이 나도 이상하지 않을 불안한 상황에서 남북의 정상이 만나 화합과 번영을 이야기 할 수 있는 순간이 됐다. 그 놀라운 변화를 곧 전 세계가 지켜보게 될 것이었다.

10.
2018년 4월 27일,
남북정상이 만나 변화의 신호탄을 울리다

남북정상회담이 열리는 날의 아침. 많은 국민이 그 역사적인 만남을 지켜보기 위해 TV를 틀고 라디오를 켰다. 인터넷으로 생중계를 보는 시민들도 있었다. 대한민국의 모든 관심이 남북정상의 만남에 쏠려있었다.

문재인 대통령은 오전 8시 6분에 청와대를 나섰다. 그리고 오전 9시 1분, 만남의 장소인 평화의 집에 도착하였다. 고작 1시간 걸리는 거리였다. 그렇게 지척에 '갈 수 없는, 같은 민족, 다른 국가'[99]인 북한이 있었다.

양 정상이 만나기로 한 군사분계선은 분주했다. 기자들과 경호원들 그리고 관련 인사들이 저마다의 역할을 위해 한껏 긴장을

---

[99] 북한을 국가로 봐야 하는지에 대해서는 논란이 있으나 적합한 표현이라 사료되어 사용한다.

높이고 있었다. 9시 29분, 북한의 김정은 위원장이 등장했다. 문재인 대통령은 군사분계선에서 김정은 위원장을 맞이했다. 김정은 위원장이 다가왔다. 그리고 두 정상은 미소를 지으며 악수를 했다. 몇 마디의 대화를 나누고는 김정은 위원장이 군사분계선을 넘어 남쪽으로 넘어왔다. 그리고 잠시 후 김정은 위원장은 문재인 대통령에게 북쪽으로 넘어가자는 제안을 했다. 문재인 대통령은 미소를 지으며 김정은 위원장과 함께 북쪽으로 넘어가 또 한 번의 악수를 나눴다. 그리고 다시 남측으로 같이 넘어왔다.

한 민족, 두 나라를 가로막고 있는 장벽은 이다지도 쉽게 넘을 수 있는 작은 선에 불과했다. 다만 그 과정이 너무나도 힘겨웠을 뿐이다. 당장 몇 개월 전만 해도 한반도에 전쟁이 발발할 것이라는 예상이 팽배해 있었다. 갈등은 심해졌고, 반목은 깊어갔다. 민족은 점차 달라졌고, 마음의 거리는 더욱 멀어지고 있었다. 공고해진 냉전 질서는 한반도를 나누는 데만 급급했다. 그렇게 남과 북은 가장 가깝지만 가장 먼, 한민족이지만 하나가 아닌 아이러니의 정수였다.

문재인 대통령은 김정은 위원장과 악수하면서 "남측으로 오시는데 나는 언제쯤 넘어갈 수 있겠느냐."라고 물었다. 그러자 김 위원장이 군사분계선을 넘어 남측으로 와서는 "그럼 지금 넘어가 볼까요."라고 답하며 두 정상은 다시 북측으로 군사분계선을 넘어갔다.[100] 이렇게 쉽게 문재인 대통령과 김정은 위원장이 서로 만나 남과 북을 오고 갔다. 그 모습이 전 세계에 생중계됐다.

---

100 文 "나는 언제 넘어갈 수 있나요?, 金 "지금 넘어가볼까요?", 노컷뉴스, 2018.04.27.

그 상징적인 모습만으로 한반도의 아이러니가 깨지기 시작했다. 나는 소리를 지르며 박수를 쳤고, 프레스센터의 기자들은 탄성을 질렀다. 남북정상회담이 시작되고 5분도 되지 않아 남북의 정상은 비틀어져 있던 질서를 원 상태로 회복시키고 있었다.

두 정상은 함께 이동해 대한민국 의장대 사열을 받았다. 김정은 위원장의 표정에서 특별한 감회가 느껴졌다. 긴장한 듯 혹은 감동한 듯 보였다. 북한의 지도자로서는 처음 대한민국을 방문한 것이었고, 처음으로 의장대 사열을 받은 것이었다. 특히 이 모든 순간이 생중계되고 있었다. 김정은 위원장에게는 특별한 일이었을 것이다. 9시 41분, 김정은 위원장이 방명록을 작성했다.

"새로운 력사는 이제부터. 평화의 시대, 력사의 출발점"

김정은 위원장은 방명록을 통해서 이제 새로운 북한으로 가겠다는 의지를 밝히고 북한이 원하는 그 새로운 방향이 평화라는 것을 공개한다. 이미 북한의 노동당회의에서 이와 같은 방향을 설정했기에 놀라운 것은 아니었다. 하지만 이를 대외에 공개하는 상징적인 의미는 분명했다.

아침 10시, 오전 정상회담이 시작됐다. 김정은 위원장은 모두 발언을 통해 먼저 소회와 다짐을 밝혔다.

제가 어떤 마음가짐 가지고 이백 메다 거리나 되는 짧은 거리를 오면서, 아까 말씀드렸지만, 정말 이제 군사 분리선을 넘어 보니까 분리선도 사람이 넘기 힘든 높이로 막힌 것도 아니고 너무 쉽게 넘어온 그 분리선을 넘어서, 여기까지, 역사적인 이 자리까지 11년이 걸렸는데, 오늘 걸어오면서 보니까 왜 이렇게 그 시간이 오랬나, 왜 오기 이렇게 힘들었나 하는 생각이 들었습니다.

오늘 이 역사적인 이런 자리에서, 아까도 말씀드렸지만, 기대하시는 분들도 많고 또, 지난 시기처럼 아무리 좋은 합의나 글이 나와도, 발표 돼도, 그게 제대로 이행되지 못하면 또, 오히려 이런 만남을 가지고도 좋은 결과가, 또 좋게 발전하지 못한다면 기대를 품었던 분들한테 오히려 더 낙심을 주지 않겠나. 그래서 앞으로 정말 마음가짐을 잘하고, 우리가 잃어버린 11년의 세월이 아깝지 않을 정도로, 아까 말씀드렸던 것처럼 정말 수시로 만나서 걸린 문제를 풀어나가고, 마음을 합치고, 의지를 모아서, 그런 의지를 가지고 나가면 우리가 잃어버린 11년이 아깝지 않게, 우리가 좋게 나가지 않겠나, 이런 생각도 하면서 정말 만감이 교차하는 속에서 우리가, 요 한 이백 메다를 걸어왔습니다.

그래서 오늘 이 자리에서 평화와 번영, 북남관계가 정말 새로운 역사가 쓰여지는 그런 순간에, 이런 출발점에 서서, 그 출발선에서 출발 신호탄을 쏜다는 그런 마음가짐으로 여기에 왔습니다. 오늘 현안들, 관심사가 되는 문제들 툭 터놓고 이야기하고, 그래서 좋은 결과를 만들어 내고 또 앞으로 이 자리를 빌어서, 우리가 지난시기처럼 이렇게 또 원점에 돌아가고 이행하지 못하고 이런 결과보다는, 우리가 앞으로 마음가짐을 잘하고, 앞으로 미래를 내다보면서 지향성 있게 손잡고 걸어나가는 계기가 되어서 기대하시는 분들의 기대에도 부응하고, 오늘도 결과가 좋아서, 요 오기 전에 보니까 저녁 만찬 음식 가지고 많이 이야기하던데 어렵사리 평양에서 평양냉면을 가지고 왔습니다. 가지고 왔는데, 대통령께서 편안한 마음으로 평양냉면, 이게 멀리 온… 멀다고 하면 안 되갔구나, 좀 맛있게 드셨으면 좋겠습니다.

오늘 정말 허심탄회하게, 진지하게, 솔직하게 이런 마음가짐으로 문재인 대통령님과 좋은 이야기를 하고 또 반드시 필요한 이야기를 하고, 그래서 좋은 결과를 만들어 내겠다는 걸 문재인 대통령 앞에도 말씀드리고, 기자 여러분들한테도 말씀드립니다. 감사합니다.

- 2018년 남북정상회담 김정은 위원장 모두발언 중에서(2018.04.27.)

김정은 위원장은 200미터 거리가 가깝고, 군사분계선도 높지 않은데 남쪽으로 오는 데 왜 이렇게 오랜 시간이 걸리고 힘들었는지를 생각했다는 이야기를 먼저 꺼낸다. 그리고는 좋은 합의가 나와도 시행되지 않으면 낙심을 줄 수 있다는 말도 한다. 북한도 지난 시절 비핵화 합의가 실패했던 경험을 인식하고 있으며 이번에는 그렇게 되지 않도록 만들겠다는 의지가 있음을 드러냈다. 또한, 11년의 세월이 아깝지 않을 정도로 정말 수시로 만나서 문제를 풀어나가자고 말한다. 그리고 평화와 번영, 북남관계의 새로운 역사가 쓰이는 출발 신호탄을 쏜다는 마음가짐으로 왔다며, 좋은 결과를 만들어 내겠다는 미래의 의지를 밝히면서 모두발언을 마무리한다.

과거와 현재, 미래를 모두 아우르는 김정은 위원장의 인식이 모두발언에서 그대로 전달되고 있었다. 이 모두발언을 통해 북한 지도자의 비핵화 의지가 적어도 표면상으로는 분명하다는 것을, 그리고 그 비핵화 의지는 역사 인식을 바탕으로 생겨났다는 것을 알 수 있다. 이는 회담의 성공을 넘어서 북한의 비핵화까지도 낙관할 수 있는 큰 신호였다. 이를 끝까지 북한의 화전양면전

술로 이해하고 북한을 결코 믿을 수 없는 존재라고 판단하는 이들도 있겠지만, 그렇기에는 북한이 실제로 보인 행동이 김정은 위원장의 말을 뒷받침하고 있었다. 심지어 모두발언의 끝에 기자를 언급하면서 미디어에 대한 스킨십을 시작했다. 북한이 달라지고 있는 것은 명확했다.

김정은 위원장의 '멀다고 하면 안 되겠구나'라는 말은 한국에서 순식간에 유행어가 되어버렸다. 그 하나의 농담이 분위기를 편안하게 만들었고, 사람들을 웃음 짓게 했으며, 악의 축이자 무법자로 인식됐던 북한의 지도자가 사실은 예의 바르면서도 위트 있는 인물이라는 것을 알렸다. 생중계인 덕분에 김정은이라는 한 인물의 실제가 그대로 노출된 것이다.

김정은 위원장에 이어 문재인 대통령도 모두발언을 한다.

우리 만남을 축하하듯이 날씨가 아주 화창합니다. 우리 한반도의 봄이 한창입니다. 한반도의 봄, 온 세계가 주목하고 있습니다. 전 세계의 눈과 귀가 여기 판문점에 쏠려 있습니다. 국민들, 해외 동포들이 거는 기대도 아주 큽니다. 그만큼 우리 두 사람 어깨가 무겁다고 생각합니다. 우리 김정은 위원장이 사상 최초로 군사분계선을 넘어온 순간 판문점은 분단의 상징이 아니라 평화의 상징이 되었습니다. 우리 국민들, 전 세계의 기대가 큰데 오늘의 이 상황을 만들어 낸 우리 김정은 위원장의 용단에 대해서 다시 한 번 경의를 표하고 싶습니다. 오늘 우리의 대화도 그렇게 통 크게 나누고 합의에 이르러서 우리 온 민족과 평화를 바라는 온 세계의 사람들에게 큰 선물을 만들어 줬으면 좋겠습니다. 오늘 하루 종일 이야기 할 수 있는 만큼 10년 동안 못다한 이야기

오늘 충분히 나눌 수 있도록 합시다.

문재인 대통령은 역사를 사랑하는 사람답게 역사적 의미와 명분을 이야기했다. 판문점을 평화의 상징으로 탈바꿈시키면서 전 세계에 회담의 시작이 갖는 의미를 상징으로 못 박아버렸다. 이렇게 해버리면, 이를 두고 다른 해석을 내리는 언론이나 평은 나오기 힘들어진다. 당사자의 확실한 정의는 꽤 중요하고 강력한 역할을 한다. 또한, 문재인 대통령은 김정은 위원장의 용단에 대해 경의를 표한다고 밝히면서 김정은 위원장의 국제무대 데뷔를 원활하게 이끌기도 했다. 그리고 대화를 통 크게 나누고 합의에 이르자고 말한다. 이는 남북정상회담에서 다룰 각종 논의를 정상 수준으로 높이자는 이야기였다. 실무진이라면 세세한 항목을 가지고 합의를 해야 할 것이다. 하지만 정상의 합의는 다르다. 정상 간의 합의는 큰 틀을 잡는 수준으로 하는 것이 당연하다. 문재인 대통령의 대화를 통 크게 나누고 합의에 이르자는 말은 결국 톱다운 방식을 하자는 의미였다.

이렇게 모두발언이 종료되고 양 정상은 비공개 단독회담에 들어갔다. 이제 본격적으로 정상회담이 시작된 것이었다. 오전 회담은 10시 15분경 시작되어 11시 50분에 마무리됐다. 그리고 두 정상은 각각 별도 오찬을 가졌다. 오후 4시 30분, 두 정상은 소나무 기념식수 행사를 가졌고, 이어 도보다리 회담을 시작했다.

도보다리 회담은 기존 정상 간 외교에서 보기 힘든 장면을 연출했다. 공개적으로 양 정상이 배석자 없이 단둘이서 산책을 하면서 대화를 나누었다. 그리고 이 장면을 말소리가 들리지 않는 먼 곳에서 화면으로만 잡아 생중계했다. 사람들은 새소리와 함께 양 정상이 앉아 서로 진지하게 대화를 나누는 모습을 바라봤다.

화면은 문재인 대통령의 뒷모습과 김정은 위원장의 정면을 비추고 있었다. 문재인 대통령이 말하고 김정은 위원장이 듣는 모습, 김정은 위원장이 말하고 문재인 대통령이 듣는 모습이 여과 없이 공개됐다. 진지한 두 정상이 소통하는 모습을 보면서 전 세계는 무슨 생각을 했을까? 무엇보다 남과 북이 한 민족이라는 것을 느꼈을 것이다. 통역관 없이 두 정상이 자유롭게 소통하는 모습은 한반도의 문제가 한반도의 것이며, 한민족이 주도적으로 풀어나가야 할 문제라는 것을 전 세계에 알리고 있었다. 어째서 한반도 문제를 해결하는 데 있어서 문재인 대통령이 주도권을 쥐어야 하는지에 대한 명확한 대답이기도 했다. 더불어 세계가 지닌 북한에 대한 뿌리 깊은 인식을 바꾸는 데도 큰 역할을 했다. 김정은 위원장이 충분히 대화하고 논의하고 타협할 수 있는 존재라는 것을 30여 분간 진행된 도보다리 회담이 증명하고 있었다. 북미정상회담을 앞둔 미국은 이 모습을 보고 김정은 위원장이 대화할 수 있는 상대라는 것을 깨달았을 것이다. 도보다리 회담에서 어떤 내용을 두 정상이 말했는지보다 더욱 중요한 것이 바로 북한과 김정은 위원장이 논의와 협상을 할 수 있는 대화 상대라는 것을 알리는 일이었다. 남북정상회담은 철저하게 북미정상회담의 길잡이 역할을 하고 있었다.

이제 남북정상회담은 그 끝을 향해가고 있었다. 가장 중요한 것은 '과연 공동성명이 채택될 것인가?', '그 내용은 어떠한가?', 그리고 '발표 방식은 어떠할까?'였다. 모든 이들이 역사적인 남북 정상회담의 결과물에 대한 기대를 한껏 높이고 있었다.

11.
남북정상, 판문점선언을 발표하다

도보다리 회담이 끝난 이후 5시 20분에 확대 회담이 비공개로 진행됐다. 그리고 양 정상은 5시 59분에 판문점선언 서명식을 하고, 이를 6시 2분에 발표했다. 문재인 대통령과 김정은 위원장은 평화의 집 앞에 나란히 섰다. 전 세계 누구도 본 적 없는, 그린 적 없는 모습이었다. 김정은 위원장이 기자들 앞에서 문재인 대통령과 나란히 서 있었다. 각국의 정상에게는 흔한 이 상황이 김정은 위원장에게는 처음 있는 일이었다. 남북정상회담은 처음부터 끝까지 북한과 김정은 위원장을 평범한 한 국가로 대해야 한다고 전 세계에 전하고 있었다. 이날로부터 1년이 넘게 지난 2019년 6월 26일, 문재인 대통령은 뉴스통신사 합동 서면 인터뷰에서 이 놀라운 광경이 어떻게 이뤄질 수 있는지 밝혔다.

"나는 김정은 위원장과 여러 차례 회담에서 김 위원장이 상당히 유연성이 있고 결단력이 있는 인물이라고 느꼈습니다. 예를 들면, 1차 남북정상회담 결과발표를 양 정상이 전 세계에 생중계된 기자회견으로 했는데, 그전까지는 없었던 일입니다. 원래 공동성명 등의 서면 형식으로 하게 되어 있었는데, 회담과 합의의 역사성을 감안해서 기자회견으로 하자는 나의 제안을 김 위원장이 즉석에서 수용했습니다."

문재인 대통령이 제안했고, 김정은 위원장이 이를 받아들이면서 역사적인 장면이 만들어진 것이었다. 그 역사적인 한 장면 속에서 문재인 대통령이 먼저 입을 열었다.

존경하는 남과 북의 국민 여러분! 해외동포 여러분.

김정은 위원장과 나는 평화를 바라는 8천만 겨레의 염원으로 역사적인 만남을 갖고 귀중한 합의를 이뤘습니다. 한반도에 더 이상 전쟁은 없을 것이며 새로운 평화의 시대가 열리고 있음을 함께 선언하였습니다.

긴 세월 동안 분단의 아픔과 서러움 속에서도 끝내 극복할 수 있다고 믿었기에 우리는 이 자리에 설 수 있었습니다.

오늘 김 위원장과 나는 완전한 비핵화를 통해 핵 없는 한반도를 실현하는 것이 우리의 공동 목표라는 것을 확인했습니다.

북측이 먼저 취한 핵 동결 조치들은 대단히 중대한 의미를 가지고 있습니다. 한반도의 완전한 비핵화를 위한 소중한 출발이 될 것입니다. 앞으로 완전한 비핵화를 위해 남과 북이 더욱 긴밀히 협력해 나갈 것을 분명히 밝힙니다.

우리는 또한 종전선언과 평화협정을 통해 한반도의 불안정한 정전체제를 종식시키고 항구적이고 공고한 평화체제를 구축해나가기로 합의했습니다. 한반도를 둘러싼 국제 질서를 근본적으로 바꿀 수 있는 매우 중요한 합의입니다.

이제 우리가 사는 땅, 하늘, 바다, 어디에서도 서로에 대한 일체의 적대행위를 하지 않을 것입니다. 우발적인 충돌을 막을 근본 대책들도 강구해나갈 것입니다. 한반도를 가로지르고 있는 비무장 지대는 실질적인 평화지대가 될 것입니다.

서해 북방한계선 일대를 평화수역으로 만들어 우발적인 군사적 충돌을 방지하고 남북 어민들의 안전한 어로 활동을 보장할 것입니다.

나는 대담하게 오늘의 상황을 만들어내고 통 큰 합의에 동의한 김정은 위원장의 용기와 결단에 경의를 표합니다.

우리는 주도적으로 우리 민족의 운명을 결정해 나가되 국제사회의 지지와 협력을 위해 함께 노력하기로 했습니다.

김정은 위원장과 나는 서로에 대한 굳건한 믿음으로 평화와 번영, 통일을 위해 정기적인 회담과 직통전화를 통해 수시로 논의할 것입니다. 이제 우리는 결코 뒤돌아 가지 않을 것입니다.

존경하는 남북의 국민 여러분, 해외동포 여러분,

나는 김정은 위원장과 함께 남북 모두의 평화와 공동의 번영과 민족의 염원인 통일을 우리의 힘으로 이루기 위해 담대한 발걸음을 시작했습니다.

남과 북의 당국자들은 긴밀히 대화하고 협력할 것입니다. 민족적 화해와 단합을 위해 각계각층의 다양한 교류와 협력도 즉시 진행할 것입니다. 더 늦기 전에 이산가족들의 만남이 시작될 것이며 고향을 방문하고 서신을 교환할 것입니다.

남과 북의 당국자가 상주하는 남북 공동연락사무소를 개성에 설치하기로 한 것도 매우 중요한 합의입니다. 여기서 10·4 정상선언의 이행과 남북 경협사업의 추진을 위한 남북공동조사 연구 작업이 시작될 수 있기를 기대합니다. 또한, 여건이 되면 각각 상대방 지역에 연락사무소를 두는 것으로 발전해 갈 수도 있을 것입니다.

오늘 김정은 위원장과 나는 한반도의 비핵화와 항구적 평화, 민족 공동 번영과 통일의 길로 향하는 흔들리지 않는 이정표를 세웠습니다. 김정은 위원장의 통 큰 결단으로 남북 국민들과 세계에 좋은 선물을 드릴 수 있게 되었습니다.

오늘의 발표방식도 특별합니다. 지금까지 정상회담 후 북측의 최고 지도자가 직접 세계의 언론 앞에 서서 공동발표를 하는 것은 사상 처음인 것으로 압니다.

대담하고 용기 있는 결정을 내려준 김정은 위원장에게 박수를 보냅니다.

- 판문점 선언 문재인 대통령 모두발언 중에서 (2018.04.27.)

중요하지 않은 말이 하나도 없었다. 시작부터 문재인 대통령은 '한반도에 더 이상 전쟁은 없을 것이며 새로운 평화의 시대가 열리고 있음을 함께 선언했다'고 말한다. '전쟁은 없다'는 문재인 대통령의 공약이 실현됐다. 게다가 '비핵화'가 공동 목표라고 말하면서 북한의 비핵화를 국제적으로 공식화했고, 종전선언과 평화협정을 통해 공고한 평화체제를 구축하고 한반도를 둘러싼 국제질서를 근본적으로 바꾸겠다고 선언하며 문재인 대통령의 이니셔티브가 북한 비핵화에 그치지 않음을 명확하게 밝혔다. 그리고 결코 뒤돌아 가지 않겠다고 다짐한다. '과거의 실패를 답습하지 않겠다'는 양국의 의지를 또 한 번 천명하고 있었다. 마지막으로 문재인 대통령은 김정은 위원장의 통 큰 결단을 언급하고, "북측의 최고지도자가 직접 세계의 언론 앞에 서서 공동발표를 하는 것은 사상 처음인 것으로 압니다. 대담하고 용기 있는 결정을 내려준 김정은 위원장에게 박수를 보냅니다."라고 그 의의를 직접 설명한다. 남북정상회담 중에 꾸준히 보여준 신호와 상징에도 불구하고 이를 읽어내지 못했을, 혹은 읽었으면서도 왜곡할지도 모를 이들에게 전하는 메시지였다.

문재인 대통령의 발언에 이어서 김정은 위원장이 입을 열었다. 마지막 발언을 김정은 위원장이 하면서 남북정상회담의 가장 중요한 순간을 김정은 위원장이 맡게 됐다. 이는 당연한 결과였다. 북미정상회담이 성공적으로 이뤄지고 한반도에 평화가 오기 위해서는 김정은 위원장이 국제무대에서 좋은 평가를 받고 안착해야 했다. 문재인 대통령은 자신이 주목받는 것을 중요하게 여기는 인물이 아니다. 그에게 있어 중요한 것은 국민과의 약속을 지키는 것. 즉, 자신의 공약을 이뤄내는 것이었다. 한반도를 비핵화시키고 항구적인 평화를 가져올 수만 있다면, 그 공이나 스포트라이트는 다른 이가 가져가도 아무 상관이 없었다. 그런 문재인 대통령의 인격이 남북정상회담을 성공으로 이끌고 있었다.

친애하는 여러분! 북과 남, 해외의 동포 형제자매들! 오늘 저와 문재인 대통령은 분열의 비극과 통일의 열망이 응결되어 있는 이곳 판문점에서 역사적인 책임감과 사명감을 안고 첫 회담을 가졌습니다.

나는 먼저 수뇌상봉과 회담의 성공적인 개최를 위하여 많은 노고를 바치신 문재인 대통령과 남측 관계자 여러분들께 깊은 사의를 표합니다. 또한, 우리들을 위해 온갖 정성과 노력을 다 기울이며 성대히 맞이하여 주고, 한 혈육, 한 형제, 한민족의 따뜻한 정을 다해준 남녘 동포들에게 감사의 인사를 드립니다.

북과 남이 오늘 이렇게 다시 두 손을 맞잡기까지 참으로 긴 시간이 흘렀고 우리 모두는 너무 오랫동안 이 만남을 한마음으로 기다려 왔습니다. 정작 마주서고 보니 북과 남은 역시 서로 갈라져 살 수 없는 한 혈육이며 그 어느 이웃에도 비길 수 없는 동족이라는 것을 가슴 뭉클하게 절감하게 되었습니다.

이토록 지척에 살고 있는 우리는 대결하여 싸워야 할 이민족이 아니라, 단합하여 화목하게 살아야 할 한 핏줄을 이룬 한민족입니다. 하루빨리 온 겨레가 마음 놓고 평화롭게 잘 살아갈 길을 열고 우리 민족의 새로운 미래를 개척해 나갈 결심을 안고 나는 오늘 판문점 분리선을 넘어 여기에 왔습니다.

저와 문재인 대통령은 우리의 상봉을 간절히 바라고 열렬히 지지·성원하여 준 북과 남 온 겨레의 성원과 기대를 무겁게 받아들이고, 북남 인민들이 절실히 바라는 문제해결을 위해 많은 의제들을 진지하게 논의하였습니다.

무엇보다도 온 겨레가 전쟁 없는 평화로운 땅에서 번영과 행복을 누리는 새 시대를 열어나갈 확고한 의지를 같이하고, 이를 위한 실천적 대책들을 합의하였습니다. 그리고 이미 채택된 북남 선언들과 모든 합의들을 철저히 이행해 나가는 것으로 관계 개선과 발전의 전환적 국면을 열어나가기로 하였습니다.

저와 문재인 대통령은 방금 오늘 회담에서 합의된 의제들과 그 구체적 조치들을 반영한 '조선반도의 평화와 번영, 통일을 위한 판문점 선언'을 채택하고 서명하였습니다.

우리가 오늘 북과 남이 전체 인민들과 세계가 지켜보는 가운데 수표한 이 합의가 역대 북남 합의서들처럼 시작만 된 불미스러운 역사가 되풀이되지 않도록 우리 두 사람이 무릎을 마주하고 긴밀히 소통하고 협력함으로써 반드시 좋은 결실이 맺어지도록 노력해 나갈 것입니다.

오늘 내가 다녀간 이 길로 북과 남의 모든 사람들이 자유롭게 오갈 수 있게 되고, 우리가 지금 서 있는 가슴 아픈 분단의 상징인 판문점이 평화의 상징으로 된다면 하나의 핏줄, 하나의 언어, 하나의 역사, 하나의 문화를 가진 북과 남은 본래대로 하나가 되어 민족만대의 끝없는 번영을 누리게 될 것입니다.

북과 남, 해외의 친애하는 여러분!

굳은 의지를 가지고 끝까지 밀고 나가면 닫겨 있던 문도 활짝 열리게 됩니다. 북과 남이 이해와 믿음에 기초하여 민족의 대의를 먼저 생각하고, 그의 모든 것을 지향시켜 나간다면 북남관계는 더욱 가속화될 것이며, 통일과 민족의 번영도 앞당겨 이룩할 수 있을 것입니다.

위대한 역사는 저절로 창조되고 기록되지 않으며 그 시대의 인간들의 성실한 노력과 뜨거운 숨결의 응결체입니다. 이 시대의 우리가 민족의 화해 단합과 평화 번영을 위하여 반드시 창조해 놓아야 할 모든 것, 창조할 수 있는 모든 것을 완전무결하게 해놓음으로써 자기 역사적 책임과 시대적 의무를 다해 나가야 할 것입니다.

그 길에는 외풍과 역풍도 있을 수 있고 좌절과 시련도 있을 수 있습니다. 고통이 없이 승리가 없고 시련이 없이 영광이 없듯이 언젠가는 힘들게 마련되었던 오늘의 이 만남과 그리고 온갖 도전을 이겨내고 민족의 진로를 손잡고 함께 헤쳐나간 날들을 즐겁게 추억하게 될 것입니다.

여러분! 우리 모두 뜻과 힘을 합치고 지혜를 모아 평화 번영의 새 시대, 새로운 꿈과 희망이 기다리는 미래로 한걸음, 한걸음 보폭을 맞추며 전진해 나갑시다.

오늘 합의한 판문점 선언이 지금 우리 회담 결과를 간절한 마음으로 지켜봐 주고 계시는 여러분들의 기대에 조금이나마 보답하고 새 희망과 기쁨을 주게 되기를 바랍니다.

북남수뇌상봉과 회담이 훌륭한 결실을 맺을 수 있도록 전적인 지지와 아낌없는 격려를 보내준 북과 남, 해외의 전체 동포들에게 다시 한 번 뜨거운 인사를 드립니다. 그리고 우리 역사적인 만남에 커다란 관심과 기대를 표시해준 기자 여러분들께도 사의를 표합니다.

- 판문점 선언 김정은 위원장 모두발언 중에서 (2018.04.27.)

김정은 위원장의 말은 감성적이었다. '북과 남은 서로 갈라져 살 수 없는 한 혈육이며 어느 이웃에도 비길 수 없는 동족이라는 것을 가슴 뭉클하게 절감하게 되었다.'라거나 '위대한 역사는 저절로 창조되고 기록되지 않으며 그 시대 인간들의 성실한 노력과 뜨거운 숨결의 응결체'라는 표현들이 그러했다. 이런 김정은 위원장의 표현에는 뜨거움이 있었다. 남북정상회담의 가장 중요한 과제 중의 하나가 북한을 세계 무대에 데뷔시키는 것이라면 더할 나위 없는 연설이었음은 분명했다. 또한, 북한의 국민에게 전하는 연설로도 훌륭했다. 북한은 이제 큰 변화를 겪어나가야 할 것이다. 그 과정에서 북한 주민이 가지게 될 혼란도 있을 것이다. 하지만 그 길을 걸어 나가야 한다고 김정은 위원장은 호소하고 있었다. 김정은 위원장은 연설의 마지막에 북과 남 해외의 전체 동포들에게 뜨거운 인사를 드린다고 말하며 동시에 기자에게도 사의를 표했다.

이번 남북정상회담의 성공을 위해 꼭 달성해야 할 두 가지의 필수 요소가 있었다. 그중 하나가 바로 김정은 위원장을 세계 무대에 데뷔시키는 것이었다. 그리고 그 누구도 이를 이뤘다는 것에 이의를 제기할 수 없게 됐다. 완벽한 성공이었다.

또 하나는 남북 공동성명을 발표하는 것이었다. 남북이 힘을 모으고 공동성명을 발표하면 한·미·일-북·중·러의 기존 질서에 명확한 균열이 발생하게 된다. 이를 통해 국제 질서는 새로운 변화를 강제 받게 되고, 바로 이것이 한반도의 평화체제를 항구히 할 수 있는 시작점이 되는 것이었다. 그리고 이 역시 성공했다. 두 정상은 판문점 선언을 발표했다.

> **한반도의 평화와 번영, 통일을 위한 판문점 선언**
>
> 대한민국 문재인 대통령과 조선민주주의인민공화국 김정은 국무위원장은 평화와 번영, 통일을 염원하는 온 겨레의 한결같은 지향을 담아 한반도에서 역사적인 전환이 일어나고 있는 뜻깊은 시기에 2018년 4월 27일 판문점 평화의 집에서 남북정상회담을 진행하였다.
>
> 양 정상은 한반도에 더 이상 전쟁은 없을 것이며 새로운 평화의 시대가 열리었음을 8천만 우리 겨레와 전 세계에 엄숙히 천명하였다.
>
> 양 정상은 냉전의 산물인 오랜 분단과 대결을 하루 빨리 종식시키고 민족적 화해와 평화번영의 새로운 시대를 과감하게 열어나가며 남북관계를 보다 적극적으로 개선하고 발전시켜 나가야 한다는 확고한 의지를 담아 역사의 땅 판문점에서 다음과 같이 선언하였다.
>
> 1. 남과 북은 남북 관계의 전면적이며 획기적인 개선과 발전을 이룩함으로써 끊어진 민족의 혈맥을 잇고 공동번영과 자주통일의 미래를 앞당겨 나갈 것이다.

남북관계를 개선하고 발전시키는 것은 온 겨레의 한결같은 소망이며 더 이상 미룰 수 없는 시대의 절박한 요구이다.

 ① 남과 북은 우리 민족의 운명은 우리 스스로 결정한다는 민족 자주의 원칙을 확인하였으며 이미 채택된 남북 선언들과 모든 합의들을 철저히 이행함으로써 관계 개선과 발전의 전환적 국면을 열어나가기로 하였다.
 ② 남과 북은 고위급 회담을 비롯한 각 분야의 대화와 협상을 빠른 시일 안에 개최하여 정상회담에서 합의된 문제들을 실천하기 위한 적극적인 대책을 세워나가기로 하였다.
 ③ 남과 북은 당국 간 협의를 긴밀히 하고 민간교류와 협력을 원만히 보장하기 위하여 쌍방 당국자가 상주하는 남북공동연락사무소를 개성지역에 설치하기로 하였다.
 ④ 남과 북은 민족적 화해와 단합의 분위기를 고조시켜 나가기 위하여 각계각층의 다방면적인 협력과 교류 왕래와 접촉을 활성화하기로 하였다.
 안으로는 6.15를 비롯하여 남과북에 다같이 의의가 있는 날들을 계기로 당국과 국회, 정당, 지방자치단체, 민간단체 등 각계각층이 참가하는 민족공동행사를 적극 추진하여 화해와 협력의 분위기를 고조시키며, 밖으로는 2018년 아시아경기대회를 비롯한 국제경기들에 공동으로 진출하여 민족의 슬기와 재능, 단합된 모습을 전 세계에 과시하기로 하였다.
 ⑤ 남과 북은 민족 분단으로 발생된 인도적 문제를 시급히 해결하기 위하여 노력하며, 남북 적십자회담을 개최하여 이산가족·친척상봉을 비롯한 제반 문제들을 협의 해결해 나가기로 하였다.
 당면하여 오는 8.15를 계기로 이산가족·친척 상봉을 진행하기로 하였다.
 ⑥ 남과 북은 민족경제의 균형적 발전과 공동번영을 이룩하기 위하여 10.4선언에서 합의된 사업들을 적극 추진해 나가며 1차적으로 동해선 및 경의선 철도와 도로들을 연결하고 현대화하여 활용하기 위한 실천적 대책들을 취해 나가기로 하였다.

 2. 남과 북은 한반도에서 첨예한 군사적 긴장상태를 완화하고 전쟁 위험을 실질적으로 해소하기 위하여 공동으로 노력해 나갈 것이다.

 한반도의 군사적 긴장상태를 완화하고 전쟁위험을 해소하는 것은 민족의 운명과 관련되는 매우 중대한 문제이며 우리 겨레의 평화롭고 안정된 삶을 보장하기 위한 관건적인 문제이다.

① 남과 북은 지상과 해상, 공중을 비롯한 모든 공간에서 군사적 긴장과 충돌의 근원이 되는 상대방에 대한 일체의 적대행위를 전면 중지하기로 하였다.

당면하여 5월 1일부터 군사분계선 일대에서 확성기 방송과 전단살포를 비롯한 모든 적대 행위들을 중지하고 그 수단을 철폐하며 앞으로 비무장지대를 실질적인 평화지대로 만들어 나가기로 하였다.

② 남과 북은 서해 북방한계선 일대를 평화수역으로 만들어 우발적인 군사적 충돌을 방지하고 안전한 어로 활동을 보장하기 위한 실제적인 대책을 세워나가기로 하였다.

③ 남과 북은 상호협력과 교류, 왕래와 접촉이 활성화 되는 데 따른 여러 가지 군사적 보장대책을 취하기로 하였다.

남과 북은 쌍방 사이에 제기되는 군사적 문제를 지체 없이 협의 해결하기 위하여 국방부장관회담을 비롯한 군사당국자회담을 자주개최하며 5월 중에 먼저 장성급 군사회담을 열기로 하였다.

3. 남과 북은 한반도의 항구적이며 공고한 평화체제 구축을 위하여 적극 협력해 나갈 것이다.

한반도에서 비정상적인 현재의 정전상태를 종식시키고 확고한 평화체제를 수립하는 것은 더 이상 미룰 수 없는 역사적 과제이다.

① 남과 북은 그 어떤 형태의 무력도 서로 사용하지 않을 데 대한 불가침 합의를 재확인하고 엄격히 준수해 나가기로 하였다.

② 남과 북은 군사적 긴장이 해소되고 서로의 군사적 신뢰가 실질적으로 구축되는 데 따라 단계적으로 군축을 실현해 나가기로 하였다.

③ 남과 북은 정전협정체결 65년이 되는 올해에 종전을 선언하고 정전협정을 평화협정으로 전환하며 항구적이고 공고한 평화체제 구축을 위한 남·북·미 3자 또는 남·북·미·중 4자회담 개최를 적극 추진해 나가기로 하였다.

④ 남과 북은 완전한 비핵화를 통해 핵 없는 한반도를 실현한다는 공동의 목표를 확인하였다.

남과 북은 북측이 취하고 있는 주동적인 조치들이 한반도 비핵화를 위해 대단히 의의 있고 중대한 조치라는데 인식을 같이 하고 앞으로 각기 자기의 책임과 역할을 다하기로 하였다.
   남과 북은 한반도 비핵화를 위한 국제사회의 지지와 협력을 위해 적극 노력하기로 하였다.
   양 정상은 정기적인 회담과 직통전화를 통하여 민족의 중대사를 수시로 진지하게 논의하고 신뢰를 군건히 하며, 남북관계의 지속적인 발전과 한반도의 평화와 번영, 통일을 향한 좋은 흐름을 더욱 확대해 나가기 위하여 함께 노력하기로 하였다.
   당면하여 문재인 대통령은 올해 가을 평양을 방문하기로 하였다.

2018년 4월 27일
판문점

대한민국 대통령 문재인·조선민주주의인민공화국 국무위원회 위원장 김정은

판문점 선언은 '한반도에 전쟁 없는 새로운 평화 시대 개막을 천명하고 화해와 평화 번영의 남북관계를 선언' 하고 있다.

   1. 남과 북은 남북 관계의 전면적이며 획기적인 개선과 발전을 이룩함으로써 끊어진 민족의 혈맥을 잇고 공동번영과 자주통일의 미래를 앞당겨 나갈 것이다.

   판문점 선언의 1항은 남북관계의 개선을 천명했다. 이미 말한 것처럼 남북관계가 강하게 묶이는 것만으로도 한반도를 둘러싼 국제 질서는 변화를 강제 받는다. 이제 더 이상 한·미·일·북·중·러의 냉전체제를 유지할 수 없게 되는 것이다. 기존의 공고해진

틀을 깨지 않으면 그 어떤 협의와 협상도 일시적인 것이 될 수밖에 없다는 것을 우리는 역사의 실패를 통해 배웠다. 그렇기에 판문점 선언의 1항은 겉으로는 남북관계 개선을 말하고 있지만, 속으로는 한반도 국제 질서 자체를 바꿔버리겠다는 의미를 지니고 있었다.

2. 남과 북은 한반도에서 첨예한 군사적 긴장상태를 완화하고 전쟁 위험을 실질적으로 해소하기 위하여 공동으로 노력해 나갈 것이다.

판문점 선언의 2항은 남북관계 개선을 위해 반드시 이행되어야 할 필수요건인 전쟁 위험 해소에 대해 말하고 있다. 북한은 한국이 얼마든지 미국과 손을 잡고 전쟁을 일으킬 수 있다는 두려움이 있었을 것이고, 미국이 단독으로 북한에 무력을 사용할 수 있다는 두려움도 있었을 것이다. 한국은 북한의 군사적 도발에 대해 항상 우려하고 있었다. 특히, 한국은 신체 건강한 남성이 모두 군대에 가야 하는 징병제 국가였다. 북한의 군사력과 군사도발 가능성에 대해 뼛속 깊이 인지하고 있다. 그러니 이에 대한 걱정은 자연스러운 것이었다. 동시에 미국이 일본과 함께 북한을 공격해 버리면 어쩌나 하는 두려움도 있었다. 여기에 미국과 중국의 패권 전쟁이 일어날지도 모른다는 가능성, 만약 그 전쟁이 일어난다면 한반도가 가장 치열한 전장이 될 것이라는 불안감도 있었다. 한반도는 남과 북이 서로 전쟁을 일으키는 것 이외에도 다양한 전쟁의 가능성을 항상 지니고 있었다.

이 가능성은 불안을 만들고 불안은 문제를 발생시킨다. 한반도 문제를 해결하기 위해서 한반도 자체의 전쟁 위험을 감소시켜야 하는 것은 분명하다. 그리고 이를 가장 손쉽게 이룰 방법이 바로 남과 북이 서로를 대상으로 한 적대행위를 멈추고 전쟁의 가능성을 없애는 것이다. 남북이 서로 전쟁하지 않을 것이며, 평화를 추구하겠다고 말하는 순간, 한반도 내에서 전쟁의 비극이 타국에 의해 시작될 가능성은 불가능에 수렴하게 된다. 판문점 선언의 2항은 남북 전쟁 위험 해소를 말하고 있지만, 한반도에서 펼쳐질 타국에 의한 전쟁 위협을 제거하는 의미 또한 지니고 있었다.

> 3. 남과 북은 한반도의 항구적이며 공고한 평화체제 구축을 위하여 적극 협력해 나갈 것이다.

판문점 선언의 3항은 한반도 평화체제 구축을 천명하며 한반도의 미래 비전을 선언하고 있다. 특히 3항은 세부내용을 통해 중요한 내용을 다루고 있다. 세부내용 3번에서는 종전선언과 정전협정의 평화협정 전환을 구체적으로 명시하였는데, 이를 통해 한반도 국제 질서를 어떻게 바꿔 나갈 것인지 세계에 알리고 있다. 결국, 한반도를 둘러싼 열강들이 이 방향을 향해 움직일 수밖에 없도록 강제하고 있었다. 다시는 분쟁으로 돌아가지 않을 것이며, 냉전체제를 확실하게 해체하고 평화협정을 체결해서 못을 박겠다는 것이다. 이제 주변국은 이에 협조하거나 아니면 전쟁광으로서 국제적인 냉소를 받아야 했다. 세부내용 4번은 '남과 북은 완전한 비핵화를 통해 핵 없는 한반도를 실현한다는 공동의 목표를 확인하였다'이다. 남북정상회담에서 가장 중요한 의제로 여겨졌던 비핵화가 이렇게 작은 귀퉁이에 있다는 것이 의미하는 바는 무엇일까? 비핵화 자체가 궁극적인 목적은 아니라는 사실이다.

비핵화만 하면 모든 일이 해결되는 것일까? 비핵화만 이루면 한반도는 평화로워질 수 있는가? 이에 대한 대답으로 문재인 대통령은 '아니'라고 말했다. 그리고 김정은 위원장도 이 대답에 동의하고 있었다. 문재인 대통령은 비핵화는 과정일 뿐 목적이 아니라고 여기고 있었다. 이미 대선 공약에서부터 그러했다. 중요한 것은 한반도를 둘러싼 질서 자체를 바꾸는 것이었다. 그렇지 않으면 비핵화라는 성과를 낸다 하더라도 한반도의 항구적인 평화를 이루지는 못할 것이다. 한반도의 정세 변화에 따라서 언제든지 '핵'이 부활할 수 있기 때문이다. 그렇기에 비핵화 자체가 목적이 아니라 국제 질서의 대전환이 목적이 되어야 했다. 비핵화의 과정화. 이것이 한반도 비핵화를 이뤄낼 수 있는 가장 확실한 방법이었다.

이처럼, 판문점 선언은 놀라운 내용으로 가득 차 있었다. 시간이 흐르면 판문점 선언의 평가는 아마 이러할 것이다.

'마지막 남은 냉전 질서를 해체하고 한반도의 평화번영을 이끌었으며 세계사적 대변환을 이뤄낸 선언'

4장

북미가 만나
냉전 종식을 시작하다

1.
남북정상회담이 끝나고 난 뒤

남북정상회담이 끝났다. 세계가 바뀌었다. 하지만, 우리가 사는 세상은 0에서 1로 단번에 바뀌는 디지털로 이루어져 있지 않다. 세상은 0에서 1로 바뀌는 그 과정 전부가 고스란히 살아남아 있는, 때로는 0과 1이 함께 존재하기도 하는 아날로그로 구성되어 있다. 그러니 이렇게 표현하는 것이 더 어울릴 것 같다. '세계가 변하기 시작했다.'

남북정상회담을 통해 세계의 변화가 시작됐고, 이제 변화의 과정이 하나하나 이뤄져야 할 시기였다. 특히나 변화의 방점을 찍어줄 북미정상회담이 다가오고 있었다. 북미정상회담까지 잘 마무리되어야 확실한 변화가 찾아올 것이다. 그렇기에 남북정상회담 이후의 행보가 무척이나 중요해졌다.

남북정상회담이 끝나자 국내에서는 '비핵화'에 대한 비판이 나오기 시작했다. 자유한국당은 대변인 브리핑을 통해 "오늘 발표된 판문점 선언은 국민의 기대를 저버리는 내용으로 북한의 핵

포기 의사는 발견할 수 없다."라고 비판했고[101], 홍준표 대표는 "김정은과 문 정권이 합작한 남북 위장평화쇼에 불과했다."라고 악평했다.[102] 자유한국당의 나경원 의원은 자신의 페이스북에 "북한의 완전하고 검증 가능하며 불가역적인 비핵화에 대해서는 한마디 언급도 없이 막연히 한반도의 비핵화만을 이야기했다."며 남북정상회담을 "어처구니가 없다."라고 표현했다. 하지만 이런 일부의 비판을 비웃기라도 하듯이 북한은 남북정상회담의 다음 날인 4월 28일에 조선중앙통신을 통해 북한의 완전한 비핵화 의지를 공개적으로 보도했다. 이는 처음 있는 일이었고, 비핵화에 대한 북한의 의지를 또 한 번 확인시키는 행위였다.

문재인 대통령은 28일 트럼프 대통령과 전화 통화를 한다. 무려 1시간 15분 동안 통화가 이어졌는데, 주제는 당연히 남북정상회담이었다. 문재인 대통령은 트럼프 대통령에게 "남북정상회담의 성공이 북미정상회담의 성공의 토대가 될 것으로 본다."라고 말했다. 그리고 남북정상회담에 이어 북미정상회담까지 성사된 것은 '트럼프 대통령의 통 큰 결단이 크게 기여했다는 데 남과 북의 두 정상이 공감했다.'라는 내용도 전했다. 김정은 위원장이 트럼프 대통령을 높이 평가하고 있다는 메시지를 은근히 전한 것이다. 이는 바꿔말하면 김정은 위원장이 북미정상회담에서도 트럼프 대통령과 매우 건설적인 협상을 할 거라는 신호이기도 했다. 트럼프 대통령은 "김정은 북한 국무위원장과의 회담을 고

---

101 野 "판문점 선언, 북한 핵포기에 대한 구체적 언급 부족", 조선일보, 2018.04.27.
102 홍준표 "판문점선언, 결국 북핵 폐기 없는 위장평화쇼", 조선일보, 2018.04.27.

대하고 있으며 북미정상회담에서도 매우 좋은 성과가 있을 것"이라고 답했다. 또한, 트럼프 대통령은 문재인 대통령과의 통화가 끝난 후에 "문 대통령과 길고 좋은 대화를 나누었다.", "북한과 만나는 시간과 장소가 정해지고 있다."라고 트위터에 쓰며, 성공적인 북미정상회담을 기대하게 했다.[103]

　문재인 대통령은 트럼프 대통령과 통화한 다음 날에 일본의 아베 총리와 러시아의 푸틴 대통령과도 통화했다. 일본과 러시아는 한반도 관련국의 세 번째 그룹이라고 볼 수 있다. 한국과 북한이 당사자인 1그룹, 미국과 중국이 직접적 영향력을 행사하는 2그룹, 일본과 러시아가 간접적 영향력을 행사하는 3그룹이다. 북한의 비핵화와 한반도 평화협정까지는 2그룹까지의 역할이 가장 중요하다. 하지만 그 이후에 한반도 평화체제를 유지·발전시키고 동북아 공동체를 유지하는 데는 3그룹의 역할이 꼭 필요하다. 문재인 대통령은 남북정상회담 직후, 이들 나라와 통화하면서 북미정상회담 이후까지도 내다보는 외교 행보를 했다. 마치 바둑처럼 문재인 대통령은 판 전체를 보며 외교를 진행하고 있었다.

　러시아의 푸틴 대통령은 통화에서 남북러 3각 협력사업을 언급한다. 이 사업은 러시아에게 큰 이익을 안겨줄 먹거리였다. 대한민국처럼 에너지소비량이 많은 국가가 러시아의 가스를 수입한다면 이를 통해 얻게 될 러시아의 이득은 상당할 것이었다. 푸

---

103 Just had a long and very good talk with President Moon of South Korea. Things are going very well, time and location of meeting with North Korea is being set. Also spoke to Prime Minister Abe of Japan to inform him of ongoing negotiations.
- 트럼프 대통령, 트위터, 2018.04.28.

틴 대통령은 문재인 대통령이 국빈 자격으로 러시아에 방문할 것을 요청하면서 적극적으로 남북러 사업 및 한국과의 협력을 추진하고 있었다. 앞으로 한반도 평화체제를 위해 러시아가 확실한 지지와 지원을 보내줄 것이 분명했다.

이후 5월 4일에는 캐나다 트뤼도 총리와 통화하고 한반도 평화에 대한 지지를 얻어 냈다. 그리고 같은 날, 문재인 대통령은 중국의 시진핑 국가주석과도 통화했다. 문재인 대통령은 남북정상회담이 끝난 28일에 트럼프 대통령과 전화 통화를, 29일에 푸틴 대통령과 아베 총리와 통화를 하며 관련국 정상과 매우 빠르게 통화를 했다. 그런데 정작 중요한 2그룹 중국과의 통화는 상당히 늦은 5월 4일에 이뤄졌다. 『노컷뉴스』의 5월 3일 '[뒤끝작렬] 文 대통령의 전화도 안 받는 시진핑'이라는 제목의 기사는 마치 문재인 대통령은 통화하고 싶은데 시진핑 주석이 피하는 것처럼 말한다. 과연 이것이 사실일까? 어째서 유독 중국과의 전화 통화만 늦어진 것일까?

청와대 핵심관계자는 문재인 대통령이 시진핑 주석과 통화하려 했지만, 시진핑 주석이 인도 모디 총리와의 정상회담을 이유로 통화를 하지 못했다고 말했다. 그런데 28일 모디 총리와의 정상회담 이후에도 통화가 없자 중국과의 외교에서 문제가 있는 것 아니냐는 이야기가 나왔다. 그런 상황에서 5월 2일, 중국의 왕이 외교부장이 북한에 방문했다. 왕이 외교부장은 2일에 리용호 외무상을 만나고 3일에 김정은 위원장을 만나 이야기를 나눴다. 그리고 5월 4일 마침내 문재인 대통령과 시진핑 주석과의 통화가 있었다.

중국은 북한과 이야기를 나눈 이후에 문재인 대통령과 통화할 생각이었던 것이다. 이는 문재인 대통령의 전화를 피한 것이 아니라 북한과의 대화를 서둘렀다고 해석하는 것이 더 옳다. 판문점 선언에는 "항구적이고 공고한 평화체제 구축을 위한 남·북·미 3자 또는 남·북·미·중 4자 회담 개최를 적극 추진해 나간다."라는 내용이 있었다. 중국은 이 내용에 대해 설명을 듣고 싶었을 것이다. 한반도 외교에서 중국은 북한과의 관계를 더욱 중요하게 여기고 북한을 통해 외교에 참여하겠다는 의도를 이전부터 명확하게 드러냈었다. 따라서 중국이 북한과 먼저 이야기를 나눈 이후에 한국과 소통하는 것은 자연스러운 흐름이었다.

중국이 한반도 외교에서 한국보다 북한을 더 우선하는 것은 당연했다. 체제의 유사성은 물론, 그동안의 역사를 통해 북한과 가장 밀접한 국가가 중국임은 분명한 사실이었다. 반면 한국은 미국과 위대한 동맹을 이루고 있었다. 중국이 한국보다 북한을 통해 외교전을 펼치는 것이 더 큰 영향력을 행사할 수 있음은 자명하다. 게다가 북중 관계를 돈독히 함으로써 북한이 미국과 붙을지도 모른다는 불안감도 해소할 수 있으니 중국으로서는 필연적인 선택인 것이다.

중국은 남북정상회담을 앞두고 북한과의 관계개선을 시도했고, 북한도 이에 응했다. 북한과의 관계를 밀접하게 만들어 한반도 외교에 힘을 발휘하겠다는 중국의 선택은 판문점 선언에 '남·북·미' 뿐만 아니라 '남·북·미·중'이라는 문구를 넣으면서 효과를 봤다. 그것이 누구의 요구였든 간에 중국이 북한과의 관계 개선에 실패했다면 판문점 선언에는 남·북·미의 3국만 들어있었을 것이다. 중국은 앞으로도 북한을 우선 외교 상대로 둘 가능성이 높았다.

하지만 중국의 이런 선택이 지닌 불안도 있었다. 강력한 한미 동맹처럼 북중 관계가 회복되고 강력한 동맹으로 발전한다면, 기존의 냉전체제 구조가 오히려 더 공고해질지도 모른다는 점이 그렇다. 이렇게 되면 한반도의 평화는 어려워진다. 그렇기에 가장 중요한 것은 남북이 북한의 비핵화와 한반도의 항구적 평화와 번영이라는 목표에 확실히 동의하는 것이다. 한·미·일·북·중·러의 구조는 남북이 손을 강하게 잡으면 잡을수록 더 쉽게 깨진다. 애초에 한·미·일·북·중·러의 질서가 유지될 수 있었던 것은 한반도라는 지역의 한민족이 갈라져 있기에 가능했던 일이었다. 남북이 강하게 손을 잡으면 자연스레 냉전 구도의 근간에 균열이 생길 것은 명약관화했다. 게다가 한국은 러시아와 계속해서 협력의 수준을 높여 나가고 있었다. 이미 푸틴 대통령과의 전화 통화에서 나온 것처럼 남북러의 3각 경제가 현실화한다면 한·미·일·북·중·러의 구조는 더욱 약해지고 종국에는 냉전체제를 완전히 해체하게 될 것이 분명했다. 따라서 중국의 선택을 인정하고 중국과의 외교를 북한이 주도적으로 진행하면서, 남북은 협력을 더욱 굳건히 하는 것이 한반도 평화를 만들어 내기 위한 당시 최선의 시나리오였다.

남북이 비핵화라는 목표에 확실히 동의했다고 가정한다면, 북중이 먼저 만나 의견을 교환한 이후에 문재인 대통령과 시진핑 주석이 통화를 했다는 것은 한반도 외교가 잘 진행되고 있다는 긍정적인 신호로 볼 수 있었다.

결과적으로 5월 4일, 문재인 대통령과 시진핑 주석의 통화에서 시진핑 주석은 김정은 위원장과 왕이 외교부장이 만난 결과를 문재인 대통령에게 전달하고 한반도 비핵화를 위해서는 북미 정상회담의 성패가 관건인 만큼 앞으로도 한중 양국이 긴밀히 소통하고 공조를 유지·강화해나가자고 말했다. 게다가 종전을 선언하고 정전협정을 평화협정으로 전환하는 과정에서 한중 두 나라가 긴밀히 적극적으로 소통해나가기로 하는 좋은 성과를 만들어 냈다.

다시 4월 29일, 윤영찬 국민소통수석은 "김정은 북한 국무위원장은 27일 판문점 평화의집에서 열린 문재인 대통령과의 남북정상회담에서 핵실험장 폐쇄를 5월 중에 시행할 것이고 이를 국제사회에 투명하게 공개하기 위해 한국과 미국의 전문가와 언론인들을 조만간 북한으로 초청하겠다고 말했다."라고 발표한다. 북한이 비핵화의 의지를 실천과 행동으로 보여주고, 동시에 이를 세계에 널리 공개하겠다는 것이다.

북한은 비핵화에 대해 세계의 압박 때문에 어쩔 수 없이 하는 것이 아니라 선친의 유훈이자 국제사회의 일원으로서 주도적으로 한다는 명분을 깔아놓고 있었다. 그것이 북한 내부의 반발을 최소화하면서 동시에 확실하게 비핵화를 할 수 있는 방법이기도 했다. 미국에 항복했다는 식의 비핵화 명분이라면 내부의 강경파는 물론, 중국도 설득할 수 없었을 것이다. 북한이 지도자의 마음대로 많은 것을 할 수 있는 나라이긴 하지만 비핵화와 같은 큰 문제는 내부 관리가 필수이고 인접국이자 큰 영향력을 발휘하는 중국의 도움도 반드시 필요했다. 이를 위해 김정은 위원장은 비핵화의 '명분'을 갖추는 선택을 한 것이다.

문재인 대통령의 가장 큰 업적 중의 하나는 남북 평화 분위기를 조성하고, 북한의 비핵화를 수면 위로 끌어올려 김정은 위원장이 선친의 유훈에 따라 자발적으로 비핵화한다는 방침을 언급하도록 만든 것이었다. 이 한마디를 통해서 김정은 위원장은 비핵화를 역행하기가 무척이나 어려워졌다. 만약 다시 핵무장에 나서게 되면, 선친의 유훈을 무시하는 것이 되기 때문이다. 북한의 독특한 정치구조와 사회상으로 볼 때, 이는 무척이나 큰 부담을 요하는 일이다. 결국 북한은 비핵화를 피할 수 없게 됐다.

문재인 대통령은 안토니우 구테흐스 유엔 총장과 전화 통화를 하고 "북한 핵실험장 폐쇄 현장을 유엔도 함께 확인해 줬으면 좋겠다."라고 요청했다. 그리고 "유엔이 총회나 안전보장이사회를 통해 남북 정상이 합의한 판문점 선언을 합의하고 지지해주는 선언을 해 줬으면 좋겠다."라고 말했다. 문재인 대통령은 한반도 비핵화에 유엔의 역할이 있다는 것을 알고 있었다. 일단 북한의 비핵화를 확인하는 것도, 경제 제재를 푸는 것도 일정 정도 유엔의 역할이 필요한 일이었다. 그리고 북한을 보통 국가로 인정하고 국제사회에서 활동하게 하는 것도 유엔의 도움이 필요했다. 문재인 대통령은 한반도의 비핵화를 위해 유엔과도 긴밀히 협력하고 있었다.

북한과 시간을 통일하자는 이야기가 남북정상회담에서 있었다는 것도 공개된다. 북한은 대한민국 시간보다 30분 늦은 평양 표준시를 사용하고 있었는데, 이를 대한민국의 시간과 맞추겠다고 했다. 원래 같은 시간을 사용하던 중에 북한이 시간을 바꾸었으니 다시 북한이 원래대로 돌아가 한국과 맞추겠다고 한 것이다.

남과 북의 시간 차이는 큰 문제를 발생시키지 않는다. 어차피 세계화가 진행된 지금은 나라마다 시간 차이가 있는 것이 놀랍거나 예외적인 일이 아니었다. 모든 부분에서 시차에 맞게 일을 진행하는 정도의 노하우는 일반화되어 있었다. 하지만 남과 북의 시간을 맞추게 되면 미래에 있을 경제 협력에서 혼란을 최소화할 수 있다는 장점이 있다. 예를 들면, 기차 시간과 같은 것들 말이다.

따지고 보면 북한도 치밀하게 비핵화와 그 이후를 준비하고 있었다. 남북정상회담 이후로 남과 북은 각자 또는 협력하여 한반도 평화체제 구축을 위해 나아가는 중이었다.

2.
북미, 험난한 정상회담 준비에 들어가다

남북정상회담 이후, 미국과 북한은 성공적인 북미정상회담 준비를 해나가는 것처럼 보였다. 트럼프 대통령은 4월 30일 트위터에 '북미정상회담의 장소로 판문점이 어떻겠냐'라는 메시지를 남겼다.**104** 아직 확실한 장소와 시간이 나오지 않은 상태였지만, 트

---

104 Numerous countries are being considered for the MEETING, but would Peace House/Freedom House, on the Border of North & South Korea, be a more Repre-

럼프 대통령의 이 같은 메시지를 통해 북미정상회담이 성공적으로 개최될 것이며, 어쩌면 북미정상회담 이상의 무언가가 있을지도 모른다는 기대도 점차 무르익고 있었다. 한국에서는 문재인 대통령까지 함께 모이는 남북미 정상회담까지 예상하는 이들도 있었다.

하지만 5월이 되면서 분위기가 조금씩 변하고 있었다. 시작은 미국이었다. 폼페이오 장관이 그동안 이야기되던 '완전하고 검증가능하며 불가역적인 비핵화(CVID)'를 '영구적이고 검증가능하며 불가역적인 비핵화(PVID)'로 바꾸어 사용하면서 어떤 의도가 있는 것인지에 대한 의문이 나오기 시작했다.[105] 존 볼턴 백악관 국가안보보좌관은 비핵화의 범위를 대량살상무기까지 확장하는 발언을 하기도 했다.[106] 북미정상회담을 앞두고 북한에 대한 미국의 태도가 점차 강경해지고 있었다. 북한은 이 같은 미국의 대북 강경 발언이 불편했을 것이다. 북한은 이미 미국인 억류자 송환이라는 선물을 준비해놓고 있었다. 트럼프 대통령은 5월 3일 트위터에 "지난 정권이 북한 억류자를 풀어달라고 요청했었지만 소용없었다."라며 지켜보라는 메시지를 남겼다.[107] 게다가 5월 4

---

sentative, Important and Lasting site than a third party country? Just asking! - 트럼프 대통령, 트위터, 2018.04.30.

105 폼페이오, 북미 서밋 앞두고 'PVID' 표현 주목…"영구적 핵폐기", 연합뉴스, 2018.05.03.

106 볼튼 "미국, CVID 목표서 물러서지 않아…핵포기 의지 없으면 회담 짧을 것", VOA, 2018.05.17.

107 As everybody is aware, the past Administration has long been asking for three hostages to be released from a North Korean Labor camp, but to no avail. Stay tuned! - 트럼프 대통령, 트위터, 2018.05.03.

일, 미국의 공화당 하원의원들이 트럼프 대통령을 노벨평화상 후보로 추천했다. 미국 의회도 한반도 문제에 있어서 만큼은 협조하는 분위기가 있었다. 문재인 대통령이 미국 의회를 설득하기 위해 지속적인 노력을 기울인 것이 효과를 보고 있었다. 트럼프 대통령은 자신의 입지를 더욱 단단히 해줄 북한 호재를 눈앞에 둔 상태였다. 그런데도 미국의 강경 발언이 계속 나오고 있었다. 겉으로 드러나지 않은 문제가 있는 듯 보였다.

5월 4일, 정의용 국가안보실장은 미국 NSC의 요청에 따라 비공개로 미국을 방문했다. 미국 NSC가 정의용 국가안보실장의 방미를 요청한 것은 미국 내에서 지금까지와는 다른 뭔가를 해야 할 필요가 있었기 때문이라고 예상해볼 수 있다. 한국으로부터 정보를 얻기 위해서든 혹은 앞으로의 과정에 대한 협의를 위해서든 정의용 국가안보실장이 움직여야 할 정도라면 적어도 정상회담 수준의 무언가가 진행될 가능성이 높았다. 귀국한 정의용 안보실장은 문재인 대통령과 트럼프 대통령이 5월 22일 워싱턴 DC에서 한미정상회담을 한다고 밝혔다. 그는 기자들에게 "정상 간의 공조와 협의를 강화하기로 했다."라고 말했는데, 이 말인즉슨 정상이 움직여야 해결할 수 있는 사안이 있다는 뜻이기도 했다. 이 또한 북미정상회담에 문제가 생겼다는 것을 암시하고 있었다. 그렇기에 5월 22일에 열릴 한미정상회담의 의제는 당연했다. '어떻게 북미정상회담을 성공적으로 개최하고 한반도 평화체제를 구축할 것인가?'가 정상회담이 주요의제가 될 것이었다. 미국은 북미정상회담을 성공적으로 치르기 위해 무언가를 준비하고 있었고, 한국의 정상과 이를 공유하고 협조와 정보를 얻어야 할 필요가 있었다. 한국 역시 북미정상회담이 성공적으로 이뤄질 수 있도록 중재자의 역할을 할 필요성이 점차 커지고 있었다. 그러니 적절한 시기에 양국이 필요로 하는 정상회담 일정이 잡힌 것이다. 결국, 협상 과정에서 갈등이 있을 수는 있지만 이를 풀 수 있는 계기 또한 미리 만들어 놓음으로써 미국이 북미정상회담을 추진하는 과정에서 어려움이 있어도 이를 뒤엎기보다는 자신들이 가장 원하는 북미정상회담을 만들겠다는 의지가 있음이 드러났다.

5월 6일, 북한 외무성 대변인은 "조선반도 정세가 평화와 화해의 방향으로 나아가고 있는 이때, 상대방을 의도적으로 자극하는 행위는 모처럼 마련된 대화 분위기에 찬물을 끼얹고 정세를 원점으로 되돌려 세우려는 위험한 시도로밖에 달리 볼 수 없다."라는 내용을 조선중앙통신 기자와의 문답형식으로 발표했다. 남북정상회담 이후 평화로웠던 분위기 속에서 북한은 미국을 자극하지 않았다. 이번 외무성의 주장도 상당히 조심스러운 방식을 택한 것은 분명했다. 하지만 그럼에도 북한이 다시 미국에 대한 메시지를 냈다는 점을 보면, 북한이 미국과의 협상에서 상당히 어려움을 겪고 있었다고 유추해볼 수 있다.

이런 상황에서 5월 7일에 김정은 위원장이 중국에 방문한다. 두 번째 중국 방문이었다. 어차피 북한이 중국과의 외교를 꾸준히 진행하는 것은 익히 예상됐던 일이다. 다만 문제는 중국과의 외교를 제대로 하지 못하면 미국과의 관계가 틀어질 수 있다는 점이었다. 북한은 신중하게 북중정상회담을 진행해야 했고, 관련국과 긴밀히 협의해야 했다. 하지만 결과적으로 북한은 이에 실패했다. 이후에 트럼프 대통령이 두 번째 북중정상회담에 대해 불편한 기색을 드러냈기 때문이다.

어쨌든, 김정은 위원장은 시진핑 주석과 만나 한반도에 대해 의견을 나누었다. 언론 보도에 따르면 김정은 위원장은 "한반도 비핵화 실현은 북한의 확고부동하고 명확한 입장"이라고 밝혔다고 한다.[108] 이것을 보면 북한이 '한반도 비핵화'를 명확하게 하고 한국과 손을 잡은 채로 중국과의 외교를 주도적으로 이끌고 있다는 것을 알 수 있다. 만약 한반도 비핵화에 대해 단호하게 밝히지 않으면 미국과의 협상은 바로 끝날 가능성이 있었다. 그렇다고 미국에 굴복해 비핵화한다는 모습이 보이면 중국도 이를 가만두고 보지 않았을 것이다. 북한은 두 대국 사이에서 무척이나 어려운 외교를 하고 있었다. 북한은 시진핑 주석과의 만남이 필요했다. 그렇게 중국과 가까운 모습을 보여주고 대미 협상력을 높인다면 북한으로서는 좋은 일이었다. 어차피 미국에는 억류자 송환과 핵실험장 폐기라는 큰 선물을 준비해놓고 있었다. 중국과 가까운 모습을 보인다고 해서 미국과의 협상에 문제가 생길 거라는 판단은 하지 않았을 것이다.

하지만 북한이 한 가지 간과한 것이 있었다. 미국이 한반도의 비핵화를 이룰 수 있는 방법은 여러 가지라는 것이다. 미국은 북한이 중국과 붙어버렸고, 미국에 이것저것을 요구한다면 외교를 통한 비핵화를 포기하고 다른 방법을 선택할 여지가 충분했다. 슈퍼 파워 미국은 그런 상황에서도 자국의 이익을 충분히 취할

108 김정은 위원장 "비핵화 실현은 북한의 확고한 입장", 뉴스토마토, 2018.05.08.

방안이 있었다. 그러니 미국과 중국 사이에서 적당히 줄을 타서 이익을 극대화하려는 북한의 생각은 조금 안일한 것일 수도 있었다.

5월 8일, 트럼프 대통령과 시진핑 주석이 통화를 한다. 트럼프 대통령은 이 통화에서 "미국은 한반도 문제에서 중국의 입장을 매우 중시한다. 중국이 중요한 역할을 발휘한 데 대해 높이 평가한다."라고 말했다. 또한, 미·중 무역에 대한 대화도 나누었는데, 트럼프 대통령은 미·중의 무역이 불공평하다고 계속해서 말하고 있었다. 트럼프 대통령은 한반도 문제에서 중국의 역할을 인정하는 대신 은근히 무역에 대해 압박을 하고 있었다. 미국과 중국은 자국의 이익을 극대화하기 위한 외교전을 펼치고 있었다.

결국, 남·북·미·중이 모두 자신의 이익을 극대화하기 위해 또 한 번의 치열한 외교전을 시작한 것이다. 그리고 이 외교전은 북미정상회담 직전에 끝날 것이다. 이 외교전의 성격 자체가 북미정상회담이라는 큰 이벤트를 종착지로 그 안에서 최선의 이익을 보기 위한 치열한 수 싸움이기 때문이다.

다시 말해서 본격적인 북미정상회담 준비가 시작됐다. 험난한 과정이 될 것이었다. 그나마 다행인 것은 유일하게 한반도 평화체제 그 자체가 목적이며 그 외의 어떤 부가적인 이익도 중요하지 않은 나라가 있다는 것이며, 그 나라가 한반도 외교의 주도권을 쥐고 있고, 그 나라의 대통령이 누구와도 소통해 중재를 이끌 수 있는 위대한 협상가라는 사실이었다. 한반도 평화체제만 이루면 되니 복잡한 이권 다툼과 지난한 줄다리기를 하지 않아도 되고, 주도권을 쥐었으니 상황을 적당히 통제할 수 있으며, 타국의 정상과 협상하여 결과를 끌어낼 수 있을 터였다. 이 치열한 외교전을 적당한 수준에서 끝낼 수 있는 키를 꼭 쥐고 있는 것은 문재인 대통령이었다.

3.
북한, 미국인 억류자를 송환하다

제7차 한중일 정상회의가 5월 9일 열렸다. 문재인 대통령과 리커창 총리, 아베 신조 총리가 모여서 판문점 선언을 환영하는 특별성명을 채택했다. 문재인 대통령은 3국 정상회의를 마치고 일본의 아베 총리와 중국의 리커창 총리와도 회동을 가졌다. 남북정상회담 이후에 있던 수많은 외교적 움직임을 문재인 대통령이 정리하고 각국의 지지를 이끌어내는 자리였다.

같은 날, 미국의 폼페이오 장관이 평양에 방문했다. 북미정상회담과 관련된 의제를 협의하는 것이 주요한 이유였을 것이다. 하지만 또 하나의 중요한 이유가 있었다. 바로 억류자를 데리고 미국으로 오는 것이었다. 문재인 대통령은 베를린 구상에서 비핵화를 위해 북한이 해야 할 일로 가장 먼저 인도적 문제를 언급한다. 앞서 말한 것처럼 인도적 문제의 해결은 북한의 비핵화 선언과 같기에 북한은 이 문제를 뒤로 미룬다. 그리고 남북정상회담을 통해 세계에 북한의 비핵화를 공식화한 이후, 이 문제를 해결하는 움직임을 보였다. 달리 말하면 억류자를 송환하겠다는 결정은 곧 북한의 비핵화 의지를 명확하게 드러내는 신호였다.

트럼프 대통령은 5월 9일 백악관 각료회의에서 "인질이라고 불렸던 세 명의 억류자들이 미국으로 오고 있다."라고 억류자 송환 사실을 밝힌다. 그리고 트럼프 대통령은 "이들을 석방한 김정은에게 감사하다."라며 김정은 위원장에게 직접 감사를 전한다.[109] 문재인 대통령과도 통화를 하고 이들의 석방이 북미회담에 긍정적인 영향을 끼칠 것이라고 말했다. 문재인 대통령은 이를 트럼프 대통령의 결단과 지도력 덕분이라고 치켜세웠다.

미국 현지 시각 5월 10일 새벽에 북한에서 풀려난 미국인 세 명이 미국에 도착했다. 트럼프 대통령과 부인 멜라니아 여사는 새벽임에도 불구하고 함께 공항으로 나가 이들을 직접 맞이했다. 트럼프 대통령이 비행기 안으로 들어가, 세 명의 억류자와 함께 나왔다. 트럼프 대통령은 북한으로부터 미국인을 구해낸 영웅이 되었다. 북한이 미국과 트럼프 대통령의 품에 큰 선물을 안겨줬다.

선물을 받았으면 이제 답례를 할 차례였다. 트럼프 대통령은 트위터에 김정은 위원장과의 만남이 6월 12일 싱가포르에서 열릴 것이라고 밝혔다.[110] 트럼프 대통령과 김정은 위원장이 함께 세계 평화를 위한 특별한 순간을 만들 것이라는 이야기도 함께였다. 북미정상회담의 날짜와 장소가 확정되면서 북미정상회담

---

[109] Frankly, nobody thought this was going to happen, and I appreciate Kim Jong Un doing this and allowing them to go. - 트럼프 대통령, 2018.05.09.

[110] The highly anticipated meeting between Kim Jong Un and myself will take place in Singapore on June 12th. We will both try to make it a very special moment for World Peace! - 트럼프 대통령, 트위터, 2018.05.10.

의 개최가 명확한 현실로 다가왔다.

5월 12일, 북한은 외무성 공보를 통해 풍계리 핵실험장 폐쇄 방안을 발표했다. 핵실험장 폐기는 23일부터 25일 사이에 날씨 상황을 고려해 진행하고, 핵실험장의 모든 갱도를 폭발로 붕락시키고 입구를 완전히 폐쇄한다는 계획이었다. 이후에 지상에 있는 모든 관측설비와 연구소들, 경비 구분대의 구조물을 철거하며, 폐기와 동시에 경비인원과 연구사들을 철수시키고 핵실험장 주변을 완전히 폐쇄한다고 밝혔다. 그리고 북한은 모든 절차를 국제 기자단에게 공개하겠다고 했다. 대신 국제 기자단은 중국, 러시아, 미국, 영국, 한국으로 한정했다.

이런 북한의 행보에 트럼프 대통령은 트위터로 "Thank you(고맙다)"라고 말하면서 매우 영리하고 자비로운 제스처라고 환영했다.[111] 청와대도 "갱도를 폭파하는 다이너마이트 소리가 핵 없는 한반도를 향한 여정의 첫 축포가 되길 기원한다."라며 북한의 움직임을 높이 평가했다.

북한은 확실하게 자신의 의도를 행동으로 보이고 있었다. 억류자를 석방하고 핵실험장을 폐기하는 선제 조치를 통해 확고한 비핵화 의지를 드러내는 동시에 북미정상회담을 성공시키기 위한 노력에 힘을 기울이고 있었다. 그리고 세상은 그 조치를 환영하고 있었다. 이대로라면 북한은 무난하게 원하는 것을 가

---

[111] North Korea has announced that they will dismantle Nuclear Test Site this month, ahead of the big Summit Meeting on June 12th. Thank you, a very smart and gracious gesture! - 트럼프 대통령, 트위터, 2018.05.13.

져갈 수 있을 것처럼 보였다. 북한은 성공적인 외교를 진행하고 있었다.

미국도 원하는 것을 하나하나 얻어가고 있었다. 트럼프 대통령의 외교에 대한 좋은 평가가 서서히 늘어나고 지지율도 올라가고 있었다. 한국 역시 지속적인 성과에 고무되어 있었다. 한국이 가장 두려워했던 전쟁 위기는 더 이상 존재하지 않았다. 문재인 대통령은 언제나처럼 조심스레 접근하고 있었지만, 많은 이들이 계속 들려오는 좋은 소식에 한껏 희망을 부풀리고 있었다.

4.
북미정상회담에 먹구름이 끼다

5월 15일에 북한의 통지문이 도착했다. 5월 8일, 통일부는 북한에 5월 14일에 고위급회담을 할 것을 제안했는데, 이에 대한 답이 제안한 날짜를 하루 넘겨 온 것이다. 북한은 통지문을 통해 바로 다음 날인 16일에 고위급회담을 열자고 수정 제안했고 대한민국은 이를 받아들였다.

남북정상회담 이후, 각국의 입장과 상황을 정리하는 작업이 필요했다. 문재인 대통령과 각국 정상들과의 통화, 북중정상회담과 트럼프 대통령과 시진핑 주석의 통화, 폼페이오 장관의 방북 및 억류자 송환으로 정리 작업이 얼추 마무리되자 다음 진도를 나갈 상황이 된 것이다. 판문점 선언의 후속 조치를 위한 남북 고위급회담이 다음 차례였다.

5월 15일까지 상황은 긍정적이었다. 비록 잡음은 있었지만, 억류자 송환이 성공적으로 마무리되면서 한반도 비핵화 프로세스가 잘 돌아가는 분위기였다. 북한과 남북고위급회담 개최를 확정하면서 긍정적인 전망은 더욱 커졌다. 하지만 5월 16일, 이 같은 분위기에 찬물을 끼얹는 일이 일어났다.

16일 북한은 대한민국의 맥스 선더 훈련을 이유로 전날 열기로 약속한 남북고위급회담 중지를 통보한다. 북한 조선중앙통신은 "이번 훈련은 남조선 강점 미제침략군과 남조선 공군의 주관하에 미군의 'B-52' 전략핵폭격기와 'F-22랩터' 스텔스전투기를 포함한 100여대의 각종 전투기들이 동원되며 25일까지 진행된다."라며 "이번 훈련은 판문점선언에 대한 노골적인 도전이며 좋게 발전하는 조선반도 정세 흐름에 역행하는 고의적인 군사적 도발"이라고 말했다. 조선중앙통신은 같은 보도에서 "특히 남조선 당국은 천하의 인간쓰레기들까지 국회마당에 내세워 우리의 최고 존엄과 체제를 헐뜯고 판문점 선언을 비방 중상하는 놀음도 버젓이 감행하게 방치해놓고 있다."라고도 말했다. 이는 태영호 전 영국주재 북한공사가 14일에 국회 강연을 한 것을 두고 말한 것이다. 이 강연은 자유한국당의 심재철 국회부의장의 초청으로 이뤄진 것이었다.

북한은 남북고위급회담 연기의 이유를 정확하게 제시하고 있었다. 한미군사훈련과 태영호의 강연이었다. 하지만 북한이 제시한 이 이유 외에도 북한이 불편해하는 지점은 더 있었다. 같은 날 김계관 북한 외무성의 담화를 통해 북한은 고위급회담을 연기할 정도로 불편한 부분이 무엇인지를 추가하여 드러낸다.

그런데 조미수뇌회담을 앞둔 지금 미국에서 대화 상대방을 심히 자극하는 망발들이 마구 튀여나오고있는것은 극히 온당치 못한 처사로서 실망하지 않을수 없다.

백악관 국가안보보좌관 볼튼을 비롯한 백악관과 국무성의 고위관리들은 '선 핵포기, 후 보상'방식을 내돌리면서 그 무슨 리비아핵포기방식이니, '완전하고 검증가능하며 되돌릴수 없는 비핵화'니, '핵, 미싸일, 생화학무기의 완전페기'니 하는 주장들을 꺼리낌없이 쏟아내고 있다.

- 조선민주주의인민공화국 외무성 제1부상 김계관 동지의

담화 중에서(2018.05.16.)

이것이 고위급회담 연기의 또 다른 이유였다. 볼턴에 대한 불편한 기색을 드러낸 것이다. 볼턴 국가안보보좌관은 언론 인터뷰를 통해 지속적으로 북한에 대해 강경한 어조를 드러냈다. CVID나 PVID를 강조하고, 북한이 핵에 더해서 미사일과 생화학무기까지 다 폐기해야 한다는 주장도 했다. 그러면서 리비아 모델을 계속 주장하기도 했다. 리비아 모델의 결과가 어땠는지를 생각해보면, 주체적인 비핵화를 하려는 북한이 리비아 모델을 받아들일 리가 없다. 그런데도 미국이 계속 리비아 모델을 언급했으니, 이를 '비핵화 후 체제안정'을 보장하지 않겠다는 의도로 해석하는 것도 무리는 아니었다. 심지어 볼턴은 2003년 김정일 국방위원장을 '포악한 독재자'라고 비난했던 사람이었다. 그런 인물이 계속 강경한 발언을 쏟아내니 북한의 불안감은 계속 커졌을 것이다.

이것은 대화를 통해 문제를 해결하려는 것이 아니라 본질에 있어서 대국들에게 나라를 통채로 내맡기고 붕괴된 리비아나 이라크의 운명을 존엄높은 우리 국가에 강요하려는 심히 불순한 기도의 발현이다.

나는 미국의 이러한 처사에 격분을 금할수 없으며 과연 미국이 진정으로 건전한 대화와 협상을 통하여 조미관계개선을 바라고있는가에 대하여 의심하게 된다.

세계는 우리 나라가 처참한 말로를 걸은 리비아나 이라크가 아니라는데 대하여 너무도 잘 알고 있다. 핵개발의 초기단계에 있었던 리비아를 핵보유국인 우리 국가와 대비하는것 자체가 아둔하기 짝이 없다. 우리는 이미 볼튼이 어떤자인가를 명백히 밝힌바 있으며 지금도 그에 대한 거부감을 숨기지 않는다.

- 조선민주주의인민공화국 외무성 제1부상 김계관 동지의

담화 중에서(2018.05.16.)

그렇기에 담화문에서는 리비아 모델과 볼튼 보좌관을 모두 지적한다. 북한은 확실한 메시지를 전하고 있었다. 불안하게 하지 말고 체제안정을 보장해 달라는 것이다. 그리고 마지막으로 북미정상회담을 재고할 수 있다는 메시지를 던진다.

트럼프행정부가 조미관계개선을 위한 진정성을 가지고 조미수뇌회담에 나오는 경우 우리의 응당한 호응을 받게 될것이지만 우리를 구석으로 몰고가 일방적인 핵포기만을 강요하려든다면 우리는 그러한 대화에 더는 흥미를 가지지 않을것이며 다가오는 조미수뇌회담에 응하겠는가를 재고려할수밖에 없을 것이다.

- 조선민주주의인민공화국 외무성 제1부상 김계관 동지의

담화 중에서(2018.05.16.)

　남북고위급회담의 연기는 단순히 고위급회담만의 연기를 의미하는 것이 아니었다. 이는 북미정상회담 전체를 연기할 수 있다는, 어쩌면 취소까지도 할 수 있다는 신호였다. 터질 것 같으면서도 잘 봉합해온 북미대화에 큰 먹구름이 끼는 순간이었다.

　북한은 어째서 이미 진행되고 있던 맥스선더 훈련에 대해서 갑자기 문제를 제기했을까? 당시 한국에서 지지율이 바닥을 기고 있는 자유한국당이 주최한 강연에 대해서 왜 불편함을 느낀 것일까? 미국의 강경한 입장은 한결같았는데도 불구하고 왜 이제 와서 불만을 표시했을까?

　이에 대한 대답은 10년에서 20년이 지난 후에 당시의 이야기가 공개되어야 정확한 진실을 알 수 있을 것이다. 하지만 충분히 예상해 볼 수 있는 답은 있다.

　우선 첫 번째는 중국이다. 김정은 위원장은 이미 한국과 미국의 합동훈련에 대해서 이해한다는 의사를 표시했다. 그랬는데도 갑자기 맥스선더를 문제 삼았다면 그 이유가 분명히 있을 것이다. 하나는 당연히 맥스선더에서 B-52와 F-22 같은 전략 자산이 움직인 것이다. 북한은 이 같은 전략 자산의 움직임에 불안함을 느꼈을 것이다. 그리고 이 불안감을 중국도 느꼈을 것이다.

　맥스선더는 연례훈련이자 방어훈련이다. 당시의 좋은 분위기와 앞으로 있을 북미정상회담을 보면 북한은 내심 불안하더라도 넘길 수도 있었다. 하지만 중국은 결코 그렇지 않을 것이다. 자

신의 턱밑에 미국의 전략 자산이 전개되는 모습을 볼 수 없었을 것이다. 이에 대해 북한이 아무런 문제 제기를 하지 않는 것도 가만히 두고 보지 못할 것이다. 북한은 경제 제재를 받고 있었고, 비핵화를 진행해 경제 제재를 풀기에는 아직 긴 시간이 필요했다. 북한의 상황을 생각해보면 공식적으로든 비공식적으로든 중국의 도움이 필요한 상황이기도 했다. 중국을 고려해 북한이 맥스선더에 대한 메시지를 내놓지 않을 수 없는 면이 있었다.

두 번째로는 내부 단속이다. 북한은 빠르게 변화를 경험하고 있었다. 북한 내부에 비핵화를 반대하는 세력이 없었을 리가 없다. 만약 맥스선더가 진행되는 데도 북한이 가만히 있으면, 내부에서 북한 지도부에 대한 반발이 나오지 않으리란 법도 없었다. 북한 군부의 규모를 생각해보면 이 같은 추론은 설득력을 더한다. 내부 안정을 위해서 한미훈련에 대해 강경한 발언을 내놓을 이유는 충분했다.

세 번째는 한국에 대한 요청이다. 한국은 남북정상회담 이후에 주도적인 역할보다는 판을 전체적으로 구성하고 각국으로부터 지지를 얻는 보조 형태의 외교를 하고 있었다. 북미정상회담 협상에 있어서 한발 물러나 있는 상태였다. 당연하게도 북미정상회담은 미국과 북한이 매듭을 지어야 할 문제였다. 북미정상회담을 넘어 그 이후의 비핵화까지 나아가기 위해서 북한과 미국은 서로 신뢰할 수 있는 대화상대가 되어야 했고, 그러려면 북미정상회담을 두 나라가 이끌어 가는 것이 맞았다. 중재자는 적당히 물러나 있는 것이 적절했다. 하지만, 북한은 이를 서운하게 여길 수 있었다. 조금 더 적극적으로 나서서 미국을 움직여주길 바랐을 것이기 때문이다.

북한은 15일에 통지문을 통해 다음 날 고위급회담을 열자고 제의했지만, 정작 다음 날에 고위급회담을 바로 취소했다. 회담이 취소된 16일은 수요일이었고, 목요일과 금요일 2일 정도 사태를 정리할 수 있는 시간이 있었다. 그리고 주말이 지나고 나면 문재인 대통령이 미국으로 가 한미정상회담을 해야 하는 상황이었다. 문제가 발생하고 상황을 파악하고 이를 바탕으로 한미정상회담에서 논의할 수 있는 매우 적절한 시기에 고위급회담을 제의하고 취소했다. 우연일까? 한국이 움직여 주길 바라는 의도가 있었다고 생각하는 것이 더욱 자연스럽다.

5월 17일, 북한의 리선권 조국평화통일위원회 위원장은 조선중앙통신사 기자와의 인터뷰에서 "앞으로 북남관계의 방향은 전적으로 남한 당국의 행동 여하에 달려 있다."라고 말하며 이런 의도를 명확하게 드러냈다. 5월 18일, 북한은 풍계리 취재를 위한 남측 기자단의 명단 접수를 거부했다. 5월 5일에 정의용 안보실장이 22일에 열릴 한미정상회담을 발표했고, 북한은 12일에 풍계리 폐쇄 일정을 23일에서 25일 사이라고 공개했다. 시기상으로 보면 북한은 풍계리 핵실험장 폐쇄를 외교적으로 사용하고자 하는 의도를 지니고 있었던 것 같다. 북한이 18일에 풍계리 취재 기자 명단 접수를 거부하면서 한국은 한미정상회담에서 북미정상회담을 위한 중재를 잘 해내야 할 필요가 더욱 커졌다. 만약 한국 기자단이 풍계리 취재를 하지 못한다면, 이는 한반도 운전자론이 급격하게 무너지는 계기가 될 것이었다. 대한민국이 주도권을 잃으면 한반도 비핵화는 요원한 것이었다. 고위급회담의 연기와 기자단 명단 접수 거부는 한국 정부에 대한 명확한 압박이었다.

마지막 의도는 역시 대미 협상력을 증가시키는 것이다. 북미정상회담을 앞두고 미국의 강경 입장을 완화하고 좋은 협상을 이뤄낼 필요가 있었다. 특히 북한은 이미 억류자를 송환하고 핵폐기장 폐쇄까지 발표한 상황이었다. 내놓은 것이 많기에 좋은 협상을 해야 한다는 생각이 강했을 것이다. 그렇다면 이쯤에서 한 번 브레이크를 걸어주는 것이 필요했다. 미국 주도의 협상에서 북한의 협상력을 높이려는 의도도 있었을 것이다.

북한의 전방위 문제 제기는 이런 다양한 의도를 담고 있었다고 추정된다. 그러나 표현의 방식을 살펴봤을 때, 결코 북미정상회담을 깨겠다는 의도는 아니었다. 그도 그럴 것이 북한은 이미 억류자를 송환한 상태였다. 미국은 이 상태로 회담이 깨져도 전혀 손해 본 것이 없었다. 트럼프 대통령은 북한으로부터 미국인을 구해낸 영웅이 되는 것이고, 오히려 회담이 깨지기를 바라고 있는 미국 내부의 대북 강경파들은 이를 환영할 것이다. 일본은 옳다구나 하며 이 틈을 파고 들어가 자신의 이익을 추구하려 할 것이다. 회담이 깨지면 가장 큰 손해를 보는 것은 북한이었다. 북한은 회담을 이어갈 이유가 충분했다.

송영무 국방부 장관은 빈센트 브룩스 한미연합사령관을 즉각 만나 이번 사태에 대해 의견을 교환했다. 훈련은 지속되나 B-52 전개는 하지 않기로 결정했다. 강경화 장관은 폼페이오 국무장관의 요청으로 통화를 하고 의견을 교환했다. 그리고 북미정상회담 준비는 계속해나가기로 합의했다. 청와대는 다음 날인 17일에 국가안전보장회의 상임위원회를 열고 적극적인 중재 역할을 하기로 결정했다. 거래의 두 당사자 간의 합의가 잘 이뤄지지 않을 때야말로 중재자가 적극 나서야 할 시기였다.

17일, 백악관 회의에서 트럼프 대통령은 "북한에 대해서 리비아 모델은 전혀 생각하지 않는다."라며 "만나서 뭔가 결과가 나온다면 그는 매우 강력한 보호를 받게 될 것"이라고 체제 보장을 명확하게 언급한다.[112] 같은 날 트럼프 대통령은 "그들(북한과 중국)이 중국에서 만났을 때, 약간 달라진 것 같다."라고 말했다. 트럼프 대통령은 "우리는 무슨 일이 벌어질지 지켜볼 것이다. (중략) 회담을 할 수도 있고, 하지 않을 수도 있다. 회담을 하지 않는다면, 매우 흥미로워질 것"이라고 말하며, 북한 태도 변화의 이유로 중국을 지목한다.[113] 북한을 원인으로 지목하지 않으면서 사태 수습에 나서는 모양새였다. 다음 날 중국은 "북한의 태도가 돌변한 데 대해 중국 탓만 하고 있다."며 "중국의 역할과 관련한 입장은 변한 적이 없다."라고 해명했다.[114]

문재인 대통령은 5월 20일에 트럼프 대통령과 통화하고 북한의

---

112 Well the Libyan model isn't a model that we have at all when we're thinking of North Korea. ⋯ And I think we'll actually have a good relationship, assuming we have the meeting and assuming something comes of it. And he'll get protections that will be very strong. - 트럼프 대통령, 2018.05.17.

113 We may have the meeting; we may not have the meeting. If we don't have it, that will be very interesting. We'll see what happens. The border is still quite strong. I think things changed a little bit when they met with China. They met the second time. As you know, Kim Jong Un had a second meeting with China, which was a little bit of a surprise meeting. - 트럼프 대통령, 2018.05.17.

114 中언론 "북한 '태도 돌변'은 한미 대북정책 탓", 연합뉴스, 2018.05.19.

반응에 대해 의견을 교환했다. 드러나지는 않았지만 정보라인과 외교라인이 물밑에서 많은 노력을 했을 것이다. 양 정상은 북미정상회담 성공을 위한 흔들림 없는 협력 의지를 재확인했다.

북한이 남북고위급회담을 급작스럽게 취소하면서 발생한 혼란은 한국과 미국의 빠른 대처로 어느 정도 마무리가 되어가고 있었다. 북한은 맥스선더에서 B-52의 전개를 막았고, 한국은 더 적극적으로 미국과 대화하기 시작했으며, 트럼프 대통령은 리비아 모델을 치우고 체제안정 보장을 말했다. 치열한 외교 한판이 끝나고 있었다. 남북미 3국은 협상을 해나가는 과정에 있어서 서로의 의도는 어떠한지, 그리고 어떻게 협상해 나가야 하는지에 대한 귀중한 경험을 얻게 됐다.

그리고 본격적으로 회담 준비를 시작해야 할 시기가 찾아왔다. 북미정상회담까지는 이제 며칠밖에 남지 않았다.

5.
한미정상회담이 끝나자 북한이 화답하다

문재인 대통령이 워싱턴 D.C.에 도착했다. 북미정상회담까지는 한 달도 남지 않은 상태였다. 협상 과정 중에 발생한 갈등을 잘 마무리하고 성공적인 북미회담을 이루기 위해서는 한국의 역할이 상당히 중요해졌다.

트럼프 대통령은 백악관 앞에서 문재인 대통령을 기다리고 있다가 반갑게 맞았다. 그리고 문재인 대통령의 손을 잡고 백악관으로 들어갔다. 분위기는 화목했다. 문재인 대통령과 트럼프 대통령은 꾸준히 만나고 통화하며 관계를 잘 쌓아온 상태였다. 두 정상의 신뢰는 한반도 질서를 새롭게 하는 데 있어서 가장 중요한 역할을 할 것이 확실했다.

정상회담을 시작하기 전, 기자와의 인터뷰 자리가 만들어졌다. 예정에 없던 일이었다. 기자들의 질문은 단순히 북미정상회담과 관련된 것으로 국한되지는 않았다. 중국 기업 ZTE에 대한 질문도 계속 이어졌다. 그러다보니 기자회견은 조금 산만한 분위기였다. 하지만 트럼프 대통령의 대답에는 상당히 중요한 내용을 암시하는 부분이 있었다. 기자의 질문은 이러했다.

"대통령님은 시 국가주석이 평화를 추구하고 북한의 비핵화를 추구한다고 믿으시나요?"

이에 대해서 트럼프 대통령은 이렇게 대답한다.

"나는 그렇게 믿고 싶습니다. 나는 그렇길 희망합니다. 우리는 주로 무역을 다루고 있습니다. 하지만 무역을 다룰 때에는 다른 일들도 염두에 두고 있습니다. 나는 매번 중국과 무역에 관해 협의할 때마다 국경을 생각합니다. 왜냐면 지금 우리가 시행하는 조치에서 북중 국경은 매우 중요한 요소이기 때문입니다. 북중 국경은 거의 봉쇄됐지만 최근 들어 조금씩 열리고 있습니다. 나는 그것이 마음에 들지 않습니다."[115]

---

115 I would like to think so. I hope so. I mean, we're dealing mostly on trade. But you

또한, 정상회담 성사 여부에 대한 질문도 있었는데, 그에 대한 대답은 이러했다.

"우리가 원하는 조건들이 있으며, 내가 생각하기에 그 조건들을 관철할 수 있을 것입니다. 만약 그렇지 않다면 회담에 참가하지 않을 것입니다. 솔직히 말하자면, 북한에 대단히 유익한 회담, 세계에 유익한 회담이 될 가능성이 있습니다. 만약 성사되지 않는다면 이후에 성사될 가능성이 있습니다. 다른 시기에 성사될 가능성이 있습니다. 우리는 지켜볼 것입니다. 다만, 우리는 대화를 진행하고 있습니다. 알고 있는 것처럼 회담은 6월 12일에 싱가포르에서 개최되는 것으로 예정되어 있습니다. 성사 여부는 조만간 알게 될 것입니다. 지금 우리는 대화를 진행하고 있습니다."[116]

이 두 대답에서 트럼프 대통령이 북한 문제와 관련해 중국을 신경 쓰고 있으며, 미국과 중국 사이의 무역 문제가 북미 외교와

---

see, when I'm dealing on trade, I have many other things in mind also. Every time I talk to China about trade, I'm thinking about the border. Because that border is a very important element in what we're doing. It has been cut off largely, but it's been opened up a little bit lately. I don't like that. I don't like that. - 트럼프 대통령, 2018.05.22.

116 There are certain conditions that we want, and I think we'll get those conditions. And if we don't, we don't have the meeting. And frankly, it has a chance to be a great, great meeting for North Korea and a great meeting for the world. If it doesn't happen, maybe it will happen later. Maybe it will happen at a different time. But we will see. But we are talking. The meeting is scheduled, as you know, on June 12th in Singapore. And whether or not it happens, you'll be knowing pretty soon. But we're talking right now. - 트럼프 대통령, 2018.05.22.

연관되어 있음을 알 수 있다. 당연하게도 외교라는 것이 하나의 요소에만 국한되어서 행해지지는 않는다. 트럼프 대통령은 꾸준히 중국과의 무역 불균형에 대해서 이야기 해왔고, 그에게 북한은 이를 해결하기 위해 사용할 수 있는 하나의 카드일 수 있었다.

"김정은 위원장이 시진핑(習近平) 주석과 두 번째 만난 다음에 김정은의 태도가 좀 변했다고 생각합니다. 별로 좋은 느낌이 아닙니다. 그렇지 않기를 바랍니다. 왜냐하면 나는 시 주석과 굉장히 좋은 관계를 유지하기 때문입니다. 그리고 알다시피, 내가 중국을 갔을 때 중국에서 큰 환대를 받았습니다. (중략) 하지만 김정은이 중국을 두 번째 방문하고 떠난 다음에 태도 변화가 있었던 것은 사실입니다. 내가 알 수는 없습니다. 시 주석은 세계 최고의 도박사, 포커페이스 플레이어라고 볼 수 있습니다. 나도 마찬가지라고 봅니다. 어쨌든 만난 다음 태도가 변한 것은 사실입니다. 어쩌면 거기서 아무 일이 일어나지 않았을 수도 있고, 일어났을 수도 있지만 중요한 것은 시 주석과 김정은 위원장의 만남에 대해서 아무도 몰랐다는 사실입니다."[117]

---

[117] I will say I'm a little disappointed, because when Kim Jong-un had the meeting with President Xi, in China, the second meeting — the first meeting we knew about — the second meeting — I think there was a little change in attitude from Kim Jong-un. So I don't like that. I don't like that. I don't like it from the standpoint of China. Now, I hope that's not true, because we have — I have a great relationship with President Xi. He's a friend of mine. He likes me. I like him. We have — I mean, that was two of the great days of my life being in China. It was — I don't think anybody has ever been treated better in China — ever in their history. And I just think it was — many of you were there — it was an incredible thing to witness and see. And we built a very good relationship. We speak a lot. But there was a difference when Kim Jong-un left China the second time. I think that President Xi

트럼프 대통령은 기자회견의 말미에서도 중국에 대한 이야기를 한다. 트럼프 대통령은 두 번째 북중정상회담에 대해서 분명히 불편해하고 있었다. 북한이 중국과 진행하는 외교에 허점이 있었던 것이다.

또 한 가지 트럼프 대통령의 발언에서 주목해야 하는 부분은 바로 회담의 성사 여부에 대한 불확실성이었다. 시간과 장소를 공지한 상황인데도 불구하고 트럼프 대통령은 '성사 여부는 조만간 알게 될 것이다.'라고 이야기한다. 즉, 조건이 안 맞으면 얼마든지 회담을 깰 수 있다는 유보적인 입장을 보인 것이다.

정상회담 전에 이뤄진 이 기자회견을 보면 문재인 대통령의 역할이 더욱 중요해졌다는 것을 알 수 있다. 미국과 북한 그리고 중국의 엉킨 실타래를 풀어내야 했다. 풀면 엉키고, 풀면 얽히는 상황이 계속 이어졌다. 극한의 인내력이 아니라면 감당하기 어려운 일이었다.

한미정상회담이 끝나고 윤영찬 청와대 국민소통수석의 브리핑이 있었다. "문 대통령과 트럼프 대통령이 다음 달 12일로 예정된 북미정상회담을 차질 없이 진행되도록 최선을 다하자는 데

---

is a world-class poker player. And I'd probably, maybe, doing the same thing that he would do. But I will say this: There was a somewhat different attitude after that meeting, and I'm a little surprised. Now, maybe nothing happened. I'm not blaming anybody, but I'm just saying, maybe nothing happened and maybe it did. But there was different attitude by the North Korean folks when — after that meeting. So I don't think it was a great meeting. Nobody knew about the meeting, and all of a sudden it was reported that he was in China a second time. The first time everybody knew about. The second time it was like a surprise. - 트럼프 대통령, 2018.05.22.

의견을 모았다."라는 내용이었다. 내용으로 보면 특별한 것이 없다. 그렇기에 상황은 조심스러웠다. 특별한 내용이 없다는 것은 말 그대로 기본적인 것 자체에 집중해야 할 시기라는 신호일 수 있기 때문이었다. 개최해서 무엇을 얻느냐가 아닌 개최 자체를 할 수 있느냐에 대한 고민을 해야 했다. 물론, 회담의 모든 내용이 공개된 것은 아니기에 또 어떤 이야기들을 나눴는지는 알 수 없는 상황이었고, 한·미 정상의 북미정상회담 의지는 확고했기에 큰 문제는 발생하지 않을 것처럼 보였다. 오히려 한미정상회담의 개최로 양 정상의 돈독한 관계와 신뢰가 확인되었기 때문에 한미정상회담 자체가 호재였다는 판단도 있었다. 한반도 문제 해결 방식이 이미 톱다운으로 전환되었고, 각국 정상의 의지가 가장 중요한 상황이었다. 문재인 대통령과 트럼프 대통령은 이를 충분히 보여주고 있었고, 한반도 평화프로세스를 작동시키고 있는 것도 사실이었다.

5월 23일, 북한은 풍계리 핵실험장을 취재할 한국 취재단의 명단을 접수했다. 이미 타국의 기자단은 5월 22일에 중국에서 북한으로 들어간 상황이었다. 한국 기자단은 명단 접수가 안 돼서 대기하고 있었는데, 북한이 한미정상회담이 끝나자 갑작스레 명단 접수를 하면서 행사 직전에 간신히 북한으로 갈 수 있게 되었다.

북한이 한국 기자단의 명단을 접수한 의미는 분명했다. 북한은 한미정상회담에서 한국이 충분한 역할을 해주길 원했다. 그래서 접수를 미루면서 한국을 압박했을 뿐이다. 한미정상회담이 끝난 이상 계속 접수를 미룰 이유가 없다. 북한은 한미정상회담의 결과에 대해서 받아들였거나, 불만족스러워도 비핵화 자체의 동력은 유지하고 싶었을 테니, 당연히 한국 기자단의 명단을 접수해야 했다.

한국 기자단은 정부 수송기를 타고 급하게 북한의 원산 갈마 비행장으로 향했다. 다음날인 5월 24일 북한은 풍계리 핵실험장을 폭파 방식으로 폐기했다. 북한은 자발적 비핵화라는 명분을 쥐고 있었고, 이를 증명하기 위한 선제적 움직임을 분명히 보여주었다.

한미정상회담이 끝나고 풍계리 핵실험장이 폐기됐다. 이로써 그동안 있었던 갈등이 봉합되고 북미정상회담까지 순조롭게 진행될 것 같다는 전망이 다시 나오기 시작했다. 모두가 마음을 놓을 수 있게 된 것이다. 하지만 얼마 지나지 않아서 그 전망은 산산이 깨지게 된다.

트럼프 대통령이 북미정상회담을 취소해 버렸다.

6.
트럼프 대통령이 북미정상회담을 취소하다

모두가 환영했던 풍계리 핵실험장 폐기 조치가 시작되기 직전인 5월 24일 아침 8시 44분에 연합뉴스에서 속보가 뜬다. 제목은 "北최선희 '美, 계속 무도하게 나오면 회담 재고려 지도부에 제기'"였다. 조선중앙통신을 통해 최선희 북한 외무성 부상의 담화가 보도되었고, 이것이 속보로 뜬 것이었다. 이후 관련 내용이 보도되었다. 하지만 이 담화가 북미정상회담에 큰 영향을 끼칠 것이란 판단은 어려웠다. 최선희 부상의 담화가 보도된 것은 24일 오전이었고, 이날 풍계리 핵실험장 폐기행사가 정상적으로 진행됐기 때문이었다. 따라서 최선희 부장의 담화는 급속도로 변해가는 정국에서 발생한 해프닝이거나, 이미 마무리된 사항이거나, 핵실험장도 폐기하는 마당에 미국으로부터 조금 더 얻어보기 위한 북한의 메시지 정도라고 볼 수 있었다.

미국의 CNN과 같은 언론은 계속해서 풍계리 소식을 전달하고 있었다. 북한 비핵화가 잘 진행되고 있다는 상당히 긍정적인 신호였다. 몇몇 기자단은 원산으로 돌아오는 기차 안에서 실시간으로 관련 내용을 전송하기도 했다. 좋은 분위기가 이어졌다.

하지만 한국시간으로 저녁 10시가 지나서 충격적인 소식이 들려온다. 트럼프 대통령이 북미정상회담을 전격 취소한 것이다. 미국 현지 시각으로는 24일 오전이었다. 백악관은 트럼프 대통령이 김정은 위원장에게 보내는 공개서한을 공개했는데, 그 서한에 북미정상회담의 취소 사실이 담겨있었다.

친애하는 위원장님께,

양측이 오래 바라왔고 6월 12일 싱가포르에서 개최될 예정이었던 정상회담에 대한 협의와 대화에 시간과 끈기, 노력을 쏟아 부어주신 데 큰 감사를 표합니다. 이번 회담은 북한의 요청이었다는 통지를 받았지만, 우리에게 그건 전혀 상관없습니다. 당신과 만나기를 굉장히 기대하고 있었습니다. 안타깝게도 북한이 가장 최근 발표한 성명에 담긴 극도의 분노와 공개적인 적대감 때문에 오랫동안 계획해왔던 이 회담을 지금 개최하는 건 부적절하다는 생각이 들었습니다. 이에 따라 이 서한이 싱가포르 회담이 개최되지 않는다는 소식을 전달하기를 바랍니다. 양측 모두를 위한 일이지만 전 세계에 있어서는 손해가 될 것입니다. 당신은 당신의 핵능력에 대해 말하지만 미국의 핵능력은 정말 거대하고 강력해, 절대 사용할 일이 없기를 신에게 기도할 정도입니다.

당신과 저 사이에 꽤 멋진 대화가 진행되고 있었다고 생각했습니다. 결국 가장 중요한 건 대화니까요. 언젠가 만나기를 고대합니다. 그간 인질들을 석방해준 데 감사를 전하고 싶습니다. 그들은 다시 집으로 돌아와 가족과 함께 있을 수 있게 됐습니다. 정말 아름다운 제스처에 깊이 감사드립니다.

혹여라도 이 중요한 정상회담에 있어 마음에 바뀌신다면, 한 치의 망설임 없이 전화나 이메일을 주시기 바랍니다. 전 세계, 특히 북한은 지속적인 평화, 엄청난 부와 번영을 얻게 될 기회를 놓쳤습니다. 이 기회를 놓친 건 참으로 원통한 일로 역사에 남을 것입니다.

- 트럼프 대통령 서한 중에서(2018.05.25.)

트럼프 대통령의 서한에 따르면, 트럼프 대통령은 북미정상회담을 무척이나 기대했고, 또 협상도 잘 진행되고 있었지만, 가장 최근의 성명 때문에 회담을 취소하게 된 것이다. 겉으로 드러난 내용을 다 믿을 수는 없지만, 표면적인 이유는 가장 최근의 성명, 즉 최선희 부상의 담화 때문이었다. 트럼프 대통령은 전격적으로 회담을 취소하면서도 변화가 생기면 꼭 연락을 달라는 당부의 말을 잊지는 않는다. 아직 협상의 문을 열어놓고는 있었다.

이는 트럼프 대통령이 아니면 누구도 하지 못했을 만한 대담한 수였다. 분명히 말해서, 이를 '수'나 '전략'이라는 틀에서 이야기하는 것은 참으로 안타까운 일이다. 나라와 나라 사이에서 진행되는 외교였다. 당사자인 한국과 한국의 국민은 전쟁의 두려움에 떨어야 하는 일이었다. 북미정상회담의 갑작스러운 취소는 북한뿐만 아니라 한국에도 큰 충격을 주는 일이었다. 위대한 한미동맹을 이야기하면서, 한국 정부와의 논의 없이 이런 급진적인 결정을 하는 것은 '미국 마음대로 해도 된다'는 전횡을 보여주는 것에 불과할 뿐이다. 그러니 이를 '수'나 '전략'으로 설명하는 것은 한국의 국민으로서 무척이나 슬픈 일이다. 어쨌든 트럼프 대통령은 일을 저질렀다. 북미회담이 취소된 것은 현실이었다.

　가만히 반추해보면 트럼프 대통령은 계속해서 신호를 보내고 있었다. 북미정상회담의 시간과 장소가 정해졌음에도 불구하고 북미회담이 열릴지에 관해서는 나중에 확정될 것이라고 계속 얼버무렸다. 회담이 없을 수도 있다는 암시를 계속해서 주고 있었다. 다들 그것이 그냥 엄포를 놓는 것이거나 협상에서 우위에 서기 위한 전략으로 생각했을 뿐, 실제로 북미정상회담을 취소하기는 쉽지 않을 거란 전망이 대부분이었다. 남북정상회담이 성공적으로 끝난 상황이었고, 한미정상회담이 마무리된 시점이었다. 트럼프 대통령의 대북정책에 대한 미국 국민의 지지도 높았다. 5월 7일 미국 CBS뉴스가 발표한 여론조사 결과를 보면 응답자의 51%가 트럼프 대통령의 대북정책을 지지했는데, 이는 트럼프 대통령의 취임 이후 최대치였다. 심지어 트럼프 대통령의 노벨평화상 이야기도 나오고 있었다. 앞으로 있을 중간 선거까지 고려하면 트럼프 대통령에게는 대북정책을 성공시켜야 하는 이유가 매우 많았다. 하지만 트럼프 대통령은 북미정상회담을 취소한다는 상상하기 힘든 수를 실제로 던졌다. 트럼프 대통령은 그런 존재였다.

트럼프 대통령이 북미정상회담을 취소한 것이 과연 단순 변덕 때문일까? 아니면 그냥 자신의 심기를 거슬러서일까? 혹은 실제로 능력이 부족해서일까? 나는 그렇게 보지는 않는다. 트럼프 대통령은 꾸준히 회담 성사 여부에 대해서는 애매한 자세를 취해온 바 있다. 이미 예상된 상황이었을 가능성이 크다. 미국이 대북전략을 하나만 준비하고 있지는 않았을 테니, 준비해놓은 다양한 대북협상 전략 중의 하나를 사용했다고 보는 것이 더욱 타당할 것이다.

트럼프 대통령은 한미정상회담 전에 있었던 기자회견에서 시진핑 주석에 대해 얘기하면서 겜블러라는 표현을 사용했다. 그리고 트럼프 대통령의 북미회담 취소는 게임 이론의 전형적인 전술인 '팃포탯(tit-for-tat)118'과 닮아있다. 준비해놓은 다양한 대북전략 중에서 트럼프 대통령은 이것을 선택했을 뿐이다. 즉, 트럼프 대통령은 이기는 협상을 하고 있었다.

팃포탯 전략을 바탕으로 트럼프 대통령의 북미정상회담 취소를 살펴보면, 트럼프 대통령은 최선희 외무부상의 발언을 배신이라고 판단한 것이고, 이에 회담 취소로 복수를 감행한 것이다. 트럼프 대통령이 최선희 부상의 발언을 배신이라고 판단한 것은 "미국 부대통령의 입에서 이런 무지몽매한 소리가 나온데 대해

---

118 팃포탯 전략의 기본은 다음과 같다.
　1. 처음에는 협력한다. 2. 상대가 배신하면 복수한다. 3. 이후에 빠르게 관용을 베푼다.

놀라움을 금할 수 없다."라는 담화의 내용이 가장 큰 역할을 했을 것이다.

북미가 협상을 시작하기 전, 갈등이 고조되던 시기를 돌아보자. 그때는 서로의 인격을 모독하며 말싸움을 하고는 했다. 그런데 북미 간의 대화가 시작되자 트럼프 대통령은 그런 표현을 모두 없앤다. 북한을 대화의 상대로 존중하기 시작한 것이다. 북한도 마찬가지였다. 북미는 '외교'라는 나라와 나라의 협상 방식을 어느 정도 유지하고 있었다. 그런데 최선희 부상의 표현은 미국 부통령의 인격에 대한 모독을 담고 있다. 다시 과거로 회귀하겠다는 신호로 읽힌다. 이를 트럼프 대통령은 배신의 신호로 봤을 것이다. 북한이 일반국가의 모습에서 벗어나는 순간, 트럼프 대통령은 이를 응징한 것이다.

물론 응징의 이유가 단지 담화 하나 때문은 아닐 것이다. 그것은 겉으로 드러난 이유이고, 드러나지 않은 이유도 분명히 있을 것이다. 이는 중국 문제일 수도 있고, 미국의 내부 단속 문제일 수 있다. 북미 간의 전쟁 위협을 줄이라고 주장하던 미국 언론이 막상 트럼프 대통령이 대화를 시작하니 이에 대해 부정적인 의견을 내놓은 것도 하나의 이유일 수 있었다.

당시 미국의 언론과 정치권에서는 트럼프 대통령이 이룬 업적을 폄하하는 분위기가 있었다. 5월 초, 콘돌리자 라이스 전 장관은 트럼프 대통령에게 "김정은과 디테일을 두고 협상하지 말라.[119]"라고 이야기했다. 디테일은 모든 상황을 이해하는 사람에

---

[119] Don't try to negotiate the details with Kim Jong Un - 콘돌리자 라이스, Fox &

게 넘기라는 것이다. 트럼프 대통령의 능력을 무시한 것이나 다름없었다. 이런 식의 비판이 미국 내부에서 쏟아지고 있었다.

이런 상황에서 트럼프 대통령이 회담을 취소하자 언론은 다시 트럼프 대통령을 비판한다. 트럼프 대통령으로서는 대화를 한다고 해도 비판받고, 취소를 해도 비판받는 상황이었으니 억울할 법도 했다. 그런데 트럼프 대통령이 회담을 취소하자, 언론이 이를 비판하는 과정에서 '회담의 필요성'이 더욱 부각되는 현상이 발생한다. 오히려 북미정상회담에 대한 부정적인 여론을 잠재우는 효과가 있었다.

트럼프 대통령은 백악관에서 열린 기자회견에서 회담 취소의 이유를 묻는 기자의 질문에 지금은 말할 수 없지만, 나중에 알려줄 수도 있다는 식으로 답했다. 북미정상회담 취소의 정확한 이유를 지금 알 수는 없을 것이다. 시간이 지나 정보가 공개되어야 우리는 이날의 진실을 알 수 있을 것이다. 하지만 중국, 내부 단속, 여론 환기 등의 이유가 일정 정도 영향을 끼쳤다는 것 정도는 추정해볼 수 있다.

어떤 이유에서든, 트럼프 대통령은 복수를 감행했다. 만약 그가 팃포탯 전술을 사용하고 있다면, 이제는 관용을 베풀 차례였다. 하지만 관용을 베풀기 위해서는 먼저 북한의 유화 제스처가 필요했다. 트럼프 대통령은 공을 북한에 넘겨놓고 있었다.

Friends, 2018.05.01.

7.
북미정상회담 개최를 위해 남북이 움직이다

트럼프 대통령이 북미정상회담 취소를 밝힌 지 2시간도 안 된 25일 자정, 문재인 대통령은 NSC 상임위원 긴급회의를 소집했다. 25일 새벽 1시까지 회의가 진행됐고, 청와대는 북미정상회담 취소에 대한 입장을 표명했다.

북미정상회담이 예정된 6월 12일에 열리지 않게된데 대해 당혹스럽고 매우 유감이다.

한반도 비핵화와 항구적 평화는 포기할 수도, 미룰 수도 없는 역사적 과제이다.

문제 해결을 위해 노력해온 당사자들의 진심은 변하지 않았다.

지금의 소통방식으로는 민감하고 어려운 외교 문제를 해결하기 어렵다.

정상간 보다 직접적이고 긴밀한 대화로 해결해 가기를 기대한다.

　　　　　- 북미정상회담 관련 문재인 대통령 입장 중에서(2018.05.25.)

처음에는 유감을 표명한다. 한반도 문제의 당사자로서 유감 표명은 당연한 것이었다. 그리고 한반도 비핵화와 항구적 평화가 이뤄져야만 한다는 명분을 밝힌다. 계속 언급했지만, 명분이야말로 엉킨 실타래를 풀 수 있는 근간이다. 명분 다음에는 '당사자들의 진심이 변하지 않았다'고 못 박으면서, 협의가 계속 진행될 수 있는 바탕을 깐다. 이 발언은 전 세계에서 유일하게 한국만 할 수 있는 말이었다. 협상의 당사자인 북한과 미국과 직간접적으로 소통하면서 양 국가의 진심을 알 수 있는 위치에 있던 국가는 한국뿐이기 때문이다.

미국과 북한은 상대에 대한 불신을 지니고 있다. 협상을 하다 보면 당연히 밀당(밀고 당기기)을 하게 되는데, 불신은 밀당을 협상판을 깨고자 하는 행위로 오해하게끔 한다. 그러면 협상은 끝나버리고 관계는 파국으로 치닫게 된다. 일단 청와대는 트럼프 대통령의 북미정상회담 취소가 완전히 판을 깨버리겠다는 의도가 아니라는 것을 파악했을 것이다. 그렇다면 문제는 북한이다. 미국이 판을 깨려 한다고 오해하면 상황은 더욱 악화할 수 있었다. 이를 막기 위해서 문재인 대통령은 양 정상의 진심을 공개적으로 밝힌 것이다. 트럼프 대통령의 서한에 담긴 완곡한 표현과 문재인 대통령의 입장발표로 북한은 북미 협상이 계속될 수 있다는 신호를 받았을 것이다. 동시에 미국 역시 북미정상회담을 취소 했음에도 불구하고 북한과의 협상이 계속될 수 있다는 판단을 할 수 있었을 것이다. 결과적으로 양국은 대화의 장이 다시 열릴 수 있다는 가능성을 확인했을 것이며 상황이 더 악화하는 일을 미연에 방지할 수 있었다.

마지막으로 문재인 대통령은 문제의 원인과 해결책을 제시한다. 소통방식이 문제이며, 정상 간의 직접적이고 긴밀한 대화로 풀어야 한다는 것이다. 그렇게 유감부터, 명분 제시, 다시 판 깔기, 문제점 지적과 해결방안까지를 저 5문장에 모두 녹여냈다. 저 짧은 5문장에 얼마나 많은 고민이 담겨있는가?

청와대는 그만큼 간절하게, 하지만 능숙하게 맡은 일을 해나가고 있었다. 북미정상회담 취소라는 돌발상황에서 청와대는 빠르게 메시지를 발표하면서 즉시 중재에 나섰다. 무엇보다 양국의 진심이 변하지 않았다는 것을 밝히면서 북한이 유화적인 대응을 취할 수 있도록 돕고 있었다.

트럼프 대통령의 북미회담 취소 발표 이후 9시간 정도 지난 25일 오전, 김계관 북한 외무성 1부상이 북한 관영 조선중앙통신을 통해 담화를 발표한다. 정말 빠른 움직임이었다. 북미회담 취소, 청와대 NSC 개최 후 입장표명, 그리고 북한의 담화 발표까지 9시간 만에 이뤄지고 있었다.

력사적인 조미수뇌상봉에 대하여 말한다면 우리는 트럼프 대통령이 지난 시기 그 어느 대통령도 내리지 못한 용단을 내리고 수뇌 상봉이라는 중대사변을 만들기 위해 노력한 데 대하여 의연 내심 높이 평가하여 왔다. 그런데 돌연 일방적으로 회담취소를 발표한 것은 우리로서는 뜻밖의 일이며 매우 유감스럽게 생각하지 않을수 없다.

수뇌 상봉에 대한 의지가 부족했는지 아니면 자신감이 없었던탓인지 그 리유에 대해서는 가늠하기 어려우나 우리는 력사적인 조미수뇌상봉과 회담 그자체가 대화를 통한 문제해결의 첫걸음으로서 지역과 세계의 평화와 안전,두 나라 사이의 관계개선에 의미있는 출발점이 되리라는 기대를 하고 성의있는 노력을 다하여왔다.

또한 《트럼프 방식》이라고 하는것이 쌍방의 우려를 다같이 해소하고 우리의 요구조건에도 부합되며 문제 해결의 실질적작용을 하는 현명한 방안이 되기를 은근히 기대하기도 하였다. 우리 국무위원회 위원장께서도 트럼프 대통령과 만나면 좋은 시작을 뗄수 있을 것이라고 하시면서 그를 위한 준비에 모든 노력을 기울여오시었다.

그럼에도 불구하고 미국측의 일방적인 회담취소공개는 우리로 하여금 여직껏 기울인 노력과 우리가 새롭게 선택하여 가는 이 길이 과연 옳은가 하는 것을 다시금 생각하게 만들고있다. 하지만 조선반도와 인류의 평화와 안정을 위하여 모든것을 다하려는 우리의 목표와 의지에는 변함이 없으며 우리는 항상 대범하고 열린 마음으로 미국측에 시간과 기회를 줄 용의가 있다.

만나서 첫술에 배가 부를 리는 없겠지만 한가지씩이라도 단계별로 해결해나간다면 지금보다 관계가 좋아지면 좋아졌지 더 나빠지기야 하겠는가 하는것쯤은 미국도 깊이 숙고해보아야 할것이다.

우리는 아무때나 어떤 방식으로든 마주앉아 문제를 풀어나갈 용의가 있음을 미국측에 다시금 밝힌다.

- 김계관 조선외무성 제1부상 담화 중에서(2018.05.25.)

북한은 북미정상회담이 지닌 의미와 기대를 이야기하고 갑작스러운 취소에 대한 유감을 표명한다. 특히 "우리 국무위원회 위원장께서도 트럼프 대통령과 만나면 좋은 시작을 뗄수 있을것이라고 하시면서 그를 위한 준비에 모든 노력을 기울여오시었다."라고 김정은 국무위원장의 생각을 전한다. 문재인 대통령이 말했던 것처럼 정상 간의 소통을 이렇게 간접적으로나마 하고 있었다. 담화의 끝에 "우리는 아무때나 어떤 방식으로든 마주앉아 문제를 풀어나갈 용의가 있음을 미국측에 다시금 밝힌다."라고 말하며 대화를 계속해나가고 싶다는 의사를 표한다. 담화 전반적으로 과격한 표현 없이 북미정상회담에 대한 기대와 취소에 대한 유감, 그럼에도 대화를 계속해 나가길 원하는 의중이 모두 담겨 있었다. 담화 초반 트럼프 대통령에 대한 높은 평가까지 고려하면 상당히 유화적인 제스처였다.

트럼프 대통령이 북미회담 취소를 발표한 것은 오전이었다. 하지만 시차 때문에 당시 한국은 밤이었다. 이 밤에 한국은 NSC를 개최하고 바로 입장을 표명했다. 그리고 한국이 아침이 되었을 때 김계관 1부상의 담화가 발표됐다. 그리고 이때는 미국이 밤이 된 상태였다. 이제 한국이 저녁이 되었을 때, 즉, 미국이 아침이 되어 활동을 시작됐을 때 미국이 김계관 1부상 담화에 대한 어떤 반응을 내놓을 것인지가 무척이나 중요해졌다.

김계관 부상의 담화가 나온 이후인 25일 오전에, 강경화 외교부 장관은 미국 폼페이오 장관과 전화 통화를 한다. 외교부의 발표에 따르면 폼페이오 장관은 북미정상회담 취소에 대해서, 미국 측의 입장에 대해서 상세히 설명했다. 미국이 북한과의 대화 지속에 대한 분명한 의지가 있다고 밝히기도 했다. 강경화 장관과 폼페이오 장관은 김계관 북한 1부상의 담화에 대해서도 의견을 교환했다.

양 장관의 통화에서 가장 중요한 부분은 북한의 담화 이후에 미국의 방향을 확인하는 것이었다. 북한의 담화는 북한이 대화를 지속해 나가고 싶다는 의사를 명확히 밝히고 있었다. 미국이 북한에 공을 넘겼고 북한은 답을 했다. 이제 다시 공은 미국에 넘어간 상황이었다. 다행히 통화를 통해 미국이 북한과 대화할 의지가 있다는 것이 명확해졌다.

틋포탯 전략에 따르면 이제 빠른 관용이 뒤따를 차례였다. 생각보다 빠르게 상황이 정리될 가능성이 보이기 시작했다. 그리고 5월 25일 저녁 9시 15분, 미국 시간으로 오전 8시 15분, 트럼프 대통령의 트위터가 올라왔다.

"북한으로부터 따뜻하고 생산적인 담화를 받은 것은 매우 좋은 뉴스다. 우리는 그것이 어디로 이끌지 곧 보게 될 것이다. 부디 오래 지속되는 번영과 평화로 이끌기를. 오직 시간(그리고 재능)이 알려줄 것이다!"[120]

그리고 미국 시각 25일 저녁, 한국시간으로 26일 오전에 트럼프 대통령은 다시 트위터에 북미정상회담 재개 가능성을 언급했다.

"우리는 정상회담 재개에 대해 북한과 매우 생산적인 대화를 하고 있다. 만약 그것이 이뤄진다면 같은 날인 6월 12일에 싱가포르에서 개최될 것 같다. 그리고 만약 필요하면 연장될 수 있을 것이다."[121]

미국은 관용을 베풀었으며, 전략대로 움직이고 있었다. 트럼프 대통령은 이기는 게임을 했다. 그건 부인할 수 없는 사실이다.

---

120 Very good news to receive the warm and productive statement from North Korea. We will soon see where it will lead, hopefully to long and enduring prosperity and peace. Only time (and talent) will tell! - 트럼프 대통령, 트위터, 2018.05.25.

121 We are having very productive talks with North Korea about reinstating the Summit which, if it does happen, will likely remain in Singapore on the same date, June 12th., and, if necessary, will be extended beyond that date. - 트럼프 대통령, 트위터, 2018.05.25.

그는 거래를 아는 사람이었고, 최고의 겜블러였다. 그의 전략은 성공했다. 북미정상회담이 북한의 비핵화와 한반도 평화를 위한 필수적인 행사였고, 이를 성공적으로 개최하기 위해 트럼프 대통령이 회담 취소라는 충격 전략을 사용했다면 이를 잘못했다고 말하기는 어렵다. 결과만으로는 트럼프 대통령이 칭찬 받아 마땅했다.

하지만 전쟁의 위험과 불안을 직접 느껴야 하는 한국은 그 결과에 대해서는 인정할 수 있더라도 과정에서는 상처를 받았다. 내 땅에 전쟁이 발발할지도 모르는 상황이 이렇게 쉽게 타국에 의해 발생할 수 있다는 충격과 무기력감이 있었다. 열강에 의해 나라가 갈라졌고, 여전히 종전하지 못한 한반도였다. 그 충격과 무기력감은 더 클 수밖에 없었다.

북미정상회담 취소는 서서히 해결되고 있었지만, 한국은 이런 충격적인 전략과 타국에 의한 안보 불안이 또 발생하는 것을 막아야 하는 숙제를 갖게 됐다. 북미정상회담이 성공적으로 이뤄지기 위해서, 이후의 한반도 비핵화와 평화체제까지 꾸준히 이뤄지기 위해서 이는 반드시 필요한 일이었다.

5월 25일 오전에 김계관 1부상의 담화가 발표되고 강경화 장관과 폼페이오 장관이 통화를 한 이후, 하지만 저녁에 트럼프 대통령이 트위터로 북한 담화에 대한 좋은 평가를 하기 전인 시각에 한국은 북한과 소통하고 있었다. 트럼프 대통령의 반응이 있으려면 미국이 아침이 될 때까지 기다려야 했다. 북한은 상당히 불안했을 것이다. 다행히 담화 발표 이후에 강경화 장관과 미국 폼페이오 장관이 통화를 한 사실이 공개됐다. 북한은 이 통화에서 무슨 말이 오갔는지를 알 필요가 있었다. 한미정상회담에서 이뤄진 논의에 대한 내용도 전달받고 싶었을 것이다. 이 시점에 한국과 북한의 소통은 당연한 일이었다.

25일 오후, 북한의 김정은 위원장이 일체의 형식 없이 만나고 싶다는 뜻을 밝혔다.[122] 김영철 노동당 대남담당 부위원장 겸 통일전선부장이 서훈 국정원장에게 이 같은 내용을 전달했고, 청와대는 25일 밤 관계 장관 회의를 거쳐 정상회담을 열기로 확정했다.

이미 문재인 대통령은 북미정상회담 취소 직후의 입장 표명을 통해 정상 간의 소통이 필요하다고 밝혔다. 한미정상회담이 바로 얼마 전에 있었고, 북미정상회담은 취소가 된 상황이므로 당장 할 수 있는 것은 당연히 남북정상회담뿐이었다. 하지만 한국이 이를 제안하는 것은 옳지 않았다. 중재자이기 때문이다. 다행히 김정은 위원장은 무엇을 해야 할지 파악했고 남북정상회담을 제안했다.

바로 다음 날인 5월 26일 오후 3시부터 5시까지 판문점 북측 지역 통일각에서 남북정상회담이 열렸다. 이전과는 완전히 다른 형식이었다. 우선 남북정상회담처럼 큰 행사가 매우 급작스럽게 일어났다. 마치 일상적인 것처럼 말이다. 두 번째로 아주 소수의 인원으로 이뤄진 회담이었다. 한국은 문재인 대통령과 서훈 국정원장, 그리고 송인배 대통령 비서실 제1부속 비서관이 참여했고, 북측은 김정은 국무위원장과 김영철 조선노동당 중앙위원회 부

---

[122] 판 깨질까 두려웠나 … 김정은, 문 대통령에 '번개 회담' SOS, 중앙일보, 2018.05.28.

위원장 겸 통일전선부장, 그리고 김여정 조선노동당 중앙위원회 선전선동부 제1부부장이 참석했다. 핵심인사들로만 구성된 회담 이었다. 마지막으로 완전한 비공개로 이뤄졌다. 정상회담이 끝난 이후 저녁에 청와대가 직접 공개하기 전까지는 아무도 모르는 일이었다. 심지어 남북정상회담 결과 발표가 김정은 위원장의 요청으로 27일 오전에 이뤄졌기 때문에, 그때까지는 누구도 자세한 내용을 알 수 없을 정도로 보안이 철저했던 만남이었다.

2018년 제2차 남북정상회담은 회담 그 자체로 너무나 큰 의미를 지니고 있다. 가장 큰 메시지는 남과 북이 판문점 선언을 이행하고 있음을 보여 준 것이다. 문재인 대통령은 27일에 회담 결과를 직접 발표하면서 이 부분을 언급한다.

존경하는 국민 여러분!

저는 어제 오후, 판문점 북측지역 통일각에서 김정은 국무위원장과 두 번째 남북정상회담을 가졌습니다. 지난 4월 27일 판문점 평화의 집에서 첫 회담을 한 후, 꼭 한 달 만입니다.

지난 회담에서 우리 두 정상은 필요하다면 언제 어디서든 격식 없이 만나 서로 머리를 맞대고 민족의 중대사를 논의하자고 약속한 바 있습니다.

김 위원장은 그제 오후, 일체의 형식 없이 만나고 싶다는 뜻을 전해 왔고, 저는 흔쾌히 수락하였습니다. 오랫동안 저는 남북의 대립과 갈등을 극복하기 위한 방법으로 정상 간의 정례적인 만남과 직접 소통을 강조해왔고, 그 뜻은 4.27 판문점 선언에 고스란히 담겨 있습니다.

그런 의미에서 저는 지난 4월의 역사적인 판문점회담 못지않게, 친구 간의 평범한 일상처럼 이루어진 이번 회담에 매우 큰 의미를 부여하고 싶습니다. 남북은 이렇게 만나야 한다는 것이 제 생각입니다.

남과 북이 판문점 선언을 이행하는 모습을 보여주면서 남과 북의 문제, 한반도 문제, 비핵화 문제에 있어서만큼은 남북이 당사자라는 것을 또 한 번 분명하게 밝힌다. 한반도 문제에 있어서 주도권은 항상 남과 북에 있다는 것, 동시에 과거의 냉전 체제로는 가지 않는다는 것, 따라서 기존의 방식으로 한반도 문제에 접근해서는 안 된다는 메시지를 단 한 번의 만남으로 모두 전달했다.

문재인 대통령은 어째서 이런 만남을 계속 주장해왔는가? 남과 북이 손을 제대로만 잡으면 열강이 자기 입맛대로, 자기 이익대로 한반도를 마구 흔들 수 없기 때문이다. 남북은 갑자기, 소규모로, 비공개로 만날 수 있는 관계였다. 어떤 열강도 이런 상황에서는 섣불리 움직일 수가 없다. 문재인 대통령은 한반도 외교의 근간을 완전히 전환한 것이다.

국민 여러분!

우리 두 정상은 북미정상회담을 앞두고, 허심탄회한 대화를 나눴습니다. 저는 지난주에 있었던 트럼프 미국 대통령과의 정상회담 결과를 설명하면서, 트럼프 대통령은 김 위원장이 완전한 비핵화를 결단하고 실천할 경우, 북한과의 적대관계 종식과 경제협력에 대한 확고한 의지가 있다는 점을 전달하였습니다. 특히 김 위원장과 트럼프 대통령 모두 북미정상회담의 성공을 진심으로 바라고 있는 만큼 양측이 직접적인 소통을 통해 오해를 불식시키고, 정상회담에서 합의해야할 의제에 대해 실무협상을 통해 충분한 사전 대화가 필요하다는 점을 강조했습니다. 김 위원장도 이에 동의하였습니다.

김정은 위원장은 판문점 선언에 이어 다시 한 번 한반도의 완전한 비핵화 의지를 분명히 했으며, 북미정상회담의 성공을 통해 전쟁과 대립의 역사를 청산하고 평화와 번영을 위해 협력하겠다는 의사를 피력하였습니다. 우리 두 정상은 6.12 북미정상회담이 성공적으로 이뤄져야 하며, 한반도의 비핵화와 항구적인 평화체제를 위한 우리의 여정은 결코 중단될 수 없다는 점을 확인하고, 이를 위해 긴밀히 상호협력하기로 하였습니다.

또한 우리는 4.27 판문점 선언의 조속한 이행을 재확인했습니다. 이를 위해 남북 고위급 회담을 오는 6월 1일 개최하고, 군사적 긴장완화를 위한 군사당국자 회담과 이산가족 상봉을 위한 적십자 회담을 연이어 갖기로 합의하였습니다. 양 정상은 이번 회담이 필요에 따라 신속하고 격식 없이 개최된 것에 큰 의미가 있다고 평가하고, 앞으로도 필요한 경우 언제든지 서로 통신하거나 만나, 격의없이 소통하기로 하였습니다.

– 문재인 대통령 제2차 남북정상회담 결과 발표문 중에서 (2018.05.27.)

문재인 대통령은 "정상회담에서 합의해야 할 의제에 대해 실무협상을 통해 충분한 사전 대화가 필요하다는 점을 강조했습니다. 김 위원장도 이에 동의하였습니다."라고 말하며 북한이 실무협상을 성의있게 진행하겠다는 뜻이 있음을 공개했다. 이는 정확하게 미국에 전하는 메시지였다. 미국이 다시 안심하고 북한과 협상할 수 있도록 판을 깔아준 것이다. 게다가 6월 1일에 남북 고위급 회담 개최를 확정하면서 남북이 어떤 상황에서도 계속 진도를 나간다는 모습을 보여줬다.

남북이 뭉쳐서 진도를 나가게 되면 이제 급해지는 것은 열강이 된다. 진도를 나가는 남북에 영향력을 발휘해야 동북아시아 외교에서 '대한민국 지렛대'를 사용할 수 있다. 문재인 대통령은 당선되자마자 대한민국을 중간국가이자 교량 국가로 포지셔닝했다. 그리고 동아시아에서 그 영향력을 꾸준히 확대해왔다. 그렇게 '대한민국 지렛대'의 영향력을 높여왔다. 앞으로는 이 '대한민국 지렛대'를 이용할 수 있는 열강이 아시아에서 큰 힘을 발휘할 가능성이 커진다. 미국이 북미정상회담을 하지 않으면 이 기회를 중국이 가로채 버릴 것이다. 그렇다고 중국이 북미정상회담에 훼방을 놓게 된다면, 한반도 평화를 저해하는 것으로 오인되어 오히려 미국에 더 큰 힘을 실어주는 것이 된다. 미리미리 구축해 놓은 지렛대와 남북협력으로 열강들이 북미정상회담을 취소하기도 방해하기도 쉽지 않은 상황을 만들어 낸 것이다.

존경하는 국민 여러분!

돌아보면 지난해까지 오랜 세월 우리는 늘 불안했습니다. 안보 불안과 공포가 경제와 외교에는 물론 국민의 일상적인 삶에까지 파고들었습니다. 우리의 정치를 낙후시켜 온 가장 큰 이유이기도 했습니다. 그러나, 지금 우리는 역사의 물줄기를 바꾸고 있습니다. 평창 올림픽을 평화 올림픽으로 만들었고, 긴장과 대립의 상징이었던 판문점에 평화와 번영의 새로운 길을 내고 있습니다. 북한은 스스로 핵실험과 미사일 발사를 중단하고, 풍계리 핵실험장을 폐기하는 결단을 보여주었습니다.

이제 시작이지만, 그 시작은 과거에 있었던 또 하나의 시작이 아니라, 완전히 새로운 시작이 될 것입니다. 산의 정상이 보일 때부터 한 걸음 한 걸음이 더욱 힘들어지듯이 한반도의 완전한 비핵화와 완전한 평화에 이르는 길이 결코 순탄하지 않을 것입니다. 그러나 저는 대통령으로서 국민이 제게 부여한 모든 권한과 의무를 다해 그 길을 갈 것이고, 반드시 성공할 것입니다. 국민 여러분께서도 함께 해주시기 바랍니다.

감사합니다.

― 문재인 대통령 제2차 남북정상회담 결과 발표문 중에서 (2018.05.27.)

문재인 대통령은 정상회담 결과발표의 끝에 명분을 제시하고, 각오를 다진다. 동시에 세계에도 메시지를 전한다. "저는 대통령으로서 국민이 제게 부여한 모든 권한과 의무를 다해 그 길을 갈 것이고, 반드시 성공할 것입니다. 국민 여러분께서도 함께 해주시기 바랍니다."라는 각오는 한국뿐만 아니라 전 세계에 전하는 메시지이며, 동시에 문재인 대통령이 한반도의 주도권을 다시 강하게 쥐겠다는 표시이기도 했다.

북미정상회담의 취소로 혼란에 빠졌던 한반도는 청와대의 빠른 대처로 다시 안정을 되찾았다. 발생한 일의 해결도 미래에 또 있을지도 모르는 혼란의 예방도 모두 마무리했다. 특히 남북관계를 주도하고, 열강이 쫓아오는 상황을 강제함으로써 북미회담 취소와 같은 극단적인 상황이 다시 발생하기 어렵도록 만들었다. 그리고 이 과정을 통해 결국 문재인 대통령이 제시하고 실현해 온 한반도 구상이 올바른 방향이었음이 드러났다. 이제 한반도 비핵화와 평화·번영 프로세스는 되돌리기 힘든 지점으로 돌입하고 있었다.

8.
북미정상회담을 준비하다

트럼프 대통령은 미국 시각으로 5월 27일에 트위터로 미국의 협상팀이 북한에 도착했다는 사실을 공개한다. 트럼프 대통령은 이 트위터에서 "나는 북한이 대단한 잠재력을 지니고 있고 언젠가 경제적으로 금융적으로 위대한 국가가 될 것이라고 믿는다."[123]라고 밝히면서 북한에 대한 긍정적인 평가를 한다. 그는 보복 이후의 관용이라는 규칙을 잘 따르고 있었다.

이날 개최된 북미 실무회담은 전 주한 미국대사였던 성 김 주필리핀 대사와 최선희 북한 외무성 부상이 주축이 되어 판문점 북측 지역인 판문각에서 진행됐다. 6월 12일까지는 얼마 남지 않은 상황이었다. 빠르게 협의를 마무리 지어야 했다.

한국의 청와대는 내부 관리에 들어갔다. 북미정상회담이 개최되기 전까지는 조금의 방심도 없어야 했다. 청와대는 5월 29일에 『조선일보』와 TV조선의 북한 관련 보도에 대해 경고했다. 청와

---

[123] Our United States team has arrived in North Korea to make arrangements for the Summit between Kim Jong Un and myself. I truly believe North Korea has brilliant potential and will be a great economic and finincial Nation one day. Kim Jong Un agrees with me on this. It will happen! - 트럼프 대통령, 트위터, 2018.05.27.

대에서 문제를 제기한 내용은 '한미정상회담 끝난 날, 국정원 팀이 평양으로 달려갔다.'라는 『조선일보』의 5월 28일자 기사, '풍계리 갱도 폭파 안해.. 연막탄 피운 흔적 발견'이라는 TV조선의 5월 24일자 보도, "북, 미 언론에 '풍계리 폭파' 취재비 1만달러 요구"라는 TV조선의 5월 19일자 보도였다. 김의겸 대변인은 "남북미가 각자의 핵심적 이익을 걸어놓고 담판을 벌이는 시점이다. 말 한마디로 빚어진 오해와 불신이 커질 수 있다."라고 말했다. 『조선일보』와 TV조선의 보도가 국익을 얼마나 크게 저해하고 있는지를 생각하면 이는 타당한 경고였다.

같은 날, 북한의 김영철 부위원장은 베이징에 있었다. 뉴욕행 비행기에 탑승하기 위해서였다. 김영철 부위원장은 김정은 위원장의 메시지를 지니고 있었다. 문재인 대통령이 제시한 '정상 간의 대화로 문제를 풀라'는 방법이 작동하는 중이었다.

미국에 도착한 김영철 부위원장은 뉴욕에서 폼페이오 국무장관과 회담을 했다. 이제 중요한 것은 김영철 부위원장이 트럼프 대통령을 만날 수 있는지였다. 김정은 위원장의 친서가 트럼프 대통령에게 직접 전달되어야 정상 간의 대화로 문제를 풀게 되는 것이었다. 다행히도 트럼프 대통령은 김영철 부위원장을 워싱턴에서 만나겠다고 했다. 이는 판문점에서 있었던 실무회담도, 김영철 부위원장과 폼페이오 국무장관의 회담도 모두 잘 됐다는 신호였다.

미국 현지 시각 6월 1일, 트럼프 대통령과 김영철 부위원장이 만났다. 접견은 약 80분간 진행됐다. 매우 긴 시간이었다. 2000년 10월 10일 조명록 국방위원회 제1부위원장 이후 18년 만에 북한의 최고위급 인사가 백악관을 방문한 것이었다. 의미는 각별했다. 트럼프 대통령은 접견을 끝내고 가는 김영철 부위원장을 직접 배웅했다. 김정은 위원장의 친서 전달과는 별개로 트럼프 대통령이 북한 문제를 어느 수준으로 대하고 있는지를 잘 보여주는 모습이었다. 트럼프 대통령은 김영철 부위원장과의 만남 직후 기자들의 질문에 답하면서 6월 12일 북미정상회담 개최를 확정 지었다. 이로써 북미정상회담 취소라는 초유의 사태가 완전히 마무리됐다.

정상 간의 소통으로 문제를 풀어야 한다는 문재인 대통령의 방향 제시대로 특사와 친서라는 방식은 그동안의 혼란을 끝내고 북미정상회담을 확정시켰다. 이제 중요한 것은 북미정상회담에서 어느 정도의 성과를 낼 것이냐는 점이었다. 트럼프 대통령은 '빅딜'이 있을 것이라는 표현을 통해 기대감을 한껏 높이고 있었다.

같은 날, 판문점 평화의 집에서는 남북고위급 회담이 열렸다. 이 회담을 통해 남북공동연락사무소를 개성공업지구 안에 개설하기로 결정했다. 연락사무소 개설을 위해서는 개성공단으로 직접 사람이 들어가 시설을 점검하는 등의 작업을 해야 할 필요가 있었다. 겸사겸사 개성공단도 살펴볼 수 있는 좋은 기회였다. 개성공단이 다시 열리는 순간, 한반도의 평화와 번영이 본격적으로 시작된다. 여건이 갖춰지는 대로 바로 개성공단을 운영해야 했고 미리 준비해야 할 필요가 있었다. 남북공동연락사무소는 이 준비를 자연스럽게 해나갈 수 있는 좋은 계기였다.

6월 7일, 대한민국이 국제철도협력기구 정회원으로 가입했다. 국제철도협력기구는 1956년에 만들어진 러시아, 중국, 북한 등이 가입되어 있는 철도협력기구였다. 북한과 철도를 연결하고 러시아를 거쳐 유럽까지 철의 실크로드를 내고 싶은 한국으로서는 국제철도협력기구에 가입해야만 했다. 이 기구에서 이들 지역의 철도 운행을 위한 다양한 규약을 결정하기 때문이다. 문제는 기구 가입을 위해서는 가입국 전체가 만장일치로 가입을 찬성해줘야 한다는 점이다. 북한은 한국의 가입에 대해서 번번이 반대 의사를 밝혀왔기 때문에 그동안 한국은 가입이 좌절됐었다. 그런데 마침내 북한이 찬성표를 던지면서 대한민국이 국제철도협력기구의 정회원이 된 것이다. 남북협력이 가져다준 큰 선물이었다.

한국은 시베리아횡단철도나 중국횡단철도와 철로를 연결할 수 있게 됐다. 문재인 대통령이 구상한 한반도 신경제지도 실현을 위한 가장 기본 조건이 충족된 것이다. 문재인 대통령은 남북정상회담 당시, '한반도 신경제지도 구상안'을 책자와 USB에 담아 김정은 위원장에게 전달했다. 북한이 한국의 가입을 찬성했다는 것은 문재인 대통령의 구상에 김정은 위원장이 동의했다는 뜻이었다. 북한의 경제 제재가 끝나는 시점부터 남북의 경제 협력은 매우 빠르게 진행될 것이다.

그리고 6월 10일, 김정은 위원장과 트럼프 대통령이 싱가포르에 도착했다.

북미정상을 하루 앞둔 6월 11일, 문재인 대통령은 수석·보좌관 회의를 주재했다. 그는 "전쟁에서 평화로 가는 역사적 이정표가 될 것으로 기대한다."라고 밝혔다. 한반도 비핵화를 하나의 사건으로 다루지 않고 큰 역사적 맥락으로 다뤄온 그의 인식을 잘 보여주는 말이었다. 유럽에서는 이미 끝난 냉전 종식을 아시아에서도 이루겠다는 그의 의지가 실현되고 있었다. 유럽에서 냉전이 끝나고 EU가 출범했던 것처럼, 그래서 유럽에서의 큰 갈등과 전쟁 위협이 사라진 것처럼, 한반도 비핵화와 평화협정으로 아시아의 냉전이 종식되면 그 이후에는 동북아 더하기 공동체가 출범하고 아시아에서의 큰 갈등과 전쟁 위협은 사라질 것이다. 북미정상회담은 그 새로운 시대를 알리는 신호탄이 될 것이 분명했다.

문재인 대통령은 트럼프 대통령과 통화를 했다. 트럼프 대통령은 이 통화에서 싱가포르 회담 직후 폼페이오 장관을 한국으로 보내 회담 결과를 설명하고 한·미 간 공조 방안에 대해서 문재인 대통령과 상의하겠다고 밝혔다. 미국은 아시아 외교에 있어서만큼은 한국이라는 동맹을 가장 중요시 여기고 있었다. 아시아의 정치·외교를 중심에서 이끌어 가고 있는 사람이 문재인 대통령이기 때문에 미국의 판단은 당연한 것이었다.

김정은 위원장은 11일 밤에 발라크리슈난 싱가포르 외무장관과 함께 '가든스 바이 더 베이'에 방문했다. 김정은 위원장이 중국 이외의 나라에 가서 공개적인 행보를 하는 것은 처음이었다. 상징적인 사건이었다. 북한은 이제 더 이상 은둔 국가로 남을 생각이 없었다. 변화는 분명했다. 북미정상회담을 앞두고 북한은 진정성을 행동으로 보이고 있었다. 어느 누구도 김정은 위원장이 밤거리를 자유롭게 다니며 셀카를 찍을거라고 생각하지 못했을 것이다. 하지만 그런 일이 일어나고 있었다. 세상은 새로운 시대를 보고 있었다.

9.
북미정상이 만나 새로운 시대를 알리다

2018년 6월 12일 싱가포르, 미합중국 대통령 도널드 트럼프와 조선인민민주주의 공화국 국무위원장 김정은이 마침내 마주섰다.

오전 9시 3분, 두 정상은 싱가포르 카펠라 호텔에서 처음 만나 악수를 했다. 그들 뒤에는 미국의 성조기와 북한의 인공기가 교차로 배치되어 있었다. 둘의 표정은 밝았다. 하지만 동시에 약간의 긴장도 느껴졌다. 악수를 마치고 두 정상은 회담장으로 이동했다. 이 자리에서 모두발언이 있었다.

"기분이 정말 좋습니다. 아주 좋은 대화가 될 것이고, 엄청난 성공이 될 것입니다. 정말 성공적일 것이라고 생각합니다. 저의 영광입니다. 의심의 여지 없이 우리는 아주 훌륭한 관계를 맺을 것입니다.[124]"

트럼프 대통령은 북미정상회담이 긍정적인 결과를 낼 것임을 확신하고 있었다. 특히, 김정은 위원장과 훌륭한 관계를 맺을 것이라고 말하며, 정상들끼리 문제를 해결해나가는 톱다운 방식이 잘 작동될 것임을 암시했다.

---

[124] We are going to have a great discussion and I think tremendous success. We will be tremendously successful. And it's my honor and we will have a terrific relationship, I have no doubt. - 트럼프 대통령, 2018.06.12.

"여기까지 오는 길이 그리 쉬운 길이 아니었습니다. 우리한테는 우리 발목을 잡는 과거가 있고, 또 그릇된 편견과 관행들이 때로는 우리의 눈과 귀를 가리고 있었는데, 우리는 모든 것을 이겨내고 이 자리까지 왔습니다."

김정은 위원장이 "그릇된 편견과 관행들이 우리의 눈과 귀를 가리고 있다."라며 "이 모든 것을 이겨내고 이 자리까지 왔다."라고 말하자 트럼프 대통령은 "That's true(사실입니다)."라고 맞장구 치며 공감을 표시했다. 그리고 김정은 위원장과 눈을 맞추며 악수했다.

트럼프 대통령은 북핵문제를 처리하는 데 있어서 미국 주류 언론과 정치권으로부터 계속 공격을 받아왔다. 북미정상회담이 열리기 얼마 전인 6월 8일에 트럼프 대통령은 트위터를 통해 "오바마(전 대통령), 슈머(민주당 상원 대표), 펠로시(민주당 하원 대표)는 북한에 대해 아무것도 하지 않았다."라고 말하며 "슈머는 북한과 이란 문제에 대해서 실패했고, 우리는 그의 조언을 필요로 하지 않는다."라고 선언했다.[125] 당시 미국 언론과 정치권은 트럼프 대통령이 무능하다는 인식을 계속 퍼트리며 공격하고 있었다. 그렇기에 트럼프 대통령은 김정은 위원장의 발언에 '사실이야!'라고 답한 것이다. 문재인 대통령과의 첫 번째 정상회담에서 가짜 뉴

---

125 Obama, Schumer and Pelosi did NOTHING about North Korea, and now weak on Crime, High Tax Schumer is telling me what to do at the Summit the Dems could never set up. Schumer failed with North Korea and Iran, we don't need his advice! - 트럼프 대통령, 트위터, 2018.06.08.

스 이야기를 통해 양 정상이 공감했던 것처럼 북미정상회담에서는 눈과 귀를 가리고 있는 그릇된 편견과 관행의 이야기로 두 정상이 공감을 이뤄냈다.

모두발언 이후 38분간의 단독회담이 이어졌다. 그리고 100분간의 확대 회담이 진행되었다. 확대 회담이 끝난 이후에 업무 오찬이 진행됐고, 이후 짧게 두 정상이 카펠라 호텔을 산책하는 모습을 보여줬다. 그리고 오후 1시 41분, 역사적인 합의문 서명식이 있었다. 북미 두 정상이 나란히 앉아 서명하는 모습을 통해 세상이 바뀌었다는 강렬한 이미지 한 장이 전 세계에 새겨졌다.

김정은 조선민주주의인민공화국 국무위원회 위원장과 도날드 제이.트럼프 미합중국 대통령사이의 싱가포르수뇌회담 공동성명

김정은 조선민주주의인민공화국 국무위원회 위원장과 도날드 제이.트럼프 미합중국 대통령은 2018년 6월 12일 싱가포르에서 첫 력사적인 수뇌회담을 진행하였다.

김정은위원장과 트럼프 대통령은 새로운 조미관계수립과 조선반도에서의 항구적이며 공고한 평화체제구축에 관한 문제들에 대하여 포괄적이며 심도 있고 솔직한 의견교환을 진행하였다.

트럼프 대통령은 조선민주주의인민공화국에 안전담보를 제공할것을 확언하였으며 김정은위원장은 조선반도의 완전한 비핵화에 대한 확고부동한 의지를 재확인하였다.

김정은위원장과 트럼프 대통령은 새로운 조미관계수립이 조선반도와 세계의 평화와 번영에 이바지할것이라는것을 확신하면서, 호상 신뢰 구축이 조선반도의 비핵화를 추동할수 있다는것을 인정하면서 다음과 같이 성명한다.

1. 조선민주주의인민공화국과 미합중국은 평화와 번영을 바라는 두 나라 인민들의 념원에 맞게 새로운 조미관계를 수립해나가기로 하였다.

2. 조선민주주의인민공화국과 미합중국은 조선반도에서 항구적이며 공고한 평화체제를 구축하기 위하여 공동으로 노력할것이다.

3. 조선민주주의인민공화국은 2018년 4월 27일에 채택된 판문점 선언을 재확인하면서 조선반도의 완전한 비핵화를 향하여 노력할것을 확약하였다.

4. 조선민주주의인민공화국과 미합중국은 전쟁포로 및 행방불명자들의 유골발굴을 진행하며 이미 발굴확인된 유골들을 즉시 송환할것을 확약하였다.

김정은위원장과 트럼프 대통령은 력사상 처음으로 되는 조미수뇌회담이 두 나라사이에 수십년간 지속되어온 긴장상태와 적대관계를 해소하고 새로운 미래를 열어나가는데서 커다란 의의를 가지는 획기적인 사변이라는데 대하여 인정하면서 공동성명의 조항들을 완전하고 신속하게 리행하기로 하였다.

조선민주주의인민공화국과 미합중국은 조미수뇌회담의 결과를 리행하기 위하여 가능한 빠른 시일안에 마이크 폼페오 미합중국 국무장관과 조선민주주의인민공화국 해당 고위인사사이의 후속협상을 진행하기로 하였다.

김정은 조선민주주의인민공화국 국무위원회 위원장과 도날드 제이.트럼프 미합중국 대통령은 새로운 조미관계발전과 조선반도와 세계의 평화와 번영, 안전을 추동하기 위하여 협력하기로 하였다.

2018년 6월 12일
싱가포르 쎈토사섬

조선민주주의인민공화국
국무위원회 위원장
김정은

미합중국
대통령
도날드 제이. 트럼프

'트럼프대통령은 조선민주주의인민공화국에 안전담보를 제공할 것을 확언하였으며 김정은위원장은 조선반도의 완전한 비핵화에 대한 확고부동한 의지를 재확인하였다.'라는 가장 중요한 이야기로 공동성명은 시작된다. 북한이 원하던 체제 안전을 미국이 보장하고, 미국이 원하는 완전한 비핵화를 북한이 하겠다고 밝혔다. 한반도 비핵화와 평화·번영을 위한 가장 기본이자 가장 큰 범위의 합의가 이뤄졌다.

1. 조선민주주의인민공화국과 미합중국은 평화와 번영을 바라는 두 나라 인민들의 념원에 맞게 새로운 조미관계를 수립해나가기로 하였다.

공동성명의 첫 번째 내용은 새로운 북미관계의 수립이었다. 이는 당연히 북미 수교를 담고 있다. 1항을 국가 간의 관계 정의로 둔 것은 북한의 비핵화가 '궁극적 목표'가 아닌 양국의 관계를 새롭게 정의하는 '과정'으로서 존재한다는 의미이다.

이는 문재인 대통령의 접근법과 상당히 닮아있다. 문재인 대통령은 북한 비핵화를 냉전 종식과 새로운 아시아 질서를 만드는 큰 틀로 감싸버리면서 북한의 비핵화 가능성을 끌어올렸다. 실제로 이 전략이 맞아떨어져 남북정상회담과 북미정상회담까지 이어질 수 있었다. 북미는 이 같은 접근법을 그대로 차용하고 있었다.

2. 조선민주주의인민공화국과 미합중국은 조선반도에서 항구적이며 공고한 평화체제를 구축하기 위하여 공동으로 노력할 것이다.

2항은 한반도 평화체제이다. 한반도의 항구적이고 공고한 평화체제를 구축하겠다는 중요한 내용이 담겨 있다. 이는 문재인 대통령이 지금까지 추구해온 일이며, 판문점 선언에서도 제시가 된 내용이었다. 북미 공동성명에도 한반도 평화체제를 구축하기 위해 미국이 공동으로 노력한다는 내용이 들어가면서 남북미 3국이 한반도 평화에 힘을 모으는 데 합의하게 됐다.

판문점 선언을 보면 1항은 남북관계에 대해서 다루고 2항은 전쟁위험 제거, 3항에서 한반도 평화 구축에 대해 나온다. 싱가포르 합의에서 1항은 북미관계에 대해서 이야기 한다. 그리고 북미가 직접적인 군사 대치 상황은 아니기 때문에 이 내용은 건너뛰고 2항에서 한반도 평화구축을 말한다. 이처럼 싱가포르 합의는 상당 부분 판문점 선언을 닮아있었다.

> 3. 조선민주주의인민공화국은 2018년 4월 27일에 채택된 판문점 선언을 재확인하면서 조선반도의 완전한 비핵화를 향하여 노력할것을 확약하였다.

3항은 판문점 선언의 재확인과 비핵화였다. 비핵화 관련 내용은 이미 판문점 선언에 명시되어 있었다. 공동성명에서 북한의 비핵화를 북미가 따로 정의하지 않고 판문점 선언을 재확인하는 방식으로 기술한 것은 상당히 큰 의미가 있다. 이를 통해 미국이 한반도 당사자 그룹인 한국과 북한의 주체적인 노력에 확실히 힘을 실어줬다. 이렇게 되면 북한 비핵화와 한반도 외교에 있어서 대한민국의 주도권은 더욱 명확해진다.

북한의 비핵화는 상당히 정치적인 문제다. 각국의 이해관계가 첨예하게 얽혀있다. 이를 돌파하고 비핵화를 이루기 위해서는 '당사자라는 명분이 무엇보다 중요하다. 트럼프 대통령과 김정은 위원장은 이 지점을 명확하게 이해하고 있는 것이 분명했다. 그렇지 않다면 관련 내용을 북미공동성명에 직접 명시하려고 했을 것이고, 북미정상회담은 실패로 돌아갔을 것이다. 비핵화에 관련한 북미 양국의 견해차를 좁히고 이해관계를 풀어내려면 상당히 긴 시간 동안 협상과 조율이 필요하다. 이 과정을 다 마치고 정상회담을 하고자 한다면, 언제 과정이 마무리될지 알 수도 없고 협상 동력도 떨어져 결국 협상은 실패하고 정상회담은 없었을 것이다. 싱가포르 회담 중에 조율을 하려고 했다면, 시간이 부족해 결론을 내지 못하고 회담이 종료됐을 것이다. 그렇기에 두 정상의 방식은 현명했다. 두 정상은 판문점 선언을 포함시키는 방법으로 협상 동력과 시간을 확보했고, 북한 비핵화의 실현 가능성을 높였다. 양 정상이 지니고 있는 실용적인 태도가 그대로 드러난 결과다. 동시에 확실히 비핵화를 하겠다는 두 정상의 의지도 명확했다. 두 정상은 실제로 성과 내는 것을 중요하게 여기는 면에서 닮은 꼴이었다.

4. 조선민주주의인민공화국과 미합중국은 전쟁포로 및 행방불명자들의 유골발굴을 진행하며 이미 발굴확인된 유골들을 즉시 송환할것을 확약하였다.

공동성명의 마지막은 유해 송환에 관한 것이었다. 미국은 이미 베트남과 수교를 하는 과정에서 유해 송환을 중요한 계기로 삼은 경험이 있었다. 외교부 자료는 이 과정을 이렇게 기술해 놓았다.

1989년 베트남이 캄보디아 주둔군을 철수하고, 구 월남 정치범의 미국 정착 허용 및 베트남전 실종 미군 문제 해결 협조 등 변화된 모습을 보이자, 1991년 미국은 단계적인 경제제재 완화를 통한 관계 정상화 4단계 안을 베트남 측에 제시

미국은 1994년 2월 대 베트남 경제제재 조치를 해제하고 1995년 7월 대 베트남 국교 정상화 성명을 발표함으로써 양국 관계가 정상화 실현**126**

이런 역사에 비추어 볼 때, 4항이 지닌 의미는 상당히 큰 것이었다. 이는 북미관계 개선을 이루기 위한 실질적 조치를 실행하겠다는 의미이기 때문이다. 북미관계를 새롭게 정립한다는 것이 그저 상징적인 내용이 아니라, 이후 북미 수교로까지 이어지게 하겠다는 양 정상의 큰 계획의 일부였다. 공동성명은 위의 내용을 신속하게 이행하고 후속 협상도 진행하겠다고 밝히면서 끝난다.

70년간 적대했던 양국의 정상은 이렇게 새로운 시대를 열었다. 1년 전, 그 누구도 이런 대사건을 예측하지 못했을 것이다. 트럼프 대통령과 김정은 위원장이 만나 악수하고 대화를 나누고 공동성명을 낸다는 상상은 그 자체로 비웃음을 당할 수도 있었다. 하지만 그 일을 상상했던 사람이 있었다. 바로 트럼프 대통령이었다. 이미 트럼프 대통령은 대선 기간 중에 북한 김정은 위원장과 만날 수 있다고 말했다. 이 이야기를 들은 많은 이들이 그의 상상을 무시하곤 했다. 하지만 그의 이야기를 흘려듣지 않고, 그 상상을 현실로 만들어 낸 인물도 있었다. 바로 문재인 대통령이

---

126 베트남 개황, 외교부, 2019.11.

었다. 문재인 대통령도 북한 문제를 새로운 접근법으로 해결해 나가야 한다고 생각했던 인물이었다. 문재인 대통령은 대선 기간 중에 트럼프 대통령의 상상을 높이 평가하고 같이 협력해 실현시킬 수 있다고 꾸준히 밝혀왔다.

마침내, 2018년 6월 12일, 불가능해 보였던 일이 현실이 되었다. 김정은 위원장과 트럼프 대통령, 그리고 끝까지 한반도의 평화를 포기하지 않은 문재인 대통령이 함께 이룬 일이었다. 상상은 현실이 되었다.

5장

지독한 인내로
멈추지 않고 나아가다

1.
북미정상회담이 끝난 뒤

6월 12일, 북미정상회담이 끝나고 트럼프 대통령은 기자회견을 연다. 북미정상회담과 관련된 다양한 질문에 대해 직접 답하는 자리였다. 트럼프 대통령은 줄곧 당당한 모습을 보였다.

기자회견이 끝난 이후 한국에서 가장 큰 관심을 보인 내용은 한미군사훈련에 대한 것이었다. 트럼프 대통령은 한국과의 군사훈련에 상당히 많은 돈이 들어간다고 밝히며 북한과의 협상 상황에서 이런 '워 게임(war game)'을 하는 것이 적절하지 않다고 밝혔다. 언젠가는 한국에 주둔하는 미군을 고향으로 데려오고 싶다고 말하기도 했다. 한국의 언론과 극우 집단은 이 내용을 가장 주요하게 다루면서 한미연합훈련이 중단되고, 미군이 한반도에서 철수하는 것 아니냐는 우려를 표명했다. 그들에게 있어서 한미연합훈련과 미군 주둔은 마치 신앙처럼 여겨지고 있었다. 연합훈련 중단과 미군의 주둔이 끝나면 대한민국이 북한에 의해 적화 통일될지도 모른다는 생각, 혹은 의도적인 왜곡이 있었다.

하지만 트럼프 대통령은 당장 주한미군 철수를 말한 것이 아니었다. '언젠가는'이라는 단서를 달고 있었다.[127] 그리고 협상 중에 폭격기가 뜨는 군사 훈련을 하지 않겠다는 것은 당연한 선택이었다. 이는 오히려 북한에 대한 압박이기도 했다. 만약 협상이 잘 안 되면, 언제든지 폭격기를 다시 띄울 수도 있다는 의미이기 때문이다. 언론과 극우의 호들갑은 의미도 없고 중요치도 않은 것이었다. 트럼프 대통령의 기자회견에서 진정으로 중요한 부분은 따로 있었다.

> "우리는 과학적으로, 또 기계적으로 가능한 한 빨리 그것(비핵화)을 할 것이다. 15년이 걸린다는 이야기를 읽은 적이 있는데, 그렇게 생각하지 않는다. 잘못된 이야기다. 20%만 진행하면 되돌릴 수 없는 지점이 있을 것이다."[128]

북한 비핵화에 대한 기자의 질문에 트럼프 대통령은 이렇게 답

---

[127] At some point, I have to be honest - and I used to say this during my campaign, as you know, probably, better than most - I want to get our soldiers out. I want to bring our soldiers back home. We have, right now, 32,000 soldiers in South Korea, and I'd like to be able to bring them back home. But that's not part of the equation right now. At some point, I hope it will be, but not right now. - 트럼프 대통령, 2018.06.12.

[128] Well, I don't know, when you say a long time. I think we will do it as fast as it can be done scientifically, as fast as it can be done mechanically. I don't think — I mean, I've read horror stories. Its a 15-year process. Okay? Assuming you wanted to do it quickly, I don't believe that. I think whoever wrote that is wrong. But there will be a point at which, when you're 20 percent through, you can't go back. - 트럼프 대통령, 2018.06.12.

한다. 이 대답은 북한 비핵화와 한반도의 평화가 실현될 수 있는 핵심이었다.

비핵화 작업은 시간이 걸리는 작업이다. 북한이 지닌 핵시설과 핵미사일의 규모가 정확하게 공개되진 않았으나, 물리적인 작업만 따져도 상당한 시간이 걸릴 수밖에 없다. 필요 기간에 대해서는 15년이 걸린다는 이야기도 있고 2년이면 충분하다는 이야기도 있다. 정확한 기간을 못박을 수는 없으나 시간이 걸리는 것만은 확실했다.

문제는 북한이 비핵화하는 기간 내내 경제 제재를 감당할 수 있냐는 것이다. 만약 이를 감당하지 못한다면, 북한으로서는 비핵화를 할 이유가 없다. 비핵화 도중에 망할 수 있다면, 북한뿐 아니라 어느 나라도 비핵화를 선택하지 않을 것이다. 북한이 이런 협상을 받아들일 리가 없다. 하지만 미국은 완전한 비핵화 전까지는 제재를 계속해야 한다는 입장을 고수하고 있었다. 북한에게 굴복했다는 미국 내부의 흠 잡기에 대해 트럼프 행정부는 '아무것도 준 것이 없으며, 비핵화 전까지 제재를 유지한다.'라는 해명을 지속했다. 따라서 미국이 이런 입장을 갑자기 바꿀 수는 없었다. 그러는 순간 미국 언론이 이를 가만두고 보지 않을 것이다. 결국, 북한은 비핵화하는 과정 중에 경제 제재를 풀어야 한다는 요구를, 미국은 비핵화 전까지 제재가 이어져야 한다는 주장을 고수할 수밖에 없다. 양국은 이 지점에서 평행선을 달렸다.

하지만 트럼프 대통령이 '되돌릴 수 없는 지점'을 이야기하면서 새로운 교차점을 찾아냈다. 혹자는 20%라는 수치에 집중했지만, 수치 자체는 중요한 것이 아니다. 비핵화의 과정 중에 더 이상 되돌릴 수 없는 지점이 있고, 그 지점까지만 가면 비핵화나 마찬가지이므로 빠른 시간내에 미국이 비핵화라고 인정할 수 있는 수준까지 진도를 나갈 수 있다는 함의가 중요하다. 이렇게 되면 북한이 완전한 비핵화에 몇십 년이 걸리든, '되돌릴 수 없는 지점'까지만 도달하면 경제 제재를 해제할 수 있게 된다. 경제 붕괴를 피하면서 동시에 비핵화도 진행할 수 있는 방법이 생긴 것이다. 미국도 북한의 비핵화를 이루면서, 동시에 북한에게 끌려다니지 않을 수 있으며, 경제 제재 해제를 위한 명분도 갖출 수 있다. 이 지점을 언급하면서 미국과 북한이 만날 수 있는 교차점이 만들어졌다. 물론 이 교차점을 어디로 할 것인지를 합의하기 위해 북미 간 피 튀기는 협상전이 펼쳐지겠지만, 일단 이 지점이 존재함을 북미정상회담을 통해 양측이 확인한 것만으로도 북한의 비핵화가 실현될 수 있는 바탕은 만들어진 것이다.

이 기자회견에서 트럼프 대통령은 평화협정의 서명에 대해서도 의견을 밝힌다. 한국과 북한과 미국, 그리고 중국도 참여하면 좋을 것 같다고 말하면서 중국이 참여할 수 있는 길을 열어 놓는다.[129] 중국과 다양한 협상을 해야 하는 트럼프 대통령으로서는 상당히 좋은 카드 하나를 손에 쥐게 됐다.

북미정상회담 공동성명에 CVID가 빠진 부분에 대한 질문도 있었다. 트럼프 대통령은 CVID에 대해서 '분명하다'고 이야기를 하면서 의혹을 일축했다. 하지만 여전히 일부에서는 공동성명이

---

129 I think it would be great to have China involved and also, of course, South Korea. Okay? - 트럼프 대통령, 2018.06.12.

너무 포괄적이며 구체적이지 않다는 비판이 일었다.

문재인 대통령은 기자회견을 마친 트럼프 대통령과 통화했다. 이 통화에서 문재인 대통령은 "북미정상회담에서 성공적 결실을 맺어 한반도는 물론 세계의 평화를 위해 큰 토대를 놓았다."라고 평가했고, 트럼프 대통령은 "기대 이상의 성과를 거뒀다."라고 자평했다. 비판과는 달리 양 정상은 이번 북미정상회담을 성공적인 것으로 평가하고 있었고, 실제로 성공적이었다. 톱다운 방식에서는 큰 틀에서의 합의가 모든 일의 시작이기 때문이다. 세부적인 것은 실무진들의 처절한 협의가 이어지면 되는 것이다. 양국의 대통령이 회담을 성공이라고 판단한 것은 이런 이유 때문일 것이다.

폼페이오 미 국무장관은 6월 14일에 방한했다. 문재인 대통령을 만나 북미정상회담 결과를 설명하기 위해서다. 문재인 대통령은 폼페이오 장관과의 만남에서 북미 정상회담 결과를 낮게 평가하는 것이 '민심의 평가'와는 동떨어졌다고 밝히며, 북미정상회담의 의의를 높이 평가했다.

일본도 움직였다. 한미일 외무장관회담을 위해 고노 다로 일본 외무상이 한국에 왔다. 문재인 대통령은 고노 다로 외무상을 접견하고 한·미·일 협력과 공조를 강조했다.

문재인 대통령은 NSC 전체회의를 열었다. 전체회의는 북한이 장거리 탄도미사일을 발사한 11월 29일 이후로 처음이었다. 그만큼 북미정상회담 이후가 중요해졌다는 의미였다. 문재인 대통령은 모두발언에서 이렇게 말한다.

이번 북미정상회담의 성과에 대해 다양한 평가가 있습니다만, 미국 일본 한국을 비롯한 세계인들을 전쟁의 위협과 핵·미사일의 위협으로부터 벗어나게 한 것보다 더 중요한 외교적 성과란 있을 수 없을 것입니다.

그러나, 이제 시작일 뿐입니다. 확실한 방향은 설정되었으나 그 구체적 이행 방안은 여전히 숙제로 남아있습니다. 북미 정상의 결단이 신속하게 실행에 옮겨질 수 있도록 끈기 있게, 끊임없이 견인하고 독려해 나가야 할 것입니다. 북한은 비핵화 이행 방안을 더 구체화하고, 미국은 상응하는 포괄적 조치를 신속히 마련해 가면서 합의의 이행을 속도 있게 해나가야 할 것입니다.

한반도 문제의 직접 당사자는 바로 우리입니다. 우리의 운명은 우리가 결정한다는 주인의식을 갖고 능동적이고 주도적인 노력을 지속해 나가야 할 것입니다. 핵 문제는 대한민국의 미래와 직결됩니다. 우리가 나서서 중심적 역할을 수행해가면서 한반도 평화프로세스가 흔들림 없이 꾸준히 전진할 수 있도록 최선을 다해야 하겠습니다.

– NSC 전체회의 문재인 대통령 모두발언 중에서(2018.06.14.)

문재인 대통령은 전쟁과 핵의 위험에서 벗어난 것이 얼마나 큰 성과인지를 평가했다. 2017년 초 만해도 한국을 비롯한 국제사회는 한반도에서의 전쟁을 우려하고 걱정했다. 그러나 북미정상회담 이후, 더 이상 그 누구도 전쟁을 두려워하지 않게 됐다. 모두 얼마나 빠르게 비핵화하고 평화를 이룰지에 관심을 둘 뿐이었다. 그런데도 많은 언론은 이 거대한 성과에 대해서 평가하지 않고 계속 우려를 표명하고 있었다. 문재인 대통령은 성과를 다시 한번 언급하며, 이런 우려의 목소리를 잠재우는 중이었다.

핵심은 '전쟁과 핵의 위협이 사라진 것'이다. 이는 거대한 진전이었다. 제대로 평가받아야 했다. 특히 전쟁이라는 파국을 경험할 뻔했던 대한민국 국민이라면 '전쟁과 핵의 위협이 사라진 것'이 얼마나 소중한 결과인지를 분명히 인식해야 했다. 이는 삶과 직결된 거대한 성취였다. 물론 그것으로 끝이어서는 안됐다. 북한의 완전한 비핵화와 한반도의 항구적 평화까지 반드시 이뤄내야 했다. 그렇기에 문재인 대통령은 앞으로 더 나아가야 한다고 말한 것이다. 문재인 대통령은 북미가 후속 조치를 제대로 이행할 수 있도록 해야 하며, 대한민국이 중심적 역할을 수행해야 한다고 밝히면서 다음을 대비하고 있었다.

북미는 이제 디테일과 싸워야 하는 시간을 맞이했다. 세밀한 협상이 지속될 것이고 자연스레 잡음이 생길 것이었다. 때로는 판이 깨질 위험도 있을 것이 분명했다. 그럴 때, 대한민국의 위치가 중요했다. 중심에서 협상이 깨지지 않도록 해야 했다. 협상의 방향을 잡아 주는 일도 해야 했다. 중재자로서의 한국의 역량이 그 무엇보다 중요해진 것이다. 문재인 대통령은 한국이 북미 관계를 견인해 나가야 한다고 밝혔다.

북미정상회담은 끝났지만, 한반도 평화를 위한 여정은 계속 이어지고 있었다. 다만 분명한 것은, 다시는 과거로 되돌아가지 못한다는 점이었다. 이미 세상은 그렇게 변해버렸기 때문이었다.

2.
후속 협상을 준비하다

국방부는 6월 19일에 한·미 연합 군사훈련인 을지프리덤가디언 연습을 유예한다고 밝혔다. 이는 트럼프 대통령의 요청에 따른 것이었다. 국내 언론은 당장이라도 대한민국이 망할 것처럼 떠들어 댔다. 미군이 없으면 대한민국이 북한에 의해 적화 통일될 것이라는 불안감을 계속 조장하는 행위였다. 하지만 미군이 철수하겠다는 것도 아니고, 그저 훈련의 유예였을 뿐이다. 과한 반응이었다.

한미연합훈련의 유예는 협상을 위해서 꼭 필요한 일이었다. 이미 문재인 대통령이 사용해서 효과를 본 전략이기도 했다. 문재인 대통령은 평창올림픽을 앞두고 한미연합훈련 연기를 미국에 제안했다. 이 제안으로 북한이 평창올림픽에 참가할 수 있는 분위기가 형성됐었다. 이처럼 한미연합훈련의 중단이 북한을 움직일 수 있다는 사례가 이미 있었다. 그렇다면 트럼프 대통령의 을지프리덤가디언 연습 유예 요청은 북한과 협상할 미국이 문재인 대통령의 외교를 벤치마킹한 것이라고 봐야 했다. 이는 후속 협상을 이어가기 위한 사전 준비 작업이었다.

같은 날, 김정은 국무위원장은 1박 2일 일정으로 중국을 방문했다. 북한은 중국과의 관계를 중히 여기고 있었다. 종전선언과 평화협정으로 이어질 한반도의 외교 국면에서 중국의 역할은 상당했다. 북한은 중국과 이후의 과정에 대해서 의견을 나눴을 것이다.

문재인 대통령은 21일 러시아로 향했다. 24일까지 이뤄지는 국빈 방문 일정이었다. 한반도 문제에서 러시아는 무척 중요한 국가였다. 특히 냉전 질서를 가장 강력하게 흔들어 버릴 수 있는 키를 쥐고 있는 것이 러시아였다. 그 시작은 한국과 러시아의 관계를 돈독히 하는 것이다. 문재인 대통령은 지난해 동방경제포럼 참석차 러시아를 방문했으며, 또다시 러시아를 국빈 방문했다.

문재인 대통령은 6월 22일, 대한민국 대통령 최초로 러시아 국회에서 연설을 한다.

지금 한반도에는 역사적 대전환이 일어나고 있습니다. 나는 지난 4월, 북한의 김정은 국무위원장을 만났습니다. 우리는 판문점 선언을 통해 완전한 비핵화와 함께 "더 이상 한반도에 전쟁은 없다"고 세계 앞에 약속했습니다. 이어서 열린 북미정상회담에서도 한반도의 완전한 비핵화와 북미 간 적대관계 종식을 선언했습니다. 북한은 핵실험장과 미사일 실험장 폐기 등 완전한 비핵화를 위한 실질적 조치들을 진행하고 있고, 한국과 미국은 대규모 한미연합훈련 유예 등 대북 군사적 압박을 해소하는 조치로 호응하고 있습니다. 이제 남·북·미는 전쟁과 적대의 어두운 시간을 뒤로 하고 평화와 협력의 시대로 나아가고 있습니다. 이 놀라운 변화에 러시아 정부와 국민들의 적극적인 지지와 협조가 큰 힘이 되었습니다.

나는 한반도와 유라시아의 항구적인 평화와 공동번영을 꿈꾸어 왔습니다. 이 자리에 계신 의원 여러분들께서도 그 길에 함께해 주실 것으로 믿습니다. 한반도에 평화체제가 구축되면 남북 경제협력이 본격화될 것이며, 러시아와 3각 협력으로 확대될 것입니다. 러시아와 남과 북 3각 경제협력은 철도와 가스관, 전력망 분야에서 이미 공동연구 등의 기초적 논의가 진행되어 왔습니다. 3국간의 철도, 에너지, 전력 협력이 이뤄지면 동북아 경제공동체의 튼튼한 토대가 될 수 있을 것입니다. 남북 간의 공고한 평화체제는 동북아 다자 평화안보협력체제로 발전할 수 있을 것입니다.

– 문재인 대통령 러시아 하원 연설 중에서(2018.06.21.)

문재인 대통령은 연설에서 한반도의 평화체제가 곧 남북 경제협력을 넘어 러시아와의 3각 협력으로 확대될 것이라고 말한다. 이는 러시아도 북한도 좋아할 수밖에 없는 비전이었다. 러시아로서는 대한민국이라는 경제 대국과 육로로 연결될 수 있고, 가스관을 연결해 천연가스를 팔 수 있다. 막대한 경제적 이득을 얻게 될 것이다. 북한 역시 경제 이득을 볼 수 있으며, 동시에 체제 안정도 누릴 수 있으니 금상첨화다. 한국은 한반도의 평화체제를 굳건히 하고 러시아의 천연가스와 같은 자원을 싸게 들여올 수 있으며, 유럽까지 통하는 육로를 열 수 있다. 남북러 3각 협력은 모두가 윈-윈(win-win)할 수 있는 정책이다. 문재인 대통령은 이를 제시한 것이다.

문재인 대통령은 경제만 말하지는 않는다. 궁극적으로는 동북아 다자평화안보협력체제를 말하고 있었다. 북한이 비핵화하고 한반도에 평화체제가 구축되면 미군 주둔의 명분이 사라진다. 중국은 미군 철수를 강하게 요구할 가능성이 높다. 그런 상황에서 실제로 미군이 철수하게 되면 아시아는 어떻게 될까? 서로 협력하며 평화를 유지해 나갈까?

물론 그럴 가능성도 있다. 하지만 그 반대의 일이 발생할 확률이 더욱 높을 것이다. 북한의 김정일 위원장도 주한미군이 동북아의 평화와 안정을 유지하는 역할을 한다고 인정했던 것처럼,[130] 주한미군의 철수는 동북아에 군사적 긴장을 높일 가능성이 있다. 이를 풀어내기 위한 방책이 바로 동북아 다자평화안보협력체제이다. 이 같은 명분을 통해 미군은 주한미군 철수를 하지 않고, 동북아에서 평화와 안정을 유지하는 역할을 계속할 수 있다. 문재인 대통령은 이 정도의 구상을 이미 하고 있었다.

6월 21일, 트럼프 대통령은 백악관 내각 회의에서 북한이 미사일 발사를 멈췄고, 엔진 실험장을 파괴하고 있다고 밝혔다.[131] 또한, 미군 유해 송환이 이뤄지고 있다고 말했다.[132] 정확하게 어떤 실험장이 파괴되고 있는 것인지, 또 유해 송환의 진전 상황이 어떤지는 밝히지 않았지만, 트럼프 대통령의 말이 사실이라면 북미정상회담 이후 후속 조치가 이뤄지고 있는 것만은 분명했다.

북미정상회담 이후로 북한은 중국과, 한국은 미국·러시아와 협력을 강화해 나가고 있었다. 그리고 북미 관계 회복을 위한 조치도 조금씩 준비되고 있었다. 새로운 한반도 질서를 위한 일들이

---

130 김일성·김정일 "주한미군 주둔 괜찮다" … 김정은도 비슷한 입장인 듯, 중앙선데이, 2018. 05.05.

131 They've stopped the sending of missiles, including ballistic missiles. They're destroying their engine site. They're blowing it up. They've already blown up one of their big test sites, in fact it's actually four of their big test sites. - 트럼프 대통령, 2018.06.21.

132 The remains of U.S. troops missing from the Korean War were in the process of being returned to the United States from North Korea. - 트럼프 대통령, 2018.06.21.

하나하나 진행되고 있었다.

3.
폼페이오 장관이 세 번째 방북하다

계속 진도를 나가는 것 같던 북미 외교에 정체기가 시작됐다. 미군 유해 송환에 대한 소식이 들리지 않았다. 후속 협상을 한다는 이야기가 나오고 있었지만, 실제로 진행되는 것은 없었다. 다만, 남북관계만큼은 계속 진도를 나가고 있었다.

6월 22일, 8월 20일부터 26일까지 이산가족 상봉 행사를 진행하기로 합의하면서 문재인 대통령이 베를린 구상에서 제안한 일이 실현되었다. 6월 28일에는 남북이 동해선과 경의선의 도로를 현대화하기로 합의했다. 7월 1일에는 남북 간 '국제상선공통망'을 정상화했다. 10년 만의 정상화였다. 이로써 서해상의 우발적 충돌을 방지할 수 있게 됐다. 그리고 7월 3일에는 남북통일 농구대회에 참가하는 농구 대표팀이 군 수송기를 타고 북한을 방문했다. 군 수송기가 북한에 들어간다는 상상도 할 수 없는 일이 발생했다. 이는 사상 최초였다. 남북은 분명히 진도를 나가고 있었다.

북미도 진도를 나가야 했다. 폼페이오 장관이 방북했다. 세 번째 방문이었다. 7월 6일, 폼페이오 장관은 평양 영빈관 백화원초대소에서 김영철 부위원장을 만나 회담을 가졌다. 폼페이오 장관은 회담을 마친 후 '만족스럽다'는 의견을 자신의 트위터에 밝혔다. 다음 날인 7월 7일, 폼페이오 장관은 북한 대표단과 또 한

번 회담을 가지며 북한 일정을 마무리했다. 폼페이오 장관은 트럼프 대통령의 친서를 김정은 위원장에게 전달했지만, 김정은 위원장을 직접 만나지는 못했다.

폼페이오 장관은 이번 회담에 대해 '매우 생산적'이었다고 밝혔다. 하지만 북한 측의 반응은 달랐다. 북한 외무성 측은 조선중앙통신을 통해 대변인 담화를 발표했다. 이 담화에서 북한은 "미국 측은 싱가포르 수뇌상봉과 회담의 정신에 배치되게 CVID요, 신고요, 검증이요, 하면서 일방적으로 강도적인 비핵화 요구만을 들고 나왔다."라고 미국의 태도를 비판했다. 폼페이오 장관과 김정은 위원장의 만남이 불발된 상태에서 이 같은 양국의 상반된 평가는 북미협상이 잘 이뤄지지 않았다는 우려를 불러일으켰다. 타당한 우려였다.

폼페이오 장관은 방북 일정을 마치고 일본으로 향했다. 한국의 강경화 장관도 일본으로 이동했다. 한미일 외교장관회담 때문이었다. 이 자리에서 한·미·일 삼국은 북한의 비핵화를 계속 추구해나갈 것이며, 서로 긴밀하게 협력하겠다는 결과를 도출했다. 일관된 메시지였다.

폼페이오 장관은 기자회견에서 북한이 완전한 비핵화 공약을 재확인했다고 밝혔다. 그리고 미군 유해 송환 문제를 협의하기 위해 7월 중순에 판문점에서 회담을 개최하기로 합의했다는 내용도 공개했다. 더불어 미사일 엔진 시험장을 폐기하겠다는 약속도 재확인했다고 했다. 북한의 완전한 비핵화, 미군 유해 송환, 미사일 엔진 시험장 폐기까지, 미국으로서는 더할 나위 없는 성과였다. 브리핑 내용이 사실이라면 북한과 회담이 잘 됐다는 폼페이오 장관의 평가는 타당했다. 그렇다면, 북한이 '강도적'이라는 표현을 쓴 저의가 궁금해진다. 국제 외교에서 폼페이오 장관이 거짓말을 했을 가능성은 작기 때문이다. 한 기자가 이를 물었다. 북한의 담화 내용을 봤을 때, 북한이 '성실하게 협상에 임한다고 믿을 수 있냐?'라는 질문이었다. 폼페이오 장관은 이에 대해 이렇게 대답한다.

"왜냐하면 실제로 그랬기 때문입니다. 실제로 그랬습니다. 아주 간단한 문제입니다. 보십시오. 회담이 끝나면 누구나 제각기 의견을 내놓기 마련입니다. 만약 제가 언론의 발언에 일일이 주의를 기울인다면 아마도 제정신이 아닐 것입니다. 저는 그렇게 되지 않겠습니다. 저는 트럼프 대통령이 제시한 약속을 확실히 이행할 것이며 김 위원장이 자신이 제시한 약속을 지킬 것으로 믿습니다. 그리고 만약 제 요구가 강도적이었다면 전 세계가 강도입니다. 왜냐하면 유엔 안전보장이사회가 만장일치로 결정한 사항이기 때문입니다."[133]

폼페이오 장관의 말처럼 북한은 실제로 성실하게 임했을 것이

---

[133] Because they were. And they did. It's pretty simple. So look, people are going to make certain comments after meetings. If I paid attention to what the press said, I'd go nuts, and I refuse to do that. I am determined to achieve the commitment that President Trump made, and I am counting on Chairman Kim to be determined to follow through on the commitment that he made. And so if those requests were gangster-like, they are - the world is a gangster, because there was a unanimous decision at the UN Security Council about what needs to be achieved. - 폼페이오 장관, 2018.07.08.

다. 폼페이오 장관이 들고 온 결과물이 이를 증명했다. 다만 회담이 끝나면, 결과에 대해 제각기 다른 생각을 표현할 수 있다. 즉, '협상은 성실하게 임했지만, 결과에서는 북한이 아쉬운 지점이 있고 이를 표현했다.'라고 해석하는 것이 더 정확할 것이다.

또한, 폼페이오 장관은 언론의 반응을 일일이 신경 쓰면 제정신이 아닐 것이라 말하면서 언론의 집요한 물어뜯기를 공격한다. 핵미사일의 위협이 분명하게 해소되었고 미국 국민도 트럼프 대통령의 대북정책에 대한 높은 지지를 보내고 있었다.[134] 하지만 언론은 계속해서 트럼프 대통령을 공격하며, 대북정책에 대한 비판 보도를 계속했다. 폼페이오 장관의 발언은 백악관이 그런 언론의 보도행태를 신경 쓰고 있음을 드러냈다. 그러나, 이런 비판에 굴하지 않고 할 일을 해나가겠다고 밝히면서 백악관의 대북정책이 변하지 않을 것도 강조했다. 동시에 북한의 강도적이라는 발언에 대해서는 유엔의 결정이라며 강도적인 것이 아니라고 반박했다.

2018년 7월 9일, 대한무역투자진흥공사(KOTRA)는 2017년도 '북한 대외무역동향 보고서'를 발표한다. 이에 따르면 북한의 대외무역 규모가 15% 감소한 것으로 나타났다. 수출은 37.2% 감소, 무역적자는 125.5% 증가했다. 남북정상회담 이후에 유엔의 대북 제재가 큰 효과가 없으며 북한은 자체적으로 잘살고 있다는 평가를 하는 일부 언론이 있었다. 하지만, 북한의 경제는 대북 제재로 인해 분명히 타격을 입고 있었다. 한동안은 버틸 수 있을지언정 이것이 이어진다면 북한 경제는 크게 무너질 수도 있

---

134 미국인 10명 중 8명 "트럼프 대북정책지지", 뉴시스, 2018.06.02.

었다. 단단한 근간을 갖추고 있지 못하기에 그 타격은 더욱 클 것이었다. 이미 2018년도 하반기로 들어서고 있었다. 북한은 경제에 대한 불안이 컸을 것이며, 이는 실질적인 위협이었을 것이다. 북한이 미국을 비판한 것은 그만큼 북한이 급하다는 방증일 수도 있었다. 미국을 비판하면서도 판을 깨지는 않고, 남북 간에 도로 연결을 비롯한 다양한 협력을 급하게 추진하려는 것을 보면 이는 더 명확해진다. 북한은 어떻게든 경제 붕괴를 막고, 대북 제재가 풀리는 순간 경제를 최대한 끌어올리기 위해 노력 중이었다. 북한 외무성은 폼페이오 장관과의 회담에서 정전협정 체결 65주년인 7월 27일을 계기로 종전선언을 발표하자는 제의도 했다.[135] 종전선언은 북한이 원하는 체제안정의 기반이 될 것이고 동시에 유엔 대북 제재 결의안을 약화시킬 수 있는 좋은 명분이었다. 북한은 상당한 경제 위기를 느끼고 있었고, 이를 풀어내기 위해 대미 강경 발언을 비롯해 많은 것을 시도하고 있었다.

7월 9일, 일본을 떠나 베트남으로 이동한 폼페이오 장관은 경제 리셉션 행사에서 '트럼프 대통령은 북한이 베트남의 걸어온 길을 모방할 수 있다고 믿는다.'라고 말했다. 김정은 위원장이 그런 기회를 잡는다면 '기적'이 그의 것이 될 수 있고, 북한에서 그의 기적이 될 수 있다는 것이다.[136]

---

135 체제보장 '종전선언'요구에 폼페이오 "베트남을 보라", 중앙일보, 2018.07.09.

136 I have a message for Chairman Kim Jong Un: President Trump believes your country can replicate this path. It's yours if you'll you seize the moment. This miracle can be yours. It can be your miracle in North Korea as well. - 폼페이오 장관, 2018.07.08.

베트남은 미국과 관계를 개선하면서 경제 성장을 이뤄냈다. 그 과정에서 한국의 투자가 큰 역할을 하기도 했다. 심지어 베트남은 미군 유해를 송환하면서 미국과의 관계 개선을 이뤄나가기 시작했다. 이를 북한에 대입하면 북한이 미군 유해를 송환해 미국과의 관계를 개선하고, 한국이 북한에 투자를 할 것이며, 결국 베트남이 미국과 수교하고 경제 발전을 이룬 것처럼 북한도 미국과 수교하고 경제 발전을 이룰 수 있다는 명확하고도 분명한 메시지를 읽을 수 있다. 베트남 언급은 경제 발전하고 싶으면 일단 유해부터 송환하라는 분명한 압박이었다.

북한의 상황은 명확했다. 북한은 급해지고 있었고, 미국은 오히려 협상에 여유가 생겼다. 미국이 북한에 끌려다닌다는 평가도 있었지만, 그게 아니라 오히려 미국이 판을 마음대로 흔드는 모양새였다. 북한은 이 같은 상황이 무척이나 답답했을 것이다. 그럼에도 북한이 할 수 있는 것은 한정되어 있었다. 이미 비핵화라는 돌이킬 수 없는 길로 들어선 이상, 북한은 비핵화를 무를 수도, 미국과의 협상을 쉽게 깰 수도 없다. 미국은 냉정하게도 주는 것 없이 미군 유해 송환을 요구하고 있었다. 북한이 할 수 있는 것은 담화를 통해 미국을 조금 압박하는 것 정도였지만 통하지는 않았다. 북한은 이제 다른 방도가 없었다. 미군 유해를 송환해야 했다. 물론 미군 유해를 송환한다고 미국이 바로 경제 제재를 완화시켜줄지는 미지수였다. 하지만 이를 계기로 최대한 제재를 완화하거나 우회할 수 있는 길을 열어봐야만 했다.

종전선언도 중요했다. 만약 종전선언을 한다면, 그리고 계속해서 비핵화 모습을 보여준다면, 유엔의 몇몇 국가들이 대북 제재를 완화하자고 주장할 명분이 생기고, 이는 실제로 대북 경제 제재를 완화시키는 결과를 이끌어낼 수 있을 것이다. 북한에게 종전선언은 매우 간절한 것이었다. 그렇기에 북한은 미군 유해 송환과 동시에 종전선언을 위한 노력에 들어가야 했다.

폼페이오 장관이 베트남으로 이동한 7월 9일, 백태현 통일부 대변인은 정례브리핑에서 "남과 북은 정전협정 체결 65년이 되는 올해에 종전을 선언하고, 정전협정을 평화협정으로 전환하며, 항구적이고 공고한 평화체제를 구축하기 위한 남·북·미 3자 또는 남·북·미·중 4자 회담 개최를 적극 추진해 나가기로 하였다."라고 밝혔다. 한국도 종전선언을 원했다. 북한의 비핵화를 가장 확실하게 이룰 수 있는 열쇠는 체제안정과 경제였다. 이 부분을 풀어나가지 않고서는 완전한 비핵화는 요원했다. 종전선언은 체제안정과 경제를 풀어내기 위한 좋은 계기가 될 수 있었다.

대한민국 내부의 문제 해결을 위해서도 종전선언이 필요했다. 대한민국의 언론은 문재인 대통령에게 우호적이지 않았다. 미국의 트럼프 대통령이 언론 때문에 고생하는 것처럼 문재인 대통령도 마찬가지였다. 종전선언이 늦춰지면 이에 대한 언론의 공격이 계속될 것이고, 문재인 대통령의 지지율이 하락할 가능성이 높았다. 문재인 정부는 대한민국의 정치, 경제, 사회의 적폐를 청산해가는 중이었다. 대통령의 지지율이 높게 유지되지 않으면 적폐청산의 과정이 어려워질 것이고, 이는 사회의 혼란을 야기하는 것에 더해 대북정책의 지속성을 훼손할 것이 분명했다. 제1야당인 자유한국당은 판문점 선언의 국회 비준을 계속해서 거부하고 있었다. 북핵 위기를 고조시키고 대북정책에 실패만을 거듭

해온 그들이 언제 다시 영향력을 회복할지 모르는 상황이었다. 종전선언을 통해 상징적인 이정표를 만들어놔야 이들과 언론의 흔들기가 먹히지 않을 것이고, 남북관계가 평화와 번영으로 나아갈 수 있을 터였다.

종전선언을 원하는 한국과 북한, 그리고 여전히 협상에서 우위를 점하려는 미국 사이에 팽팽한 긴장감을 맴돌았다. 폼페이오 장관의 방북으로 북미협상의 진도가 확 나갈 것 같았지만, 폼페이오 장관의 방북에도 불구하고 답보 상태는 이어졌다. 그리고 이럴 때 힘을 발휘해야 하는 것은 역시 중재자다. 지속되는 교착 상태에서 한국이 본격적으로 움직임에 나서기 시작했다.

4.
문재인 대통령, 인도·싱가포르를 순방하다

2018년 7월 8일, 문재인 대통령은 인도에 도착했다. 문재인 대통령은 인도를 매우 중요한 외교 파트너로 여기고 있었다. 취임 직후에 인도의 모디 총리와 빠르게 통화하기도 했다. 인도는 경제로는 신남방정책의 주요 파트너였으며, 외교로는 인도·태평양전략의 한 축이자 중국과 국경갈등을 겪고 있는 매우 중요한 전략 지역이었다. 특히 당시 경제 관점에서 인도·태평양전략을 이야기했던 미국[137]과는 달리, 동북아 패권 전략으로서 인도·태평

---

137 2019년 6월, 미국 국방부는 안보관점에서 '인도·태평양 전략보고서'를 발간했다.

양전략을 보고 있는 일본을 생각해보면 인도의 중요성은 더욱 커진다. 앞서 언급했듯이 일본의 인도·태평양 전략은 냉전 구도를 더욱 강화할 수 있다. 인도와의 관계 개선은 이런 일본의 전략을 무력화시키고 한반도의 평화 질서를 구축하기 위해 상당히 중요한 일이었다. 한국이 인도와 가까워질수록 중국과의 외교에서도 일정 정도 영향력을 높일 수 있다는 점을 생각하면 인도야말로 대한민국의 매우 소중한 파트너 일수밖에 없다.

임기 초부터 좋은 관계를 유지하기 위해 노력을 했던 문재인 대통령은 모디 총리와 정상회담을 하고 이 모든 것을 아우르는 외교 성과를 도출해냈다.

첫째, 사람(People)을 중시하는 양 정상의 공통된 정치철학을 바탕으로, 양국 간 깊은 역사적 유대를 상징하는 허황후 기념공원 사업 추진 등 양 국민이 서로 마음에서부터 가까워지도록 하는 다양한 교류를 활성화해 나가기로 했습니다.

둘째, 포괄적경제동반자협정(CEPA) 개선협상의 조기성과 도출에 이어 조속한 타결을 모색하는 한편, 양국 간 방대한 협력 잠재력과 상호보완적 경제구조를 최대한 활용해 무역, 인프라 등 분야에서 상생번영을 이뤄 나가기로 했습니다.

셋째, 양국이 역내 평화와 안정을 위해 힘을 합하고, 국방·방산협력, 테러 대응, 외교·안보 분야 정례협의체 활성화 등은 물론, 한반도의 완전한 비핵화 및 항구적 평화체제 구축을 위해 긴밀히 공조해 나가기로 했습니다.

마지막으로, 인도의 풍부한 고급인력과 우리의 기술을 결합해 한-

인도 미래비전전략그룹 및 연구혁신협력센터를 설치하고, 과학기술 공동연구 등을 통해 양국이 함께 미래를 준비해 나가기로 했습니다.

- 한·인도 비전성명 중에서(2018.07.10.)

첫 번째는 양국의 교류 활성화였다. 인도와의 관계를 더욱 돈독히 해 파트너십을 늘려나가는 것이다. 두 번째는 경제에 관한 이야기였다. 인도와의 FTA라고 볼 수 있는 포괄적 경제동반자 개정협정의 조속한 타결 노력과 상생번영 노력을 통해 신남방정책을 성공시킬 수 있는 근간을 마련했다. 세 번째는 외교였다. 한국과 인도가 역내 평화와 안정을 위해 힘을 합치기로 하면서 일본의 인도·태평양전략을 적절히 견제하고, 국방·방산협력, 외교·안보 분야 정례회동을 활성화하면서 군사 부분 협력도 강화했다. 인도와 국경갈등을 빚고 있는 중국이 한국을 신경 써야 할 이유가 늘었다. 한국이 대중 협상에서 사용할 수 있는, 혹은 약간의 영향을 더할 수 있는 요소가 생긴 것이다. 이렇게 대한민국은 동북아시아를 넘어 아시아태평양지역에서 입지를 점차 강화하고 있었다.

문재인 대통령은 인도를 떠나 싱가포르로 향했다. 북미정상회담을 성공적으로 개최한 국가였으며 한국과는 매우 중요한 파트너가 될 수 있는 나라였다. 아시아 금융의 중심지이기에 외자 유치가 필요한 한국이 도움을 받을 수 있는 곳이었다. 하지만 무엇보다도 싱가포르가 지닌 외교 중요성이 상당히 컸다. 싱가포르는 아세안 의장국을 역임하고 있었다. 남중국해가 차지하는 전략적인 중요성을 생각하면 싱가포르와의 관계 역시 중요할 수밖에 없다.

또한, 싱가포르는 북한이 유일하게 참여하고 있는 아시아 다자 안보 협의체인 아세안지역안보 포럼(ARF)의 개최를 앞두고 있었 다. 문재인 대통령은 아시아에 다자안보체제를 끌어올 생각을 지니고 있었다. 이는 한반도를 비핵화하면서 동시에 동아시아의 안보 불안을 해소하는 데 있어서 꼭 필요한 일이었다.

문재인 대통령은 싱가포르 일간지인 『더 스트레이트 타임스』와 의 인터뷰에서 "판문점 선언에서 합의한 대로 정전협정 체결 65 주년이 되는 올해 종전선언을 하는 것이 우리 정부의 목표"라고 말했다. 문재인 대통령이 다시 한번 종전선언 의지를 밝힌 것이 다. 북미정상회담 이후 한동안 상황을 살피던 그가 확실하게 드 라이브를 넣고 있었다. 싱가포르 렉처에서 북한 문제 해결에 대 한 고견을 묻는 기자의 질문에 문재인 대통령은 이렇게 답한다.

"양 정상이 직접 국제사회 앞에서 먼저 합의하고 약속하고, 그리고 그에 따라서 실무적인 협상을 해나가는 톱다운 방식으로 접근하고 있 는 것이 과거와는 전혀 다른 방식이라고 생각합니다. 저는 양 정상이 직접 국제사회에 약속을 했기 때문에 실무 협상 과정에서는 여러 가지 우여곡절을 겪는다 하더라도 결국에는 정상들의 약속을 지킬 것이라 고 믿습니다. 만약 국제사회 앞에서 정상이 직접 한 약속을 지키지 않 는다면 국제사회로부터 엄중한 심판을 받게 될 것입니다."

문재인 대통령은 국제사회의 심판을 언급하면서 미국과 북한 이 판을 깨면 안 되며, 결국은 서로 조금씩 양보해서 협상하라고 압박한다. 중재자로서의 역할을 충실히 하면서 다시금 존재감을 드러낸 것이다. 북미가 협상에서 어려움을 겪으면, 대한민국이 중재를 하고, 결국 협상이 이뤄지게끔 만드는 일종의 프로세스가 구축되고 있었다.

문재인 대통령은 인도·싱가포르 순방을 통해, 경제와 외교·안보에서 유의미한 성과를 얻어냈다. 문재인 대통령은 갈등을 겪고 있는 북미 협상에 본격적으로 뛰어들어 중재자의 역할을 하고 있었으며, 동시에 대한민국의 역내 입지와 영향력도 높이고 있었다. 이 움직임들이 모여 미래에 크나큰 변화를 이룰 것은 분명한 일이었다.

5.
북한, 미군 유해를 송환하다

7월 12일, 미국 트럼프 대통령은 김정은 위원장의 친서를 공개한다.

김정은 위원장 친서

미합중국 대통령
도날드 트럼프 각하

친애하는 대통령각하.
24일전 싱가포르에서 있은 각하와의 뜻깊은 첫 상봉과 우리가 함께 서명한 공동성명은 참으로 의의깊은 려정의 시작으로 되었습니다.

나는 두 나라의 관계 개선과 공동성명의 충실한 리행을 위하여 기울이고있는 대통령 각하의 열정적이며 남다른 노력에 깊은 사의를 표합니다.

  조미사이의 새로운 미래를 개척하려는 나와 대통령각하의 확고한 의지와 진지한 노력, 독특한 방식은 반드시 훌륭한 결실을 맺게 될것이라고 굳게 믿고있습니다.

  대통령 각하에 대한 변함없는 믿음과 신뢰가 앞으로의 실천과정에 더욱 공고해지기를 바라며 조미관계개선의 획기적인 진전이 우리들의 다음번 상봉을 앞당겨주리라고 확신합니다.

  조선민주주의인민공화국 국무위원회 위원장
김정은

  2018년 7월 6일
평양

트럼프 대통령은 김정은 위원장의 친서를 트위터에 올리면서 '많은 진전이 이뤄지고 있다.'라고 썼다.[138] 폼페이오 장관의 방북 이후, 특별한 성과가 보이지 않자 트럼프 행정부에 대한 언론의 비판이 있었고, 트럼프 대통령은 친서를 공개해 북한과 협상이 잘 이뤄지고 있다고 반박을 한 것이다.

하지만 같은 날 예정되어 있던 북미 미군 유해 송환 회의에 북측이 불참하면서 과연 북미 간 협상이 제대로 되고 있는지에 대한 의구심은 더욱 커졌다. 이에 대해서는 원래 제대로 일정이 잡혀있지 않는데도 미국 측이 판문점으로 가면서 북한을 압박

---

138 A very nice note from Chairman Kim of North Korea. Great progress being made!
   - 트럼프 대통령, 2018.07.13.

한 것이라는 해석도 있었고, 북한이 협상을 거부했다는 해석도 있었다. 실제의 사정이 어땠는지는 지금으로서는 알 방법이 없다. 그러나 확실한 것은 있다. 북한이 유해 송환 실무회담의 격을 높이고자 했다는 것이다. 북한은 미군 유해 송환 회의에 참여하지 않은 대신 유엔군사령부에 장성급 회담을 열자고 제의했다. 어째서 북한은 이런 선택을 한 것인가?

이유야 당연했다. 이미 밝혔다시피 북한은 종전선언이 필요했다. 그리고 유해 송환이 하나의 방아쇠가 되어줄 수 있었다. 당연히 격을 높여서 조금 더 넓은 논의를 하고 싶었을 것이다. 미군 유해 송환 회의에서는 유해 송환 문제만 다룰 수 있지만, 장성급 회담으로 격을 높이면 종전선언과 관련된 이야기도 할 수 있게 된다. 북한의 의도는 명확하고 일관적이었다. 미국은 북한의 제의를 받아들였다. 7월 15일 장성급 회담의 개최가 확정됐다.

7월 15일, 예정대로 장성급 회담이 개최됐다. 폼페이오 장관은 성명을 통해 회담이 생산적이라고 말했다. 미국은 북측이 발굴한 유해 200여 구를 2~3주 안에 인도받기로 합의했다고 밝혔다. 이로써 미국은 원하던 바를 이룰 수 있었고, 센토사 합의가 실제로 이행되는 첫 성과를 만들어 낼 수 있게 됐다. 미국으로서는 매우 바람직한 결과를 얻어낸 것이다. 하지만 북한은 원하던 '7월 27일 종전선언'을 얻어내지는 못한 것으로 보였다. 관련 소식이 전혀 없었다. 북한으로서는 답답할 노릇이었을 것이다.

7월 20일, 북한 『노동신문』은 "남조선 당국은 지금과 같이 중대한 시기에 함부로 설쳐대지 말아야 한다."라고 한국 정부를 비판했다. 비판의 메시지는 분명했다. 한국 정부가 힘을 써달라는 것이다. 제1차 북미정상회담을 앞두고 미국과의 협상이 제대로 안 되고 분위기가 나빴던 시점, 문재인 대통령이 미국으로 건너가 한미정상회담을 갖기 직전이었을 때도 북한은 한국 정부에 대해 부정적인 목소리를 냈다. 한국을 압박해 원하는 것을 얻고자 하는 의도였다. 그러나 당시에도 이번에도, 한국은 이 같은 북한의 목소리에 특별히 반응하지 않았다. 그저 할 일을 할 뿐이었다.

같은 날, 정의용 청와대 국가안보실장이 미국으로 향했다. 정의용 안보실장이 미국으로 건너간 이유는 당연히 북핵 문제를 위한 것이라고 쉽게 예측할 수 있다. 그런데 당시 강경화 외교부 장관도 뉴욕에 있었다. 외교부의 수장이 미국에 있는데도 불구하고 정의용 안보실장이 미국으로 향했다는 것은 북핵 문제와 관련해 미국과 긴밀하게 나눌 이야기가 생겼다는 의미였다. 22일, 정의용 안보실장은 미국 일정을 마치고 귀국했다. 그는 "남북 관계 발전을 위한 노력과 현재 진행되고 있는 북미 간의 비핵화 협상이 선순환적으로, 성공적으로 가급적 빠른 속도로 추진될 수 있도록 여러 가지 방안들에 대해서 매우 유익한 합의를 했다."라고 밝혔지만, 구체적인 내용은 전하지 않았다.

7월 24일, 북한이 동창리에 있는 서해 위성 발사장을 해체하고 있다고 미국의 38노스가 밝혔다. 이미 트럼프 대통령은 북미정상회담 직후에 열린 기자회견에서 북한이 미사일 엔진 실험장을 폐기하겠다는 약속을 했다고 밝힌 바 있었다. 북한은 이 약속도 지키며 신뢰를 구축하고 있었다.

북미협상을 방해하는 가장 큰 장애물은 신뢰의 결핍이다. 북한은 미국을, 미국은 북한을 믿지 못하는 상황이기 때문에 협상이 어렵고, 협상의 실천은 더욱 어려울 수밖에 없다. 다행스럽게도 북한은 끊임없이 약속을 지키는 모습을 보여주고 있었다. 이는 북미 간의 신뢰를 증가시키는 역할을 할 것이고, 종국에는 협상을 원활하게 할 것이 확실했다. 시간은 걸리겠지만 북미가 신뢰를 쌓는 기간은 꼭 필요했다. 미국에게서 무언가를 얻어내야 하는 상황에서 북한은 할 수 있는 것을 하고 있었다.

7월 25일, 강경화 장관은 외교통일위원회 전체회의에서 종전선언과 관련하여 "중국과도 처음부터 계속 긴밀히 협의해 왔다."라고 밝혔다. 남·북·미 3국의 종전선언과, 남·북·미·중 4국의 종전선언 중에서 어떤 종전선언이 될지는 확실하지 않았지만, 중국 역시 협상에 참여하고 있는 것은 분명했다. 이는 7월 30일, 연합뉴스의 보도로 더욱 확실해졌다.[139] 이 보도에 따르면 중국의 양제츠 정치국원 겸 중앙외사공작위원회 주임이 비공개로 한국에 방문해 정의용 국가안보실장을 만났다. 시기는 7월 19일 이전으로 추정되고 있었다. 정의용 안보실장이 7월 20일 미국으로 향했으니, 정리하면 중국의 양제츠 주임과 정의용 안보실장이 비밀리에 만났고, 그 이후에 정의용 안보실장이 미국에 간 것이다.

양제츠 주임의 비공개 한국 방문은 매우 중요한 의미를 담고 있다. 지금까지 남북의 외교를 보면 미국은 한국이 확실하게 맡고, 중국은 북한이 맡는 일종의 역할 분담의 모습을 보여주었다. 남북정상회담 이후에 한국 언론은 문재인 대통령이 중국의 시진

---

139 한반도 종전선언에 中 참여하나…"양제츠 이달 방한한듯"(종합), 연합뉴스, 2018.07.30.

핑 주석과 통화를 하지 않는다며 우려한 적이 있다.**140** 하지만 중국의 왕이 부장이 북한을 방문해 김정은 위원장을 만난 이후에 한중 정상 간 전화 통화가 있었음을 상기해보면, 남과 북 사이에 어느 정도의 역할 분담이 이뤄져 있었다고 추정할 수 있다. 양제츠 주임의 한국 방문은 이런 기존의 방식을 끝내고 한국이 확실히 중심에 서는 시스템의 변화를 보여주는 것일 수 있었다.

만약 이 같은 추정이 사실이라면 앞으로 한반도 비핵화 프로세스가 더욱 원활하게 작동할 가능성이 높아진다. 중국을 믿지 못하는 미국을 설득하려면 북한이 나서는 것보다는 한국이 나서는 것이 훨씬 낫다. 한국과 미국의 신뢰가 명확하게 구축된 상태라면 더욱 그럴 것이다. 한반도 문제에서 중국이 계속 발목을 잡았다는 평가도 있었던 것을 보면 중국과 협상하고 미국도 받아들일 수 있도록 설득할 수 있는 것은 대한민국뿐이었다.

양제츠 주임의 극비 방한과 정의용 안보실장의 미국행, 그리고 이후 미국과 좋은 협상을 했다는 자평, 이어서 7월 31일 언론 보도로 드러난 7월 26일 서훈 국정원장의 비공개 미국 방문까지.**141** 이 모든 일을 종합해보면 한반도 비핵화 프로세스를 더욱 효율적으로 이뤄내기 위한 협의가 하나하나씩 진행되고 있었다는 결론을 내리게 된다. 여전히 언론은 북미 관계가 교착 상태에 빠지고 있다고 말했고, 실제로도 그렇게 보였지만 물밑에서는 끊임없는 노력이 진행되고 있었다.

---

140 문 대통령, 시진핑과만 통화 불발 … 전문가 "중국, 패싱 우려에 몽니", 중앙일보, 2018.05.02.
141 서훈 지난주 방미…남북협력사업 '제재 면제' 촉구한 듯, 한겨레, 2018.07.31.

정전협정 체결 65주년 기념일인 7월 27일, 북한은 약속대로 미군 유해를 송환했다. 이제 북미가 싱가포르에서 협의한 내용 중 하나가 실현됐다. 북미정상회담 이후 정체된 것으로 보이던 북미 관계가 다시 정상 궤도를 찾을 수 있는 계기가 마련된 것이다. 아니, 어쩌면 이미 모든 것은 정상 궤도 안에 있는 것일지도 모른다. 모든 협상은 직선이 아니라 지그재그로 이어지는 것이 정상이니까.

이제 관심은 종전선언으로 모이기 시작했다. 종전선언은 단순 정치적 선언이지만, 매우 중요한 이정표였다. 과거를 마무리하고 새로운 시대를 여는 지점이었다. 그곳으로 가기 위한 노력도 계속되고 있었다.

6.
종전으로 가기 위해 중재를 이어가다

2018년 8월 1일 아세안지역안보포럼(ARF)이 시작됐다. 한국, 미국, 중국, 북한의 대표가 모두 참석하는 중요한 외교무대였다. ARF에서 종전선언이 있을 거라는 예상도 있었다. 기대가 충분히 컸던 자리였다. 하지만 결과적으로 두드러지는 진전은 보이지 않았다.

우선 남북외교장관 회담이 무산됐다. 한국의 요청에 북한이 응하지 않았다. 대신 강경화 장관과 리용호 북한 외무상이 갈라 만찬에서 만나 대화를 나누었을 뿐이다. 북미 간의 회담도 없었다. 다만, 김정은 국무위원장의 친서에 대한 답으로 성김 미국대사가 리용호 외무상에게 트럼프 대통령의 친서를 전달했다.

남북, 북미회담이 모두 무산되면서 북한의 비핵화와 한반도의 평화는 쉽게 얻을 수 있는 것이 아님이 다시 증명됐다. 하지만 동시에 계속해서 진도를 나가고 있다는 신호도 분명히 존재했다. ARF에서 보여준 북한의 외교가 그러했다. 북한의 외교는 이전과는 확실히 다른 것이었다. 조선중앙통신에 따르면 리용호 외무상은 중국, 베트남, 인도네시아, 라오스, 태국, 필리핀, 뉴질랜드, 캄보디아, EU와 담화를 했다. 북한이 지니고 있던 은둔 국가로서의 모습이 점차 희미해지고 있었다.

이런 북한의 행보가 주는 메시지는 분명했다. 북한이 외교의 폭을 넓히고 있다는 것이다. 외교의 폭을 넓힌다는 것은 무조건 환영할 일이다. 외교를 넓히면, 한 나라와의 외교 관계에 종속되지 않으며, 나라 간의 협상에 있어서 국제사회의 지지를 의식하고 또 얻기 위해 노력할 가능성이 커지기 때문이다. 관계란 예측 불가능한 행위를 상당히 통제해준다. 그런 점에서 북한이 예측할 수 없는 은둔 국가에서, 예측 가능한 국가로 변해가고 있다고 판단할 수 있다.

또한, 세를 늘려나가는 것은 외교에서 기본이다. 문재인 대통령이 다양한 국가와 외교 관계를 격상시켜 나가는 것만 해도 알 수 있다. 북한은 활발한 외교를 통해 보통 국가로 변해가고 있었다. 국제사회가 북한을 조금 더 신뢰의 눈으로 바라볼 수 있게 됐다.

그렇다면 북한은 어째서 한국, 미국과는 회담을 하지 않았을까? 아마도 북한은 한국과 미국이 어느 정도 협의를 마무리하고 확실한 안을 가져오길 바랐을 가능성이 높다. 리용호 외무상은 ARF 회의 연설에서 "북미 사이 신뢰조성을 위해서는 반드시 쌍방의 동시적인 행동이 필수적이며 할 수 있는 것부터 하나씩 순차적으로 해나가는 단계적 방식이 필요하다."라고 말했다. 즉, 북한은 유해 송환까지 했으니 미국이 뭘 할 것인지를 얘기해야 한다는 입장인 것이다. 북한이 충분히 취할 수 있는 태도였다.

리 외무상은 같은 자리에서 "우려스러운 것은 미국 내에서 수뇌부의 의도와 달리 낡은 것으로 되돌아가려는 시도들이 짓궂게 계속 표출되고 있는 것"이라고 이야기를 했다. 비판은 하되 '수뇌부'를 따로 언급하면서, 북한은 트럼프 대통령과의 관계가 좋다는 것만은 분명히 했다. 북미관계를 깰 생각은 전혀 없다는 의중을 내보인 것이다.

8월 5일, 강경화 외교부 장관은 ARF 외교장관회의 결산 브리핑을 가졌다. 이 자리에서 강경화 장관은 종전선언에 대해 미국·중국과 상당한 협의가 있었다고 밝혔다. 청와대의 외교 행보는 일관적이었다. 올바른 방향을 설정했고, 잘 나아가고 있었다. 강경화 장관은 북한 리용호 외무상과의 비공개 만남에서 "종전선언에 대해서도 의견 교환이 있었다."라고 말했다. 한국은 종전선언을 이뤄내기 위해 중재를 이어가고 있었다. 결국, ARF에서 종전선언과 남북·북미 회담이 이뤄지지 않은 이유는 단순했다. 협상이 끝나지 않았던 것이다.

8월 6일, 유엔 안전보장이사회는 미국이 초안을 작성한 새로운 가이드라인을 채택했다. 이 가이드라인에는 북한에 대한 인도적인 지원이 더욱 원활히 이뤄질 수 있는 내용이 담겨 있었다.

이미 언급한 것처럼 대북 제재가 북한을 힘들게 하고 있었다. 북한은 제재에 대해 답답함을 계속해서 토로하고 있었다. 북한은 남북협력에서 진도를 나가고 싶은데, 한국에서 제재를 이유로 속도를 내지 않으니, 이에 대해서 한국에 불만을 토로하기도 했다.[142] 물론 완벽한 비핵화를 위해서는 국제사회의 지지가 필수이기에 한국이 이 제재를 어길 일은 없었다. 미국도 쉬이 대북제재를 풀 리가 없었다. 결국, 북한이 경제 제재에서 벗어나고 싶다면, 국제사회가 인정하는 수준의 비핵화를 해야만 했다. 그러나 그 과정에서 한국이 북한과 지속적으로 교류하고, 북한과 미국이 계속해서 협의하는 일이 멈추어서는 안 됐다. 대북제재를 위반하지 않으면서 동시에 협의가 계속될 필요가 있었다. 인도적 지원 사업이 바로 협의를 지속시킬 수 있는 수단 중 하나였다.

인도적 지원 사업은 대북제재의 면제 인정이 될 가능성이 농후하고, 미국도 용인할 수 있으며, 북한도 실질적으로 도움을 받을 수 있는 일이었다. 따라서, 인도적 지원 사업은 제재 위반 없이 모두를 협상 테이블에 잡아놓을 수 있었다. 단지 이런 인도적 지원 사업을 진행할 때마다 대북제재 면제 요청을 하고 또 심사를 받는 과정에서 시간이 너무 오래 걸리게 되면 일의 진행이 더디고 어려운 것도 사실이었다. 정부는 이 문제 해결을 위해 유엔 측에 지속적으로 요청을 해왔고, 미국이 초안을 작성해서 인도적 지원이 수월하게 이뤄질 수 있는 가이드 라인을 통과시킨 것

---

142 北노동신문, 南에 개성공단 재가동·금강산관광 재개 촉구, 연합뉴스, 2018.07.31.

이다. 이로써 경제 제재에도 불구하고 북한에게 당근을 줄 수 있는 길이 열렸다.

이것으로 미국은 북한에 아주 작은 선물을 줬다. 당연히 북한이 원하는 것에는 한참 미치지 못했을 것이다. 그러나 그럼에도 판을 깨서는 안 된다는 것과 미국도 북한을 신경 쓰고 있다는 티를 냈으니 매우 적절한 시기에 취해진 적절한 조치였다.

한국도 큰 성과를 얻었다. 북미협상이 깨지지 않도록 했다. 미국이 북한에 뭔가를 해주면서 협상을 이어갈 수 있게 했다. 한국이 보편적인 명분인 인도주의를 내세워 미 행정부가 내부의 비판에도 불구하고 북한에 무언가 줄 수 있게 판을 깔아준 것이다. 또한, 남북 간의 소통이 계속될 수 있도록 했다. 인도적 지원을 위해서 남북은 계속 소통해야 했다. 심지어 한국의 요청에 따라 미국이 가이드라인의 초안을 만들었으니 한국의 대미 영향력을 북한에게 보여줄 수 있었다. 한국은 참 많은 것을 얻어낸 것이다.

8월 7일, 트럼프 대통령은 북한이 비핵화 과정에서 진전을 보이고 있다고 말하면서 동시에 중국이 장난을 치는 것 같다는 발언을 했다.[143] 트럼프 대통령은 이미 북미정상회담을 취소하는 과정에서도 중국에 대한 문제 제기를 꾸준히 해오고 있었다. 미·중 간의 무역전쟁까지 시작되면서 한반도 외교에서 중국의 태도가 점차 중요해지고 있었다. 매우 단신으로 처리되어 많은 이들이 관심을 갖지는 않았지만, 로라 스톤 미국 국무부 중국 담당

---

143 The Latest: Trump says NK making progress on denuking, AP NEWS, 2018.08.08.

부차관보가 7월 하순에 방한해 외교부 당국자들과 만났다는 보도도 있었다. 외교부 당국자는 7일, "로라 스톤 부차관보 대행 방한시 우리 측 미국, 중국 관련 당국자들과 만났으며 역내 정세 등에 대한 의견 교환이 있었다."라고 말했다. 이미 중국은 미국에 4자 종전선언을 제안한 바 있었다.**144** 한국과 북한도 연내 종전선언을 원하고 있었다. 그렇다면 미국과 중국이 종전선언에 대해 어떤 협의를 하느냐, 그리고 미국은 어떤 선택을 하는지가 종전선언의 결과를 결정지을 것이었다.

이처럼 한반도의 종전선언은 과거 휴전이 체결될 때와 마찬가지로 강대국의 입김에 영향을 받고 있었다. 다른 점이라면 대한민국이 중재자로서 중심에 섰다는 것이다. 미국과 중국 모두가 받을 수 있는 협의를 이끌어내는 것은 한국만이 할 수 있는 일이었다. 한국은 중국을 참여는 시켜주되 큰 비중을 주지 않는, 혹은 참여하는 대신 경제와 같은 다른 부분에서 미국의 이득을 확실하게 해주는, 어쩌면 아예 중국이 참여하지 않는 대신 뭔가를 얻어 갈 수 있는 적절한 수준의 협상을 이끌어야 했다. 물론 문재인 정부의 성격상 명분과 원칙을 바탕으로 일을 추진할 것이었다. 속 시원한 전격적인 타결은 없어도 결국에는 미국과 중국이 거부할 수 없는 미묘한 지점을 찾아낼 것이다. 그때가 되면, 어떤 방식으로든 종전선언은 이뤄지게 될 것이었다.

---

144 중 "종전선언 꼭 참여할 것…미국에 4자 선언 제안", 한겨레, 2018.08.17.

7.
동아시아철도공동체를 제안하다

2018년 8월 13일, 북한 측의 제안으로 남북 고위급회담이 개최됐다. 조명균 통일부 장관을 대표로 한 남측과 리선권 조국평화통일위원장을 대표로 한 북측 대표가 판문점 북측 통일각에서 만났다.

제4차 남북고위급회담 공동보도문

남과 북은 2018년 8월 13일 판문점 통일각에서 역사적인 판문점 선언을 이행하기 위한 제4차 남북고위급회담을 진행하였다.

회담에서 쌍방은 판문점선언의 이행 상황을 점검하고 보다 적극적으로 실천해 나가기 위한 문제들을 진지하게 협의하였다.

회담에서는 또한 일정에 올라있는 남북정상회담을 9월 안에 평양에서 가지기로 합의하였다.

2018년 8월 13일
판문점

회담 후에 발표된 공동보도문에 따르면 판문점 선언에 명시된 대로 문재인 대통령이 평양으로 가 남북정상회담을 하기로 결정했다. 일시는 정확한 날짜가 아닌 9월 안이라고만 명시했다.

지금까지 남북정상회담은 한반도 비핵화와 평화번영을 위한 중요한 역할을 했다. 2018년 4월 27일에 열린 1차 남북정상회담에서는 한반도 프로세스를 위한 가이드라인을 판문점 선언으로 구축했고, 동시에 북미정상회담의 길잡이 역할을 톡톡히 했다. 5월 26일에 열린 2차 남북정상회담은 취소까지 됐던 북미정상회담이 성공적으로 이뤄지도록 만들었다. 9월에 열릴 3차 남북정상회담도 앞으로 이뤄지게 될 2차 북미정상회담을 위해 중요한 역할을 해줄 것이 분명했다. 종전선언을 위한 노력이 계속되던 시기에 남북정상회담이라는 중요한 이벤트가 남아있다는 것은 참으로 다행스러운 일이었다. 하지만 반대로 3차 남북정상회담이 중요한 역할을 해주지 못하면 종전선언을 비롯해 한반도 비핵화 프로세스 자체가 큰 어려움에 봉착할 가능성이 컸다. 3차 남북정상회담은 반드시 성공해야 했다. 리 위원장은 "오늘 북남회담과 개별 접촉에서 제기한 문제들이 만약 해결되지 않는다면 예상치 않았던 문제가 탄생 될 수 있다."라고 말했는데, 이는 한국 정부를 압박해 원하는 결과를 얻고자 하는 의도가 분명했다. 한국에는 풀어야 할 숙제가 놓인 것이다.

2018년 8월 15일, 광복절이었다. 문재인 대통령은 2017년 광복절에도 대북 메시지를 전했었다. 따라서 2018년 광복절에도 대북 메시지가 나올 것은 자명했다. 3차 남북정상회담을 앞두고 있는 중요한 시기였다. 세계가 문재인 대통령의 메시지에 주목하고 있었다.

존경하는 국민 여러분 지금 우리는 우리의 운명을 스스로 책임지며 한반도의 평화와 번영을 향해가고 있습니다. 분단을 극복하기 위한 길입니다.

분단은 전쟁 이후에도 국민들의 삶 속에서 전쟁의 공포를 일상화했습니다. 많은 젊은이들의 목숨을 앗아갔고 막대한 경제적 비용과 역량 소모를 가져왔습니다. 경기도와 강원도의 북부지역은 개발이 제한되었고 서해 5도의 주민들은 풍요의 바다를 눈앞에 두고도 조업할 수 없었습니다. 분단은 대한민국을 대륙으로부터 단절된 섬으로 만들었습니다. 분단은 우리의 사고까지 분단시켰습니다. 많은 금기들이 자유로운 사고를 막았습니다. 분단은 안보를 내세운 군부독재의 명분이 되었고 국민을 편 가르는 이념갈등과 색깔론 정치, 지역주의 정치의 빌미가 되었으며 특권과 부정부패의 온상이 되었습니다. 우리의 생존과 번영을 위해 반드시 분단을 극복해야 합니다. 정치적 통일은 멀었더라도 남북 간에 평화를 정착시키고 자유롭게 오가며 하나의 경제공동체를 이루는 것, 그것이 우리에게 진정한 광복입니다.

저는 국민들과 함께 그 길을 담대하게 걸어가고 있습니다. 전적으로 국민들의 힘 덕분입니다.

- 제73주년 광복절 및 정부수립 70주년 경축식 중에서 (2018.05.15.)

문재인 대통령은 한반도 평화와 번영의 당위를 먼저 전달한다. 그리고 경제공동체라는 진정한 광복의 정의이자 한반도 평화와 번영을 이뤄낼 목적지를 제시한다.

제가 취임 후 방문한 11개 나라, 17개 도시의 세계인들은 촛불혁명으로 민주주의와 정의를 되살리고 '나라다운 나라'를 만들어가는 우리 국민들에게 깊은 경의의 마음을 보냈습니다. 그것이 국제적 지지를 얻을 수 있는 강력한 힘이 되었습니다.

가장 먼저 트럼프 대통령과 만나 한미동맹을 '위대한 동맹'으로 발전시킬 것을 합의했습니다. 평화적 방식으로 북핵문제를 해결하기로 뜻을 모았습니다. 독일 메르켈 총리를 비롯해 G20의 정상들도 우리 정부의 노력에 전폭적 지지를 표명했습니다. 아세안 국가들과도 '더불어 잘 사는 평화 공동체'를 함께 만들어가기로 했습니다. 시진핑 주석과는 전략적 동반자 관계를 더욱 발전시키기로 했고 지금 중국은 한반도 평화에 큰 역할을 해주고 있습니다. 푸틴 대통령과는 남북러 3각 협력을 함께 준비하기로 했습니다. 아베 총리와도 한일관계를 미래지향적으로 발전시켜나가고 한반도와 동북아 평화번영을 위해 긴밀하게 협력하기로 했습니다. 그 협력은 결국 북일관계 정상화로 이끌어 갈 것입니다.

'판문점 선언'은 그와 같은 국제적 지지 속에서 남북 공동의 노력으로 이뤄진 것입니다. 남과 북은 우리가 사는 땅, 하늘, 바다 어디에서도 일체의 적대행위를 중단하기로 했습니다. 지금 남북은 군사당국간 상시 연락채널을 복원해 일일단위로 연락하고 있습니다. '분쟁의 바다' 서해는 군사적 위협이 사라진 '평화의 바다'로 바뀌고 있고 공동번영의 바다로 나아가고 있습니다. 판문점 공동경비구역의 비무장화, 비무장지대의 시범적 감시초소 철수도 원칙적으로 합의를 이뤘습니다. 남북 공동의 유해발굴도 이뤄질 것입니다. 이산가족 상봉도 재개되었습니다. 앞으로 상호대표부로 발전하게 될 남북공동연락사무소도 사상 최초로 설치하게 되었습니다. 대단히 뜻깊은 일입니다.

며칠 후면 남북이 24시간 365일 소통하는 시대가 열리게 될 것입니다. 북미 정상회담 또한 함께 평화와 번영으로 가겠다는 북미 양국의 의지로 성사되었습니다. 한반도 평화와 번영은 양 정상이 세계와 나눈 약속입니다. 북한의 완전한 비핵화 이행과 이에 상응하는 미국의 포괄적 조치가 신속하게 추진되길 바랍니다.

존경하는 국민 여러분,

이틀 전 남북 고위급회담을 통해 '판문점 회담'에서 약속한 가을 정상회담이 합의되었습니다. 다음 달 저는 우리 국민들의 마음을 모아 평양을 방문하게 될 것입니다. '판문점 선언'의 이행을 정상 간에 확인하고 한반도의 완전한 비핵화와 함께 종전선언과 평화협정으로 가기 위한 담대한 발걸음을 내딛을 것입니다.

남북과 북미 간의 뿌리 깊은 불신이 걷힐 때 서로 간의 합의가 진정성 있게 이행될 수 있습니다. 남북 간에 더 깊은 신뢰 관계를 구축하겠습니다. 북미 간의 비핵화 대화를 촉진하는 주도적인 노력도 함께 해나가겠습니다.

　　　　　- 제73주년 광복절 및 정부수립 70주년 경축식 중에서 (2018.05.15.)

문재인 대통령은 그동안 이뤄낸 성과를 국민에게 보고한다. 전세계의 지지를 받았고, 실제 성취를 이뤄냈으며 앞으로도 계속해서 성과를 만들어가겠다는 것이다.

저는 한반도 문제는 우리가 주인이라는 인식이 매우 중요하다고 생각합니다.

남북관계 발전은 북미관계 진전의 부수적 효과가 아닙니다. 오히려 남북관계의 발전이야말로 한반도 비핵화를 촉진시키는 동력입니다. 과거 남북관계가 좋았던 시기에 북핵 위협이 줄어들고 비핵화 합의에까지 이를 수 있던 역사적 경험이 그 사실을 뒷받침합니다. 완전한 비핵화와 함께 한반도에 평화가 정착되어야 본격적인 경제협력이 이뤄질 수 있습니다. 평화경제, 경제공동체의 꿈을 실현 시킬 때 우리 경제는 새롭게 도약할 수 있습니다.

우리 민족 모두가 함께 잘 사는 날도 앞당겨질 것입니다. 국책기관의 연구에 따르면 향후 30년간 남북 경협에 따른 경제적 효과는 최소한 170조원에 이를 것으로 전망합니다. 개성공단과 금강산 관광 재개에 철도연결과 일부 지하자원 개발사업을 더한 효과입니다. 남북 간에 전면적인 경제협력이 이뤄질 때 그 효과는 비교할 수 없이 커질 것입니다. 이미 금강산 관광으로 8,900여 명의 일자리를 만들고 강원도 고성의 경제를 비약시켰던 경험이 있습니다. 개성공단은 협력업체를 포함해 10만 명에 이르는 일자리의 보고였습니다. 지금 파주 일대의 상전벽해와 같은 눈부신 발전도 남북이 평화로웠을 때 이루어졌습니다. 평화가 경제입니다. 군사적 긴장이 완화되고 평화가 정착되면 경기도와 강원도의 접경지역에 통일경제특구를 설치할 것입니다. 많은 일자리와 함께 지역과 중소기업이 획기적으로 발전하는 기회가 될 것입니다.

판문점 선언에서 합의한 철도, 도로 연결은 올해 안에 착공식을 갖는 것이 목표입니다. 철도와 도로의 연결은 한반도 공동번영의 시작입니다. 1951년 전쟁방지, 평화구축, 경제재건이라는 목표 아래 유럽 6개국이 '유럽석탄철강공동체'를 창설했습니다. 이 공동체가 이후 유럽연합의 모체가 되었습니다. 경의선과 경원선의 출발지였던 용산에서 저는 오늘, 동북아 6개국과 미국이 함께 하는 '동아시아철도공동체'를 제안합니다. 이 공동체는 우리의 경제지평을 북방대륙까지 넓히고 동북아 상생번영의 대동맥이 되어 동아시아 에너지공동체와 경제공동체로 이어질 것입니다. 그리고 이는 동북아 다자평화안보체제로 가는 출발점이 될 것입니다.

　　- 제73주년 광복절 및 정부수립 70주년 경축식 중에서(2018.05.15.)

문재인 대통령은 마지막으로 경제를 이야기한다. 평화가 경제라는 것이다. 경기도와 강원도의 접경 지역에 통일경제특구를 설치해 대한민국의 경제를 발전시킬 것이며, 철도와 도로를 연결해 한반도 공동번영을 시작하겠다는 메시지를 전한다. 특히 '유럽석탄철강공동체'를 예로 들며 동북아 6개국과 미국이 함께 하는 '동아시아철도공동체'를 제안한다. 문재인 대통령은 이 공동체를 통해 대한민국의 경제를 북방까지 넓히고 동시에 이를 동아시아 에너지공동체와 경제공동체로 발전시켜 나갈 것을 요청한다. 종국에는 동아시아 다자평화안보체제로 가자는 것이다.

1년 전 베를린에서 베를린 구상을 밝힐 때, 어느 누구도 문재인 대통령의 베를린 구상이 성공할 것이라고 생각하지 않았다. 하지만 1년이 지난 지금, 문재인 대통령의 베를린 구상은 현실이 됐다.

문재인 대통령은 광복절 경축사를 통해 아시아의 EU를 만들어내자고 제안했다. 그래서 동북아 지역의 안보위협과 군사적인 불안을 해소하고 동아시아가 함께 번영할 수 있는 체제를 만들자는 것이다. 여전히 러시아와 일본, 중국과 일본, 북한과 일본이 서로 으르렁대고 있는, 중국이 미국과, 북한이 미국과, 한국과 북한이 불편하고 있는 이 동북아에서 서로 협력하고 공동의 번영을 추구하는 다자평화안보체제를 만들자는 말은 꿈에서나 이뤄질 수 있는 일일 것이다. 이 지역을 수십 년간 지배해온 냉전의 질서를 깨부숴야 하는 일이기 때문이다. 하지만, 베를린 구상이 그랬던 것처럼 문재인 대통령의 이 구상은 언젠가 현실이 되어 눈앞에 펼쳐져 있을지도 모를 일이다.

이미 문재인 대통령은 동북아 다자안보체제에 대해서 계속 언급해 왔다. 하지만 이번 광복절 축사를 통해 그 시작을 위한 구체적인 방안인 '동아시아철도공동체'를 제안했다. 그는 진심으로 동북아 다자안보체제를 이뤄낼 생각이었다. 문재인 대통령은 광복절 경축사의 끝을 이렇게 맺는다.

낙관의 힘을 저는 믿습니다. 광복을 만든 용기와 의지가 우리에게 분단을 넘어선, 평화와 번영이라는 진정한 광복을 가져다 줄 것입니다.

문재인 대통령은 길을 제시했다. 그리고 낙관을 가지고 그 길을 실제로 이뤄내겠다고 일갈했다. 한반도의 비핵화를 넘어서 전 세계에 영향을 끼칠, 동북아 다자 평화안보체제를 향해 문재인 대통령이 한 걸음을 내딛게 되었다.

8.
트럼프 대통령, 폼페이오 장관의 방북을 취소하다

2018년 8월 16일, 문재인 대통령은 여야 5당 원내대표와 오찬을 가졌다. 이 자리에서 문재인 대통령은 북미관계가 잘 진전을 이루고 있다고 평가했다. 폼페이오 국무장관은 현지 시각 8월 16일에 열린 각료회의에서 북한과 관련해 "북한의 밝은 미래로 향하는 길에 관해 대화를 계속하고 있다."라며 "진전을 계속 이뤄가고 있으며 너무 늦기 전에 큰 도약을 만들어낼 수 있기를 희망한다."라고 말했다.**145** 북미 협상이 결과를 낼 것이라는 기대감을 주기에 충분한 신호들이었다.

8월 18일 뉴스1은 '북중 정상회담 9·9절 기간 가능성...교류 분위기 고조'라는 제하의 기사에서 중국 공산당 대외연락부 선발대 수십 명이 지난주 방북했다고 밝히며, 북한 측이 정권수립 70주년인 9월 9일에 시진핑 주석을 초청한 것으로 알려졌다고 보도했다. 지금까지 한반도 문제에 중국이 관련되면 진행에 어려움을 겪어왔으니 좋은 소식은 아니었다. 하지만 현지 시각 8월 20일, 트럼프 대통령은 로이터통신과의 인터뷰에서 제 2차 북미정상회담에 대해 "하게 될 가능성이 높다."**146**라고 대답했다. 다행히 북미 간 분위기는 나빠 보이지 않았다.

8월 20일, 남북은 이산가족 상봉 행사를 진행했다. 문재인 대통령이 베를린 구상에서 제시한 내용이 또 한 가지 이뤄진 것이다. 남북관계도 괜찮아 보였다. 많은 이들이 계속해서 미적거리던 한반도의 비핵화 프로세스가 이제는 풀릴 것이라고 생각하기에 충분했다.

8월 23일, 폼페이오 장관은 스티븐 비건 포드자동차 국제담당부사장을 대북정책특별대표로 임명하고 그와 함께 북한에 방문한다고 공식 발표했다. 마침내 북미 간의 길었던 협의가 어느 정

---

145 We're continuing to engage in conversation with them about a path forward to a brighter future for the North Koreans. / So continuing to make progress and hoping that we can make a big step here before too long. - 폼페이오 국무장관, 2018.08.16.

146 It's most likely we will. - Exclusive: Trump says 'most likely' to meet North Korea's Kim again, 로이터통신, 트럼프 대통령, 2018.08.21.

도 합의점을 찾았다는 신호였다. 이에 대해 청와대는 "폼페이오 장관이 방북해서 비핵화와 한반도 평화에 큰 진전을 이뤄내기를 바라고 있다."라고 밝혔다. 하지만 폼페이오 장관이 방북을 발표한 바로 다음 날, 트럼프 대통령은 트위터를 통해 '폼페이오 장관의 방북을 취소했다.'라고 밝힌다. 트럼프 대통령은 자신이 폼페이오 장관에게 이번에 북한에 가지 말라고 요청했다며, 한반도의 비핵화 측면에서 충분한 진전이 만들어지지 않았다는 것을 이유로 들었다. 또한, 그는 중국과 미국 사이의 무역상황 때문에 중국이 예전에 그랬던 것처럼 비핵화 과정에서 도움을 주고 있지 않다고 이야기한다. 마지막으로 폼페이오 장관은 북한을 가까운 시일 안에 가기를 원하는데 아마 중국과의 무역 관계가 해결된 이후일 것이며 동시에 자신의 가장 따뜻한 안부와 존경을 김정은 위원장에게 보낸다고 말했다. 곧 그를 만나게 되기를 학수고대한다면서.[147]

트럼프 대통령의 트위터를 살펴보면, 비핵화에 대한 충분한 진전이 이뤄지지 않았음을 명시하고 있지만, 실질적으로는 중국에 대한 불만이 더 많은 내용을 차지하고 있다. 동시에 그러면서도

---

147 I have asked Secretary of State Mike Pompeo not to go to North Korea, at this time, because I feel we are not making sufficient progress with respect to the denuclearization of the Korean Peninsula. Additionally, because of our much tougher Trading stance with China, I do not believe they are helping with the process of denuclearization as they once were (despite the UN Sanctions which are in place). Secretary Pompeo looks forward to going to North Korea in the near future, most likely after our Trading relationship with China is resolved. In the meantime I would like to send my warmest regards and respect to Chairman Kim. I look forward to seeing him soon! - 트럼프 대통령, 트위터, 2018.08.24.

'북한을 방문하길 원한다.', '김정은 위원장에게 안부와 존경을 보낸다.', '곧 만나자.'라는 내용을 더해서 미국이 북한과의 관계를 깨겠다는 생각은 전혀 없다는 것을 드러낸다. 결국, 이 메시지는 오히려 대중 압박용으로 읽힌다. 중국의 시진핑이 북한으로 가 북중정상회담을 할 수 있다는 보도가 있었던 것을 보면, 트럼프 대통령은 중국의 역할과 북중 관계에 대해 의심을 거두지 않고 있는 것이 분명했다. 트럼프 대통령은 제1차 북미정상회담을 취소할 때도, 이번 폼페이오 장관의 방북을 취소할 때도 중국을 언급했다. 실제 중국이 어떻게 하고 있는지를 살피는 것과 별개로 중국의 역할 문제를 해결하지 않고서는 한반도에서 비핵화를 이루는 것이 상당히 어려운 일인 것만은 분명해졌다. 대한민국은 또 하나의 큰 짐을 지게 된 것이다.

8월 25일, 외교부는 폼페이오 국무장관의 방북 취소에 대해 "아쉽게 생각하며 북핵 관련 중국의 건설적 역할을 기대한다."라고 말했다. 또한, 김의겸 청와대 대변인은 "북미가 경색된 상황에서 막힌 곳을 뚫어주고, 북미 사이의 이해의 폭을 넓히는데 문 대통령의 촉진자, 중재자로서의 역할이 더 커진 게 객관적인 상황이 아닌가 싶다."라고 평했다. 이 문제를 해결하기 위해서 결국 한반도 운전자인 문재인 대통령이 직접 나설 수밖에 없는 상황이 또다시 펼쳐진 것이다.

9.
대북특사단, 냉전 질서를 깨고 막힌 길을 뚫다

8월 31일, 청와대는 9월 5일에 대북특사단을 평양에 파견한다고 밝혔다. 대한민국이 전통문을 통해 북쪽에 문재인 대통령의 특사파견을 제안했고, 북한이 특사를 받겠다는 회신을 하면서 특사파견이 성사됐다. 김의겸 대변인은 대북특사가 남북정상회담의 구체적인 개최 일정과 남북관계 발전, 한반도 비핵화 및 평화정착 등을 폭넓게 협의할 예정이라고 말했다.

이번 대북특사단의 목표는 분명했다. 북미 간의 교착 상태를 풀어내야 했다. 그러기 위한 남북정상회담이고, 그러기 위한 비핵화 논의였다. 특사단은 좋은 성과를 내야만 했다. 대북특사단은 지난 3월에 파견되었던 1차 대북특사단과 동일하게 구성되었다. 당시에 북미정상회담까지 성사시키는 성과를 이미 냈었던 팀이었다. 한국은 확실하게 검증된 최상의 패를 꺼내 들었다.

9월 4일 중국중앙TV는 리잔수 전국인민대표대회 상무위원장이 시진핑 주석의 특별대표 자격으로 북한의 9·9절 행사에 참석한다고 밝혔다. 시진핑의 방북이 이뤄지지 않은 것이다. 긍정적인 신호였다.

미국은 대북 관계에서 중국을 계속해서 견제하고 있었다. 만약 시진핑 주석이 방북해 김정은 위원장을 만난다면, 이는 한·미·일-북·중·러의 냉전 체제가 다시 강해지는 효과를 낸다. 따라서 미국으로서는 북한을 의심해야 하는 당위가 생긴다. 이런 상황에서 시진핑 주석이 아닌 리잔수 상무위원장의 방북은 북미 간의 갈등을 풀어낼 수 있는 기본적인 조치였다.

같은 날, 정의용 국가안보실장이 방북 전 브리핑을 갖는다. 정의용 안보실장은 문재인 대통령의 친서를 가져갈 예정이며, 9월 중 평양에서 개최하기로 남북 간 합의한 남북정상회담의 구체적 일정과 의제 등에 대해 논의하고, 판문점 선언 이행을 위한 여러 협의를 진행해 9월 정상회담에서 구체적 합의를 이뤄낼 수 있도록 노력하며, 완전한 비핵화를 통한 한반도의 항구적 평화정착 달성을 위한 방안을 협의하겠다고 밝혔다.

그날밤, 문재인 대통령과 트럼프 대통령이 통화했다. 통화에서 트럼프 대통령은 문재인 대통령에게 "북한과 미국 양쪽을 대표하는 수석협상가가 돼 역할을 해달라."라고 요청했다. 문재인 대통령 당선 이후, 문재인 대통령은 한반도 운전자론을 통해 상황을 주도해 나갔다. 하지만 동시에 북한과 미국, 중국 역시 나름의 채널을 통해 외교 활동을 진행하고 있었다. 특히, 한·미 간 그리고 북·중 간 긴밀히 협의하는 상황하에서, 북미가 협상을 진행해 나가는 모양새였다. 이런 방식은 한 가지 큰 약점을 지니고 있었다.

바로 냉전 질서가 담겨 있다는 것이었다. 이 질서 안에서 한반도의 비핵화는 불가능한 일이었다. 이미 역사가 이를 증명하고 있었다. 수십 년간 만들었던 수많은 합의가 이 체제를 극복하지 못했고, 결국 성과를 이루지 못했다.

문재인 대통령의 대담한 구상은 이 냉전 체제 자체를 극복하는 것에 있었다. 그렇기에 문재인 대통령은 중재자로서 중심에 서 왔던 것이며, 남북관계를 최대한 가깝게 묶어내려 한 것이다.

동시에 한미는 위대한 동맹으로, 하지만 일본과는 동맹이 아닌 것으로 포지셔닝한 것도 다 냉전 체제를 극복하기 위한 노력이었다. 덕분에 한반도에서 냉전 질서는 점차 사라지고 있었다. 한국이 중심이 되어 북한, 미국, 중국과 한반도 평화프로세스를 협의하는 방식을 문재인 대통령은 서서히 만들어나가고 있었다. 트럼프 대통령의 수석협상가 발언은 바로 이 같은 프로세스로의 전환을 증명하는 것이었다. 북한과 중국이 이 프로세스에 동의했는지는 알 수 없었으나, 미국은 동의했다고 봐야 했다.

이제 대북특사단이 북한에서 좋은 결과를 가져와야 했다. 북한이 한국 중심의 협상에 동의하는 순간 비핵화는 속도를 낼 것이다. 협상 창구가 한국으로 통일되면 협상 과정에서 생기게 될 수많은 혼선이 자연스레 줄어들기 때문이다.

9월 5일, 북한에 방문한 대북특사단은 저녁 9시 40분경 귀환했다. 이후 바로 청와대로 이동해 문재인 대통령에게 방북 결과를 알렸다. 다음날 9월 6일 정의용 국가안보실장은 국민에게 방북 결과를 보고했다.

특사단 방북 결과 발표문

대통령 특사단은 어제 저녁 늦은 시간에 돌아왔습니다. 특사단은 방북을 통해 북측과 남북관계 발전, 한반도비핵화 및 평화정착 문제를 폭넓게 협의하였습니다. 특사단은 오전 평양 도착 이후 김정은 국무위원장을 만나 문재인 대통령의 친서를 전달하고 정상회담 개최 등 남북관계 제반 현안에 대해 폭넓고 심도있는 협의를 진행하였습니다. 김영철 조선노동당 중앙위원회 부위원장을 비롯한 북측 고위인사들과도 만나 남북 정상의 의지를 실현하기 위한 구체적 방안들을 협의하였습니다.

첫째, 남과 북은 9월 18일부터 20일까지 2박 3일간 평양에서 남북정상회담을 개최하기로 합의하고, 회담 준비를 위한 의전, 경호, 통신, 보도에 관한 고위 실무협의를 내주 초 판문점에서 갖기로 하였습니다.
남북정상회담에서는 판문점선언 이행 성과 점검 및 향후 추진방향을 확인하고, 한반도의 항구적 평화정착 및 공동번영을 위한 문제, 특히 한반도 비핵화를 위한 실천적 방안을 협의하기로 하였습니다.
둘째, 김정은 위원장은 한반도의 완전한 비핵화에 대한 본인의 확고한 의지를 재확인하고, 이를 위해 남북 간에는 물론 미국과도 긴밀히 협력해 나가겠다는 의사를 표명하였습니다.
셋째, 현재 남북 간에 진행중인 군사적 긴장완화를 위한 대화를 계속 진전시켜 나가고, 남북정상회담 계기에 상호 신뢰 구축과 무력충돌 방지에 관한 구체적 방안에 합의하기로 하였습니다.
넷째, 남북은 쌍방 당국자가 상주하는 남북공동연락사무소를 남북정상회담 개최 이전에 개소하기로 하고, 필요한 협력을 해나가기로 하였습니다.

이번 특사 방북 결과는 미국 등 유관국에 상세히 설명하고 긴밀히 협력해 나가겠습니다. 앞으로 남과 북은 인내심을 갖고 꾸준히 노력해 나감으로써 남북관계 발전, 한반도 비핵화 및 평화정착에서 보다 실질적인 진전을 이루어 나가겠습니다. 특사단 방북 상황을 지켜보며 응원을 보내주신 국민 여러분, 다시 한 번 감사드립니다.

감사합니다.

역시나 탁월한 성과였다. 무엇보다 중요한 것은 남북이 함께 비핵화에 대한 실천적인 방안을 협의하기로 한 점이었다. 판문점 선언을 통해 남북 사이에 비핵화의 큰 그림을 그리고, 센토사 합의를 통해 이를 미국과도 공유하는 것까지는 한국의 역할이 컸다. 그러나 이후 구체적인 비핵화 방안에 있어서는 북미 중심의 협의로 진행되고 있었다. 그런데 남북이 비핵화에 대해서 실천적인 방안을 협의하기로 하면서, 북미 중심의 비핵화 프로세스가 남북미 중심의 비핵화 프로세스로 변경되었다. 이는 북미 간에 협의해야 하는 비핵화 문제를 한국이 함께 풀어나갈 수 있게 되었다는 것을 의미한다.

앞서 말한 새로운 협상 관계를 북한이 받아들였다는 이야기이며, 이것으로 한반도에 남아있던 냉전의 질서가 사실상 해체되고 한국 중심의 새로운 질서가 형성되게 됐다. 적어도 한반도 문제에 있어서만큼은 말이다.

문재인 대통령은 남북정상회담 준비위원회에 참석해 "특사단 방문 결과는 정말 잘 되었다. 기대했던 것보다 훨씬 더 좋은 성과"라며 "남북정상회담에 대해서도 큰 기대를 갖게 됐고, 그와 함께 한반도 완전 비핵화 그것을 위한 북미대화 이런 부분도 좀 촉진될 수 있지 않을까 기대를 갖게 됐다."라고 말했다.

문재인 대통령은 이 같은 프로세스의 변화를 가장 분명히 인식하고 있었을 것이다. 이 모든 것이 이미 그가 그린 그림 안에 들어 있었기 때문이다. 그는 처음부터 대한민국이 주도하는 그림을 그렸고, 이를 설파했다. 단지 무리해서 프로세스를 변화시키지 않고 천천히 단계를 밟아왔을 뿐이다. 아마 문재인 대통령이 무리해서 한국 중심의 프로세스를 추진하려고 했다면, 북한, 미국, 중국, 일본으로부터 반발에 부딪혔을지 모른다. 그는 명확한 목적지를 그리되 가는 길은 언제나 신중하게 선택했고, 또 상황에 따라 유연하게 대처했다. 그 신중함과 유연함이 결국 이 전환을 실현한 것이다.

9월 8일, 정의용 안보실장은 중국으로 건너가 대북특사단의 방북 결과를 설명하였다. 정의용 국가안보실장을 맞이한 것은 중국의 양제츠였다. 비공개로 방한해 정의용 실장을 만났다고 알려진 인물이었다. 정의용 안보실장은 "시진핑 주석의 공식 방한을 조기에 실현하기 위한 협의를 계속해 나가기로 했다."라고 밝혔다.

정의용 실장과 양제츠 위원과의 만남, 그리고 시진핑 주석의 방한 추진이 주는 의미도 명확했다. 중국 역시 대한민국 중심의 프로세스에 동의했다는 것이다. 시진핑 주석이 한국에 방문하기로 했다는 것은 남북중의 관계가 새롭게 형성되고 있다는 것을 의미했다.

이렇게 한반도를 둘러싼 국제정세는 변화를 시작했다. 이것이 종전선언과 평화협정을 통해 명확하게 인식되기 전까지는 시간이 걸리겠지만, 마지막 남은 냉전의 질서가 힘을 잃기 시작했다는 것만은 기억할 필요가 있다.

다시 이전으로 돌아가서 9월 6일, 한국으로 돌아온 정의용 국가안보실장은 기자회견에서 '김정은 위원장이 트럼프 대통령을 신뢰하며, 트럼프 대통령의 임기 내에 비핵화를 실현했으면 좋겠다고 말했다.'라고 전했다. 미국이 지속해서 비핵화 시간표를 북

한에 요구하고 있다는 것은 이미 널리 알려져 있었다.**148** 김정은
위원장의 입으로 '트럼프 대통령의 임기 내'라는 시간표를 제시
한 것은 북미 간의 비핵화 논의가 빨라질 수 있다는 것을 의미
하고 있었다.

트럼프 대통령은 자신의 트위터에 김정은 위원장의 신뢰에 감
사하며, "우리는 함께 해낼 것"이라는 메시지를 전했다.**149** 특히
현지 시각 9월 7일, 트럼프 대통령은 기자들에게 "국경에서 전달
된 김 위원장이 보낸 개인적 서한이 내게 오고 있다. 나는 그 서
한이 긍정적일 것으로 생각한다."**150**라고 밝혔다. 본격적으로 북
미 대화가 재개되고 있었다.

9월 9일, 북한은 정권수립 70주년을 기념한 9·9절 행사를 진행
했다. 놀랍게도 열병식에 ICBM은 등장하지 않았다. 북한의 노선
이 변했음을 보여주는 상징적인 장면이었다. 트럼프 대통령은 역
시 또 트위터를 통해 '핵미사일이 없는 열병식이었으며, 주제는
평화와 경제 개발이었다.'**151**라고 적으며, 김정은 위원장에게 감

---

148 폼페이오 "핵 리스트·비핵화 시간표" 요구에, 김영철 "종전선언 먼저", 경향신문, 2018.07.20.

149 Kim Jong Un of North Korea proclaims "unwavering faith in President Trump."
Thank you to Chairman Kim. We will get it done together! - 트럼프 대통령, 트위터,
2018.09.07.

150 A letter is being delivered to me, a personal letter from Kim Jong Un to me. That
was handed at the border, I don't know if you know that, but it was handed at the
border yesterday. It's being delivered. It's actually an elegant way. The way it used
to be many years ago before we had all the new contraptions that we all use. But a
letter is being delivered to me and I think it's going to be a positive letter. - 트럼프
대통령, 2018.09.07.

151 North Korea has just staged their parade, celebrating 70th anniversary of founding,
without the customary display of nuclear missiles. Theme was peace and econom-

사를 전했다. 또한, 트럼프 대통령과 김정은 위원장이 함께 '모두가 틀렸다는 것'을 증명하겠다며, 서로 좋아하는 두 사람의 대화보다 좋은 것은 없고, 결국 대화를 통해 비핵화 문제를 풀어나가겠다는 의도를 밝혔다.[152]

9월 12일, 시진핑 주석은 "지금 (한반도 문제의) 당사국은 북한과 한국, 미국"이라고 발언했다.[153] 동방경제포럼에서 한 발언이었다. 중국이 한발 물러선 것이다. 하지만 중국으로서는 현명한 선택이었다. 중국은 미국과 무역 전쟁 중이었다. 다른 부분에서도 갈등을 고조시킬 필요가 없었다. 동시에 북한이 개방되는 순간 한국과 더불어 가장 많은 이익을 볼 수 있는 곳도 중국이었다. 계속해서 중국이 비핵화의 걸림돌처럼 인식되었다간 빠르게 비핵화를 이루고 경제발전을 하고 싶어 하는 북한과의 관계도 어그러질 수 있었다. 냉전 질서가 해체되고 있는 상황에서 중국만 고립되는 것이 오히려 바보 같은 선택일 것이다. 중국은 자국의 이익을 지키는 선택을 했다.

미국은 활발히 움직였다. 미국의 스티븐 비건 미국 국무부 대북정책특별대표는 9월 10일 방한해 문재인 대통령과 정의용 안보실장, 강경화 외교부 장관, 조명균 통일부 장관 등을 만나고 중국으로 향했다. 중국 다음은 일본이었다. 한반도 비핵화를 위해

---

ic development. - 트럼프 대통령, 트위터, 2018.09.09.

152 Thank you To Chairman Kim. We will both prove everyone wrong! There is nothing like good dialogue from two people that like each other! Much better than before I took office. - 트럼프 대통령, 트위터, 2018.09.10.

153 시진핑 "종전선언 당사자는 남·북·미", 경향신문, 2018.09.13.

관련국들과 미국 차원에서 의견을 나누는 것은 국제사회의 지지를 받는 중요한 작업이었다.

스티븐 비건 대표는 9월 15일 다시 한국으로 돌아왔다. 중국과 일본 방문의 결과를 한국과 공유하기 위해서였다. 한국의 위상이 얼마나 달라졌는지를 알 수 있는 모습이었다. 한국 중심의 프로세스가 제대로 돌아가고 있었다.

9월 14일, 남북 공동연락사무소가 개성에서 개소했다. 이제 한국과 북한은 24시간 365일 소통이 가능하게 됐다. 남북이 가까워지면 질수록 기존의 냉전 질서는 더욱 빠르게 해체될 수밖에 없다. 한국을 중심으로 한 동북아의 새로운 질서가 점점 명확해지고 있었다.

10.
남북정상이 3번째 만나다

2018년 9월 18일, 문재인 대통령이 평양으로 향했다. 평양 국제공항은 환영인파로 가득 차 있었다. 김정은 위원장과 리설주 여사는 미리 나와 문재인 대통령 내외를 맞이했다.

두 정상은 반갑게 포옹했다. 반가운 표정이 역력했다. 문재인 대통령은 북한군의 사열을 받았고, 환영을 위해 나온 북한 주민들에게 고개 숙여 인사하고 악수를 청했다. 한국의 지도자가 고개를 숙이며 북한 주민들에게 인사하는 모습은 강렬한 인상을 심어주기에 충분했다.

문재인 대통령과 김정은 위원장은 평양 시내에서 카퍼레이드를 펼치기도 했다. 김정은 위원장은 문재인 대통령에게 "대통령께선 세상 많은 나라를 돌아보시는데 발전된 나라들에 비하면 우리 숙소는 초라하다."라고 이야기를 했다. 또한, "우리 수준이 비록 낮을 수는 있어도 최대한 성의를 다해서 마음을 보인 일정이니 우리 마음으로 받아주시면 좋겠다."라고 말했고, 문재인 대통령은 최고의 환영과 최고의 의전을 받았다며 감사 인사를 전했다.

김정은 위원장은 문재인 대통령 내외를 진심으로 환대하고 있었다. 이것이 의미하는 바는 분명했다. 북한이 한국과 같이 갈 생각을 하고 있다는 것이다. 문재인 대통령에 대한 환대는 그만큼 간절한 북한의 상황을 이야기해주는 것과 같았다.

북한이 비핵화를 선택한 이후, 다양한 비핵화 조치를 취해 온 것은 분명했다. 풍계리 핵실험장을 폐쇄했고, 동창리 미사일 발사장도 폐쇄했다. 하지만 이에 대한 국제사회의 평가는 인색했다. 김정은 위원장은 이를 답답하게 여기고 있었다.

정의용 안보실장은 대북특사로 다녀온 직후 브리핑에서 '매우 실질적이고 의미 있는 조치인데 이런 조치들에 대한 국제사회의 평가가 인색한 데 대한 어려움을 (김정은 위원장이) 토로했다.'라고 말했다. 북한 나름대로 비핵화를 하고 있는데 평가를 제대로 못 받고 있으니, 북한도 어떻게 해야 할지 난감한 상황이었을 것이다. 그럴 때 북한이 가장 의지할 수 있는 존재가 바로 문재인 대통령이었다. 문재인 대통령에 대한 신뢰가 이전 2번의 만남으로 충분히 쌓여 있을 것이며, 문재인 대통령은 이미 한반도 문제에 있어 한국이 중심이 되는 프로세스를 구축해 놓은 상태였다. 북한이 선택한 비핵화 및 체제안정과 경제 개발을 이뤄내기 위해서 잡을 수 있는 단 하나의 금 동아줄이 바로 한국이었다.

두 정상은 첫날 바로 정상회담을 가졌다. 이미 전반적인 내용은 실무 차원에서 다 세팅되어 있었을 것이다. 하지만 이번 남북정상회담은 남북 간의 협의보다 북미관계 진전을 위한 방안을 마련하는 것이 더 중요했다. 북한의 비핵화 방안이 더욱 세밀하고 구체적으로 만들어져야 했다. 문재인 대통령은 3차 남북정상회담이 끝난 이후 대국민 브리핑에서 김정은 위원장과 비핵화와 관련해 많은 이야기를 나눴다고 이야기했다. 필요한 논의가 제대로 이뤄진 것이다.

정상회담 이후에 열린 공식 환영 만찬에서 김정은 위원장은 "문재인 대통령과 그동안 쌓은 신뢰가 있기에 평화롭고 번영하는 조선반도의 미래를 열어가는 우리의 발걸음은 더욱 빨라질 것"이라고 말했다. 이는 명확한 신호였다. 남북은 완전히 한배를 탔다. 그리고 키를 잡은 것은 문재인 대통령이었다. 문재인 대통령은 환영 만찬에서 "남북이 서로 자유롭게 오가며 함께 발전한다면 온 세상이 깜짝 놀라게 될 것"이라고 말했다. 문재인 대통령의 키가 가리키는 방향은 한결같았다. 냉전의 해체 그리고 새로운 질서.

미국은 한국과 위대한 동맹을 더 강화하고, 센토사 합의로 새로운 북미 관계를 시작하면서, 새로운 질서에서 가장 중요한 자리를 이미 확보한 상태였다. 북미 관계가 긍정적으로 풀릴 가능성이 높은 이유였다. 러시아는 조용히 남북관계를 응원하면서 남북러 3각 경제를 위한 준비를 하고 있었다. 경제적으로 큰 이득을 볼 수 있으니 러시아도 자국 이익을 극대화하는 위치를 점유했다. 중국 역시 남북관계진전을 공식적으로 지지하고 북중관계를 회복하고, 시진핑 주석의 방한을 준비하는 중, 미래를 준비하는 선택을 해 나가고 있었다. 일본은 북한과의 회담을 시도하며 새로운 질서에 올라타려는 모습을 보였지만, 동시에 계속해서 남북관계에 딴지를 걸면서 혼자 뒤처져 있는 상태였다. 기존 냉전체제에서는 미국이 일본에 힘을 실어주었기 때문에 동북아시아에서 영향력을 발휘할 수 있었겠지만, 새로운 질서에서는 미국이 일본에 힘을 과하게 실어줄 이유가 없었다. 또한, 일본은 역사의 잘못을 제대로 뉘우치고 사과하고 배상하지 않은 상태였다. 대한민국 그리고 북한과의 관계를 회복하기 위해서는 과거 잘못에 대한 용서를 구해야 했지만, 그럴만한 용기도, 반성도 없었다. 게다가 일본이 새로운 질서를 받아들인다고 해서 냉전 질서에서 누렸던 영향력을 그대로 지켜낼 거란 보장도 없었다. 그래서인지 일본은 북한과의 외교를 원하면서도 동시에 남북관계에 찬물을 끼얹는 오락가락 행보를 보이고 있었다. 내부적으로 명확한 외교 방향이 세워지지 않은 모양새였다.

"북한이 비핵화를 위한 구체적인 행동을 확실히 취한 후에 종전선언이 이뤄져야 한다. 시기상조다."

고노 다로 일본 외무상은 9월 14일 기자회견에서 위와 같이 말했다. 냉전 질서가 끝까지 유지되기를 원하는 일본의 바람이 드러나는 말이었다. 어떻게든 구질서를 이어나가고 싶은 모습이었다. 하지만 그런 일본의 바람과는 달리 세계는 새로운 세상으로 나아가고 있었다.

9월 19일 오전, 남북 정상은 배석자 없이 단둘이서 단독회담을 가졌다. 그리고 두 정상은 평양공동선언 합의에 서명했다.

9월 평양공동선언

대한민국 문재인 대통령과 조선민주주의인민공화국 김정은 국무위원장은 2018년 9월 18일부터 20일까지 평양에서 남북정상회담을 진행하였다.

양 정상은 역사적인 판문점선언 이후 남북 당국간 긴밀한 대화와 소통, 다방면적 민간교류와 협력이 진행되고, 군사적 긴장완화를 위한 획기적인 조치들이 취해지는 등 훌륭한 성과들이 있었다고 평가하였다.

양 정상은 민족자주와 민족자결의 원칙을 재확인하고, 남북관계를 민족적 화해와 협력, 확고한 평화와 공동번영을 위해 일관되고 지속적으로 발전시켜 나가기로 하였으며, 현재의 남북관계 발전을 통일로 이어갈 것을 바라는 온 겨레의 지향과 여망을 정책적으로 실현하기 위하여 노력해 나가기로 하였다.

양 정상은 판문점선언을 철저히 이행하여 남북관계를 새로운 높은 단계로 진전시켜 나가기 위한 제반 문제들과 실천적 대책들을 허심탄회하고 심도있게 논의하였으며, 이번 평양정상회담이 중요한 역사적 전기가 될 것이라는 데 인식을 같이 하고 다음과 같이 선언하였다.

1. 남과 북은 비무장지대를 비롯한 대치지역에서의 군사적 적대관계 종식을 한반도 전 지역에서의 실질적인 전쟁위험 제거와 근본적인 적대관계 해소로 이어나가기로 하였다.

① 남과 북은 이번 평양정상회담을 계기로 체결한 「판문점선언 군사분야 이행합의서」를 평양공동선언의 부속합의서로 채택하고 이를 철저히 준수하고 성실히 이행하며, 한반도를 항구적인 평화지대로 만들기 위한 실천적 조치들을 적극 취해나가기로 하였다.

② 남과 북은 남북군사공동위원회를 조속히 가동하여 군사분야 합의서의

이행실태를 점검하고 우발적 무력충돌 방지를 위한 상시적 소통과 긴밀한 협의를 진행하기로 하였다.

2. 남과 북은 상호호혜와 공리공영의 바탕위에서 교류와 협력을 더욱 증대시키고, 민족경제를 균형적으로 발전시키기 위한 실질적인 대책들을 강구해 나가기로 하였다.

① 남과 북은 금년내 동, 서해선 철도 및 도로 연결을 위한 착공식을 갖기로 하였다.

② 남과 북은 조건이 마련되는 데 따라 개성공단과 금강산관광 사업을 우선 정상화하고, 서해경제공동특구 및 동해관광공동특구를 조성하는 문제를 협의해나가기로 하였다.

③ 남과 북은 자연생태계의 보호 및 복원을 위한 남북 환경협력을 적극 추진하기로 하였으며, 우선적으로 현재 진행 중인 산림분야 협력의 실천적 성과를 위해 노력하기로 하였다.

④ 남과 북은 전염성 질병의 유입 및 확산 방지를 위한 긴급조치를 비롯한 방역 및 보건·의료 분야의 협력을 강화하기로 하였다.

3. 남과 북은 이산가족 문제를 근본적으로 해결하기 위한 인도적 협력을 더욱 강화해나가기로 하였다.

① 남과 북은 금강산 지역의 이산가족 상설면회소를 빠른 시일내 개소하기로 하였으며, 이를 위해 면회소 시설을 조속히 복구하기로 하였다.

② 남과 북은 적십자 회담을 통해 이산가족의 화상상봉과 영상편지 교환 문제를 우선적으로 해결해나가기로 하였다.

4. 남과 북은 화해와 단합의 분위기를 고조시키고 우리 민족의 기개를 내외에 과시하기 위해 다양한 분야의 협력과 교류를 적극 추진하기로 하였다.

① 남과 북은 문화 및 예술분야의 교류를 더욱 증진시켜 나가기로 하였으며, 우선적으로 10월 중에 평양예술단의 서울공연을 진행하기로 하였다.

② 남과 북은 2020년 하계올림픽경기대회를 비롯한 국제경기들에 공동으로 적극 진출하며, 2032년 하계올림픽의 남북공동개최를 유치하는 데 협력하기로 하였다.

③ 남과 북은 10.4 선언 11주년을 뜻깊게 기념하기 위한 행사들을 의의있게

개최하며, 3.1운동 100주년을 남북이 공동으로 기념하기로 하고, 그를 위한 실무적인 방안을 협의해나가기로 하였다.

5. 남과 북은 한반도를 핵무기와 핵위협이 없는 평화의 터전으로 만들어나 가야 하며 이를 위해 필요한 실질적인 진전을 조속히 이루어나가야 한다는 데 인식을 같이 하였다.
  ① 북측은 동창리 엔진시험장과 미사일 발사대를 유관국 전문가들의 참관 하에 우선 영구적으로 폐기하기로 하였다.
  ② 북측은 미국이 6.12 북미공동성명의 정신에 따라 상응조치를 취하면 영변 핵시설의 영구적 폐기와 같은 추가적인 조치를 계속 취해나갈 용의가 있음을 표명하였다.
  ③ 남과 북은 한반도의 완전한 비핵화를 추진해나가는 과정에서 함께 긴밀 히 협력해나가기로 하였다.

6. 김정은 국무위원장은 문재인 대통령의 초청에 따라 가까운 시일 내로 서 울을 방문하기로 하였다.

또 한 번의 기적이었다. 1항은 한반도에서 전쟁이 없도록 하겠 다는 일종의 불가침조약이었다. 평양공동선언과 같이 서명된 '판 문점선언 군사분야 이행합의서'를 부속합의서로 채택했다는 것 을 명시해 앞으로 남북 간에는 어떠한 군사적인 적대행위가 없 을 것을 천명했다.

문재인 대통령은 전쟁 없는 한반도를 만들겠다는 대선 공약을 발표했고, 그것을 2년도 안 되어 완벽하게 이뤄냈다. 대선 때만 해도 많은 이들이 공수표로 여기던 일이었다. 심지어는 문재인 후보가 외교·안보를 잘 모른다는 공격을 받기도 했었다. 그러나 문재인 대통령은 자신만의 방법과 뚝심으로 보란 듯이 이 어려 운 과제를 완벽하게 끝낸 것이다.

남북 사이의 실질적 불가침조약은 더 이상 남북을 갈라 기존의 냉전 질서를 유지하는 일이 불가능해졌다는 것을 세계에 알리는 것이기도 했다. 남북이 대립하는 상태를 바탕으로 동북아 외교·안보 전략을 세웠던 모든 국가들이 외교·안보 전략을 수정해야만 하는 상황이 된 것이다. 변화는 더 이상 거스를 수 없는 흐름이 되었다.

1항이 전쟁 없는 한반도에 대한 내용이라면 2항은 남북교류와 평화 번영을 위한 내용이 담겨있다. 특히 2항에서는 철도와 도로, 경제협력에 대한 실질적인 내용을 담았다. 북한이 원하는 것이 개혁개방이고 경제개발이라는 것을 2항이 증명하고 있었다.

3항에서는 인도적인 협력에 대해 말하고 있다. 문재인 대통령은 인권변호사이자 그 자신의 부모가 실향민이었다. 그런 그가 남북에 떨어져 있는 수많은 가족이 만날 수 있도록 노력하는 것은 당연한 일이었다.

4항은 남북 교류에 대한 이야기다. 문화와 예술, 체육에 대한 내용이 담겨있었다. 특히 2032년 하계올림픽의 남북공동개최 유치를 위해 협력하겠다는 내용이 중요했다. 이는 북한이 개혁개방으로 나아가겠다는 확실한 증명이나 다름없기 때문이다. 올림픽을 개최하게 되면 수많은 선수단과 수많은 취재진, 수많은 관광객이 북한에 들어가야 한다. 그 교류 자체가 북한의 개혁개방을 촉진할 것이다. 국제정치에서 중요한 역할을 담당하고 있는 IOC 역시 남북공동개최를 환영할 것이다. 남북이 평화를 이루고 올림픽을 공동개최하는 것이야말로 올림픽 정신을 가장 잘 보여주는 일 아닌가? IOC가 남북평화와 공동번영을 위해 힘을 빌려줄 것은 당연한 일이었다.

5항은 평양공동선언의 하이라이트인 비핵화와 관련된 내용이었다. 판문점 선언보다 더욱 구체적인 내용이 담겼다.

① 북측은 동창리 엔진시험장과 미사일 발사대를 유관국 전문가들의 참관하에 우선 영구적으로 폐기하기로 하였다.
② 북측은 미국이 6.12 북미공동성명의 정신에 따라 상응조치를 취하면 영변 핵시설의 영구적 폐기와 같은 추가적인 조치를 계속 취해나갈 용의가 있음을 표명하였다.

이는 북한이 핵사찰을 받아들이겠다는 표시였다. 유관국 전문가의 참관과 핵사찰은 엄연히 다르지만, 결국 사찰이라는 후속조치가 이어질 것은 자명했다. 그렇기에 이어지는 내용에서 '영변 핵시설의 영구적 폐기'를 언급한 것이다.

동창리 엔진시험장과 미사일 발사대는 미래핵이다. 이 미래핵을 전문가들의 참관하에 폐기한다. 북한의 선조치이다. 이에 대해 미국은 상응 조치를 해야 한다. 이는 종전선언이나 혹은 대북제재 완화가 될 확률이 높다. 만약 이것이 행해지면 다음은 영변 핵시설의 영구적 폐기 혹은 ICBM의 해체이다. 현재핵의 폐기 역시 미래핵과 마찬가지로 전문가들의 참관 혹은 핵사찰과 함께 이뤄질 것이다. 또한 "영변 핵시설의 영구적 폐기와 같은 추가적인 조치"라고 표현하면서 이 이후에 과거핵까지도 제거해나갈 수 있음을 암시했다. 이는 북한의 비핵화 로드맵이나 다름없었다.

북미대화가 교착 상태에 빠져있는 상항에서 문재인 대통령이 구상한 북미대화 진척을 위한 적절한 중재 방안이 평양공동선언을 통해 제시됐다. 이 안에서 어느 정도의 밀고 당기기가 있을 수 있으나 크게 벗어나지는 않을 것이다. 영변 핵시설은 미국과 북한이 1994년에 맺은 제네바 합의와 밀접한 관련이 있다. 만약 제네바 합의가 제대로 이뤄졌다면 영변 핵시설은 가동이 중단되어 있었을 것이다. 클린턴 행정부 시대에 마무리하지 못한 것을 트럼프 행정부가 마무리한다면 그 상징성은 상당할 것이다. 트럼프 대통령으로서도 충분히 이뤄내고 싶은 업적일 것이 분명했다.

공동선언에서 제시되지는 않았지만, 미국이 움직일 수 있는 추가적인 합의 내용도 있었다. 문재인 대통령은 정상회담 이후의 대국민 브리핑에서 공동선언에 담기지 않은 트럼프 대통령에게 전달할 내용이 있다고 알렸다.

평양공동선언에서 제시된 문재인 대통령의 중재 방안에서 눈여겨 봐야 할 것은, 그 내용뿐만이 아니라 방식에도 있다. 2019년 1월 19일 MBC의 "3자 '실무'는 이미 시동…'꼬리 물며' 협상 이어"라는 제하의 보도에서 침묵하던 북한이 다시 대화에 나선 이유를 '우리 정부가 지난 가을부터 제안했던 새로운 협상방식을 북미 모두 긍정적으로 받아들였기 때문'이라고 말했다. 문재인 정부가 제안한 것은 '프로세스가 계속 이어질 수 있게 꼬리에 꼬리를 무는 체인리액션, 연쇄협상 방식'이었는데, '미국이 6.12 북미공동성명의 정신에 따라 상응조치를 취하면 영변 핵시설의 영구적 폐기와 같은 추가적인 조치를 계속 취해나갈 용의'라는 문

구가 이런 방식을 잘 나타내고 있었다.[154]

결론적으로 문재인 정부는 중재의 형식과 내용 모두에서 북미가 받아들일 수 있는 대안을 고민하고 제시한 것이다. 한국은 이렇게 자신의 역할을 완벽히 수행하고 있었다.

문재인 대통령은 방북 성과 대국민 브리핑에서 "완전한 비핵화를 위해 북한이 취해나가야 할 조치들, 또 조치들의 어떤 단계적인 순서, 그리고 그에 대해서 또 미국 측에서 취해야 할 상응 조치와 단계 이런 부분들은 구체적으로 북미 간에 협의가 돼야 할 내용들이다. 그래서 그 부분들은 이번 평양공동선언에 담을 내용이 아니었다. 우리가 구두로 서로 간에 의견을 나눈 바는 있지만, 나눈 바를 여기서 공개하는 것은 적절하지 못한 것 같다."라고 말했다.

이를 통해 우리는 평양공동선언에 담기지 않은 내용들이 북한의 비핵화 조치의 세부사항과 순서, 그리고 미국의 상응조치라는 것을 알 수 있다. 평양공동선언은 북한 비핵화의 큰 로드맵을 그리는 데 충실하고, 더 세부적인 내용은 방법만 제시하고 북미 간에 협의할 수 있게 놔둔 것이다.

5항의 마지막 내용은 '남과 북은 한반도의 완전한 비핵화를 추진해나가는 과정에서 함께 긴밀히 협력해 나가기로 하였다'이다. 이것은 북한이 한국 중심의 한반도 프로세스에 완전히 동참하겠다고 밝힌 것이나 다름없었다. 문재인 대통령은 브리핑에서 이와 관련한 중요한 내용을 언급했다.

---

154 3자 '실무'는 이미 시동…'꼬리 물며' 협상 이어, MBC, 2019.01.19.

"지난 북한은 완전한 비핵화 의지 표명 외에 구체적인 방안에 대해 미국과 협의할 문제라는 입장을 보이며 우리와 논의하는 걸 거부해왔습니다. 그러나 북미대화가 순탄치 않고, 북미 관계 진전이 남북과 연계된다는 사실에 (인식을) 같이 하면서 북한도 북미대화 중재를 우리에게 요청하는 한편, 완전한 비핵화를 위해 긴밀히 협력할 것을 저희에게 제의했습니다."

즉, 한국 중심의 프로세스가 교착 상태에 빠진 북미 문제를 푸는 중요한 열쇠였던 것이며, 이를 북한도 받아들인 것이다. 이미 언급한 것처럼 대한민국이 미·북·중을 모두 아우르는 중재자의 위치에 올라섰고, 그때부터 다시 진도가 나간 것으로 봐야 했다. 문재인 대통령의 방식이 결국 성공적인 비핵화를 이끌고 있었다.

평양공동선언의 마지막 6항은 한국 중심의 프로세스와 냉전질서 해체를 위한 가장 상징적인 내용이 담겨있었다.

"김정은 국무위원장은 문재인 대통령의 초청에 따라 가까운 시일 내로 서울을 방문하기로 하였다."

열강에 의해 갈라진 한반도가 한반도의 힘으로 하나가 되어가고 있었다. 세계사를 바꾸는 역사적인 순간이 예고되었다. 청와대의 윤영찬 국민소통 수석은 "두 정상은 이번 선언을 통해 1953년부터 지금까지 65년간 이어져 온 한반도 정전상태를 넘어 실질적 종전을 선언하고 그를 통해 조성된 평화를 바탕으로 공동번영으로 가는 구체적 실천방안을 제시했다고 생각한다."라고 평양공동선언을 평가했다.

실질적 종전이 이뤄졌다. 기존까지 종전선언은 관련국의 정상이 모두 참석하는 매우 거창한 행사로 진행될 것이라는 예상이 많았다. 문제는 이걸 조율하기가 상당히 까다롭다는 것이다. 미국이 종전선언에 대해서 조심스러운 태도를 보였고, 한·중과 미·중 간에도 조율할 것이 많았기에 이 같은 방식은 실현되기 쉽지 않은 일이었다. 그렇기에 문재인 대통령은 이전부터 종전선언의 방식을 유연하게 가져갈 수 있다고 말해왔다. 급을 낮추면 협상의 여지가 더 있을 수 있다는 전략적인 판단이었을 것이다. 어차피 종전선언의 급 자체가 중요한 것은 아니었다. 중요한 것은 종전선언 자체가 아니라 북한이 비핵화를 하고 남북관계, 북미관계를 새롭게 가져가는 것이다. 종전선언이라는 과정에 매몰되어 종전선언을 무리하게 이끌어내려다가 오히려 협상이 깨지는 일이 있어서는 안 됐다.

결과적으로, 남북은 남북 정상의 선언으로 실질적인 종전선언을 해버렸다. 종전선언이라는 과정을 남북이 먼저 해치워 버린 것이다. 이렇게 하면 이후, 종전선언을 하기가 더 쉬워진다. 남북이 먼저 진도를 나가면서 명분을 깔면, 시간이 걸리더라도 결국 유관국들이 종전을 인정하고 종전선언을 할 수밖에 없도록 만들었다.

또한, 김정은 위원장은 문재인 대통령과의 공동기자회견에서 직접 "조선반도를 핵무기도 핵 위협도 없는 평화의 땅으로 만들기 위해 적극 노력하기로 확약했다."라고 밝혔다. 김정은 위원장이 육성으로는 처음으로 비핵화를 언급했다. 세계에 직접 메시지를 보낸 것이다. 이 또한 의미 있는 진전이었다.

2018년 9월 19일, 문재인 대통령은 평양시민 15만 명 앞에서 연설했다. 믿을 수 없는 일이었다. 대한민국의 대통령이 북한 주민 15만 명 앞에서 연설하고, 비핵화를 천명하고, 큰 환호와 박수를 받는 장면이 전 세계에 중계되었다.

평양 시민 여러분 북녘의 동포 형제 여러분, 평양에서 여러분을 이렇게 만나게 되어 참으로 반갑습니다. 남쪽 대통령으로서 김정은 국무위원장의 소개로 여러분에게 인사말을 하게 되니 그 감격을 말로 표현할 수 없습니다. 여러분, 우리는 이렇게 함께 새로운 시대를 만들고 있습니다.

동포 여러분. 김정은 위원장과 나는 지난 4월 27일 판문점에서 만나 뜨겁게 포옹했습니다. 우리 두 정상은 한반도에서 더 이상 전쟁은 없을 것이며 새로운 평화의 시대가 열렸음을 8천만 우리 겨레와 전 세계에 엄숙히 천명했습니다.

또한 우리 민족의 운명은 우리 스스로 결정한다는 민족 자주의 원칙을 확인했습니다. 남북관계를 전면적이고 획기적으로 발전시켜 끊어진 민족의 혈맥을 잇고 공동번영과 자주 통일의 미래를 앞당기자고 굳게 약속했습니다. 그리고 올해 가을 문재인 대통령은 이렇게 평양을 방문하기로 했습니다.

평양 시민 여러분, 사랑하는 동포 여러분. 오늘 김정은 위원장과 나는 한반도에서 전쟁의 공포와 무력충돌의 위험을 완전히 제거하기 위한 조치들을 구체적으로 합의했습니다. 또한 백두에서 한라까지 아름다운 우리 강산을 영구히 핵무기와 핵위협이 없는 평화의 터전으로 만들어 후손들에게 물려주자고 확약했습니다. 그리고 더 늦기 전에 이산 가족의 고통을 근원적으로 해소하기 위한 조치들을 신속히 취하기로 했습니다.

나와 함께 이 담대한 여정을 결단하고 민족의 새로운 미래를 위해 뚜벅뚜벅 걷고 있는 여러분의 지도자 김정은 국무위원장께 아낌없는 찬사와 박수를 보냅니다.

- 문재인 대통령 북한 5·1 경기장 연설(2018.09.19.)

문재인 대통령은 연설 시작부터 "우리는 이렇게 함께 새로운 시대를 만들고 있습니다."라며 연설의 의의를 명확하게 밝힌다. 또한 "백두에서 한라까지 아름다운 우리 강산을 영구히 핵무기와 핵 위협이 없는 평화의 터전으로 만들어 후손들에게 물려주자고 확약했습니다."라고 말하며 15만 북한 주민들 앞에서 한반도 비핵화를 선언해버린다. 북한이 다시 되돌아갈 수 없도록 못을 박은 것이다.

"평양시민 여러분, 동포 여러분, 우리 민족은 우수합니다. 우리 민족은 강인합니다. 우리 민족은 평화를 사랑합니다. 그리고 우리 민족은 함께 살아야 합니다."

남과 북이 더 이상 갈라져 있지 않겠다는 이 외침은 곧 새로운 질서의 선포나 다름없는 것이었다. 북한 주민은 환호했고, 옆에 있던 김정은 위원장은 문재인 대통령과 손을 잡았다. 새로운 시작을 알리는 데 이보다 더 상징적인 장면은 없을 것이었다. 김정은 위원장과 함께 손을 맞잡은 두 정상의 모습이 전하는 메시지는 분명했다. 역사에 남을 한 장면이 만들어졌다.

다음 날, 두 정상은 민족의 영산인 백두산 정상에 올랐다. 두 정상은 함께 천지를 보았다. 천지는 남과 북에서 모두 성지로 인식하는 곳이었다. 날씨 변화가 커 그 모습을 쉽게 볼 수 없는 곳이기도 했다. 두 정상이 천지에 오르자, 깨끗한 천지의 모습이 선명하게 드러났다. 한반도 전체가 구름으로 덮여있는데 유독 천지만은 맑은 하늘 밑에서 반짝이고 있었다. 두 정상은 천지를 뒤에 두고 손을 맞잡아 올렸다.

이렇게 2018 평양 남북정상회담은 새로운 시대를 세계에 선포했다. 문재인 대통령은 세계를, 시대를, 역사를 완전히 새로운 곳으로 이끌고 있었다.

11.
문재인 대통령, 유엔외교를 펼치다

문재인 대통령은 평양남북정상회담을 마친 며칠 뒤, 바로 비행기에 올라탔다. 유엔총회 참석을 위해서였다. 분명한 강행군이었지만 동시에 적절한 시기에 마련된 좋은 무대이기도 했다. 새로운 시대를 세계에 알리기 위해서 아직 해야 할 일이 많았다.

문재인 대통령은 평양남북정상회담 대국민 브리핑에서 종전선언에 대한 정의를 명확하게 밝혔다.

우선은 종전선언에 대해서 똑같은 말을 두고 개념들이 조금 다른 것 같습니다. 우리가 사용하는 종전선언의 개념은 원래 65년 전에 정전협정을 체결할 때, 그때 그해 내에 빠른 시일 내에 하기로 했던 전쟁을 종식한다는 선언 그리고 평화협정을 체결하겠다던 그 약속이 지금 65년 동안 이뤄지지 않고 있습니다. 그래서 그 출발로 우선 전쟁을 종식한다는 정치적 선언을 먼저 하고 그것을 평화협정체결을 위한 평화협상의 출발점으로 삼아서 북한이 완전한 비핵화를 이룰 때 평화협정을 체결함과 동시에 북미관계를 정상화한다는 것이 우리가 종전선언을 사용할 때 생각하는 개념입니다.

그 개념에 대해서 그렇게 생각하지 않고 종전선언이 마치 평화협정 비슷하게 정전체제를 종식시키는 그런 식의 효력이 있어서, 예를 들어 UN사의 어떤 지위를 해체하게끔 만든다거나, 주한미군 철수를 압박 받게 하는 효과가 생긴다거나 이렇게 평화협정처럼 생각하는 견해가 있는 것 같습니다.

아마 그런 식의 서로 개념을 달리하는 것 때문에 종전선언의 그 시기에 대해서 엇갈리는 되는 것으로 저는 판단하고 있습니다. 이번 방북을 통해서 저는 김정은 위원장도 제가 아까 이야기한 것과 똑같은 개념으로 종전선언을 생각하고 있다는 것을 확인했습니다.

다시 한번 말씀드리자면 종전선언은 '이제 전쟁을 끝내고 적대관계를 종식시키겠다'라는 정치적 선언입니다. 그리고 그와 함께 평화협정 체결을 위한 평화협상이 이제 시작되는 것입니다. 평화협정은 완전한 비핵화가 이뤄지는 최종단계에서 이루어지게 됩니다. 그때까지 기존의 정전체제는 유지가 되는 것입니다.

따라서 UN사의 지위라던지 또는 주한 미군의 주둔 필요성이라든지 또는 이런 부분에 대해서는 전혀 영향이 없는 것입니다. 그런 문제들은 완전한 평화협정이 체결되고 평화가 구축되고 난 이후에 그것은 다시 논의될 수 있는 것이고 특히 주한 미군의 문제는 한미동맹에 의해서 주둔하고 있는 것이기 때문에 그것은 종전선언이라든지 또는 평화협정하고는 무관하게 전적으로 한미간의 결정에 달려있는 것입니다. 그런 점에 대해서 김정은 위원장도 동의를 한 것이고, 그런 종전선언에 대한 개념들이 좀 정리가 된다면 종전협정이 유관국들 사이에 보다 빠르게 이렇게 될 수 있지 않을까 생각합니다.

우리는 연내에 종전선언 하는 것을 목표로 삼고 있고 트럼프 대통령과 정상회담을 할 때 그 부분을 다시 논의를 하려고 합니다.

- 남북평양정상회담 대국민 보고 중에서(2018.09.20.)

북한의 비핵화를 위해서 종전선언은 필요했다. 실질적 종전선언이 이뤄졌다곤 하지만 제대로 종전선언을 해야 국제사회가 이를 인지할 수 있는 것도 분명했다. 하지만 종전선언을 마치 평화협정체결로 착각하면서, 종전선언과 함께 주한미군이 철수하고, 유엔사령부가 지위 해체될지도 모른다는 우려가 있었다. 이런 우려에 따르면, 종전선언은 미국의 동북아시아 영향력을 약화시킬 것이다. 미국이 찬성할 리가 없다. 따라서 문재인 대통령은 종전선언에 대한 정의를 명확하게 하고, 김정은 위원장과도 의견이 일치했다고 밝히며, 종전선언에 미국이 동의할 수 있도록 바탕을 깔고 있었다.

현지 시각 9월 24일, 뉴욕에 도착한 문재인 대통령은 곧바로 트럼프 대통령을 만났다. 취임 후 무려 다섯 번째 한미정상회담이었다. 이 자리에서 개정된 한미 FTA에 서명이 이뤄졌다. 트럼프 대통령은 한미 FTA 개정을 계속 이야기해 왔고, 마침내 그 일이 마무리된 것이다.

트럼프 대통령의 가장 큰 관심사 중의 하나가 바로 무역이다. 그는 자국이 이익을 볼 수 있는 무역을 추구하고자 했다. 그래서 수많은 나라와 무역으로 인한 갈등을 겪고 있었다. 중국과 캐나다, 일본도 그 대상이었다. 한국은 FTA 개정을 빠르게 마무리하면서 미국과 갈등이 생길 수 있는 위험인자 하나를 확실히 제거했다. 협상 내용에 대한 평가는 차치하고서라도 한·미 관계에 균열이 생길 수 있는 틈 자체가 사라진 것은 한반도 평화프로세스를 제대로 이행하는 데 큰 도움이 될 것이었다.

트럼프 대통령은 "오늘은 미국과 한국 모두에 위대한 날"이라며, 한미 FTA에 대해 "상호호혜적이고 공정합니다."라고 밝혔다.[155] 문재인 대통령은 "한미 양국은 굳건한 한미동맹을 토대로 세계에서 유례없는 굳건한 우의를 다지고 있습니다. 한미 FTA 협정은 한미동맹을 경제영역으로까지 확장하는 의미가 있습니다."라고 말했다. 한미동맹이 보다 돈독해지고 있었다.

한미정상회담의 중요한 의제인 북한 문제도 역시 언급됐다. 문재인 대통령은 "남북간 좋은 합의를 이루었고, 북한의 비핵화에 대해서도 진전된 합의가 있었다. 트럼프 대통령께 전해달라는 김정은 위원장의 메시지도 있었다."라고 밝혔다. 트럼프 대통령은

---

155 This is a great day for the United States and a great day for South Korea. / They're reciprocal deals. - 트럼프 대통령, 2018.09.24.

김정은 위원장과 두 번째 회담을 하겠다고 말했다.[156]

문재인 대통령의 유엔외교의 핵심은 교착 관계에 있던 북미 간의 대화를 다시 끌어내고 북미 정상을 다시 한번 만나게 하는 것이었다. 이를 위한 핵심 키는 바로 종전선언을 끌어내는 것이었다. 이에 대한 합의가 없다면 북미의 두 정상이 다시 만날 이유가 없었다. 2차 북미정상회담을 트럼프 대통령이 공개적으로 언급한 것은 종전선언에 대한 합의가 있었다는 신호였다. 이를 확인이라도 해주듯, 양 정상이 종전선언과 북미정상회담을 긴밀히 논의했다는 보도가 나왔다.[157]

문재인 대통령은 유엔외교에서 가장 중대한 목표인 북미대화 재개를 첫날 달성해 버렸다. 신속한 행보이며 놀라운 성과였다. 하지만 문재인 대통령은 시간을 한시도 낭비하지 않았다.

같은 날, 문재인 대통령은 안토니오 구테흐스 유엔 사무총장을 만났다. 문재인 대통령은 "비핵화를 촉진할 수 있는 방법 중 하나가 종전선언이라고 생각한다. 이번에 김정은 위원장과 종전선언에 대한 개념에 합의했다. 종전선언은 정치적 선언임과 동시에 적대관계를 종식한다는 의미"라고 말했다. 종전선언에 대해 가질 수 있는 국제사회의 우려를 불식시키는 동시에 정의를 명확하게 인식시키기 위한 지속적인 언급이었다.

문재인 대통령은 현지 시각 9월 25일, 미국 외교협회, 코리아

---

156 I'm going to be meeting with Chairman Kim in the not too distant future. - 트럼프 대통령, 2019.09.24.
157 한미정상, 북미정상회담·종전선언 깊게 논의…대북제재를 지속, 연합뉴스, 2018.09.25.

소사이어티, 아시아 소사이어티가 공동 주최한 '위대한 동맹으로 평화를' 행사에 참석했다. 이 행사는 미국 내 오피니언 리더들과 만나는 자리였다. 문재인 대통령은 이들도 설득해야 했다. 이들이 여론을 만들어야 북미관계가 한 걸음 더 나아갈 수 있었다. 비전과 논리, 명분과 실리가 모두 필요했다. 그렇지 않으면 이들 오피니언 리더는 기존의 인식을 쉽게 바꾸려 하지 않을 것이다. 북한은 신뢰할 수 없는 존재이자 악의 축이며, 한국과 북한이 가까워지면 미국을 버리고 중국과 붙을지도 모른다는 그 불안감, 이미 쌓인 인식을 바꾸기란 참으로 어려운 일이다.

트럼프 대통령은 나에게 "한미동맹은 단순한 동맹이 아니라 위대한 동맹"이라고 말했습니다.

자유와 민주주의는 영원할 것입니다. 전쟁에서 흘린 피로 맺어진 우리의 동맹은 반드시 전쟁을 끝내고 평화와 번영으로 이어질 것입니다. 이미 우리의 동맹은 위대합니다. 그러나 나는 한반도 평화 구축을 통해 우리의 동맹이 더 위대해질 것이라고 믿습니다.

내외 귀빈 여러분, 한반도의 평화는 역내 안보에 기여할 뿐만 아니라 한반도와 동북아의 동반 번영을 이끌어 낼 수 있습니다. 완전한 비핵화와 함께 한반도에 평화가 정착되면 남과 북은 본격적으로 경제협력을 추진할 것입니다. 남북경제공동체는 동북아시아 경제협력으로 이어질 것입니다.

여건이 조성되면 개성공단과 금강산관광을 재개할 것입니다. 서해 경제특구와 동해관광특구 개발 계획도 가지고 있습니다. 미국과 한국 기업들에게는 새로운 성장기회가 될 것입니다.

나는 지난 8.15 경축사에서, 동북아 6개국과 미국이 함께 참여하는 '동아시아철도공동체'를 제안했습니다. 작년에는 러시아 동방경제포럼에서 러시아의 에너지 슈퍼링 구상과 몽골 고비사막의 풍력, 태양광을 연계한 거대한 동북아 슈퍼그리드 구상도 제안했습니다. 동아시아철도공동체는, 에너지공동체와 경제공동체를 넘어 다자평화안보체제로 발전하는 기반이 될 것입니다.

평화가 경제를 이끌고, 경제가 평화를 지키게 될 것입니다. 미국의 참여는 동북아 발전을 가속화하고 지역의 안정화에 큰 힘이 될 것입니다. 이 자리를 빌려 미국의 적극적인 참여를 제안합니다.

- CFR(미국외교협회)·KS(코리아소사이어티)·AS(아시아소사이어티)

공동주최 연설 중에서 (2018.09.25.)

오피니언 리더들을 설득하는 자리에서 문재인 대통령이 한미 동맹을 강조한 이유는 당연하다. 한국과 북한이 뭉쳐서 미국과 적대하지 않겠다는 것을 알려야 했다. 한·미·일-북·중·러라는 기존의 질서는 나름의 균형을 가지고 있었다. 그 균형이 깨졌을 때, 혹여 미·일·한-북·중·러가 되면 어쩌나 하는 미국의 우려는 당연한 것이었다. 미국 내의 불안을 문재인 대통령은 정확하게 알고 있었고, 이를 해소하고 있었다. 동시에 한반도 비핵화의 과실을 미국이 함께 따먹을 수 있다는, 경제적인 실리 또한 제시하고 있었다.

내외 귀빈 여러분, 존경하는 국제관계 전문가 여러분, 남과 북의 국민은 서로 남이 아닙니다. 우리는 5천 년을 함께 살았고 같은 핏줄, 같은 역사, 같은 언어, 같은 문화를 가지고 있습니다. 잠시 헤어진 형제와 같습니다.

우리는 전쟁을 겪고 이념적으로 대립했지만, 우리가 하나라는 생각을 잊지 않고 있습니다. 전쟁의 위협에서 벗어나 평화로운 한반도를 함께 소망하고 있습니다. 남북 8천만 겨레의 간절한 마음과 국제사회의 지지가 오늘 한반도 평화의 기적을 만들고 있습니다.

나는 트럼프 대통령, 김정은 위원장과 함께 한반도 평화와 번영이라는 비전을 가지고 새로운 미래를 향해 담대하게 나아갈 것입니다. 나는 트럼프 대통령과 김정은 위원장의 진정한 의지와 변함없는 신뢰를 여러 차례 확인했습니다. 우리가 함께, 반드시 해낼 수 있다고 확신합니다. 한반도의 평화와 번영, 새로운 미래로 나아가는 길에 여러분의 아낌없는 지지와 성원을 부탁드립니다.

— CFR(미국외교협회)·KS(코리아소사이어티)·AS(아시아소사이어티)
공동주최 연설 중에서(2018.09.25.)

한민족과 평화라는 인류 보편의 명분, 그리고 한반도 평화와 번영이라는 비전을 문재인 대통령은 빼놓지 않고 담았다. 그리고 이 모든 것을 논리적으로 제시하였다. 비전과 논리, 실리와 명분이 확실한 연설이었다. 오피니언리더들을 설득하기에 충분했다. 연설이 끝난 후, 질의응답이 이어졌다. 그중에서 특히 중요한 내용이 있었다.

"미국 시민들에게 어떻게 한미동맹에 대해서 안심하는 말씀을 해줄 수 있는지 궁금합니다. 북한의 핵 포기 의지에 대해 회의론이 많습니다."

미국이 지닌 북한에 대한 뿌리 깊은 불신을 잘 보여주는 질문이었다. 이에 대해 문재인 대통령은 이렇게 답한다.

"일단 북한과 미국 사이에 여러 차례 비핵화 합의가 있었지만 모두 실천을 이루지 못하고 실패 경험이 있기 때문에 여전히 북한의 의도에 대해서 불신하는 것은 당연한 일이라고 생각합니다. 그러나 이번에는 다릅니다. 과거에 합의는 6자회담 등을 통해서 실무적 차원에서 이뤄진 합의였고, 이행 과정에서 이게 파탄이 나기 쉬운 합의였습니다.

그러나 이번에는 사상 최초로 미국의 대통령과 북한의 최고지도자 사이의 사상 최초의 정상회담이 이뤄지면서 양 정상이 체결을 향해서 약속을 한 것입니다. 저는 양 정상이 세계 앞에서 한 약속을 지킬 것이라고 생각합니다.

가장 중요한 것은 싱가포르 성명에서 북한은 핵을 완전히 포기하기로 하고, 그 대신 미국은 북한과의 적대관계를 종식하고 북한의 안전을 보장하면서 북미관계를 정상화하기로 합의했습니다. 이 두 가지는 서로 교환해야 하는 것입니다. 양국이 싱가포르에서 한 합의를 등가성을 가지고 제대로 이행한다면, 이번에는 북한의 완전한 비핵화가 충분히 가능하다고 생각을 하고, 이미 북한은 진정성 있는 조치를 취하고 있습니다.

지난해 11월 이후 추가적 핵실험과 미사일 도발을 일체 하지않고 있고요. 핵실험장 하나를 폐기했습니다. 이번에 미사일 발사할 수 있는 미사일 시험장과 발사대를 미국의 참관 하에 폐기하겠다고 했습니다. 이것만 실천되더라도 북한은 다시는 핵과 미사일 도발을 할 수 없는, 핵과 미사일을 가지고 미국이나 전 세계를 위협할 수 없는 그런 상태가 되는 것입니다.

그런 상황 속에서 북한은 평양 회담에서 미국이 북한에 대한 안전을 보장하고, 북미관계를 정상화할 것이라는 믿음을 줄 수 있는 상응 조치를 취한다면 영변 핵시설 폐기를 비롯해서 계속해서 핵시설을 폐기하는 추가적 비핵화 조치를 계속해서 취해 나가겠다고 약속했습니다. 그 프로그램을 설정하고 로드맵을 설정하는 것이 이번 회담에서 기회가 될 것이라고 봅니다.

제가 강조하고 싶은 것은 이 놀라운 변화가 모두 한미동맹이라는 더 강력한 힘에 의해서 뒷받침되고, 또 진행되고 있다는 것입니다. 그래서 한미동맹은 앞으로 북한의 완전한 비핵화가 이뤄지고 평화협정이 체결되더라도, 나아가서는 한반도가 통일이 되더라도 동북아 전체의 안정과 평화를 위해서 계속해서 존속해 나가야 한다고 믿습니다."

대통령의 말을 요약하면 이렇다.

○ 기존 비핵화 합의가 잘 이뤄지지 않았기에 불신은 당연하다.
○ 이번에는 양 정상이 국제사회에 한 약속이라 지킬 수밖에 없다.
○ 북한은 이미 비핵화 조치를 하고 있다.
○ 미국의 상응 조치가 이뤄지면 북의 비핵화 조치가 계속해서 이뤄질 것이다.
○ 이 모든 것이 한미동맹을 바탕으로 이뤄지고 있다.
○ 북한의 완전한 비핵화와 평화협정 체결, 한반도 통일 이후에도 한미동맹은 지속된다.

문재인 대통령은 비핵화에 대한 불신을 새로운 접근방식과 실제 이뤄진 조치를 언급해 해소하고, 한미동맹에 대해서는 심지어 통일 이후에도 지속되어야 한다고 밝히면서 불안을 없애고 있었다.

또한, 북한의 인프라 사업과 IMF 가입에 대한 질문도 나왔는데, 이에 대해서 문재인 대통령은 대북제재가 해제된다는 것을 전제로 "한국이 북한의 인프라 구축을 포함해서 북한의 경제발전을 위해 선도적으로 힘쓸 용의가 있습니다."라고 답한다. 하지만 동시에 "한국의 능력만으로 북한의 경제 발전을 돕는 것은 여러 가지 한계가 있기 때문에, 나는 국제적으로 북한의 인프라를 지원하는 그런 국제적 펀드 같은 것이 조성될 필요가 있다고 생각하고, 또 WB라든지 세계경제포럼이라든지 또는 아시아개발은행이라든지 여타 국제기구에서 북한을 지원할 필요가 있다고 봅니다. 북한 측에서도 IMF나 세계은행이라든지 여러 국제기구에 가입함으로써 개방적인 개혁으로 나설 뜻을 가지고 있다는 것을 확인했다는 말씀을 드립니다."라고 답했다.

한국이 북한의 경제 개발에 힘쓰겠지만, 독점하지 않고 나눠서 같이 하자는 제안이었다. 문재인 대통령은 언제나 국제적인 공조를 중요하게 여기고 있었다. 더불어 북한이 국제기구에 가입하겠다는 뜻이 있다고 말하며, 설득력을 더했다. 북한의 국제기구 가입은 북한이 국제무대의 일원이 되겠다는 의미를 내포하고 있었다. 북한에 대한 신뢰를 문재인 대통령은 차곡차곡 쌓고 있었다.

문재인 대통령의 연설과 질의응답은 미국 내 오피니언리더들을 설득하는데 충분했다. 무엇보다 새로운 한반도의 질서를 앞서 제시하고 빨리 따라올 것을 종용하고 있었다. 시대가 변하고 있음을 분명히 알리는 자리였다.

문재인 대통령은 폭스뉴스와도 인터뷰를 갖는다. 폭스뉴스는 미국 1위의 뉴스 채널이며, 보수적인 색채를 보이는 방송사였다. 트럼프 대통령이 종종 인용하는 곳이기도 하다. 문재인 대통령의 폭스뉴스와의 인터뷰는 미국의 보수층 그리고 트럼프 대통령의 지지세력과 소통할 좋은 기회였다.

인터뷰어는 폭스뉴스의 정치 담당 수석 앵커인 브랫 베이어였다.

> "대통령님, 현재 미국 내에서는 일각에서 실제적인 비핵화 조치가 이루어지기 전에 우리가 너무 많은 것을 북한에 양보하는 것은 아닌지라는 우려가 존재하는 것이 사실입니다. 이에 대해서 어떻게 대응해 나가실 예정인지요?"

브랫 베이어의 이 질문은 외교협회와의 자리에서 받았던 것과 같은 내용을 담고 있었다.

> '북한을 믿을 수 있는가?'

문재인 대통령은 비슷하게 답한다. 기존 합의와는 다르게 정상들 간의 약속이라는 점을 부각한다. 그리고 모두의 이해관계가 맞아떨어지는 점을 설명한다.

"이해관계도 같습니다. 북한은 비핵화가 완료되어야만 경제 제재가 완화돼서 어려운 북한 경제를 살릴 수가 있고, 또 트럼프 대통령으로서는 이 비핵화가 완료되어야 지금까지 누구도 하지 못했던 북한의 문제를 해결하는 그런 아주 위대한 업적을 거둘 수 있게 되는 것입니다. 저로서도 북한의 비핵화가 완료돼서 경제 제재가 풀려야만 남북 간에 본격적인 경제 협력이 가능하고, 그것은 역시 또 어려움에 놓여 있는 우리 한국 경제에 새로운 활력이 될 수 있는 것입니다. 이렇기 때문에 이번의 비핵화 합의에 대해서는 반드시 이행될 것이라고 저는 확신하고 있습니다."

문재인 대통령은 인터뷰 중에 미국의 상응 조치에 대해서도 구체적으로 몇 가지 안을 설명했다. 이는 종전선언, 인도적인 지원, 예술단 교류, 평양 연락사무소와 같은 것들이었다. 미국에서 주로 회자되고 있는 제재 완화나 주한미군 철수가 상응조치가 아니라는 점을 밝혀 미국의 우려를 줄여주고 있었다.

"한 가지 분명한 것은, 이제 한국이나 미국이 이런 비핵화 협상을 함에 있어서, 북한 측이 이렇게 있더라도 말하자면 전혀 손해 볼 것이 없다는 것입니다. 북한이 취해야 되는 조치들은 핵실험장을 폐기하는 것이고, 미사일 실험장을 폐기하는 것이고, 영변의 핵기지를 폐기하는 것이고, 또 다른 기지들을 폐기하는 것이고, 만들어진 핵무기를 폐기하는 것이고, 이렇게 전부 폐기하는 것입니다. 이른바 불가역적 조치를 취하는 것입니다.

그러나 그에 대해서 미국과 한국, 양국이 취하는 조치는 군사훈련을 중단하는 것, 언제든지 재기할 수 있습니다. 종전선언, 정치적 선언이기 때문에 언제든지 취소할 수 있습니다. 설령 제재를 완화하는 한이 있더라도 북한이 속일 경우, 약속을 어길 경우, 제재를 다시 강화하면 그만입니다. 그래서 북한의 비핵화 약속에 대해서 트럼프 대통령과 김정은 위원장 사이에 크게 타임테이블의 어떤 약속을 한 후에, 그에 대해서 상대측의 약속을 신뢰하는 토대 위에서 이를 전개시켜 나가도 미국으로서는 손해 보는 일이 전혀 없다라는 말씀을 드리고 싶습니다."

문재인 대통령은 미국의 상응 조치가 미국에는 전혀 손해될 것이 없음도 논리적으로 설파했다. 북한의 조치는 모두 불가역적인 것이고, 반대로 미국과 한국의 조치는 언제든지 되돌릴 수 있음은 분명한 팩트이다. 이 팩트를 바탕으로 미국의 상응 조치가 타당한 것임을 보여준 것이다. 이로서 미국 내, 미국의 상응 조치에 대한 반대 여론을 잠재울 수 있는 논거가 제시됐다.

브랫 베이어는 이어서 주한미군에 대해서도 묻는다. 문재인 대통령은 종전선언과 주한미군이 관계없다고 또다시 명확하게 밝혔다. 또한, 평화협정과 통일 이후에도 주한미군이 계속 주둔할 필요가 있다고 말했다. 이는 외교협회와의 자리에서도 역시 나왔던 내용이었고 대답도 같았다. 즉, 미국의 우려도 분명했고, 이에 대한 문재인 대통령의 대답도 확실했다.

문재인 대통령은 인터뷰에서 빠른 비핵화 조치가 진행되는 것이 트럼프 대통령의 위대한 결단 덕분이라고 말하며 트럼프 대통령에 대한 찬사도 보내면서 인터뷰를 마친다. 트럼프 대통령이

감사를 표할 만큼 훌륭한 인터뷰였다.[158]

같은 날, 문재인 대통령은 제시 잭슨 목사를 만났다. 제시 잭슨 목사는 미국 민주당의 대선 후보로 나온 적이 있었던 인물이었다. 제시 잭슨 목사는 "문 대통령은 만델라 대통령과 김대중 대통령을 계승하고 있는 것 같다."라고 말했다. 미국의 민주당이 좋아하고 존경하는 인물들과 문재인 대통령을 연결시킨 것이다. 실제로 문재인 대통령이 정치에 뛰어든 이유가 김대중 대통령 때문이기도 했다. 문재인 대통령은 "김대중 전 대통령의 뜻을 저희가 잘 이어가려 노력하고 있다."라고 말했다. 그는 미국 민주당 인사들을 설득하기 위한 노력도 기울였다.

문재인 대통령은 바흐 IOC 위원장도 만났다. 2020년 도쿄 올림픽에 남북 공동참가를 협의하고, 2032년 하계올림픽 남북 공동 유치에 대한 이야기도 나누었다. 바흐 위원장은 긍정적으로 답하며 남북 공동 개최에 대한 기대를 높였다.

이렇게 문재인 대통령은 미국 내 여론을 만들기 위해 숨 가쁜 일정을 소화하고 있었다. 그리고 대장정의 마지막은 유엔총회 기조연설이었다. 문재인 대통령은 기조연설을 통해 국제사회의 지지를 호소했다.

나는 작년에 이어 다시 한 번 절실하고 설레는 마음으로 이 자리에 섰습니다. 지난 일 년 한반도에는 기적 같은 일이 벌어졌습니다. 역사상 처음으로 북한의 지도자가 군사분계선을 넘어 판문점에 내려왔습니다.

---

158 트럼프가 아베신조 앞에서 문재인에 감사를 표했다, 허프포스트코리아, 2018.09.27.

싱가포르 센토사섬에서는 역사적인 북미 정상회담이 열렸습니다.

김정은 위원장과 나는 전쟁의 그림자를 걷어내고 평화와 번영의 시대를 다짐했습니다. 북미 회담에서는 한반도의 완전한 비핵화와 적대관계 청산, 항구적인 평화체제 구축에 노력할 것을 합의했습니다. 트럼프 대통령과 김정은 위원장은 평화를 바라는 세계인들에게 감동과 희망을 주었습니다.

(중략)

한반도는 65년 동안 정전 상황입니다. 전쟁 종식은 매우 절실합니다. 평화체제로 가기 위해 반드시 거쳐야 할 과정입니다. 앞으로 비핵화를 위한 과감한 조치들이 관련국 사이에서 실행되고 종전선언으로 이어질 것을 기대합니다. 어려운 일이 따를지라도 남·북·미는 정상들의 상호 신뢰를 바탕으로 한 걸음씩 평화에 다가갈 것입니다.

(중략)

그러나 시작입니다. 완전한 비핵화와 항구적 평화를 위한 여정에 유엔 회원국들의 지속적인 지지와 협력을 부탁합니다. 한국은 유엔이 채택한 결의들을 지키면서, 북한이 국제사회의 일원으로 함께할 수 있도록 성심을 다할 것입니다.

(중략)

이제 국제사회가 북한의 새로운 선택과 노력에 화답할 차례입니다. 김정은 위원장의 비핵화 결단이 올바른 판단임을 확인해 주어야 합니다. 북한이 항구적이고 공고한 평화의 길을 계속 갈 수 있도록 이끌어 주어야 합니다.

(중략)

나는 국제사회가 길을 열어준다면, 북한이 평화와 번영을 향한 발걸

음을 멈추지 않으리라 확신합니다. 한국은 북한을 그 길로 이끌기 위
해 모든 노력을 다할 것입니다. 유엔이 경험과 지혜를 아낌없이 나누어
주시기 바랍니다.

- 제73차 유엔 총회 기조연설 중에서(2018.09.26.)

문재인 대통령의 연설은 북한의 비핵화와 한반도의 평화 번영
을 위해 국제사회가 함께 노력해 줄 것을 요청하고 있었다. 처음
부터 국제사회와 발 맞춰온 문재인 대통령의 전략은 꾸준히 이
어지고 있었다.

지난 9월 대한민국 정부는 '사람 중심'의 국정철학을 토대로 '포용국
가'를 선언했습니다. 우리 국민은 공정하고 정의로운 나라, 단 한 명의
국민도 차별받지 않고 더불어 사는 사회를 향해 나아가고 있습니다.

'포용성'은 국제개발협력의 철학이기도 합니다. 누구도 소외받지 않
는 국제환경을 만들기 위해 개발협력 규모를 꾸준히 확대해 나갈 것입
니다. 인권침해와 차별로 고통 받고 있는 세계인들, 특히 아동, 청소년,
여성, 장애인과 같은 취약계층에 대한 지원도 늘려나가고 있습니다. 최
근 5년간 난민에 대한 재정적 지원을 5배 확대했습니다. 올해부터는 매
년 5만 톤의 쌀을 극심한 식량위기를 겪고 있는 개발도상국에 지원하
고 있습니다.

나는 인도적 위기를 근본적으로 해결하기 위해서는 평화, 개발, 인권
을 아우르는 총체적 접근이 필요하다고 봅니다. 대한민국 정부는 "모
두에게 의미 있는 유엔"을 만들기 위해 함께 고민하고, 힘을 보탤 것입
니다.

올해는 '세계인권선언' 70주년입니다. 인권을 위해 부당한 권력에 맞서본 사람이라면 누구나 '모든 사람은 자유롭고 평등하다'는 세계인권선언의 첫 조항을 가슴에 새기고 있습니다. 나는 특히 '실질적 성평등 실현'을 주요 국정과제로 추진하고 있습니다. 여성에 대한 모든 차별과 폭력에 더욱 단호하게 대응하고 있습니다. 우리나라는 '일본군 위안부' 피해를 직접 경험했습니다. 국제사회의 '여성, 평화, 안보' 논의에 적극 참여하고, 분쟁 지역의 성폭력을 철폐하기 위한 국제사회의 노력에도 함께할 것입니다.

기후변화 대응과 저탄소 경제로의 전환은 우리 세대에게 주어진 도전이자 과제입니다. 대한민국 정부는 2030년까지 재생에너지 발전량을 20%까지 높일 것입니다. 파리협정에 따라 2030년까지 온실가스 감축 목표를 성실히 이행하고, 개발도상국들의 기후변화 대응을 지원해 지속가능한 발전을 돕겠습니다.

— 제73차 유엔 총회 기조연설 중에서(2018.09.26.)

하지만 이에 더해서, 문재인 대통령은 세계가 앞으로 어떻게 나아가야 하는지에 대한 비전을 함께 제시했다. 동북아의 협력, 그리고 인권과 환경을 위한 노력이 필요하다고 주장했다. 이와 함께 한국이 '포용국가'의 비전을 통해 세계 속에서 더욱 큰 역할을 해나가겠다고 선언했다.

2017년 유엔총회 기조연설에서 문재인 대통령은 연설의 대부분을 북한 문제에 할애했다. 하지만 2018년의 연설에서는 세계가 마주한 어려움에 대한 비전을 함께 제시하고 한국이 어떤 공헌을 하고 있는지 밝혔다.

문재인 대통령의 한반도 평화프로세스는 북한 비핵화에 국한 되지 않는다. 한국을 중심으로 한 동아시아의 질서 재편이라는 거대한 비전이기 때문이다. 그렇기에 문재인 대통령의 2018년 유 엔총회 기조연설은 1년 사이에 많은 것이 달라졌음을 상징적으 로 보여줬다. 문재인 대통령은 어느새 대한민국을 세계에 비전을 제시하는 영향력 있는 국가로 탈바꿈시켜놓은 것이다.

12.
멈추지 않고 나아가다

2018년 9월 26일, 마이크 폼페이오 장관은 뉴욕에서 리용호 북 한 외무상을 만났다. 같은 날 트럼프 대통령은 김정은 위원장에 게 받은 친서를 기자들에게 보여주었다. 그리고 지원 유세장에서 는 김 위원장과 '사랑에 빠졌다(fell in love).'라고 말하기도 했다.

10월 3일, 미국의 폼페이오 장관이 7일에 방북한다는 소식이 전해졌다. 폼페이오 장관의 방북은 2차 북미정상회담의 가능성 을 크게 높이는 일이었다. 문재인 대통령의 유엔외교가 확실한 효과를 발휘하고 있었다.

10월 7일, 폼페이오 장관은 북한으로 가서 김정은 위원장을 만 났다. 그리고 한국으로 와 문재인 대통령에게 방북 결과를 설명 했다. 윤영찬 국민소통수석은 브리핑에서 "폼페이오 장관이 북 한이 취하게 될 비핵화 조치들과 미국 정부의 참관 문제 등에 대 해 (북측과) 협의가 있었고, 미국이 취할 상응 조치에 관해서도 논의가 있었다고 말했다."라고 밝혔다. 상응 조치에 대해 논의했다면 결국 미국도 무엇인가를 내놓겠다고 결정한 것이다. 중요한 의미였다. 미국은 북한 비핵화 전에 제재를 풀기 어려웠다. 미국 내의 여론도 신경 써야 했기 때문이다. 하지만 제제의 영역 밖에서 북한에 줄 수 있는 것이 아예 없는 것은 아니었다. 북미는 이런 것들을 논의했을 것이다.

다음 날인 10월 8일, 문재인 대통령은 국무회의에서 "한반도에 새로운 질서가 만들어지고 있는 것입니다."라고 말했다. 그러면서 "지구상에 남은 마지막 냉전 체제를 해체할 수 있도록 미국 외의 다른 관련국들과 협력해나가는 데에도 적극적인 노력을 기울여야 할 것입니다."라고 이야기했다. '한반도에 새로운 질서가 만들어지고 있다.'라는 말은 냉전 체제가 해체되고 있다는 말이며, '다른 관련국들과 협력해나가는 데에도 적극적인 노력을 기울여야 할 것'이라는 말은 이제 북미 관계는 궤도에 올랐으니 그이상을 보고 움직여야 한다는 뜻이었다.

이미 문재인 대통령은 유엔 연설을 통해 더 넓은 규모의 국제 질서 만들기에 본격적으로 나설 것을 밝힌 상태였다. 폼페이오 장관의 방북 성과로 북미 관계가 안정권에 들어왔다면, 이제 청와대가 더욱 노력해야 하는 것은 여러 관련국과의 협력을 증진시키는 것이었다. 문재인 대통령은 이를 정확하게 알고 있었다.

문재인 대통령은 10월 12일 영국 BBC와의 인터뷰에서 "종전선언은 시기의 문제일 뿐, 반드시 될 것이라고 믿는다."라고 말했다. 그동안 중요한 이정표로 여겨지던 종전선언의 무게가 폼페이오 장관의 방북 이후로 가벼워졌다. 북미가 종전선언에 대해 상당한 합의에 이르렀거나, 종전선언이 아닌 다른 상응 조치에 합의했다고 추정할 수 있는 부분이다.

문재인 대통령은 동 인터뷰에서 "유럽은 거의 대부분 나라들이 북한과 수교 관계를 맺고 있고, 또 여러 가지 교류도 지속해 왔다. 앞으로 남북 대화나 또는 북미 대화가 교착에 빠질 경우에, 이란 핵 협상에서 유럽이 창의적인 방안들을 제시하면서 중재를 했듯이, 그런 대화의 교착 상태를 중재하고 창의적인 방법을 제시하는 그런 역할도 유럽연합(EU)이 해 줄 수 있을 것이라고 믿는다."라고 말했다.

종전선언의 비중이 작아지고 국제 협력에 대한 언급이 증가하고 있었다. 이 변화는 긍정적이었다. 북미 간에 진전이 있었다는 뜻이기 때문이다. 한반도 프로세스는 또 한 번, 새로운 국면으로 들어섰다. 문재인 대통령의 움직임에도 속도가 붙었다. 더 많은 국가와 관계를 돈독히 하고 협력과 지지를 이끌어 내기 위한 대장정을 시작한 것이다.

문재인 대통령은 10월 13일부터 21일까지 프랑스, 이탈리아, 교황청, 벨기에, 덴마크를 방문하는 유럽순방을 했다. 순방 기간 동안 문재인 대통령은 한국과 각 국가와의 관계를 발전시키고, 한반도 문제에 있어서 폭넓은 협력을 약속했다. 또한, 한국의 평화프로세스에 대한 지지 역시 이끌어 냈다.

유럽순방에서 매우 중요한 일정 중의 하나가 교황청 방문이었다. 김정은 위원장의 교황 방북 초청 메시지의 전달이 예정되어 있었기 때문이었다. 교황청은 이례적으로 한국어로 '한반도 평화 미사'를 진행했고, 문재인 대통령을 환영했다. 문재인 대통령은 미사 후에 따로 연설을 하기도 했다. 문재인 대통령은 교황을 접견하고 북한의 초청 메시지를 전달했으며, 프란치스코 교황은 김정은 위원장이 공식 초청장을 보내주면 무조건 응답하겠다고 답했다. 사실상 방북을 결정한 것이었다. 이렇게 문재인 대통령은 광범위한 국제사회의 지지와 함께 협력을 얻어냈다. 그는 계속해서 성과를 내고 있었다.

하지만 문재인 대통령의 유럽순방에 대한 부정적인 평가도 꽤 많았다. 특히 『월스트리트저널』은 '북한 제재 완화에 대해 유럽의 지지를 얻으려 했던 문재인 대통령의 시도가 실패했다.'라는 내용의 보도를 했다.[159]

엄밀히 따지고 보면, 문재인 대통령은 즉각적으로 제재 완화를 요구한 적이 없다. 프랑스 마크롱 대통령과의 만남에서 문재인 대통령은 "적어도 북한 비핵화가 되돌릴 수 없는 단계에 왔다는 판단이 선다면 UN제재 완화를 통해 북한의 비핵화를 더욱 촉진해야 하며 마크롱 대통령께서 안보리 상임이사국으로서 이 같은 역할을 해달라."라고 요청했다. 문재인 대통령은 분명히 '북한 비핵화의 되돌릴 수 없는 단계'를 이야기하고 있었다. 이는 제1차 북미정상회담 이후, 트럼프 대통령이 말했던 '20%만 지나면 돌이킬 수 없는 지점'과 크게 다를 것이 없었다. 문제는 이 발언을 언론들이 왜곡하고 있다는 것이었다. 브레이크뉴스는 문

---

159 South Korea's president's attempt to rally European support for loosening sanctions on North Korea appeared to fall flat this week, and risked putting him further at odds with the Trump administration's efforts to maintain pressure on Pyongyang. - Moon's Push to Ease North Korea Sanctions Falls Flat, 월스트리트저널, 2018.10.19.

재인 대통령의 발언을 담은 보도의 제목을 "문재인 대통령 'UN 제재 완화로 북한 비핵화 더욱 촉진해야'"로 하면서, 마치 당장 대북제재를 완화해 달라고 요청한 것처럼 호도했다. 뉴스핌은 "文 대통령 'UN 제재완화' 요청했지만…마크롱 CVID 강조"라는 제목으로 문재인 대통령의 요청을 마크롱 대통령이 거절한 것처럼 보도했다. TV조선 역시 "문 대통령, 프랑스에 대북 제재 완화 요청…마크롱 '北 실질적 의지 보여야'"라는 제목을 사용했고, 이는 현 단계에서 문재인 대통령이 제재 완화를 요청한 것으로 오해하기에 딱 좋은 것이었다. 이에 대해 익명의 외교부 고위 관료는 BBC 코리아와의 인터뷰에서 "문재인 대통령이 제재완화를 설득하러 유럽에 갔다는 것은 논리적이지도 않고 맞지도 않다."라고 밝혔다.[160] 유럽 순방 직전에 있었던 BBC와의 인터뷰에서도 문재인 대통령은 국제적인 제재 공조가 유지되어야 한다고 말했다.

> "남북 간에 본격적인 경제 협력은 이 제재가 풀리거나 또는 제재에서 남북 간의 경제 협력이 예외적인 조치로 용인될 때 비로소 가능한 것이다. 그래서 우리는 본격적인 경제 협력은 그 제재의 완화에 따르되, 그때까지 경제 협력을 위한 사전 준비들을 미리 해 두자는 것이다.

---

[160] "지금 유럽은 어떻게 보면 미국보다 더 비핵화에 대해 강해요. 안보리 상임이사국 중에 중국과 러시아 빼놓고 미국, 영국, 프랑스는 완전히 일치하거든요. 그래서 (문 대통령이) 제재완화를 설득하러 유럽에 갔다는 것은 논리적이지도 않고 맞지도 않아요. 비핵화가 되돌릴 수 없는 진전이 되면 제재 완화를 통해서 추가적으로 북한을 비핵화 촉진시켜야 한다는 것은 지금 한국 정부의 입장이잖아요. 그것을 설명한 것으로 보여요." - 문재인 대통령: 마크롱 만나 '북한 비핵화 위해 제재완화 필요', BBC 코리아, 2018.10.16.

(중략) 그것은 한편으로는 북한에게 '북한이 완전한 비핵화라는 옳은 선택을 할 경우에 북한의 경제적인 번영이나 아주 밝은 미래가 보장될 수 있다'는 것을 북한에게 분명하게 제시하는 그런 의미가 있다고 본다."

인터뷰에서 문재인 대통령은 대북제재 상황에 대해 이렇게 대답했다. 문재인 대통령은 북미관계 진전과 북한 비핵화에 대한 확신이 서 있었기에 제재 완화와 관련한 발언을 했을 뿐, 바로 대북제재 완화를 이뤄내려는 목적은 아니었다. 문재인 대통령의 행보에서 실패를 언급하는 것은 성급한 판단일 뿐이었다.

그러나 북한 비핵화에 대한 비관적인 시선을 피하기는 어려웠다. 미국의 중간 선거를 앞두고 북미 간의 고위급회담이 언제 열릴지 기미가 없었다. 2018년 이내에 이뤄질 것이란 기대를 모았던 2차 북미정상회담도 2019년으로 늦춰질 거란 전망이 나오고 있었다. 10월 23일, 볼턴 미국 백악관 국가안보회의 보좌관은 북미 정상회담이 2019년 1월 1일 이후에 열릴 거라고 말하며 이 같은 전망에 쐐기를 박았다. 북한이 원하는 제재 완화 역시 요원했다. 겉으로 보기에는 분명히 북한 비핵화에 어려움이 찾아온 것 같았기에, 비관적인 시선은 타당한 면이 있었다.

하지만 이 상황을 긍정적으로 볼 수도 있었다. 문재인 대통령의 행보에서 지난 폼페이오 장관의 방북 이후 북미 간에 확실한 진전이 있었다는 것을 읽어낸다면, 이 미적거림은 제2차 북미정상회담을 앞두고 남북미가 충분히 준비할 시간을 갖는 중이라고 볼 수도 있었다. 만약 남북미 간에 다양한 실무움직임이 계속되고 있다면, 이런 판단은 더욱 정확해진다.

10월 26일, 남북 장성급 군사회담이 있었다. '9·19 군사분야합의서'의 이행과 점검 그리고 향후 일정 협의를 위한 자리였다. 남북은 이미 공동경비구역 비무장화 조치를 취하고 있었다. 실질적인 종전 조치들이 이행되고 있었다.

10월 29일, '9월 평양공동선언'이 관보에 게재되며 효력이 발생했다. 같은 날, 스티븐 비건 미국 국무부 대북정책 특별대표는 강경화 외교부 장관을 접견했고, 이후 청와대 본관에서 임종석 비서실장과도 면담했다. 역시 같은 날, 정의용 청와대 국가안보실장과 강경화 외교부 장관은 각각 맥 손베리 미 하원 군사위원장과 면담했다. 강경화 외교부 장관은 폼페이오 장관과 통화해 한반도 문제에 대해 협의했다

10월 30일, 비건 대표는 정의용 국가안보실장과 면담했다. 조명균 통일부 장관을 만나기도 했다. 또한, 특사단으로 방북한 적이 있는 윤건영 청와대 국정상황실장과도 만났다. 28일 방한한 스티븐 비건 대표가 북한과 관련한 대한민국의 주요 인사를 모두 만난 것이다. 한·미 간에 상당한 논의가 이뤄지고 있었다.

10월 31일, 한미워킹그룹을 구성한다는 소식이 전해졌다. 남북교류사업에 있어서 한·미 간의 이견이 심했고, 이를 견제하거나 통제해, 속도 조절을 하려는 미국의 의도에 따라 한미워킹그룹이 구성됐다는 해석이 나왔다. 한·미 관계에 문제가 있는 것으로 보이게 하려는 언론의 보도 방향은 분명했다.[161] 그러나 남북관

---

161 이견 얼마나 심했길래⋯한미 사전조율 워킹그룹 만든다, 중앙일보, 2018.10.31.

계 개선에 속도 조절을 하고 싶다면, 구태여 미국이 워킹그룹까지 만들 필요는 없다. 그냥 반대하거나 협의를 중단해 버리면 간단한 일이었다. 그럼에도 워킹그룹까지 만들었다는 것은 한·미 간의 소통을 원활하게 해서 오히려 남북이 진도를 나가는데 미국이 협조하며, 동시에 북한 비핵화 진척을 위해서 한국과의 소통을 적극 활용하겠다는 뜻으로 보는 것이 적절했다. 미국 국무부가 발표한 워킹그룹의 취지도 이를 잘 나타낸다.

○ 북한의 비핵화 노력과 제재이행 수준을 함께 관찰하는 것
○ 유엔제재와 합치하는 남북 간 협력에 대한 긴밀한 조율[162]

즉, 워킹그룹을 통해 북한 비핵화에 대한 정보를 교환하고, 남북 간 협력을 용이하게 하기 위해 긴밀히 소통하겠다는 것이다. 이를 미국의 속도 조절로 이해하는 것은 한국이 유엔제재를 무시하고 남북협력을 한다고 인식하기 때문인데, 문재인 대통령은 한 번도 그렇게 하겠다고 말한 적이 없으며 실제로 그리 한 적도 없었다. 문재인 대통령은 국제 공조의 틀 안에서 북한 문제를 풀어가려 하고 있고, 남북간의 관계 개선도 마찬가지였다. 북한이 더 속도를 내자고 요청할 때에도 한국은 여전히 절차를 지키고 있었다. 따라서 워킹그룹은 대북제재 하에서 남북협력에 대해 빠르고 긴밀히 조율해 오히려 속도를 높이겠다는 것으로 보는

'대북문제 조율' 한미 워킹그룹, 남북관계 족쇄 우려도, 민중의소리, 2018.10.31.
162 이견 얼마나 심했길래…한미 사전조율 워킹그룹 만든다, 중앙일보, 2018.10.31.

것이 맞다. 이는 미국이 한국의 주도권을 인정한 것과 마찬가지였다.

같은 날인 10월 31일, 국정원은 국회 국정감사에서 "북한이 비핵화 선행 조치로 풍계리 핵 실험장을 폐쇄하고 동창리 시설 일부를 철거한 가운데 외부 참관단에 대비한 것으로 보이는 준비 점검 활동이 포착되고 있다."라고 밝혔다. 또한 "북한이 영변 사찰관 숙소와 진입로를 정비하고, 숙소와 지원 건물을 신축하고 있는 사실을 국정원이 파악했다."라고도 말했다.163 북한도 내부적으로 준비 작업을 하고 있었다.

11월 1일, 남북군사합의에 따라 지상·해상·공중에서 남북 간의 적대행위가 전면 중지됐다. 정의용 청와대 국가안보실장은 이를 두고 "남북 간 군사적 긴장을 완화하고 신뢰 구축을 촉진하며 실질적 전쟁 위협을 제거하는 중요한 전기가 마련됐다."라고 평했다.

11월 4일, 문재인 대통령은 대통령 직속 북방경제협력위원회 위원장에 권구훈 골드만삭스 아시아 담당 선임 이코노미스트를 위촉했다. 권구훈 위원장은 IMF 모스크바사무소 상주대표와 선임 이코노미스트로 일한 경력이 있었다. 이 인사가 주는 신호는 분명했다.

남북러 삼각 협력을 근간으로 한 신북방정책의 적극적인 추진이었다. 특히 신북방정책은 다양한 인프라 개발을 포함한다. 철도와 도로 연결, 항로 개발, 에너지 그리드 등 큰 자본이 필요한

---

163 국정원, "北 풍계리 외부참관 준비···영변사찰관 숙소·지원 건물 신축", KBS, 2018.10.31.

사업들은 국제기구의 도움이 필요하다. 북한을 국제경제로 끌어들이기 위해서도 국제기구의 도움은 필수적이었다. 권구훈 위원장의 경력은 이런 부분을 모두 채워줄 수 있는 것이었다. 심지어 골드만삭스에서 일하고 있으니, 문재인 대통령의 '미국도 개발에 함께 해달라.'라는 요청이 진정이었음을 인사가 지닌 상징만으로 전달하고 있었다.

11월 6일, 미국의 중간 선거가 마무리됐다. 11월 7일, 뉴욕에서 8일에 열릴 것으로 알려졌던 북미고위급회담이 연기됐다. 다시 한번, 북한 비핵화에 먹구름이 끼었다고 해석하기 좋은 일이 일어난 것이다. 많은 언론이 원인이 무엇인지에 대한 추측을 하기 시작했다. 김의겸 청와대 대변인은 "북미회담이 무산되거나 동력을 상실했다거나 하는 방향은 아니라고 생각한다."라고 밝혔다. 8일 미국 국무부는 '단지 일정 문제 때문'이라고 이유를 공개했다. 11월 9일, 니키 헤일리 유엔주재 미국 대사는 "북한이 준비돼 있지 않았기 때문"이라고 북미고위급 회담의 연기 이유를 밝혔다. 만약 이 이유가 사실이라면, 예측할 수 있는 것은 두 가지다. 하나는 북한이 열심히 내부정리 중이거나, 다른 하나는 미국이 받아들일 수 있을 정도의 딜이 북한으로부터 나오지 않았다는 것이다. 어떤 경우라도 북미 사이에 시간이 필요하다는 것만은 명확했다.

대신 남북관계에서는 진전을 늦추지 않았다. 11월 11일, 국방부는 비무장지대(DMZ)내 감시초소(GP) 11개에 대해 화기와 장비, 병력 등 철수를 10일자로 완료했다고 밝혔다. 12일부터는 GP 철거에 들어갔다. 남북 간의 긴장 상태가 상당히 해소되는 중이었다.

폼페이오 장관의 방북 이후, 거의 한 달이 넘는 기간 동안 수 많은 언론이 북한의 비핵화가 교착 상태에 빠진 것처럼 보도했고, 계속해서 우려를 전했다. 하지만 겉으로 보이는 교착과 동시에 부각되지 않은 곳에서 한반도 평화프로세스는 계속 진행되고 있었고, 그 속도는 놀라울 정도로 빠른 편이었다. 큰 합의는 없었지만 이뤄진 합의에 대한 이행과 준비 과정이 숨 쉴 틈 없이 진행되고 있었다. 단지, 큰 의미를 부여하지 않거나 일부러 부정적인 시선으로 보는 이들이 많았을 뿐이었다. 만약 이 시기에 DMZ 비무장화가 이뤄지지 않았더라면, 2019년 6월에 있었던 남북미 정상의 놀라운 판문점 회동은 불가능했을 것이다. 이 시기는 교착 기간보다는 준비 기간으로 보는 것이 더 정확했다.

11월 14일, 문재인 대통령은 싱가포르에 있었다. 아세안 정상회의 참석을 위해서였다. 이를 계기로 문재인 대통령은 블라디미르 푸틴 러시아 대통령을 만났다. 한반도 상황에 대한 진전을 평가하고 또 앞으로 해야 할 일에 대해 논의하는 자리였다. 특히, 푸틴 대통령은 문재인 대통령이 구상한 '동아시아철도공동체'를 지지하고 실현을 위해 적극 협력하겠다는 약속을 했다. 문재인 대통령의 거대한 동아시아 비전이 국제사회의 지지를 더욱 모아가고 있었다.

같은 날, 제2차 한·아세안 정상회의에서는 조코 위도도 인도네시아 대통령이 2019년에 열릴 한·아세안 특별정상회의에 김정은 위원장이 참석하면 좋겠다는 의견을 피력했고, 문재인 대통령은 이를 적극 검토하겠다고 밝혔다.

이번 정상회의에서 말레이시아의 마하티르 총리는 "2차 태평양 전쟁이 일어난다면 그 발화점은 한반도가 될 것이라고 생각했는데, 모든 것이 바뀌었다."라며 "이런 변화를 이끌어낸 문 대통령에게 진심으로 축하와 존경의 마음을 보낸다."라고 말했다. 특히 "한국은 우리들의 모델이 되고 있다."라고 한국을 평가했는데, 아세안이 모이는 자리에서 이뤄진 이 평가는 한국의 위상이 얼마나 달라졌는지를 극명하게 보여주고 있었다. 한국은 아세안이 믿을 수 있는 '리더'이자 '구루'가 되어가고 있었다.

15일, 문재인 대통령은 미국 펜스 부통령과 만나 강력한 한미 동맹을 평가하고 앞으로도 북한의 비핵화를 위해 계속 노력해나가기로 했다. 펜스 부통령은 2019년에 트럼프 대통령이 김정은 위원장을 만날 것임을 밝혔다. 제2차 북미정상회담의 개최는 확실해 보였다. 현지 시각으로 15일 미국 NBC 방송은 펜스 부통령과의 인터뷰를 방송했는데, 제2차 북미 정상회담 전에 북한의 핵무기 리스트를 요구하지 않겠다고 말하며, 정상회담 개최 가능성을 더욱 높였다.

16일, 개성 남북 공동연락사무실에서 남북 항공 당국 간 실무 회의가 열렸다. 북한은 동·서해에 항로를 연결하자는 제의를 했다. 하늘길도 연결되려 하고 있었다. 이 시기에 조명균 통일부 장관은 미국에 있었다. 그는 폼페이오 장관과 에드 로이스 하원 외교위원장과 면담을 하며 실무를 진전시켜 나가고 있었다.

17일, 문재인 대통령은 APEC 참석을 위해 파푸아 뉴기니에 있었다. 그리고 중국 시진핑 주석을 만났다. 시진핑 주석은 문재인 대통령과 한국 정부의 노력을 지지한다고 밝혔고, 중국도 건설적 역할을 계속하겠다고 말했다. 특히 북미 회담을 위해 양국이 긴밀히 협의키로 하면서 지금까지 상당히 발목을 잡았던 중국 리스크도 줄어들게 됐다. 시진핑 주석은 김정은 위원장의 초청 사실을 알리며 내년에 방북한다고 밝혔다.

18일, 문재인 대통령은 APEC 일정을 마무리하고 귀국길에 올랐다. 문재인 대통령은 APEC에서 '공동번영'의 비전을 제시했다. 문재인 대통령은 임기 초에 이미 이러한 비전을 공개한 바 있다. 1년이 지난 지금, 이 비전은 무척이나 중요해졌는데, 미국을 비롯한 열강들이 보호무역 기조를 보이면서 경제적으로 어려움을 겪는 개도국들이 늘어났으며, 열강의 패권주의에 시달리고 있는 국가들도 많았기 때문이었다. 중국의 일대일로 프로젝트에 참여했다가 나라의 경제가 흔들리거나 심지어는 자국의 항구를 중국에 99년간 임대한 스리랑카 같은 국가들도 있었다. 미중 무역갈등 또한 쉽게 끝날 것으로 보이지 않았다.

전반적인 국제 정세 자체가 요동치고 있었다. 그리고 이럴 때 가장 어려움을 겪는 것은 당연히 개도국들이다. 이런 상황에서 문재인 대통령은 자유무역과 공동번영을 이야기했다. 한국이 중간에서 교량국가가 되어 주겠다는 것이다. 국제정세에 휩쓸려 어려움을 겪는 개도국에는 너무나 고마운 파트너임이 분명하다. 정치, 경제, 사회, 기술, 문화, 국방, 외교 등 모든 면에서 대한민국은 충분한 역량을 지니고 있었다. 이런 대한민국이 함께 잘 사는 공동 번영을 이야기하고 실제로 그러한 발걸음을 1년 이상 보여줬으니, 그 신뢰는 점차 커지고 있었다.

11월 18일, IMF의 크리스틴 라가르드 총재를 만난 문재인 대통령은 보호무역주의의 확산과 무역의 미래에 대한 우려가 커지고 있으며, 대외 경제에 큰 영향을 받는 신흥개도국과 개방통상국들에 큰 도전이 될 것이라고 말했다. 그러면서 IMF가 신흥국들이 거시건전성 제도를 잘 운용할 수 있도록 도와주고 글로벌 금융 안전망도 잘 구축해 달라고 요청했다.

한국은 '공동 번영을 이루자'라고 말만 하는 것이 아니라 실제로 행동에 옮기고 개도국을 대표해 말해주는 신뢰할 수 있고 능력 있는 파트너가 됐다. 이런 한국을 반가워할 국가가 얼마나 많을지는 추정하기 어렵지 않다. 11월 22일, 『한국경제』는 청와대 관계자의 말을 전했다. 청와대 관계자는 "호주, 파푸아뉴기니 등 남태평양 도서 국가에서도 신남방정책이 각광을 받으면서 (그들도) '신남방'의 일원이 되고 싶다는 요청을 해오고 있다."라고 말했다.**164** 한국은 아시아의 중심국가로 발돋움하고 있었다.

11월 21일, 한미워킹그룹의 출범과 동시에 첫 회의가 있었다. 이도훈 외교부 한반도평화교섭본부장은 미국이 남북 철도 공동 조사 사업에 대해 강력하고 전폭적인 지지를 표명했다고 알렸다. 결국 한미워킹그룹이 남북 관계의 속도 조절을 위한 것이기보다는 한·미 간의 소통을 통해 더욱 효율적으로 진도를 나갈 수 있게끔 만들기 위한 것임이 분명히 드러난 것이다. 한미워킹그룹은 한·미가 서로 발맞추고자 하는 노력이며, 그만큼 한반도를 비롯한 아시아에서 한국이 지닌 중요도가 높아졌음을 미국이 증명한 것이기도 했다.

---

164 [헬로! 아세안] 남태평양 국가들 "한국 주도 신남방 일원 되고파", 한국경제, 2018.11.22.

22일, 정부는 유엔에 남북 철도 공동조사 제재 예외를 신청했다. 한미워킹그룹에서 나온 결과를 바탕으로 바로 움직임에 들어간 것이다. 문재인 정부는 철저하게 국제 공조의 틀 안에서 진도를 나가고 있었는데, 그럼에도 불구하고 굉장히 빠른 속도로 일이 추진되고 있었다. 기존 70년간 이뤄지지 않았던 것들이 1년 사이에 엄청난 속도로 진행 되고 있는 것이 정확한 현실이었다.

23일, 남북은 개성 남북 공동연락사무소에서 통신 실무회담을 열고, 통신망을 광케이블로 교체하기로 합의했다. 24일, 유엔은 남북 철도조사 제재 면제를 인정했다. 25일 외교부는 남북 철도조사에 대해 미국 독자 제재 예외 인정에 대해서도 협의하고 있음을 밝혔다.

11월 26일, 『아시아경제』는 '한미동맹 균열 심각…靑의 실토' 등의 기사를 통해, 국가안보실 작성 보고서에 '한반도 비핵화와 평화정착을 추진하는 과정에서 한국에 대한 미국의 불신이 급증하고 있다.'라는 내용이 담겨있다고 보도했다. 청와대는 즉각 보도된 문건이 청와대 안보실에서 만들어진 것이 아니라고 밝혔고, 경찰청 사이버과에 수사를 의뢰했다. 28일 『아시아경제』는 '한반도 정세 관련 보도 취소합니다.'라는 제목으로 기사를 취소한다고 밝혔다. 이 보도내용은 완전한 가짜였다.

언론의 무책임한 보도 행태가 도를 넘고 있었다. 진짜인지 아닌지, 크로스 체킹은 기본인데도 이를 지키지 않는 언론이 많았고, 어떻게든 문재인 정부의 성과를 폄훼하고 한반도의 불안을 증폭시키려는 의도가 분명했다. 그것이 자국민과 자국 언론에 의해 이뤄지고 있는 것이 현실이었다. 하지만 언론이며 온갖 전문가가 한반도 정세에 대해 부정적인 언급을 계속하던 시기에도 하루하루 어떤 진전이 있었는지를 살펴보자. 과연 저 시기를 교착 상태, 갈등 심화, 불투명이라고 볼 수 있을까? 오히려 실무적인 일들이 이렇게 속도감있게 진행 될수 있다는 사실이 경이로울 뿐이다.

오보와 왜곡, 과장이 대한민국의 불안을 증폭시키던 26일, 문재인 대통령은 OECD 사무총장을 접견했다. OECD 사무총장은 '한국에는 좋은 뉴스가 있다.'라면서 '세계 경제가 어려운데 OECD 경제전망에서 한국은 계속 성장하고 있다며 아주 괜찮은 성적'이라고 평가했다. 언론이 국내 경제가 곧 망할 것처럼 보도한 지 이미 오래였다. 하지만 국제 전문 기관의 평가는 그와는 완전히 달랐다. 또한 문재인 대통령은 "북한이 완전한 비핵화를 이뤄 제재 문제가 해결되면 OECD가 협력하겠다는 말을 북측에 전달하겠다."라고 말해, OECD가 북한을 적극 지원할 예정임도 밝혔다. 세간의 부정적인 평가와는 상관없이 문재인 정부는 계속 진도를 나갈 뿐이었다.

11월 28일, 문재인 대통령은 G20 정상회의를 위해 출국했다. 첫 도착지는 체코였다. 당시 체코 대통령은 이스라엘 국빈 방문 중이었는데, 서한을 남겨 '한반도 비핵화에 적극 기여하겠다.'라고 의사를 밝혔다.

11월 30일, 남북 철도 공동조사가 시작됐다. 서울역을 출발한 한국의 열차가 북한 판문역에서 북측 열차를 만나 연결됐다. 북한 지역에서 한국의 열차가 운행하는 것은 2008년 이후 처음이며, 남북이 북한에서 철도 공동조사를 하는 것도 2007년 이후 처음이었다. 이명박, 박근혜의 임기 동안 후퇴해버린 남북관계가 회복되고 있었다.

12월 1일, 한미정상회담이 열렸다. 여섯 번째 한미정상회담이었다. 회담의 결과로 양 정상이 한반도 비핵화와 평화정착 프로세스가 올바른 방향으로 진전되고 있다는 데 의견을 같이하고, 공동목표를 조기에 달성하기 위해 앞으로도 군건한 동맹관계를 바탕으로 긴밀히 공조해 나가기로 했다. 특히 트럼프 대통령은 내년 초 2차 북미정상회담을 개최하겠다는 의지를 재확인했고, 김정은 위원장의 서울 방문이 한반도 평화정착을 위한 공동의 노력에 추가적인 모멘텀을 제공할 것이라는 점에도 의견을 같이했다.

회담 결과는 단순했다. '이니 하고 싶은 대로 해.' 트럼프 대통령의 이 같은 판단은 당연하고 정확한 것이었다. 가짜 뉴스에 정신을 뺏기지만 않는다면, 지금 한반도는 비핵화와 평화, 번영의 길로 나아가고 있는 것이 확실했기 때문이다. 국제 공조의 틀을 무너트리지 않으면서 이 같은 성과를 꾸준히 내고 있으니, 트럼프 대통령으로서는 지금까지의 방식대로 그대로 가는 것이 당연한 일이었다.

12월 4일, G20회의를 마친 문재인 대통령은 뉴질랜드에 방문했다. 뉴질랜드와는 한국의 신남방정책과 뉴질랜드의 신태평양 정책(a Pacific reset)을 통해 서로 협력을 강화해 나가기로 했다. 뉴질랜드가 신태평양 정책을 추진하는 데는 두 가지의 핵심 이유가 있다.

○ 태평양 제도 지역이 대응하기 어려운 광범위한 도전에 직면해
  있다.
○ 태평양이 점차 경쟁이 치열한 전략 지역이 되었고, 그런 상황하
  에서 뉴질랜드가 긍정적인 영향력을 유지하기 위해 더 열심히 노
  력해야 한다.[165]

결국 뉴질랜드의 신태평양전략은 태평양 지역에서 뉴질랜드의
영향력을 유지하기 위한 조치라고 보면 된다. 뉴질랜드의 이 정
책을 중국에 맞서기 위한 것으로 해석하는 경우도 있다. 중국이
남태평양 지역에 영향력을 확대하고 있고, 이에 대항해 뉴질랜
드가 지역 영향력을 계속 유지하기 위한 것이라는 이야기다.[166]
  한국은 이미 신남방정책을 통해 아세안에 대한 영향력을 확대
하고 있었고, 이는 곧 태평양 지역에서 한국의 영향력이 계속 증
가하고 있다는 것을 의미했다. 뉴질랜드와의 협력을 통해 뉴질

---

165 In February 2018, Foreign Minister Winston Peters announced a refreshed New
Zealand approach to the Pacific Islands region. New Zealand's Pacific Reset has
two key drivers: The Pacific Islands region is challenged by a broad array of chal-
lenges it is not, in some cases, well equipped to tackle; and The Pacific has
become an increasingly contested strategic space, under which New Zealand has
to work harder to maintain our positive influence. - Our relationship with the
Pacific, NEW ZEALAND FOREIGN AFFAIRS & TRADE.

166 China's expanding influence is complicating strategic calculations throughout the
Asia-Pacific region. (중략) New Zealand illustrates this dynamic. It watches China
extend its influence into the microstates of the South Pacific, a region where New
Zealand (and its ally Australia) have long enjoyed a position of prominent influence. -
New Zealand's Pacific reset: strategic anxieties about rising China, THE CONVER-
SATION, 2018.06.01.

랜드는 중국의 영향력 확대를 적당히 견제하고, 한국은 태평양
에서의 영향력을 더욱 증폭시킬 수 있게 됐다.

12월 6일, 한국은 환인도양연합 대화상대국에 가입했다. 환인
도양연합은 인도, 남아프리카 공화국 등 인도양 연안 국가 22개
회원국과 미국, 중국, 일본등 8개의 대화상대국으로 구성되어 있
었다. 2018년 7월, 한국 정부가 가입 의사를 통보하고 외교부 당
국자가 직접 지지와 협조를 요청하는 등의 외교 노력을 전개하
면서, 한국이 아홉 번째 대화상대국이 된 것이다. 이를 통해 남
중국해부터 인도양까지 이어지는 바닷길에 대한 한국의 영향력
을 확대했다. 특히 이 지역은 석유 수송로서 전략적인 중요성
이 상당히 크며, 미국의 대중봉쇄 전략과 이를 파헤치기 위한 중
국의 진주목걸이 전략이 마주하는 곳이기도 했다. 한국이 대화
상대국으로 참여하게 되면서 한국은 이 지역에 대한 영향력을
확보하게 됐다.

한국의 외교 행보에는 멈춤이 없었다. 이제 아시아 지역에서
국제관계의 키를 한국이 쥐고 있다고 봐도 될 정도로, 아시아의
다양한 다자협의체에 한국이 함께하고 또 영향력을 키워가고 있
었다. 한국은 이미 인도와의 외교 관계도 상당히 격상시켜 놓았
으므로, 일본의 인도·태평양 전략을 한국이 적절하게 대체할 수
있는 상황까지 왔다고 볼 수 있었다. 미국도 구태여 인도·태평양
전략에 몰두하는 것보다 각 국가와는 상호 협의를, 다자체는 한
국과 긴밀하게 협의하는 것이 더 나은 상황이 되었다. 결국,
2019년 6월, 제8차 한미정상회담에서 한국의 신남방정책과 미국
의 인도·태평양 전략의 협력을 발표하게 되면서, 동북아 정세가

급변하는 한편, 동아시아의 새로운 질서가 확산되기 시작했다.

12월 7일, 한·미 양국은 고위급 경제 협의회의 연례화에 합의하고, 외교 당국 간 경제협력 분야 양해각서(MOU)를 체결했다. 한·미가 고위급 경제 협의회를 연례화하면서 한·미 관계에서 경제가 더욱 중요해질 것이 명확해졌다. 이는 남북 경제협력과도 관련 있는 조치이며, 미국이 결국에는 북한 비핵화를 이끌어내고 남북 경협과 북한의 경제 발전을 추구해 나갈 것이 명확하다는 증거이기도 했다.

12월 11일, 남북교류협력법 개정안이 국무회의에서 의결됐다. 이에 따라 남북 교류협력 사업을 '통치 행위'로 임의 중단할 수 없게 됐다. 이명박, 박근혜처럼 남북관계를 망가트리고 한반도를 위기에 빠트릴 가능성을 애초에 막은 것이다.

개정안에는 교류협력 제한·금지가 가능한 경우를 '북한이 교류협력에 부당한 부담 또는 제한을 가할 때', '북한의 무력도발로 남한 주민의 신변안전이 우려될 때', '국제평화와 안전유지를 위한 국제공조를 이행하는 데 필요할 때', '남북 간 합의에 대한 명백한 위반 행위가 발생했을 때' 등으로 한정했다. 결국, 이제는 능력 없는 부패한 정권이 들어서도 남북 관계가 크게 후퇴하는 일은 발생하지 않게 됐다. 북한도 한국과의 약속이 정권에 따라 임의로 훼손되지 않을 거라는 신뢰를 조금 더 갖게 됐을 것이다.

12월 12일, 대한민국의 군인이 북한으로 건너가 북측의 감시초소(GP) 철수 상황을 점검했다. 북한의 군인도 남측으로 내려와 남측의 감시초로 철수 상황을 점검했다. 문재인 대통령은 "이번 상호 간 GP 철수, 또 상호 검증은 그 자체만으로도 우리 남북의 65년 분단사에 새로운 획을 긋는 그러한 사건"이라고 말했다.

군대에 다녀온 사람이라면, 각 군이 상대 진영으로 들어가서 상황을 점검한다는 것이 어떤 의미인지 잘 알 것이다. 이는 남과 북이 적대행위를 완전히 끝냈으며, 이를 넘어 서로 협력·발전해 나갈 수 있는 근간이 마련됐다는 뜻이었다. 분단의 역사에서 상상조차 하지 못했던 평화의 진전이 이뤄진 것이다. 믿기 힘든 일이었지만 명확하게 발생한 현실이기도 했다. 남과 북은 새로운 역사를 함께 써나가고 있었다.

12월 13일, 북한의 조선중앙통신은 "국제사회는 정체돼있는 협상 열차가 언제 움직이겠는지 몰라 실망과 답답함을 토로하고 있다."라고 보도했다. 북미협상과 관련해 오랜만에 북한의 입이 열렸다. 이는 협상을 깨거나 협상하지 말자는 의도라기보다는 지금부터 본격적으로 협상을 해보자는 시그널로 읽어야 했다. 특히 북한은 김정일 국방위원장의 기일을 앞두고 있었다. 기일 이후 본격적으로 협의해 나가고 싶다는 의도였다.

12월 16일, 미 국무부는 정상 간의 약속인 북한 비핵화가 이뤄질 것이라고 밝혔다. 또한, 스티븐 비건 대북정책특별대표가 방한해 한미워킹그룹 2차 회의를 개최할 예정이라는 소식도 전해졌다. 북미협상 움직임이 재개되고 있었다. 12월 19일, 한국에 방문한 스티븐 비건 대표는 "미국은 올해 초 미국 국민의 북한 여행 허가를 더 엄격히 제한했고, 이 또한 미국의 인도적 지원에 영향을 줬다."라며 "인도적 지원 목적으로 미국 국민이 북한을 방문하는 문제와 이 과정에서 발생할 수 있는 대북제재 위반 감시에 대해서도 검토할 것"이라고 밝혔다.[167] 미국이 먼저 손을 내밀었다.

12월 21일, 한미워킹그룹 2차 회의가 개최됐다. 그 결과 남북 철도·도로 착공식이 문제없이 이뤄질 수 있게 됐다. 대북제재 문제가 해결이 된 것이다. 더불어서 유해발굴 사업과 타미플루 지원도 진행할 수 있게 됐다. 북한에 또다시 선물이 배달됐다. 한국시간 12월 25일, 트럼프 대통령은 자신의 트위터에 "진전이 이뤄지고 있다."라며 "김정은 위원장과의 다음 정상회담을 학수고대하고 있다."라는 메시지를 남겼다.[168]

12월 26일, 평양공동선언에서 합의했던 철도·도로 연결 및 현대화 사업의 착공식이 개최됐다. 실질적으로 공사가 시작되기까지는 시간이 걸리겠지만, 양 정상이 약속한 내용은 끊임없이 이행되고 있었다.

12월 30일, 청와대는 김정은 위원장이 문재인 대통령에게 친서를 보내왔다고 밝혔다. 김의겸 대변인은 김정은 위원장이 "내년에도 남북 두 정상이 한반도 평화와 번영을 위해 함께 나가자는 뜻을 전했다."라고 말했다. 특히 관심을 모았던 김정은 위원장의 서울 답방에 대해서도 "두 정상이 평양에서 합의한대로 올해 (2018년) 서울 방문을 고대했으나 이뤄지지 못한 걸 못내 아쉬워했다."라며 "앞으로 상황을 주시하면서 서울을 방문하겠다는 강

---

167 美비건 "대북 인도지원 정책 재검토"…北유인 시도, 뉴스1, 2018.12.19.

168 Christmas Eve briefing with my team working on North Korea - Progress being made. Looking forward to my next summit with Chairman Kim! - 트럼프 대통령, 트위터, 2018.12.25.

한 의지를 나타냈다."라고 말했다. 문재인 대통령은 김정은 위원장의 친서와 관련해 대국민 메시지를 발표했다.

> **대국민 메시지**
>
> 새해를 앞두고 김정은 위원장이 편지를 보내왔습니다.
> 우리 민족이 전쟁의 위험에서 벗어나 더는 돌려세울 수 없는 화해와 신뢰의 관계가 되었음을 전해주었습니다. 서울 상봉이 이뤄지지 못한 데 대한 아쉬움도 담겨있습니다.
> 남북과 북미정상회담의 합의에 대한 적극적인 실천 의지도 다시 한 번 천명해주었습니다.
> 새해에도 자주 만나 평화 번영을 위한 실천적 문제와 비핵화문제를 함께 풀어나가고자 한다는 김 위원장의 뜻이 매우 반갑습니다.
> 진심을 가지고 서로 만난다면 이루지 못할 일이 없습니다. 오랜 시간이 걸려 여기까지 왔고, 한 해 동안 많은 변화를 이뤘습니다.
> 앞으로도 어려움이 많을 것입니다. 그러나 우리가 얼마나 노력하느냐에 따라 서로의 마음도 열릴 것입니다. 김 위원장을 환영하는 우리의 마음은 결코 변함이 없습니다.
> 연말, 바쁜 중에 따뜻한 편지를 보내주어 고맙습니다. 연내 답방 연기가 궁금했던 우리 국민들에게도 반가운 소식이 되었을 것입니다.
> 가족들 모두 건강하시길 바라며, 새해에 다시 만나길 기원합니다.
> 대한민국 대통령 문재인

대통령의 메시지에 따르면 김정은 위원장이 '새해에도 자주 만나 평화 번영을 위한 실천적 문제와 비핵화 문제를 함께 풀어나가자.'라고 했다. 북한이 계속해서 비핵화와 평화·번영의 길을 가겠다는 의중을 밝힌 것이다. 1월 1일에 있을 김정은 위원장의 신년사에도 이 같은 내용이 담길 것이라는 희망 섞인 전망이 가능해졌다.

평양에서 열린 3차 남북정상회담 이후, 실무 차원의 수많은 일이 진전을 이루고 있었다. 하지만, 많은 이들이 기대하던 빅 이벤트인 종전선언, 김정은 위원장의 연내 서울 답방, 제2차 북미정상회담은 이뤄지지 않았고 전망도 불투명했다. 이런 이유로 많은 이들이 북한의 비핵화에 대해서 다시 한번 의구심을 갖게 됐다. 부정적인 여론이 생긴 것도 물론이다. 하지만 김정은 위원장의 친서는 2019년에도 북한이 협상테이블에 계속 있을 것을 알렸다.

2018년 말, 이미 문재인 대통령이 이룬 거대한 성취에 대한 평가가 있었다. 『타임』지는 문재인 대통령을 '세계 위기를 막기 위해 외교에 승부를 건 남한의 지도자'[169]라고 평가했고, CNN은 '2018년에 있었던 올해의 좋은 일'로 '남북이 공식적으로 한국전쟁을 끝내는 데 서약한 일'과 '남북이 평창 올림픽에서 한 깃발 아래 행진한 것'을 꼽았다.[170] 중국의 CGTN은 2018년 세계를 움직인 인물로 문재인 대통령을 선정하기도 했다.[171] 『아시아뉴스네트워크』는 올해의 인물로 '문재인'을 선정하고 그 이유로 '외교와

---

[169] The South Korean leader took a gamble on diplomacy to avert a global crisis. - Person of the Year 2018 MOON JAE IN, TIME, 2018.12.11.

[170] North and South Korea vowed to formally end the Korean War / North and South Korea marched under one flag at the 2018 Winter Olympics - 2018 wasn't ALL bad. Here are all the good things that happened in the world. CNN, 2018.12.20.

[171] Global Movers 2018: Catalyst for Peninsular peace - Moon Jae-in - CGTN, 2018.12.18.

절제력에 대한 변함없는 헌신'을 들었다.[172]

이렇듯 2018년에 이룬 성과는 거대한 것이었다. 그리고 이 거대한 성과는 앞으로도 계속해서 세계를 변화시켜 나갈 것이 분명했다. 이미 세상은 변했고, 과거로 회귀하기에는 너무나 먼 길을 와버렸기 때문이었다. 그리고 무엇보다 운전자석에 앉은 문재인 대통령의 운전이 계속 이어질 것이기 때문이다.

---

172 The South Korean President wins our award because of his steadfast commitment to diplomacy and deescalation. - Moon Jae-in is our Person of the Year, ANN, 2018.12.28.

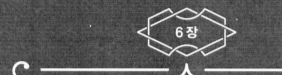

6장

위기에 빠진
한반도 평화프로세스

1.
북한, 다시 움직이다

김정은 위원장의 2017년 신년사는 2017년 한해가 갈등으로 점철될 것을 예고했다. "대륙 간 탄도 로켓 시험발사 준비사업이 마감 단계에 이르렀다."라는 한마디만으로도 북미 갈등이 극한으로 치달을 것은 명확했다. 김정은 위원장의 2018년 신년사는 2018년이 갈등을 끝내고 평화·번영으로 나갈 수 있는 해임을 분명히 했다. 그리고 실제로 2018년은 한반도 평화를 향한 많은 진전을 이뤄냈다. 이제 전 세계의 이목이 김정은 위원장의 2019년 신년사에 모이고 있었다. 2018년 11월, 북미 고위급회담의 취소 이후 움직임이 없던 북한이었다. 북한 비핵화에 대한 회의론도 피어오르고 있었다. 신년사에 담길 김정은 위원장의 의중에 따라 한반도는 큰 격랑에 빠질 수도 있었다.

김정은 위원장은 집무실 같은 곳에 앉아 양장을 입고 신년사를 발표했다. 이 새로운 구성은 그 자체로 북한이 2019년에도 2018년이 이뤄낸 변화와 진전을 이어갈 것이라는 확신을 주기에 충분했다.

　　우리의 주동적이면서도 적극적인 노력에 의하여 조선반도에서 평화
에로 향한 기류가 형성되고 공화국의 국제적권위가 계속 높아가는 속
에 우리 인민은 커다란 긍지와 자부심을 안고 영광스러운 조선민주주
의인민공화국 창건 일흔돐을 성대히 경축하였습니다.
　　　　　　　　　　　　- 2019 김정은 위원장 신년사 중에서(2019.01.01.)

　　**김정은 위원장은 2018년에 이뤄진 한반도의 평화 분위기를 평
가했다. 그리고 앞으로 가야할 길에 대해 밝힌다.**

　　올해에 우리앞에는 나라의 자립적발전능력을 확대강화하여 사회주
의건설의 진일보를 위한 확고한 전망을 열어놓아야 할 투쟁과업이 나
서고있습니다.
　　우리에게는 사회주의의 더 밝은 앞날을 자력으로 개척해나갈 수 있
는 힘과 토대, 우리 식의 투쟁방략과 창조방식이 있습니다. 당의 새로
운 전략적로선을 틀어쥐고 자력갱생, 견인불발하여 투쟁할 때 나라의
국력은 배가될것이며 인민들의 꿈과 리상은 훌륭히 실현되게 될것입
니다.
　　《자력갱생의 기치높이 사회주의건설의 새로운 진격로를 열어나가
자!》, 이것이 우리가 들고나가야 할 구호입니다. 우리는 조선혁명의 전
로정에서 언제나 투쟁의 기치가 되고 비약의 원동력으로 되여온 자력
갱생을 번영의 보검으로 틀어쥐고 사회주의건설의 전 전선에서 혁명적
앙양을 일으켜나가야 합니다.

사회주의자립경제의 위력을 더욱 강화하여야 하겠습니다.

- 2019 김정은 위원장 신년사 중에서(2019.01.01.)

김정은 위원장은 2019년에 경제 성장을 이루겠다고 공언했다. 다만 자립 경제를 이야기하면서 현재의 대북제재가 뼈아프다는 것도 드러냈다. 북한이 제대로 경제 성장하기 위해서는 결국 대북제재를 해제해야 한다. 그리고 이를 이루기 위한 유일한 방법은 완전한 비핵화다. 완전한 비핵화는 북미관계에 따라 어떻게 될지 알 수가 없는 상황이었다. 그러니 김정은 위원장으로서는 자립 경제에 방점을 찍어야 할 수밖에 없었다. 다행인 것은, 김정은 위원장이 군사력의 증강이나 핵무력의 강화가 아닌 경제를 이야기하고 있다는 점이었다. 비록 자립 경제에 방점을 찍었지만, 사회주의 기반의 자본주의를 만들고 싶다는 의중은 분명했다. 이를 위해서, 북한은 2019년에도 꾸준히 비핵화 노력을 할 수밖에 없는 상황이었다. 김정은 위원장은 비핵화에 대해서 분명하게 밝힌다.

력사적인 첫 조미수뇌상봉과 회담은 지구상에서 가장 적대적이던 조미관계를 극적으로 전환시키고 조선반도와 지역의 평화와 안전을 보장하는데 크게 기여하였습니다.

6.12 조미 공동성명에서 천명한대로 새 세기의 요구에 맞는 두 나라 사이의 새로운 관계를 수립하고 조선반도에 항구적이며 공고한 평화체제를 구축하고 완전한 비핵화에로 나가려는것은 우리 당과 공화국정부의 불변한 입장이며 나의 확고한 의지입니다.

이로부터 우리는 이미 더이상 핵무기를 만들지도 시험하지도 않으며 사용하지도 전파하지도 않을것이라는데 대하여 내외에 선포하고 여러 가지 실천적 조치들을 취해왔습니다.

우리의 주동적이며 선제적인 노력에 미국이 신뢰성있는 조치를 취하며 상응한 실천적행동으로 화답해나선다면 두 나라 관계는 보다 더 확실하고 획기적인 조치들을 취해나가는 과정을 통하여 훌륭하고도 빠른 속도로 전진하게 될것입니다.

- 2019 김정은 위원장 신년사 중에서 (2019.01.01.)

김정은 위원장은 '조선반도에 항구적이며 공고한 평화체제를 구축하고 완전한 비핵화로 나가려는 것은 우리 당과 공화국 정부의 불변한 입장이며 나의 확고한 의지입니다.'라고 육성으로 말했다. 또한, '우리는 이미 더이상 핵무기를 만들지도 시험하지도 않으며 사용하지도 전파하지도 않을 것이라는데 대하여 내외에 선포하고 여러가지 실천적 조치들을 취해왔습니다.'라고 단언했다. 이로써 북한의 비핵화는 2019년에도 확실히 이어지게 됐으며, 미국은 이 메시지를 통해 북한의 비핵화 의지를 확인하고 북한에 대한 신뢰를 높이며, 북한과 조금 더 열려있는 협상을 할수 있게 됐다. 2018년에 어렵게 쌓은 신뢰와 소통의 경험이 2019년의 전망을 밝게 하고 있었다. 특히 김정은 위원장은 전제 조건 없이 개성공단과 금강산 관광을 재개할 용의가 있다는 것도 신년사를 통해 밝혔다. 개성공단의 재개는 단순히 남북 경협을 확대하는 것 이상의 의미가 있다. 문재인 대통령은 2017년 2월 9일 자신의 페이스북에 개성공단에 대해 이렇게 적었다.

개성공단 폐쇄, 1년이 되었습니다.

박근혜 정부의 어처구니없는 결정으로 입주기업들은 엄청난 피해와 고통에 내몰렸습니다. 남북경협과 한반도 평화의 꿈도 무너졌습니다.

개성공단은 작은 통일입니다. 남북경제협력의 성공모델이며 중소기업의 활로이자 한계에 이른 우리 경제의 숨통이었습니다. 무엇보다 남북관계의 결정적 파국을 막아주는 우리 안보의 마지막 안전판이었고, 그런 의미에서 개성공단에서 기업을 운영하는 기업인들은 애국자들이었습니다.

실제로 개성공단을 통해 우리가 얻는 것이 훨씬 더 많았습니다. 우리가 북한의 5만 노동자들에게 임금을 지급했지만 우리 업체 200여개에 협력업체만 5천 여개였으니 이를 통해 우리가 얻는 이익이 수백 배 더 컸습니다. 경제적 측면 말고도 북한에 시장경제를 확산시켰습니다. 우리 체제의 우월함까지 알리고 우리에게 의존하게 만들었으니 이보다 더 큰 남북화해협력이 어디 있겠습니까?

북핵 문제의 해결은 교류를 다 끊는다고 되는 것이 아닙니다. 한쪽에서는 국제사회와 함께 제재해야 하지만 한쪽에서는 남북관계 개선과 동북아 다자 외교를 통한 평화 협력 체계를 이끌어야 합니다. 이명박·박근혜 정부는 오히려 북한과의 관계를 다 끊어서 북한이 중국에게 더 의존하게 만들었습니다.

그동안 구시대의 적폐세력들이 분단을 악용하고 안보를 위협했습니다. 남북관계 개선을 원하는 평화세력만이 한반도 평화를 지속적으로 이끌 수 있습니다. 하루빨리 피해기업들의 보상이 이뤄져야 하며 개성공단은 재개되어야 합니다.

정권교체를 이루면 당초 계획대로 개성공단을 2단계 250만평을 넘어 3단계 2000만평까지 확장하겠습니다. 그 밖에도 다양한 남북 경협 사업을 추진하고 우리 기업들의 북한 진출을 적극 지원하고 장려할 것입니다. 경제통일을 통해 한반도와 동북아 상생의 시대를 열겠습니다.

그것이 위기에 빠진 우리 경제를 살리고 청년 일자리를 많이 만드는 길입니다. 헬조선에서 탈출할 수 있는 길입니다.

개성공단은 경제 측면에서도 중요하지만, 북한에 시장 경제를 확산시킨다는 점에서 그 의미가 크다. 그리고 북한의 중국 의존을 줄이고 한국의 영향력을 높이는 역할도 무시할 수 없다. 심지어 3단계로 계획됐던 개성공단이 다 이뤄진다면 그 규모가 무려 2000만평이나 되는데, 이를 위해서는 북한의 군대가 국경 뒤로 물러나야 하면서 대한민국 안보에도 이득이 된다.

2004년 『한겨레』의 개성공단, 북 기습남침 '전략엔 바리케이드' 제하의 기사에서 "현재 개성공단 시범단지 2만 8천평 규모 공사에서도 상당수 북한 병력과 장비가 철수했는데 2007년 개성공단 2천만평이 완성되면 북한군의 공백 지역이 발생해 휴전선이 사실상 10km가량 북상하게 된다."라고 보도했다.[173] 이렇게 대단한 안보 효과를 누릴 수 있는 것이 개성공단이었다. 이를 이명박·박근혜가 망쳐버린 것이다. 다행스럽게도 2018년 남북군사합의서를 통해 남북의 군사적 긴장 관계는 해소됐다. 하지만 개성공단이 다시 열리고 계획대로 확대된다면, 북한으로부터의 안보 위협이나 남북 간의 돌발 사태를 더욱 줄일 수 있는 것은 분명하다.

특히 개성공단과 금강산 관광 재개는 문재인 대통령의 대선 공약이기도 했다. 북한은 문재인 대통령의 공약을 이루는 데 있어 전제 조건 없이 협력하겠다고 밝혔다. 물론 이를 이루기 위해 대한민국 정부가 더 가열차게 외교를 펼쳐달라는 요청이며, 북한이 경제에 어려움을 겪고 있다는 방증이기도 했다. 하지만 박근혜 정부가 아무 생각 없이 개성공단을 닫은 것을 생각해보면, 전제 조건 없이 이를 재개할 수 있도록 하겠다는 것은 북한이 남북 경

173 개성공단, 북 기습남침 전략엔 '바리케이드', 한겨레, 2014.12.25.

협을 위해 일정 정도 양보한 것이라고 봐도 무방할 것이었다.

김정은 위원장은 신년사를 통해 북한이 2019년에 확실히 문을 열겠다는 의지를 밝혔다. 비핵화를 진척시키고 미국과의 대화의 문을 열고, 한국과도 경제협력을 강화하겠다는 것이다. 김정은 위원장은 2019년을 북한 경제발전을 위한 한 해로 만들고 싶어 했다. 북한이 이런 시그널을 보내자, 한국도, 미국도, 중국도 이 기회를 제대로 잡기 위해 움직이기 시작했다.

트럼프 대통령은 자신의 트위터를 통해 김정은이 북한이 더 이상 핵무기를 만들지도, 실험하지도, 다른 이에게 주지도 않겠다고 말했다는 보도를 인용하며 자신도 김정은 위원장을 만나길 학수고대하고 있다고 밝혔다.[174] 1월 2일, 트럼프 대통령은 백악관에서 열린 각료회의에서 김정은 위원장이 보낸 친서를 공개하며, 친서를 '훌륭한 편지(a great letter)'라고 묘사했다.[175] 같은 날 이도훈 한반도 평화교섭 본부장과 스티븐 비건 대북특별대표가 통화하고 북한의 신년사와 향후 전략을 협의했다. 1월 4일, 폼페이오 국무장관은 폭스뉴스와의 인터뷰에서 "앞으로 해야 할 일이 많이 남았지만, 근시일 내에 트럼프 대통령과 김정은 위원장이 다시 만날 기회를 가질 것으로 자신한다."라고 밝혔다.[176]

---

174 "Kim Jong Un says North Korea will not make or test nuclear weapons, or give them to others - & he is ready to meet President Trump anytime." PBS News Hour, I also look forward to meeting with Chairman Kim who realizes so well that North Korea possesses great economic potential! - 트럼프 대통령, 트위터, 2019.01.01.

175 President Trump Says North Korea's Kim Jong Un Has Sent Him Another 'Great Letter', TIME, 2019.01.03.

176 Lots of work that is left to be done, but I'm confident that in the next short period

같은 날, 개성의 남북 공동연락사무소에서는 새해 첫 소장회의를 개최했다. 1월 6일, 트럼프 대통령은 "제2차 북미정상회담 개최지를 북한과 협상 중"이라며, 머지않은 미래에서 발표될 수 있을 것이라고 말했다.[177] 특히 트럼프 대통령은 북한과 매우 좋은 대화를 나누고 있다고 밝혔는데, 공식적인 만남은 이뤄지지 않고 있지만, 다양한 채널을 통해서 물밑 협상이 이어지는 것이 분명했다. 멈춘 것처럼 보였던 북미 대화가 김정은 위원장의 신년사와 친서 외교 이후로 다시 시작됐다. 이는 2018년부터 예고됐던 2019년 초반에 제2차 북미정상회담이 실현될 수 있다는 기대감을 안겨주기에 충분한 신호였다.

한국은 북미협상에서 한걸음 물러나 있는 것처럼 보이긴 했지만, 실제로는 물밑에서 활발하게 움직이고 있었다. MBC의 보도에 따르면 1월 초, 이미 남북미 정보 당국 관계자들이 판문점에서 극비리에 모였다.[178] 한국은 드러나지 않는 곳에서 북미협상을 위해 중재자 역할을 수행하고 있었다.

1월 8일, 북한 김정은 위원장이 중국 베이징에서 시진핑 주석을 만났다. 북중정상회담이 열린 것이다. 과거 북미정상회담이

---

of time President Trump and Chairman Kim will get the chance to meet again. - Pompeo: Border security is an important part of American sovereignty, FOX NEWS, 2019.01.03.

[177] With North Korea, we have a very good dialogue. (중략) We are negotiating a location, It will be announced probably in the not too distant future. (중략) They do want to meet and we want to meet and we'll see what happens. - 트럼프 대통령, 2019.01.06.

[178] 3차 '실무'는 이미 시동…'꼬리 물며' 협상 이어, MBC, 2019.01.19.

이뤄지기 전에도 북한 김정은 위원장은 중국으로 가 시진핑 국가주석을 만났다. 당시 이 두 번째 북중정상회담에 대해 트럼프 대통령이 문제를 제기했고, 그 이후로 뭔가가 변했다고 말하며 북미정상회담의 개최에 먹구름이 꼈었다. 하지만, 이번에는 상황이 조금 달랐다. 폼페이오 장관은 1월 7일 CNBC와의 인터뷰에서 중국에 대해 "북한의 핵 능력으로부터 세계의 위험을 감소하기 위한 우리의 노력과 관련해 중국은 실제로 좋은 파트너였다."라고 중국의 역할을 긍정적으로 묘사했다.[179] 중국 또한, 북한 문제에 대해서는 한반도 평화프로세스를 지지했는데, 1월 8일 중국 외교부는 "중국은 북·미 관계를 포함한 한반도 문제에 있어 역할을 해왔다."라며 "북미 양국이 대화를 이어나가 긍정적인 결과를 도출하길 지지한다."라고 말했다. 김정은 위원장의 방중 동안 나온 이 같은 메시지는 중국이 북미 관계에 부정적인 영향을 끼치지 않을 것을 보여주고 있었다. 대한민국 외교부는 북중정상회담에 대해 "중·북간 고위급 교류가 완전한 비핵화와 한반도의 항구적 평화정착에 기여할 수 있기를 기대한다."라며 "정부로서는 남북·북중·북미간 교류와 한반도 비핵화 협상이 상호 선순환하여 추진될 수 있도록 하기 위한 노력을 계속 경주해 나가고자 한다."라고 말했다. 이렇게 북중정상회담은 우려와 달리 북미정상회담이 가까워졌다는 긍정적인 신호로 보는 것이 적절했다.

---

[179] China has actually been a good partner in our efforts to reduce the risk to the world from North Korea's nuclear capability. I expect they will continue to do so. - 폼페이오 장관, CNBC, 2019.01.07.

2019년의 시작과 함께 김정은 위원장의 신년사가 발표된 이후 북한의 비핵화와 한반도의 평화 번영을 위한 한반도 프로세스가 속도를 점차 높이며 진도를 나가고 있었다. 2019년이 만들어 낼 긍정적인 변화에 대한 기대가 높아지는 것은 어쩔 수가 없는 일이었다.

2.
2차 북미정상회담이 확정되다

2019년 1월 10일, 문재인 대통령의 신년기자회견이 열렸다. 이 자리에서 문재인 대통령은 대북제재에 관한 질문에 이렇게 답한다.

"결국은 대북 제재의 해결은 북한의 비핵화의 속도에 따라가는 것이기 때문에 대북 제재의 빠른 해결을 위해서는 우선, 북한이 실질적인 비핵화 조치를 보다 좀 과감하게 할 필요가 있다고 생각하고, 또 북한이 그런 조치를 취하는 대로 계속해서 북한의 계속된 비핵화를, 말하자면 촉진하고 독려하기 위해서 그에 대한 상응조치들도 함께 강구되어 나가야 한다고 생각합니다.

아마 그 점이 이번 제2차 북미정상회담의 가장 중요한 의제가 될 것이라고 보고, 1차 북미 정상회담이 좀 추상적인 합의에 머물렀기 때문에 2차 북미 정상회담에서는 그에 대한 반성에 입각해서 북한과 미국 간에 서로 구체적인 조치에 대해서 보다 분명한 합의들을 하게 되지 않을까, 그렇게 저는 기대합니다."

문재인 대통령의 말에 따르면, 2차 북미정상회담을 위해서 북미 간에 협의해야 할 구체적인 사안이 많다는 것을 알 수 있다. 북미 간의 치열한 협상의 시간이 돌아온 것이다.

1월 11일, 미국의 『포린폴리시』는 스티븐 비건 국무부 대북정책특별대표가 국제 구호단체들과의 간담회에서 구호단체 직원의 북한 여행 규제를 해제하고, 인도주의 물자 지원을 막는 제재를 완화하겠다는 입장을 밝혔다고 보도했다.[180] 북미협상을 조금은 원활하게 만들어 줄 수 있는 미국의 조치였다. 1월 15일, 미국의 CNN은 트럼프 대통령이 김정은에게 친서를 보냈으며, 김영철 북한 노동당 부위원장이 미국을 방문할 가능성이 있다고 보도했다.[181] 또한, 최선희 북한 외무성 부상은 국제회의 참석을 위해 스웨덴으로 향하고 있었다. 1월 17일, 이도훈 한반도평화교섭본부장은 쿵쉬안유 중국 한반도사무특별대표와 한중 북핵 수석대표 협의를 개최했다. 이 자리에서 김정은 위원장의 신년사와 4차 방중 결과 등에 대해 평가하고 긴밀히 협력을 이어나가기로 했다. 1월 18일, 미국 현지 시각으로는 1월 17일 밤, 김영철 부위원장이 워싱턴에 도착했다. 대한민국의 서훈 국정원장은 이미 워싱턴을 비공개로 방문해 미 정보 수장과 2차 북미정상회담 관련 논의를 마친 상태였다.[182] 김영철 부위원장이 폼페이오 장관과 트럼프 대통령을 만나 북미정상회담 개최를 확정 짓는 것이 분명

180 U.S. to Ease Limits on Humanitarian Aid to North Korea, FP, 2019.01.11.
181 Trump sends letter to North Korean leader Kim Jong Un, CNN, 2019.01.15.
182 서훈, 김영철 방미前 주말 워싱턴 방문…한미 정보라인 사전조율, 연합뉴스, 2019.01.18.

해 보였다. 같은 날, 스웨덴에서는 북미 외교관이 회담 중이라는 소식이 들려왔다. 최선희 북한 외무성 부상과 스티븐 비건 미국 국무부 대표가 참석했으며, 이미 1월 17일부터 회담이 시작됐다는 소식이었다. 특히 주말 동안 본격적인 회담이 이어질 예정이었다. 한국의 이도훈 교섭본부장 역시 스웨덴으로 향했다. 워싱턴에서는 북미정상회담 개최라는 큰 틀의 이야기가 오가고, 스웨덴에서는 이를 위한 실무 이야기가 오갈 것이 명백했다. 북미는 협상에 속도를 내고 있었고, 한국 역시 워싱턴에서도, 스웨덴에서도 자신의 역할을 묵묵히 이어나가고 있었다.

워싱턴과 스웨덴에서 외교 한판이 벌어지고 있던 18일, 개성의 남북 공동연락사무소에서는 소장회의가 개최됐다. 통일부에 따르면, 남측 소장 천해성 통일부 차관과 북측 소장대리 황충성 조국평화통일위원회 부장이 참석한 회의에서 양측은 북미 협의 등 한반도 정세와 관련한 동향을 포괄적으로 논의했다.

1월 19일, 미국 현지 시각 1월 18일. 김영철 부위원장은 폼페이오 장관을 만나 회담을 가졌다. 그리고 백악관으로 가 트럼프 대통령을 면담했다. 면담이 끝난 직후, 세라 샌더스 백악관 대변인은 "제2차 북미정상회담 개최 시기는 2월 말이 될 것으로 논의됐다."라고 밝혔다.[183] 백악관이 공식적으로 2월 말 북미정상회담 개최를 이야기 한 것이다. 북미정상회담 개최 합의가 성공적으로

---

[183] President Donald J. Trump met with Kim Yong Chol for an hour and half, to discuss denuclearization and a second summit, which will take place near the end of February. - 세라 샌더스 백악관 대변인, 2019.01.19.

끝났다. 김영철 부위원장은 김정은 위원장의 친서를 트럼프 대통령에게 전했는데, 문재인 대통령이 계속해서 권했던 정상 차원의 소통을 통한 프로세스가 제대로 효과를 내고 있었다. 청와대는 "2월 말 북미정상회담을 개최하기로 한 것을 환영한다."라며, "우리 정부는 미국과의 긴밀한 공조와 더불어 남북 간의 대화도 확대해가면서 금번 회담의 성공적 개최를 위한 모든 역할을 다해나갈 것"이라고 밝혔다.

스웨덴에서는 남북미가 실무협상에 본격적으로 들어갔다. 미국에서 큰 합의를 이뤘으니, 이제 스웨덴에서 세부사항에 대한 합의를 이뤄내야 했다. 19일부터 2박 3일간 치열한 협의가 이어질 것이었다. 무엇보다 한국의 이도훈 본부장이 함께 상주하며 북미 간 협의를 원활하게 이끌어 나갈 수 있도록 중재자로서의 역할을 반드시 해내야 했다.

1월 20일, 트럼프 대통령은 기자들과 만난 자리에서 "2차 북미정상회담 개최국을 결정했지만 추후에 그것을 발표할 것"이라고 말했다. 만약 트럼프 대통령의 이 같은 말이 사실이라면 이는 보안상의 문제일 가능성이 가장 컸다. 북미의 정상이 만나는 초대형 이벤트이기 때문이다. 또한, 김영철 부위원장이 북한으로 돌아가 김정은 위원장에게 결과를 보고할 때까지 기다려야 할 필요도 있었다. 게다가 스웨덴의 실무협의에서 장소와 보안에 관련된 사항들도 논의될 가능성이 컸다. 이 작업까지 마무리되어야 발표가 가능할 것이었다.

1월 22일, 현지 시각 21일, 스웨덴에서 펼쳐진 북미 실무협상이 마무리됐다. 북미 실무협상에서는 한국의 이도훈 교섭본부장도 참석해 남북, 북미, 남북미 3자 회동의 형태로 협상이 진행됐다. 회담은 비공개로 진행됐지만 주최측인 스웨덴 외교부는 "건설적인 대화가 진행됐다."라고 평가했다. 폼페이오 장관 역시 이번 실무회담에 대해 약간의 추가 진전(a little bit more progress)이 있었다고 밝히며, 앞으로 이어질 회담에서도 결국 합의를 이뤄낼 가능성을 높였다.

1월 23일, 김정은 위원장은 방미 일정을 마치고 돌아온 김영철 부위원장으로부터 결과를 보고받고 트럼프 대통령의 친서도 전달받았다. 조선중앙통신의 보도에 따르면 김정은 위원장은 "우리는 트럼프 대통령의 긍정적인 사고방식을 믿고 인내심과 선의의 감정을 가지고 기다릴 것"이며, "조미 두 나라가 함께 도달할 목표를 향하여 한발 한발 함께 나갈 것"이라고 말했다. 북한의 언론을 통해 북한의 지도자가 미국의 대통령을 '믿고', '함께 나갈 것'이라 말한 것이 보도된 것이다. 기존에는 감히 꿈꿀 수도 없는 변화였다.

1월 24일, 트럼프 대통령은 트위터를 통해서 "가짜 뉴스 미디어들이 김정은 위원장과의 첫 번째 정상회담에서 얻은 것이 거의 없다고 말하는데 잘못된 것이다!"라고 말하며 "15개월의 짧은 기간 동안 관계를 구축하고, 억류자와 유해를 송환하고, 더 이상 로켓과 미사일이 발사되지 않으며, 무엇보다 핵실험이 없어졌다."라고 일갈했다. 특히 "이것이 지금까지 북한과 이뤄낸 것 중 최고의 성취이며, 가짜 언론도 그것을 알고 있으며, 곧 있을 또 다른 좋은 만남을 기대한다."라고 밝혔다.[184]

---

[184] The Fake News Media loves saying "so little happened at my first summit with Kim

트럼프 대통령의 말처럼, 북미관계는 완전히 새로운 수준으로 발전해 있었다. 2017년의 막말과 협박은 존재하지 않았다. 2018년에 이룬 수많은 성과가 제대로 평가받지 못하고 있는 것은 한국도 미국도 북한도 마찬가지였다. 전쟁 위험을 없애고 한반도를 평화로 이끈 놀라운 업적에 대해서 문재인 대통령은 제대로 평가받지 못했고, 미국을 직접적인 북한의 핵 위협으로부터 구해낸 트럼프 대통령의 성취도 인정받지 못하고 있었으며, 핵 위협을 중단하고 핵실험장을 폐기하는 등의 비핵화 움직임을 보였음에도 김정은 위원장은 계속 불신의 대상이었다. 각국의 리더들은 억울했을 것이다. 그럼에도 다행인 것은 리더들의 의지가 전혀 꺾이지 않았다는 사실이다. 남북미 3국은 계속 비핵화와 평화·번영의 길을 찾아가고 있었다.

1월 25일, 남북은 개성의 연락사무소에서 소장회의를 개최했다. 천해성 통일부 차관 겸 소장과 전종수 북측 소장이 모인 자리였다. 개성은 남북의 소통 창구로서의 역할을 톡톡히 하고 있었다. 2018년 초, 남북 사이에 대화 분위기가 조성되자마자 빠르게 소통 채널을 복구하려 했고, 어떻게든 개성의 연락사무소를 개소해 서둘러 운영하려 했던 문재인 정부의 전략은 큰 성공을

Jong Un." Wrong! After 40 years of doing nothing with North Korea but being taken to the cleaners, & with a major war ready to start, in a short 15 months, relationships built, hostages & remains back home where they belong, no more Rockets or M's being fired over Japan or anywhere else and, most importantly, no Nuclear Testing. This is more than has ever been accomplished with North Korea, and the Fake News knows it. I expect another good meeting soon, much potential! - 트럼프 대통령, 트위터, 2019.01.24.

거두고 있었다.

1월 28일, 남북 유해발굴 사업이 유엔의 대북제재 면제를 받았다. 남과 북이 함께 공동 유해발굴 사업을 벌일 수 있게 됐다. 유해발굴 사업은 단순히 유해 발굴하는 것 이상의 의미가 있다. 함께 발굴한 유해를 정성을 다해 본국으로 송환한다면, 그것이 주는 메시지는 상당할 것이다. 그들에게 대한민국은 형제 국가이며, 피를 흘려 지켜낸 나라이다. 그 나라가 선진국이 되어 과거의 적과 화해하고 함께 유해를 발굴해 돌려보낸다면, 세계에 평화와 화합의 메시지를 전달할 수 있을 것이다.

미 현지 시각 1월 31일, 스티븐 비건 미국 국무부 대북정책특별대표는 스탠퍼드대학에서 "트럼프 대통령은 이 전쟁을 끝낼 준비가 됐다. 그건 끝났다. 우리는 북한을 침공하지 않을 것이다. 우리는 북한 정권을 무너뜨릴 생각이 없다.[185]"라고 밝혔다. 다가오는 2차 북미정상회담에서 종전선언이 이뤄질지도 모른다는 신호가 나온 것이다. 이에 대해서 김의겸 청와대 대변인은 "북미 간 협상에 있어 진척된 내용이라고 생각한다"며 "2월 말 예정 돼 있는 북미협상에 좋은 결과가 있을 것으로 기대한다."라고 말했다.

2월 4일, 스티븐 비건 대표가 방한해 정의용 안보실장과 면담했다. 앞으로 계속될 북미 실무협상 전에 의견을 나누는 자리였다. 2월 6일, 스티븐 비건은 평양에 도착했다. 북한과의 본격적인

---

185 President Trump is ready to end this war. It is over. It is done. We are not going to invade North Korea. We are not seeking to topple the North Korean regime. - 스티븐 비건, 스탠포드 대학교 강연, 2019.01.31.

실무협상이 이어졌다. 그리고 같은 날(미 현지 시각 2월 5일), 도널드 트럼프 미국 대통령은 국정 연설을 통해 2차 북미정상회담이 2월 27일과 28일 양일간, 베트남에서 열린다고 발표했다. 청와대는 대변인 브리핑을 통해 "트럼프 대통령과 김정은 국무위원장이 2차 북미정상회담의 날짜와 장소를 확정한 것을 환영합니다."라고 환영의 뜻을 밝혔다. 또한 "베트남은 미국과 총칼을 겨눴던 사이지만 이제는 친구가 되었습니다. 북한과 미국이 새로운 역사를 써나가기에 베트남은 더없이 좋은 배경이 되어줄 것으로 기대합니다."라며 베트남이 가진 의미를 부각시켰다.

만약 북한이 비핵화를 이루고 미국과 수교를 하게 된다면, 베트남과 같이 큰 경제 성장을 거둘 것은 누구라도 예측할 수 있는 일이었다. 북한에 투자하기 위한 한국의 자본도 충분히 준비되어 있는 상황이었다. 그렇기에 제2차 북미정상회담의 장소가 베트남으로 확정되면서 2차 북미정상회담이 큰 성공을 거둘 것이라는 기대감이 한껏 부풀어 올랐다.

2월 8일, 스티븐 비건 대표가 2박 3일간의 협상을 마치고 한국으로 돌아왔다. 다음 날인 2월 9일, 스티븐 비건 대표는 정의용 실장을 만나 평양에서 이뤄진 실무협상 결과를 전했다. 북미정상회담에 대한 자세한 내용을 한국이 먼저 공개할 수는 없기에 실무협상이 어떻게 진행됐는지는 알려지지 않았다. 그러나 2차 북미정상회담의 가장 주요한 의제가 '실질적 진전'이라는 점은 분명했다. 같은 날 한·미·일 북핵 수석대표가 서울에서 만나 평양에서 이뤄진 협상 결과를 공유했는데, 이 자리에서 북미 간에 실질적 진전을 이뤄내야 한다는 데 3국의 대표가 의견을 모았다.

조명균 통일부 장관은 같은 날 열린 평창평화포럼 2019의 축사에서 "지난해 싱가포르에서 북미정상이 한반도 비핵화와 평화의 원칙을 세웠다면 이번에 베트남에서 열릴 2차 회담은 구체적으로 실질적인 진전의 계기가 될 것으로 기대한다."라고 말했다. 트럼프 대통령이 국정 연설에서 2차 북미정상회담을 발표한 직후의 청와대 브리핑에서도 "두 정상은 이미 싱가포르에서 70년의 적대의 역사를 씻어내는 첫발을 뗀 바 있습니다. 이제 베트남에서는 보다 구체적이고 실질적인 진전의 발걸음을 내딛어 주기 바랍니다."라고 밝힌 바 있었다. 따라서 많은 이들의 관심은 어떤 수준의 실질적 진전을 2차 북미정상회담에서 이룰 수 있는지에 쏠리기 시작했다.

3.
자유한국당이 북미정상회담을 훼방놓다

제2차 북미 정상회담 일정이 확정됐습니다. 지난해부터 시작된 한반도 평화프로세스의 일대 진전입니다. 우리에게는 평화와 번영의 한반도 시대가 한층 더 가까워진 것입니다. 이 회담이 한반도를 적대와 분쟁의 냉전지대에서 평화와 번영의 터전으로 바꿔놓는 역사적 회담이 되기를 기대합니다.

아직도 한반도 비핵화와 평화프로세스가 과연 잘될까라는 의구심이 적지 않은 것이 현실입니다. 심지어 적대와 분쟁의 시대가 계속되기를 바라는 듯한 세력도 적지 않습니다.

그러나 남북미 정상들이 흔들림 없이 그 길을 걸어가고 있는 것은 역사가 가야 할 방향에 대한 강력한 믿음이 있기 때문입니다. 특히 전례 없는 과감한 외교적 노력으로 70년의 깊은 불신의 바다를 건너고 있는 미국과 북한 두 지도자의 결단에 경의를 표합니다.

1차 북미 정상회담은 그 자체만으로도 세계사에 뚜렷한 이정표를 남긴 역사적 위업이었습니다. 이번 2차 회담은 여기서 한걸음 더 나아가게 될 것입니다. 이미 큰 원칙에 합의한 한반도의 완전한 비핵화, 새로운 북미관계, 한반도 평화체제를 보다 구체적이고 가시적으로 진전시키는 중대한 전환점이 될 것이라고 기대합니다.

우리에게 특히 중요한 것은 남북관계를 한 차원 더 높게 발전시키는 결정적인 기회가 될 수 있다는 점입니다. 우리의 미래는 흔들리지 않는 굳건한 평화 위에 있습니다. 분단 이후 처음 맞이한 이 기회를 살리는 것이 전쟁의 위협에서 완전히 벗어나 평화가 경제가 되는 우리의 미래를 키우는 일입니다.

남과 북은 전쟁 없는 평화의 시대를 넘어, 평화가 경제의 새로운 성장 동력이 되는 평화경제의 시대를 함께 열어 가야 합니다.

그러나 그런 일들이 행운처럼 다가오는 것은 아닙니다. 우리가 간절하고 단합된 마음으로 함께 준비하고 노력해 나갈 때만 현실로 만들 수 있습니다. 우리가 지금 불과 1년 전까지만 해도 상상하기 어려웠던 변화의 한 가운데 있는 것은 결코 우연이 아닙니다. 평화가 옳은 길이고, 우리의 의지가 그 길과 만났기 때문에 가능한 일이었습니다. 우리에게 간절한 의지와 노력이 있었기에 남들이 꿈처럼 여겼던 구상을 지금까지 하나하나 실현해낼 수 있었습니다.

정부는 그 과정에서 남북 간 대화와 소통의 채널을 항상 열어 두면서 한미 간의 공조를 긴밀하게 해왔습니다. 앞으로도 정부는 지금까지 해왔던 것처럼 간절한 심정으로, 그러나 차분하게 우리의 역할을 다할 것입니다.

국민들께서도 정부의 노력에 함께해 주시고, 힘이 되어 주시길 바랍니다.

– 수석보좌관회의 모두발언 중에서(2019.02.11.)

2019년 2월 11일, 문재인 대통령은 수석보좌관회의 모두발언에서 한반도 평화프로세스에 대해 이야기한다. 문재인 대통령은 제2차 북미 정상회담이 "한반도를 적대와 분쟁의 냉전지대에서 평화와 번영의 터전으로 바꿔놓는 역사적인 회담이 되기를 기대합니다."라고 말하며, 기대를 숨기지 않는다.

동시에 여전히 한반도 프로세스에 대한 의구심이 있다고 지적하고 심지어 적대와 분쟁의 시기가 계속되기를 바라는 듯한 세력도 적지 않다고 밝힌다. 적대와 분쟁의 시기를 어떻게든 이어가려는 것처럼 보이는 자유한국당이나 미국·일본의 정치인, 언론인이 여전히 존재했다. 이들은 평화가 아닌 적대와 분쟁으로 자신의 이권을 극대화하기를 원하고 있고, 한반도 평화로의 진전을 어떻게든 막으려 하는 것이 사실이었다. 문재인 대통령은 그럼에도 불구하고 남북미 정상들이 흔들림 없이 그 길을 가는 것은 "역사가 가야 할 방향에 대한 강력한 믿음이 있기 때문"이라며, '이익'이 아닌 '옳음'에 따라 역사가 나아가야 함을 알렸다. 하지만 옳은 길이라고 해서 쉬운 길이 아니고, 운이 좋아서 얻어지는 것도 아니라는 것을 문재인 대통령은 분명히 언급했다.

"우리에게 간절한 의지와 노력이 있었기에 남들이 꿈처럼 여겼던 구상을 지금까지 하나하나 실현해낼 수 있었습니다."

문재인 대통령은 이 같은 발언을 통해, 우리에게 간절한 의지와 노력이 계속 있다면 지금 이룬 것 이상의 꿈 같은 구상을 현실로 만들 수 있음을 전했다. 그러면서 국민에게 정부의 노력에 함께해주고, 힘이 되어 달라고 부탁한다.

많은 이들이 2017년에 문재인 대통령이 남북평화를 이끌어내기 위해 어떤 노력을 했는지 벌써 잊은 듯했다. 그때 문재인 대통령은 끊임없이 공격당했고, 외교를 제대로 못 한다고 비난받았다. 그럼에도 강력한 국민의 지지가 있었기에 결국 노력을 이어갈 수 있었고, 2018년에 북한이 대화의 장으로 나올 수 있었다. 그리하여 2018년에 세 번의 남북정상회담과 역사상 최초의 북미정상회담이 이뤄졌다. 그런데 한 몇 달 정도 제2차 북미정상회담이 이뤄지지 않고 약간의 정체가 있는 것 같다는 느낌만으로 사람들은 다시 문재인 대통령의 외교적 노력을 재단하고 비난하고 있었다. 문재인 대통령이 국민의 지지를 다시 구할 수밖에 없는 상황이었다. 심지어 북한 문제에 대해 지금까지 아무것도 이루지 못했던 적폐들이 정부의 외교정책을 비판하며 떠들어대는 모습은 가증스러운 것이었다. 심지어 이들은 한반도 평화프로세스를 실제로 방해하고 있었다. 문재인 대통령의 모두발언의 마지막은 그래서 의미심장했다.

국회의장님과 정당 지도부를 포함한 국회대표단이 미국을 방문하는 것도 같은 뜻이라고 믿습니다. 지금 한반도에서 일어나고 있는 세계사적 대전환에서 우리가 가장 중요한 당사자임을 생각하면서 국민들께서, 그리고 정치권에서도 크게 마음을 모아 주시기를 당부 드립니다.

- 수석보좌관회의 모두발언 중에서 (2019.02.11.)

당시 국회대표단에는 자유한국당 의원들도 포함되어 있었다. 그리고 '같은 뜻'이라고 믿고자 했던 문재인 대통령의 믿음에도 불구하고 자유한국당의 나경원 원내대표는 미국에 가서 "도널드 트럼프 미국 대통령이 미·북 정상회담에서 북한에게 지나친 양보를 하게 되면, 북한 비핵화를 불가능하게 만들 것", "김정은의 비핵화 의지만을 믿고 종전선언까지 논의하는 매우 위험한 상황"이라고 말하며, 트럼프 대통령의 운신 폭을 줄이고, 이미 정치적 선언이라고 그 의미를 명확하게 한 종전선언까지 막기 위해 애썼다. 이후 문정인 통일외교안보특보는 하노이 북미정상회담의 합의 결렬에 나경원 원내대표의 이 같은 발언이 영향을 끼쳤다고 평가했다.[186]

이처럼 평화의 길을 막고자 하는 세력은 여전히 강력했고, 실제로 악영향을 끼치고 있었다. 문재인 대통령의 당부에도 불구하고 자유한국당은 간신히 만들어낸 촛불 같은 기회를 끄는 데 혈안이 되어있었다. 당시 아무도 예상하지 못했던 하노이의 합의

---

186 나경원 원내대표가 문희상 국회의장과 미국을 방문해 낸시 펠로시 미 하원의장 등과 만났을 당시 '종전선언은 안 된다', '평화선언은 안 된다'고 계속 얘기했다고 들었다. 그런 것들이 워싱턴에서 (하노이 북미회담 결렬) 분위기를 만드는 데 영향을 미쳤다. - 문정인 통일외교안보특보, 제1회 명사초청 공직자 평화통일교육, 2019.05.13.

결렬에 자유한국당은 분명히 일정 부분 책임이 있었다.

2월 11일, 당시 미국을 찾았던 문희상 국회의장과 여야 5당 지도부는 존 설리번 부장관을 면담했다. 이 자리에 함께한 스티븐 비건 미 국무부 대북특별대표는 "핵, 미사일, 국제법 전문가, 백악관 정상회담 기획가등 16명과 함께 방북했다."라고 밝히며 "북한과의 협상은 생산적이었다."라고 말했다. 또한, "12가지 이상(의 의제)에 대한 문제에 논의했다"며 "사안에 대한 의제는 합의했지만 이번이 실질적인 첫 실무회담이었다.", "의제는 동의했지만 협상을 위해선 서로 이해하는 시간이 필요하다."라고 말했다.[187]

스티븐 비건의 이 같은 발언을 통해 평양 실무회담에서 의제 합의까지는 이뤄졌음이 드러났다. 제2차 북미정상회담까지는 시간이 얼마 남지 않은 상태였기에 합의된 의제를 바탕으로 논의가 이뤄지고 각 의제에 대해 합의까지 이뤄지기는 쉽지 않은 것처럼 보였다. 이런 상황에서 국익을 위하는 국회의원이라면 북미 간의 원활한 합의를 위해서 최선을 다해 지원하고 도왔을 것이다. 하지만, 나경원 원내대표가 한 짓은 오히려 협상을 방해하는 것이었다.

어쨌든 북미 간 의제 합의을 이룬 것만으로도 큰 진전임은 분명했다. 제1차 북미정상회담에서 북미는 새로운 역사를 위한 큰 틀의 합의를 이뤄냈다. 다음 단계는 구체적이고 실질적인 진전을 이뤄내기 위한 북미간 합의가 필요했다. 그리고 제2차 북미정상회담을 진행하는 과정에서 양국은 비핵화의 실질적인 진전을 위

---

[187] 비건 "북미회담 의제 12개…일정 부분 합의 가능성"(종합), 뉴스1, 2019.02.13.

한 의제를 합의하는데 성공했다. 북미가 쓰는 새로운 역사의 챕터는 결정이 됐다. 이제 그 챕터 안에 채울 내용을 협의하는 데 모든 힘을 기울여야만 했다.

4.
회담의 주연들이 베트남으로 모이다

2019년 2월 16일. 2차 북미정상회담 개최지인 베트남 하노이에 김창선 북한 국무위원회 부장이 도착했다. 그는 입국 당일부터 바쁘게 움직이며 김정은 위원장의 방문을 위한 준비에 들어갔다. 같은 날, 미국 실무팀도 하노이 곳곳을 움직이고 있었다. 정상회담을 앞두고 양국이 실질적인 회담 준비를 본격적으로 진행하고 있었다. 하노이 역시 회담 준비를 하고 있었다. 도시를 정비하고 단장하고, 제2차 북미정상회담과 평화의 도시 하노이**188**를 홍보하기 위한 노력도 이어졌다. 분위기가 점차 무르익고 있었다.

2월 19일, 문재인 대통령은 트럼프 대통령과 전화 통화를 했다. 이 통화에서 문재인 대통령은 "남북 사이의 철도·도로 연결부터 남북경제협력 사업까지 트럼프 대통령이 요구한다면 그 역할을 떠맡을 각오가 돼 있고 그것이 미국의 부담을 덜어줄 수 있는 길"이라고 말했다. 이는 굉장히 영민한 제안이었다. 미국은 협상 초기부터 '완전한 비핵화가 이뤄지기 전까지 미국은 아무것도

---

188 하노이는 1998-1999년 유네스코 평화도시상을 수상했다.

줄 수 없다.'라는 방침을 고수했다. 그렇기에 제1차 북미정상회담 이후 기자회견에서 트럼프 대통령이 '돌이킬 수 없는 지점'을 발언한 것이 북미 간의 협상을 더 수월하게 만들 수 있었다. 북한이 아무것도 받지 않고 모든 것을 내려놓을 일은 없으므로 '돌이킬 수 없는 지점'을 언급해 북한이 더 빠르게 비핵화를 인정받을 수 있는 길을 열어놓은 것은 전략적으로 훌륭한 것이었다. 하지만, 그 '돌이킬 수 없는 지점'까지 가기에도 길은 멀었다. 그전에 북한에 대한 상응 조치가 필요한데, 미국의 방침상 상응 조치는 쉽지 않았다. 트럼프 대통령이 이 방침을 철회하기에는 미 정계와 언론의 공격을 무시하기 어려웠다. 심지어 자유한국당의 나경원 원내대표가 미국에 가서 트럼프 대통령이 하나도 양보하면 안 된다고 말하면서, 미국 내 트럼프 대통령을 반대하는 정치인의 입김에 힘을 실어주기도 했다. 이렇게 미국이 상응 조치를 하기 어려운 상황이었기에 문재인 대통령이 한국이 상응 조치를 떠안을 수 있다고 밝힌 것은 훌륭한 전략이었다. 미국이 아닌 한국이 상응 조치를 한다면, 미 정치권과 언론의 공격도 적절히 회피할 수 있고, 미국은 기존의 방침을 계속 유지해나가면서 북한의 비핵화 진도를 더욱 끌어낼 수 있다. 좋은 협상 카드가 한 장 늘어난 것이다. 한국은 겉으로는 부담을 떠안게 되지만, 남북 간의 관계를 더욱 돈독히 하고, 북한 비핵화를 가속화할 수 있으며, 타국보다 먼저 북한 경제에 진출해 시장을 선점할 수 있다는 점에서 부담이라기보다는 아주 달콤한 투자나 다름없었다. 문재인 대통령은 미국의 부담은 줄이고, 한국의 이익은 극대화하는 서로 윈윈할 수 있는 제안을 했다.

트럼프 대통령은 통화에서 "하노이 회담을 마치는 대로 문 대통령에게 전화를 걸어 회담 결과를 알려주겠다.", "또 하노이 회담에서 큰 성과를 거둘 것으로 예상하며 그 결과를 공유해야 하기에 직접 만나기를 고대한다."라고 밝혔다. 이 같은 트럼프 대통령의 발언은 합의된 의제 중 몇 가지 의제에 대한 협의가 끝났고, 확실히 성과가 나올 수 있다는 신호를 모두에게 줬다. 장밋빛 결과가 나올 것이라는 전망이 점차 커지고 있었다.

2019년 2월 21일, 제2차 북미정상회담을 약 1주일 앞두고, 스티브 비건 미 국무부 대북정책 특별대표와 김혁철 북한 국무위원회 대미특별대표가 하노이 시내의 호텔에서 만났다. 실무협상이 재개된 것이다. 2월 22일에도 양측은 약 7시간 정도 접촉해 협상을 벌였다. 2월 23일에도 협상은 이어졌다. 그리고 이날 김정은 국무위원장이 전용 열차를 타고 하노이로 출발했다. 2월 24일, 비건과 김혁철은 다시 실무협상에 나섰다. 트럼프 대통령은 2월 24일 자신의 트위터에 "김정은 위원장은 핵무기가 없다면 그의 국가가 빠르게 세계의 대단한 경제 강국중 하나가 될 것을 누구보다도 더 잘 알고 있을 것[189]"이라고 말하며, 북한의 경제개발에 대한 장밋빛 전망을 내 놓는다. 하노이 회담을 앞두고 한 이 같은 발언이 회담의 결과를 더욱 기대하게 만들고 있었다.

---

[189] Chairman Kim realizes, perhaps better than anyone else, that without nuclear weapons, his country could fast become one of the great economic powers anywhere in the World. Because of its location and people (and him), it has more potential for rapid growth than any other nation! - 트럼프 대통령, 트위터, 2019.02.24.

2월 25일, 김의겸 청와대 대변인은 "종전선언 주체만 놓고 봐도 많게는 4자 남북미중, 3자 남북미, 2자 북미 등 여러 가지 방식이 있을 수 있는데, 북미만의 종전선언도 그것만으로도 충분하다고 생각한다."라고 말했다. 이미 스티븐 비건 대표가 스탠포드 대학의 강연에서 트럼프 대통령이 전쟁을 끝낼 준비가 되어 있다고 말했다고 전달한 바가 있었다. 제2차 북미정상회담을 앞두고 청와대가 이같이 발언한 것 역시 이번 제2차 북미정상회담에서 종전선언이 이뤄질 수도 있다는 암시를 주고 있었다. 비건과 김혁철은 25일에도 계속해서 협상하고 있었다. 그리고 마침내 트럼프 대통령은 "완전한 비핵화가 이뤄지면, 북한은 급격하게 경제강국이 될 것이다. 그것(비핵화)이 없다면, 변화가 없을 것이다. 김정은 위원장이 현명한 결정을 내릴 것이다!"[190]라는 내용을 트위터에 남기고 하노이로 출발했다.

2월 26일, 김정은 위원장이 탄 열차가 베트남에 도착했다. 그리고 트럼프 대통령이 탄 비행기 역시 하노이에 도착했다. 전 세계에서 온 수많은 취재진들이 바빠지기 시작했다. 행사를 준비하는 베트남 역시 긴장을 높이고 있었다. 하노이에 모인 수많은 사람들이 평화를 기원하며 회담의 성공을 희망하고 있었다. 마침내, 제2차 북미정상회담의 주역이 모두 모이고, 제2차 북미정

---

190 Meeting for breakfast with our Nation's Governors - then off to Vietnam for a very important Summit with Kim Jong Un. With complete Denuclearization, North Korea will rapidly become an Economic Powerhouse. Without it, just more of the same. Chairman Kim will make a wise decision! - 트럼프 대통령, 트위터, 2019.02.25.

상회담이 시작됐다.

5.
김정은 위원장과 트럼프 대통령이 재회하다

2019년 2월 27일, 트럼프 대통령은 트위터를 통해 메시지를 남긴다. 베트남이 번영을 누리고 있고, 북한이 비핵화를 한다면, 북한도 빠르게 그렇게 될 수 있다는 내용이었다.[191] 이 메시지에서 트럼프 대통령은 김정은 위원장을 '나의 친구(my friend)'라고 호칭했다. 북미정상회담을 앞두고 전한 트럼프 대통령의 메시지는 사뭇 긍정적이었다.

북미정상간의 친교 만찬이 열리는 메트로폴 호텔 앞으로 많은 취재진이 몰려들었다. 그 어느때보다도 특종에 대한 기대감이 가득한 분위기였다. 70년간의 적대를 끝내고 새로운 역사적 만남을 이뤄낸 싱가포르에서의 첫 번째 북미정상회담 이후, 북미관계와 세계정세를 송두리째 바꿔놓을 수도 있는 두 번째 북미정상회담이 시작되려 하고 있었다. 사람들은 저마다 자신이 역사적인 순간에 서 있다는 것을 충분히 인식하고 있는 듯했다.

두 정상은 20분간의 단독회담과 친교 만찬을 가질 예정이었

---

[191] Vietnam is thriving like few places on earth. North Korea would be the same, and very quickly, if it would denuclearize. The potential is AWESOME, a great opportunity, like almost none other in history, for my friend Kim Jong Un, We will know fairly soon - Very Interesting! - 트럼프 대통령, 트위터, 2019.02.27.

다. 본격적인 회담은 28일에 진행될 예정이었지만, 이미 정상회담은 시작된 것이나 다름없었다. 두 정상은 나란히 세워진 성조기와 인공기를 배경으로 악수를 나눴다. 김정은 위원장과 트럼프 대통령의 재회는 260일 만에 이뤄졌다. 첫 만남 이후 굉장히 오랜 시간이 흐른 뒤 두 번째 만남이 이뤄진 것 같았지만, 근 70년 동안 북미 정상 간의 만남 자체가 없었던 것을 생각하면, 참으로 빠른 두 번째 만남이었다. 두 정상은 만찬 전에 간단하게 소회를 밝힌다.

"사방의 불신과 오해의 소지들도 있고 적대적인 낡은 관행이 우리가 가는 길을 막으려고 했지만 우린 그것들을 다 깨버리고 극복하고 다시 마주 걸어서 260일 만에 여기 하노이까지 걸어왔습니다.

생각해 보면 어느 때보다도 많은 고민과 노력, 그리고 인내가 필요했던 그런 기간이었던 것 같습니다. 우리는 오늘 여기서 이렇게 다시 만나서 이번에 모든 사람들이 보다 반기는 훌륭한 결과가 만들어질 거라고 확신하고 그렇게 되기 위해서 최선을 다하겠습니다."

김정은 위원장의 발언에서 비핵화를 선택한 이후 겪은 북한의 고민이 그대로 드러나 있었다. 역사에서 보듯이 북한의 비핵화와 북미 수교의 문제는 해결되는 듯 하다가도 결국 결과를 만들어내지 못하고 어그러졌었다. 제네바 합의와 9·19 공동성명의 실패는 확실한 경험으로 남아있는 일이었다. 이처럼 그 누구도 쉽게 이루지 못한, 언제든지 쉽게 깨질 수 있는 것이 북미 관계였고 북한의 비핵화였다. 하지만 역사상 최초로 북한과 미국의 정상이 만나서 큰 틀의 합의를 이뤄냈기에, 김정은 위원장은 자신의 선택으로 인해 이 오랜 문제의 해결을 목전에 두고 있다고 여겼을 것이다. 김정은 위원장은 싱가포르 회담 이후로 매우 빠르게 북미 간의 수교를 비롯한 관계 개선과 제재 완화를 기대하고 있었을 것이다. 그러나 상황은 그렇게 되지 않았다. 제1차 북미 정상회담 이후로 협상은 지지부진하고 또 어려운 것이었으며 속시원한 진전도 이뤄지지 않았다. 김정은 위원장은 어쩌면 과거의 역사처럼, 정상 간의 합의에도 불구하고 지금까지 해온 모든 조치와 노력이 아무 의미 없는 것이 되지 않을까 노심초사했을 것이다. 그의 발언은 그러한 심정을 그대로 표출하고 있었고, 표정에서는 그만큼 불안감이 남아있었다. '훌륭한 선례를 만들기 위해서 최선을 다하겠다.'라는 그의 말에선 불안과 기대와 비장함이 함께 묻어나왔다.

"대단히 감사합니다. 훌륭한 말씀입니다.

저는 김정은 위원장님을 다시 만나게 된 것을 영광으로 생각한다는 말씀을 드리고 싶습니다. 이곳 베트남에서 다시 만난 것을 영광을 생각합니다. 베트남은 레드 카펫을 펼치면서 영광스럽게도 우리를 환영해줬습니다. 다시 함께하게 되어 매우 기쁩니다.

우리는 1차 정상회담에서 큰 성공을 거뒀습니다. 저는 1차 정상회담이 매우 성공적이었다고 평가하지만 일각에서는 좀더 빠른 진전을 기대하고 있습니다. 저는 만족하고 있으며 위원장님도 만족하고 있습니다. 우리는 지금 추진하는 일들에 만족하기를 원합니다. 하지만 저는 1차 정상회담이 매우 성공적이었다고 생각했습니다. 희망하건대, 이번

정상회담도 1차 정상회담에 준하거나 그 이상의 성공을 거둘 것이라고 생각합니다. 우리는 상당한 진전을 이뤘으며 제가 생각하기에 가장 중요한 진전은 우리가 매우 우호적인 관계를 맺었다는 점입니다.

제가 여러 차례 언급한 것처럼—저는 언론에도 밝히고 제 말에 귀를 기울이는 사람이라면 누구에게나 말합니다. 저는 북한이 거대한 경제적 잠재력을 보유하고 있다고 생각합니다. 믿을 수 없을 정도입니다. 한계가 없습니다. 또한, 저는 엄청난 미래가 북한을 기다리고 있다고 생각합니다—위대한 지도자가 영도하고 있습니다. 아울러 저는 그러한 성공을 목도하기를 고대하며 그러한 성공에 일조하기를 희망합니다. 우리는 그러한 성공을 도울 것입니다.

대단히 감사합니다. 고맙게 생각합니다. 우리는 만찬을 함께할 예정이며 내일은 중요한 회담이 기다리고 있습니다. 내일 기자회견장에서 다시 뵙겠습니다. 대단히 감사합니다."

트럼프 대통령의 발언은 일관적이었다. 우선 제1차 북미정상회담이 크나큰 성공을 거뒀다고 자평했다. 그리고 2차 북미정상회담도 큰 성공을 거둘 것이라 바탕을 깐다. 무엇보다 북한의 경제 잠재력에 대한 찬사를 계속해서 언급한다.

김정은 위원장에 비해 트럼프 대통령은 평온한 분위기였다. 그도 그럴 것이 북미 관계의 열쇠를 쥐고 있는 것은 언제나 미국이었다. 결국, 미국이 어디까지 인정하느냐의 문제, 어디까지 협상하고 어디까지 받아들이느냐의 문제로 북미 간의 관계가 정리될 것이기 때문이다. 트럼프 대통령은 언제나 그런 것처럼 협상을 위해 상대와의 긍정적인 관계를 부각시키며, 협상 전 분위기를 다져가고 있었다. 그의 말은 끊임없이 반복된 것이고 그렇기에 안정적인 것이었다. 다만, 트럼프 대통령의 표정이 살짝 굳어지는 부분이 있었다. 트럼프 대통령의 발언이 끝나고 기자가 마이클 코언의 청문회에 대한 질문을 했을 때였다. 주한미국대사관 및 영사관 홈페이지에 올라와 있는 내용은 당시의 상황을 이렇게 묘사하고 있다.

> 질문자: 대통령님, 마이클 코언과 그의 증언에 대해 언급할 내용이 있으신지요?
> 트럼프 대통령: (머리를 흔듦.)**192**

미국에서는 트럼프 대통령의 전 개인 변호사인 마이클 코언이 하원 공개 청문회를 갖고 있었다. 이는 트럼프 대통령의 탄핵과도 연결될 수 있을 만큼 커다란 파괴력을 지닌 청문회였다. 따라서 트럼프 대통령의 전 개인 변호사의 공개 청문회는 미국인의 관심을 독차지하고 있었다. 결국, 트럼프 대통령에게도, 미국 국민에게도, 마이클 코언의 청문회는 북미정상회담보다 더 중요한 사건이었다. 트럼프 대통령은 북미정상회담이라는 기회와 함께 크나큰 정치적 위기를 함께 맞이하고 있었다.

이에 대해 미국 언론에서는 트럼프 대통령이 위기 돌파를 위해 북한과 '나쁜 합의'를 할 가능성이 크다는 지적들이 나오고 있었

---

192 트럼프 대통령과 김정은 위원장의 1대1 대화 발언, 주한미국대사관 및 영사관, 2019.02.27.

다.**193** 트럼프 대통령으로서는 북미정상회담이라는 정치적으로 좋은 기회를 제대로 살리기가 쉽지 않은 상황이 됐다. 합의하면 나쁜 합의로 공격받고, 국내 정치 문제를 피하기 위한 꼼수로 평가절하될 가능성이 컸다. 게다가 국회대표단이라며 미국을 방문한 자유한국당 나경원 원내대표가 북한에 양보해서는 안된다며 트럼프 대통령의 운신 폭을 줄여버리기까지 했다. 트럼프 대통령은 어떻게든 위기 상황을 돌파할 묘수를 찾아야 했을 것이다.

이렇게 반드시 성과를 내고 싶은 김정은 위원장과 자신의 정치적 위기를 맞이하고 있던 트럼프 대통령과의 두 번째 만남이 시작됐다. 두 정상은 약 20분간 단독면담을 가졌다. 김정은 위원장은 그 짧은 시간 동안 "흥미로운 이야기를 많이 했다."라고 말했고, 트럼프 대통령은 "실제로 그랬다. 그 부분을 우리가 실제로 문서로 작성할 수 있다면, 다들 돈 내고 보고 싶어 할 것"이라고 말했다.**194** 김정은 위원장의 '흥미로운 이야기'가 어떤 내용인지, 돈 내고 보고 싶어 할 대화는 또 어떤 것인지 알 수 없지만, 분위기 만큼은 분명히 화기애애했다. 그리고 두 정상은 2시간 20분간의 만찬을 끝으로 오랜만의 재회를 마무리 지었다.

그리고 다음 날 열릴 가장 중요한 일정인 '정상회담'을 위한 조용한 밤이 찾아왔다. 이 밤에 어떤 결정이 만들어지느냐에 따라서

---

193 The fear is that he gets into a bad agreement to make big news and hopefully, in his mind distracts the public from what Michael Cohen is saying, or what else is going on in the investigation. - Princeton history professor Julian Zelizer, CNN Monday morning, 2019.02.25.

194 20분 단독 면담 후... 김정은 "흥미로운 이야기 많이 했다" - 트럼프 "돈 내고 보고 싶을 것", 오마이뉴스, 2019.02.27.

다음 날 세계가 목도하게 될 세상은 완전히 다른 모습일 것이었다.

6.
제2차 북미정상회담이 합의 없이 끝나다

2019년 2월 28일 오전 9시, 김정은 북한 국무위원장과 트럼프 미국 대통령이 메트로폴 호텔에서 다시 만났다. 전날의 친교 만찬에 이어 본격적인 정상회담이 펼쳐지는 자리였다.

이미 전날인 27일, 미국 백악관은 이날의 일정을 공개해놓고 있었다. 현지 시각 오전 9시부터 북미 정상 간의 단독회담이 이뤄지고 9시 45분에 확대 정상회담이 진행될 예정이었다. 그 뒤 11시 55분부터는 업무 오찬이 진행되고 오후 2시 5분에 공동 합의문에 서명하는 행사가 진행되는 것으로 제2차 북미정상회담은 막을 내릴 것이었다. 그리고 오후 4시경, 제1차 정상회담 때처럼 트럼프 대통령의 기자회견이 준비되어있었다.

이 공개된 일정은 제2차 북미정상회담에서의 합의를 기정사실화하고 사람들의 이목을 어떤 수준의 합의가 이뤄질 것이냐로 돌리고 있었다. 북한의 비핵화를 바라고 한반도의 평화를 추구하는 사람들은 저마다의 전망을 말하며 기대치를 한껏 높이고 있었다.

"지금 어제에 이어서 이 순간도 아마 거의 다 전 세계가 이 순간 이 자리를 지켜볼 거라고 생각합니다. 환영하는 사람들도 이렇게 우리 만남을 회의적으로 보는 시각으로 보던 사람들도 아마 우리가 마주 앉아서 훌륭한 시간을 보내고 있는 데 대해서 마치 환상영화의 한 장면으로 보는 사람들이 있을 거라고 생각합니다.

우리가 부단히 많이 노력해왔고 이제는 이것을 보여줄 때가 와서, 여기 베트남 하노이에 와서 지금 이틀째 훌륭한 대화를 이어가고 있습니다.

오늘도 역시 최종적으로 훌륭하고 좋은 결과가 나올 수 있도록 모든 노력을 다하겠습니다. 감사합니다."

희망적이고 긍정적인 결과를 기대하는 사람들과는 달리 정상회담을 앞둔 김정은 위원장의 말은 조심스러웠고, 조금 힘이 빠져 있었다. 특히 "오늘도 역시 최종적으로 훌륭하고 좋은 결과가 나올 수 있도록"까지 말하고 뒷말을 이어가기까지 잠시 생각에 잠기는 듯한 모습을 보여주며 북한이 어려운 회담을 진행하고 있음을 드러냈다.

"네, 대단히 감사합니다. 김정은 위원장님. 다시 한번 자리를 함께하게 된 것을 기쁘게 생각하며, 앞으로도 몇 년 동안 자주 만남을 가질 것으로 확신합니다. 또한, 합의에 도달한 이후에도 다시 마주하게 될 것으로 예상합니다.

우리는 어젯밤 만찬장에서 매우 유익한 대화를 나눴으며 만찬 전에도 무척 좋았습니다. 또한, 좋은 아이디어들이 많이 나왔습니다. 매우 중요한 사실로서, 저는 우리의 관계가 아주 굳건하다고 생각합니다. 좋은 관계를 유지하면 좋은 일들이 많이 생깁니다.

따라서 반드시 오늘에 국한해서 단언할 수는 없지만 보다 장기적으로는 오랜 기간에 걸쳐 김정은 위원장과 북한을 상대로 굉장한 성공을 거둘 것으로 예상한다고 말할 수 있습니다. 북한은 경제 강국으로 발돋움할 것입니다. 저는 이 생각을 글로도 표현하고 말로도 표현했습니다. 저는 북한이 경제 강국이 될 것이라고 생각하며 그 과정에서 제가 도움을 되기를 희망합니다. 왜냐하면, 적절한 위치와 적절한 장소에서 약간의 도움만 있다면 북한이 매우 특별한 나라가 될 것이라고 생각하기 때문입니다.

당부드립니다. 저는 처음부터 속도는 제게 그렇게 중요하지 않다고 말해왔습니다. 저는 핵실험과 미사일 발사가 전혀 없었다는 사실을 높이 평가하고 있습니다. 매우 높이 평가하고 있습니다.

김정은 위원장과 저는 어젯밤 그에 관해 유익한 대화를 나눴습니다. 김 위원장이 원한다면 어제 그가 한 이야기를 공개해도 좋습니다. 원하지 않는다면 공개하지 않아도 상관없습니다. 아무튼 우리는 어젯밤 매우 유익한 대화를 나눴습니다.

다시 말씀드리지만 저는 전혀 서두르지 않습니다. 우리는 그러한 실험을 원하지 않으며 그와 관련하여 아주 특별한 무언가를 진행해왔습니다.

제가 김 위원장에게 커다란 존경심을 갖고 있으며 북한에 커다란 존경심을 갖고 있다는 점을 말씀드리고 싶습니다. 저는 북한이, 경제적으로, 많은 나라들은 거의 경쟁하기 힘들 정도의 수준에 도달할 것으로 믿고 있습니다. 북한은 그러한 잠재력을 갖추고 있습니다."

김정은 위원장에 이어서 트럼프 대통령의 발언이 이어졌다. 그

리고 이 발언 속에 김정은 위원장에게서 보이는 피로의 이유가 이미 드러나 있었다. 트럼프 대통령은 계속해서 "서두르지 않는다.", "속도는 제게 그렇게 중요하지 않다."라고 말하며, "장기적"인 비전을 주로 말하고 있었다. 김정은 위원장은 이러한 트럼프 대통령의 협상 태도에 애가 탔을 것이다. 김정은 위원장은 전날 "어느 때보다도 많은 고민과 노력, 그리고 인내가 필요했던"이라는 표현을 통해 이미 충분히 '인내'했다는 인식을 표현했다. 그렇기에 김정은 위원장은 서둘러야 했고, 어떻게든 결과를 만들어야 했다. 김정은 위원장은 트럼프 대통령의 발언이 끝나자 멋쩍은 미소와 함께 "우리한테 시간이 귀중한데…"라고 말하며 바로 회담을 시작하려 했다. 북한은 급했다.

두 정상이 함께하는 단독회담이 약 45분간 이어졌다. 그리고 확대 회담이 이어졌다. 확대 회담 시작 전, 양측이 앉은 자리에서 기자들의 질문에 답하는 시간이 있었다. 이 자리에서 트럼프 대통령은 "우리는 매우 생산적인 논의를 진행하고 있습니다. 어떤 방향으로 가게 될지 곧 알게 될 것입니다.[195]"라고 말했다. 트럼프 대통령은 종전선언에 대한 대답에서도 "저는 어떤 상황이 전개되건 간에 우리가 궁극적으로는 김 위원장과 북한 그리고 미국에 진정으로 유익한 합의에 도달할 것이라고 생각합니다. 궁극적으로는 그러한 상황이 전개되리라는 것이 제 생각입니다. 모든 것이 그 방향을 향하고 있습니다. 하루나 이틀 안에 그렇

---

[195] We're having very productive discussions. We'll see where it all goes. - 트럼프 대통령, 2019.02.28.

게 된다는 의미는 아니지만 모든 여건이 매우 큰 성공을 향하고 있습니다.**196**"라고 말했다. 트럼프 대통령의 발언은 이번이 아닌 다음과 나중을 계속 암시하고 있었다. "어떤 상황이 전개되건 간에(no matter what happens)"라는 말은 상상하기도 힘든 상황이 전개될 수도 있다는 말처럼 들리고 있었다. 기자들의 질문이 계속 이어지자 김정은 위원장은 이렇게 말했다.

> "우리가 충분한 이야기를 좀 더 할 시간을 주셨으면 좋겠습니다. 우리는 1분이라도 귀중하니까."

급해 보이는 김정은 위원장의 모습은 지금까지 이어진 실무협상과 만찬, 단독회담에서 만족할만한 결과물이 나오지 않았다는 것을 그대로 드러내고 있었다. 그리고 이 상황의 주도권은 완전히 트럼프 대통령의 손에 쥐어져 있는 것도 명확했다.

북미 간의 확대 회담이 진행되고 있는 도중에 미측으로부터 일정이 변경됐다는 발표가 있었다. 확대 회담이 길어지면서 예정된 업무 오찬이 취소됐고, 트럼프 대통령이 현지 시각 오후 2시에 기자회견을 한다는 것이다. CNN은 이 상황에 대해 빠르게 보도**197**했는데, 이에 따르면 기존 2시로 예정되어 있던 공동 서

---

196 I think that no matter what happens, we're going to ultimately have a deal that's really good for Chairman Kim and his country, and for us. I think, ultimately, that's what's going to happen. That's where it's all leading. It doesn't mean we're doing it in one day or two days, but it's all leading toward a very — a very big success. - 트럼프 대통령, 2019.02.28.

197 A planned working lunch between President Trump and North Korean leader Kim

명식이 어떻게 되는 지에 대한 질문에 세라 샌더스 미 대변인이 답하지 않고 있었다.

잠시 후 확대 회담이 끝나고 트럼프 대통령과 김정은 위원장이 회담장을 떠났다. 그리고 백악관은 '북미 간의 합의에 도달하지 못했다.'라고 발표했다. 전 세계의 기대가 한순간에 무너지는 순간이었다. 북미 양국도, 대한민국도, 베트남도, 취재를 위해 분주하게 움직이는 기자들도 합의 실패에 큰 충격을 받았을 것이다. 평화를 바라는 대한민국의 국민과 전 세계의 국민도 마찬가지였을 것이다. 그만큼 이번 제2차 북미정상회담이 나름의 성공의 거둘 것이라는 기대와 분위기는 이미 팽배해 있었다. 그것이 한순간에 터져버린 것이다.

정상회담의 경우, 개최만 되면 어느 정도의 결과는 담보된다는 인식이 강했다. 정상회담이 시작되기 전 충분히 논의를 하고 회담 전에 합의문의 초안 정도는 만들어놓는 것이 일반적이기 때문이다. 정상회담이 개최만 된다면 양국이 나름의 합의를 내놓을 수 있다는 공감대가 있었다. 공동 합의문이 없다면 공동 언론발표문이라도 있을 것임을 예상하는 것은 자연스러운 일이었다. 심

---

appears to have been canceled, as potentially has a joint signing ceremony. After preliminary negotiations between Trump and Kim went over time, White House press secretary Sarah Sanders told reporters waiting to cover the lunch that it had been called off. Negotiations would be wrapping up in the next 30 minutes, she said, after which Trump will return to his hotel for a press conference at 2 p.m. local time (2 a.m. ET). She declined to comment when asked several times about the signing ceremony, which was originally scheduled for 2 p.m. - Lunch and signing ceremony off? CNN, 2019.02.28.

지어 북미의 두 번째 만남은 쉽게 이뤄진 것이 아니었고, 실무협상도 스웨덴에서, 평양에서, 하노이에서 계속 진행되었으며, 외부 활동을 극히 자제하는 김정은 위원장이 기차를 타고 무려 3일을 달려 베트남까지 온 상황이었다. 트럼프 대통령이 정치적으로 어려움을 겪고 있었기에 북미정상회담은 위기를 넘을 수 있는 매우 고마운 기회가 될 수도 있었다. 그러니 북미 간 일정 정도의 합의를 이루고, 이를 발표할 가능성이 더욱 컸다. 합의 수준에 대해서는 다양한 의견이 있었지만, 합의 없이 회담이 끝날 것은 그 누구도 쉽게 상상하지 못할 일이었다. 그런데 그런 일이 일어나 버렸다. 이제 모두의 관심은 다시 한 곳으로 집중됐다.

'어째서 합의 없이 회담이 끝났는가?'

역사적인 제1·2차 북미정상회담에도 불구하고, 결국 북미가 함께 할 수 없다는 결론이 나온 것인가? 아니면 북한이 비핵화를 거부한 것인가? 그것도 아니면, 어떤 부분에서 합의 자체를 무산시킬 만큼의 큰 갈등이 있었던 것인가? 북한은 비핵화를 할 것인가? 아니면 핵과 전쟁의 위협이 가득 차 있던 과거로 돌아갈 것인가?

이 수많은 질문에 대한 답이 필요했다. 그렇기에 모든 이들의 관심은 오후 2시로 예정된 트럼프 대통령의 기자회견으로 향했다. 세계는 회담 결렬의 이유를 알아야만 했다.

7.
어째서 제2차 북미정상회담은 합의를 이루지 못하였나

제2차 북미정상회담이 합의 없이 끝나고 난 뒤, 트럼프 대통령이 기자회견을 시작했다. 모든 이들은 트럼프 대통령의 입에서 어떤 이야기가 나올지 주의를 기울이고 있었다. 트럼프 대통령의 기자회견을 통해 협의의 막후와 합의에 이르지 못한 미국 측의 입장이 드러날 것이 분명했기 때문이다.

트럼프 대통령은 베트남에 대한 감사의 인사로 기자회견 모두발언을 시작했다. 이어서 그는 파키스탄과 인도와의 무력 충돌, 베네수엘라의 불안정한 상태에 대해서도 말한다. 그렇게 뜸을 들인 트럼프 대통령은 마침내 북한을 언급한다.

"북한에 대해 말씀드리자면, 우리는 매우 생산적인 시간을 보냈습니다. 저와 폼페이오 장관이 느끼기에 합의문에 서명하는 건 좋은 생각이 아니었습니다. 이에 대해서는 폼페이오 장관이 말할 것입니다. 우리는 김 위원장과 꽤 많은 시간을 보냈습니다. 그는 상당히 훌륭한 지도자이고 우리의 관계가 매우 돈독하다고 생각합니다. 하지만 이번에는, 여러 개의 옵션이 있었지만, 어떤 것도 하지 않기로 결심했습니다. 앞으로 어떻게 될지는 살펴보도록 하겠습니다. 하지만 매우 흥미로운 이틀이었고, 내 생각에는 실제로 매우 생산적인 이틀이었습니다. 하지만 때로는 걸어야만 합니다. 그리고 이번이 그런 시기였습니다.[198]"

---

198 On North Korea, we just left Chairman Kim. We had a really, I think, a very pro-

트럼프 대통령은 계속 말했던 것처럼 김정은 위원장과 자신의 관계가 돈독하다고 강조한다. 그러면서 합의문에 서명하지 않은 이유를 폼페이오 장관이 말하도록 넘긴다. 트럼프 대통령에게 있어 이번 회담의 결렬이 북미협상의 완전한 끝이어선 안됐다. 대북 외교는 트럼프 대통령이 잘하고 있는 일로 평가받고 있었다. 그런 상황에서 소득 없이 비핵화 협상이 완전히 종료되고 과거의 긴장 상태로 후퇴한다면, 이는 트럼프 대통령의 무능으로 치환될 것이 뻔했다. 따라서 비록 합의는 이루지 못했지만, 트럼프 대통령에게는 대화 동력을 유지할 필요가 있었다. 톱다운 방식이 진행되는 상황에서 트럼프 대통령과 김정은 위원장의 관계를 좋게 유지할 수 있다면, 다음 대화를 위한 동력은 확보할 수 있다. 트럼프 대통령은 폼페이오 장관에게 합의문에 서명하지 않은 이유를 말하도록 넘기면서, 이번 회담의 결렬에 있어서 자신은 한 발짝 뒤로 물러서는 모습을 보인다. 심지어 이후 이어진 질의응답 과정에서 트럼프 대통령은 "대통령 결정입니까?"라는 질문에 "제 결정이라고 말씀드리고 싶진 않습니다. 왜냐면 이 관

---

ductive time. We thought, and I thought, and Secretary Pompeo felt that it wasn't a good thing to be signing anything. I'm going to let Mike speak about it. But we literally just left. We spent pretty much all day with Kim Jong Un, who is — he's quite a guy and quite a character. And I think our relationship is very strong. But at this time — we had some options, and at this time we decided not to do any of the options. And we'll see where that goes. But it was a very interesting two days. And I think, actually, it was a very productive two days. But sometimes you have to walk, and this was just one of those times. And I'll let Mike speak to that for a couple of minutes, please. - 트럼프 대통령, 기자회견, 2019.02.28.

계를 유지하고 싶고 그렇게 할 것이기 때문입니다.**199**"라고 답했다. 즉, 트럼프 대통령이 어떻게든 대화 동력을 유지하고 싶어 한다는 것만은 확실했다. 트럼프 대통령은 그렇게 합의 불발에 대한 언급을 폼페이오 장관에게 맡기고 물러났다. 트럼프 대통령의 뒤를 이어서 폼페이오 장관이 발언을 시작했다.

> "우리 협상팀은 열심히 노력했습니다. 북한 협상팀과 수 주 동안 돌파구를 만들어내기 위해 노력했습니다. 그래서 이번 회담에서, 작년 6월 싱가포르에서 두 정상이 합의한 바에 대해 큰 진전을 이루기 위해 애썼습니다. 우리는 실제로 진전을 이뤄냈습니다. 그리고 두 정상이 지난 36시간 동안 만나며 훨씬 더 많은 진전을 이뤄냈지만, 불행하게도 끝까지 가진 못했습니다. (중략) 우리는 더 많은 것을 요구했고, 그는 준비가 돼 있지 않았습니다. 하지만 나는 여전히 낙관적입니다.**200**"

폼페이오 장관의 말에 따르면, 결국 합의문에 서명하지 못한 이유는 미국이 북한에 '더 많은 것을 요구'했기 때문이었다. 2019

---

199 I don't want to say it was my decision, because what purpose is that? I want to keep the relationship, and we will keep the relationship. - 트럼프 대통령, 2019.02.28.

200 We had been working, our teams — the team that I brought to bear, as well as the North Koreans — for weeks to try and develop a path forward so at the summit we could make a big step — a big step along the way towards what the two leaders had agreed to back in Singapore, in June of last year. We made real progress. And indeed we made even more progress when the two leaders met over the last 36 hours. Unfortunately, we didn't get all the way. (중략) We asked him to do more. He was unprepared to do that. But I'm still optimistic. - 폼페이오 국무장관, 2019.02.28.

년 3월 29일, 로이터통신의 보도[201]에 따르면 트럼프 대통령은 김정은 위원장에게 평양의 핵무기와 연료를 미국에 넘기라고 요청했다. 로이터통신은 이러한 내용이 적혀있는 문서를 입수해 보도했는데, 문서에 따르면 미국은 "북한 핵시설과 화학·생물전 프로그램, 이와 관련된 군민 양용 능력, 그리고 탄도미사일, 발사대, 관련 시설의 완전한 해체"를 요구했다. 그리고 이는 리비아식 모델과 상당히 흡사한 것이었다. 참고로 이 같은 빅딜 문서의 존재에 대해서는 이미 존 볼턴 미 백악관 국가안보회의 보좌관이 밝힌 바 있다.[202] 따라서 이 내용은 꽤 신빙성이 있는 것이었다. 만약 이러한 빅딜 문서의 존재와 빅딜의 내용이 사실이라면, 김정은 위원장은 이를 받아들일 수 있을 리가 없었을 것이다. 이는 북한에 리비아 모델을 강요하는 것이나 마찬가지였기 때문이다. 리비아 모델이 북한 체제의 안정을 보장하지 않는다는 것은 이미 역사가 증명하는 것이었다. 김정은 위원장은 합의할 수 없었을 것이다.

2019년 5월 19일, 트럼프 대통령은 폭스뉴스와의 인터뷰에서 북한이 제2차 북미정상회담 당시에 북한 핵시설 5곳 중 1~2곳만

---

[201] Exclusive: With a piece of paper, Trump called on Kim to hand over nuclear weapons, 로이터통신, 2019.03.29.

[202] He and Kim Jong Un had had a number of conversations about what might be done to denuclearize North Korea. Kim offered a partial deal, but the president has been very clear that he doesn't want to make the same mistakes as past administrations, and he proposed to Kim... the 'big deal' in which North Korea completely denuclearizes, and then in exchange for that there is a very bright economic future for the North Korean people. - 존 볼턴 미국 국가안보 보좌관, Fox News Sunday, 2019.03.10.

없애려 했다고 말했다.203 트럼프 대통령의 말이 사실이라면 김
정은 위원장은 오직 1~2개의 핵시설만 가지고 합의를 할 예정이
었던 것이고 미국은 북한의 모든 핵시설을 없애라고 요청했으며,
이 요청이 받아들여지지 않으면서 협상이 결렬된 것이었다.

폼페이오 장관의 발언 이후에 이어진 트럼프 대통령의 질의응
답에서 트럼프 대통령은 '제재'에 대한 이야기도 한다.

> "기본적으로 북한은 전면적인 제재 해제를 원했지만 우리는 그럴 수
> 없었습니다. 북한은 우리가 원했던 상당히 많은 부분에 대한 비핵화
> 의지가 있었지만, 그것 때문에 모든 제재를 포기할 수는 없었습니다.
> 그래서 우리는 계속 작업하며 지켜볼 것입니다만 이번의 특정 제안을
> 받아들일 수는 없었습니다. (중략) 하지만 제재가 쟁점입니다. 북한은
> 제재 해제를 원했지만, 우리가 원했던 것을 주려고 하지는 않았습니다.
> 그들은 우리에게 몇가지 것들을 주려했지만 우리가 원했던 것은 아니
> 었습니다.204"

---

203 When I left Vietnam where we had the summit, I said to Chairman Kim and I
think very importantly I said, 'Look, you are not ready for a deal because he want-
ed to get rid of one or two sites.' But he has five sites. I said, 'what about the other
three sites?' That is no good. - 트럼프 대통령, Fox News, 2019.05.19.

204 Basically, they wanted the sanctions lifted in their entirety, and we couldn't do
that. They were willing to denuke a large portion of the areas that we wanted, but
we couldn't give up all of the sanctions for that. So we continue to work, and we'll
see. But we had to walk away from that particular suggestion. We had to walk
away from that. (중략) But it was about sanctions. I mean, they wanted sanctions
lifted but they weren't willing to do an area that we wanted. They were willing to
give us areas but not the ones we wanted. - 트럼프 대통령, 2019.02.28.

이 같은 트럼프 대통령의 발언에 따르면, 북한은 제재 해제를 원했지만, 미국이 원하는 것을 주지는 않았기 때문에 합의가 이뤄지지 않은 것이기도 했다. 미국이 원한 것이 무엇인지는 위의 빅딜 문서를 통해 우리가 익히 짐작할 수 있다. 순서상 미국의 빅딜 요구에 북한이 역제안을 하고 미국이 이를 받아들이지 않은 것인지, 북한의 제재 해제 요청에 미국이 빅딜을 제시하면서 합의가 어그러진 것인지, 아니면 이 모든 상황이 복합적으로 이뤄진 것인지는 기자회견을 통해서는 알 수가 없다. 다만 명확한 것은 미국이 모든 것을 한 번에 아우르는 '빅딜'을 하고자 했다는 것이다. 이것이 제2차 북미정상회담 합의 실패에 대한 미국의 입장이었다.

트럼프 대통령은 기자회견을 끝으로 베트남을 떠났다. 그리고 그날 밤, 2019년 3월 1일 자정, 베트남 하노이 멜리아 호텔에서 리용호 북한 외무상이 기자회견을 열었다. 트럼프 대통령은 이미 기자회견을 통해 미국 측의 입장을 전했다. 이제 회담에 대한 북한의 입장을 들어볼 차례였다.

"조미 양국의 수뇌분들은 이번에 훌륭한 인내력과 자제력을 가지고 이틀간에 걸쳐서 진지한 회담을 진행하셨다. 우리는 지난해 6월 싱가포르에서 있은 제1차 조미수뇌상봉과 회담에서 공동인식으로 이룩된 신뢰조성과 단계적 해결 원칙에 따라서 이번 회담에서 현실적인 제안을 제기했습니다.

미국이 유엔 제재의 일부, 즉 민수경제와 특히 인민생활에 지장을 주는 항목의 제재를 해제하면 우리는 영변 핵의 플루토늄과 우라늄을 포함한 모든 핵물질 생산시설들을 미국 전문가들의 입회하에 두 나라 기술자들의 공동의 작업으로 영구적으로 완전히 폐기한다는 것입니다.

우리가 요구하는 것은 전면적인 제재 해제가 아니라 일부 해제, 구체적으로는 유엔 제재 결의 총 11건 가운데 2016년부터 17년까지 채택된 5건, 그 중에서 민수경제와 인민생활에 지장을 주는 항목들만 먼저 해제하라는 것입니다. 이것은 조미 양국 사이의 현 신뢰 수준을 놓고 볼 때 현 단계에서 우리가 내 짚을 수 있는 가장 큰 보폭의 비핵화 조치입니다."

리용호 외무상은 북한이 제시한 것이 무엇인지를 자세하게 언급했다. 유엔제재 총 11건 중, 2016년부터 17년까지 채택된 5건, 그중에서 민수경제와 인민생활에 지장을 주는 항목들만 먼저 해제하라는 요구였다. 그에 대한 상응 조치로 북한이 제시한 것은 영변 지역의 플루토늄과 우라늄을 포함한 모든 핵물질 생산 시설의 영구적이고 완전한 폐기였다. 이는 이미 평양남북선언을 통해 언급된 것이고 충분히 예상 가능한 안이었다. 리용호 외무상은 더불어 북한이 요구한 상응 조치에 대해서 북한 입장에서는 안전 담보 문제가 더욱 중요하지만 미국의 입장을 고려해 부분적 제재 해제를 상응조치로 제기했다고 밝혔다. 심지어 북한은 핵시험과 장거리 로케트 시험 발사를 영구적으로 중지한다는 확약도 문서로 줄 용의를 표했다.

이 같은 발언을 통해 북한이 핵시설 중 1~2개만 없애려 했다는 트럼프 대통령의 발언이 사실임이 확인됐다. 그러나 북한이 대북제재 전체를 해제해 달라고 요청했다는 말은 사실이 아니었다. 북한은 11건 중, 5건 중에서 민생부분 항목만 해제를 요청했다. 그렇다고 트럼프 대통령이 거짓말을 했다고 보기는 힘들다. 세종연구소에서 나온 '제2차 북미정상회담에 대한 미국의 인식과 향후 전망'에 따르면, "2006년 3월 유엔 안보리 결의안 1695호부터 시작하여 2017년 12월 2397호까지의 제재안 총 11개 중, 북한의 경제에 직접적 영향을 미치는 제재는 북한이 요구한 2016년 3월부터 부과된 2270호 제재안부터이기 때문에 트럼프 대통령의 주장 또한 거짓이 아니"라고 판단하고 있다. 게다가, 같은 연구에서는 오히려 북한의 이 같은 요구가 미국에게 대북제재가 효과적으로 작동하고 있다는 것을 알려주었기 때문에, 영변 핵시설과 잘 작동되는 대북제재를 교환해버리는 판단을 미국이 할 수는 없었을 것이라고 밝힌다. 만약 그렇게 되면 영변 이외의 건에 대한 비핵화를 이끌 만한 제재 카드가 다 사라져 버리는 것과 다름없기 때문이다.[205] 결론적으로 북한은 작은 것을 요구했다고 생각했는데, 미국은 너무 큰 것을 요구받았다고 느낀 것이고, 이 차이가 합의를 어렵게 만들어 버린 것이다.

"그러나 회담 과정에 미국 측은 영변 지구 핵시설 폐기 조치 외에 한

---

[205] 미국이 요구하는 북한의 비핵화는 북한이 현재 가지고 있는 핵 시설, 즉 미래에 핵을 생산할 수 있는 능력뿐만 아니라, 과거에 만들어놓은 핵탄두와 핵물질, 그리고 미사일 등을 포함해야 함. 그러나 영변만을 가지고 위의 제재안을 교환할 경우, 기존의 핵과 미사일을 포함, 미래의 핵을 일부만을 제거할 수 있으며, 기존의 핵무기 제거시 필요한 모든 밑천이 사라지는 것을 의미하기 때문에 미국은 거래를 성립하지 않음. - 우정엽 세종연구소 연구위원, 제2차 북미정상회담에 대한 미국의 인식과 향후 전망, 세종정책브리프, 2019.03.28.

가지를 더 해야 한다고 끝까지 주장했으며 따라서 미국이 우리의 제안을 수용할 준비가 되어있지 않다는 것이 명백해졌습니다."

　리용호 외무상의 발언에 따르면, 결국 미국은 이 같은 북한의 제안을 수용하지 않고 영변+α을 요구했기에 회담이 결렬됐다. 이렇게 하노이 북미정상회담 결렬에 대한 북한의 입장까지 공개가 됐다.

　양측의 입장을 정리하면, 우선, 북한은 영변 핵시설의 완전하고 영구적인 폐기와 핵실험과 장거리 미사일 시험 발사의 영구적인 중지를 제시하고 상응조치로 민수경제와 인민생활에 관련된 대북제재 해제를 요청했다. 미국은 북한이 요구한 대북제재 일부 해제가 영변과 교환하기에는 크다고 판단해 영변+α를 요구했다. 미국이 제시한 영변+α의 내용은 정확하게 알려지지 않았으나, 빅딜문서의 존재로 비추어볼 때, '북한 핵시설과 화학·생물전 프로그램, 이와 관련된 군민 양용 능력, 그리고 탄도미사일, 발사대, 관련 시설의 완전한 해체'의 전부 혹은 일부일 것이다. 북한은 이를 받아들일 수 없었고, 협의에 이르는 데 실패한 것이다.

　결국, 제2차 북미정상회담의 실패는 자연스러운 결과였다. 회담 과정에서 드러난 양측의 입장차가 너무나 컸다. 신뢰 구축을 위해 스몰딜을 한 번 하고 넘어가길 원한 북한과 빅딜로 나아가길 원했던 미국 사이에는 몇 주의 실무협의와 2일간의 정상회담으로도 메울 수 없는 큰 간극이 있었다. 심지어 상대가 제시한 스몰딜과 빅딜에 대한 판단 차이도 심했다. 북한은 일부 제재 해제가 '스몰딜'이라고 여겼고, 미국은 이 요구를 '빅딜'로 받아들였기 때문이다. 두 나라 사이의 인식 차이는 이렇게 거대한 것이었다. 결국, 70년 동안에 생긴 그 넓은 틈을 좁혀 나가기 위해서 미국과 북한에게는 더 많은 시간이 필요했다.

하지만 안타깝게도 북미가 여유 있게 시간을 가질 수 있는 상황은 아니었다. 제2차 북미정상회담의 합의 무산이 지금까지 진행해 온 한반도 평화프로세스에 커다란 문제를 발생시켰기 때문이다. 그 문제는 바로 북한이 협상 방식 자체에 대한 의구심을 갖게 됐다는 것이다.

양측의 입장 차가 상당히 큰데도 불구하고 제2차 북미정상회담이 이뤄질 수 있었던 가장 큰 이유는 양측이 실무회담을 하면서 의제를 합의하는 데 성공하고, 정상회담까지 이어지면 의제에 대한 대략의 합의까지 이뤄질 수 있다는 믿음 때문이었을 것이다. 실제 합의문까지 완성되어 있었다는 것을[206] 보면 협의 과정에서 성과를 낼 수 있는 진전이 있었던 것도 분명했다. 북한은 하노이에서 서명이 이뤄질 것을 확신하고 베트남으로 갔을 것이다. 그러나 결론적으로는 합의 없이 정상회담이 끝나 버렸다. 사전 실무협의에서 양국가가 논의했던 것 이상의 딜을 트럼프 대통령이 정상회담에서 던졌고, 이로 인해 합의가 불발됐다. 북한 입장에서는 톱다운 방식에 대한 한계를 인식한다 해도 전혀 무리가 아닐 것이다.

트럼프 대통령의 입장에서는 톱다운 방식이 효과를 내고 있었

---

[206] We actually had papers ready to be signed, but it just wasn't appropriate. - 트럼프 대통령, 2019.02.28.

고, 김정은 위원장과의 관계만 돈독하게 유지하면 톱다운 방식으로 계속 협의를 진행해 나갈 수 있기에, 합의 없이 제2차 북미정상회담이 끝나도 상관은 없었다. 이미 미국은 협상결렬의 가능성도 준비하고 있었다.[207] 게다가 한반도 평화프로세스의 중심에 대한민국이 있었다. 북미정상회담에서 합의가 만들어지지 않고 대화 동력이 많이 사라진다고 해도, 어떻게든 북한을 다시 대화 테이블로 끌고 나올 수 있는 문재인 대통령이라는 탁월한 중재자가 존재했다. 트럼프는 마음껏 판을 엎을 수 있는 상황이었다. 심지어 미국 내부의 정치 상황과 러시아 스캔들, 이후 트럼프 대통령의 재선까지 고려하면 나쁜 합의보다는 합의를 하지 않는 것이 훨씬 더 이득이 되는 것도 분명했다. 그렇기에 트럼프 대통령은 정상회담에서 빅딜을 마음 놓고 던질 수 있었던 것이고, 계속해서 김정은 위원장과의 관계가 좋다는 것만 강조한 것이고, 회담이 끝나자마자 바로 문재인 대통령에게 전화를 걸어 "문 대통령이 김정은 위원장과 대화해서 그 결과를 자신에게 알려주는 등 적극적인 중재 역할을 해달라."라고 당부한 것이다. 트럼프 대통령에게 제2차 북미정상회담은 성공적인 것이었다.

하지만 북한 입장에서는 트럼프 대통령의 선택을 받아들이기 힘들었을 것이다. 정상끼리의 만남에서 오히려 협의한 것 이상의 빅딜을 던지고 그것을 안 받으면 합의문에 서명을 하지 않고, 결국 정상회담 자체를 결과 없이 끝내버린 트럼프 대통령의 방식은 김정은 위원장에 대한 무례와 만행으로 비쳤을 공산이 크다. 북

---

207 폼페이오 "결렬 가능성도 준비…트럼프 결단", 연합뉴스, 2019.03.01.

한이 어떻게든 합의를 이루려고 애쓰고 조금이라도 시간을 확보하려고 노력했던 반면, 트럼프 대통령은 처음부터 여유롭게 친분과 장밋빛 미래만 강조했다. 이런 트럼프 대통령의 태도를 보고 북한은 회담에 임하는 미국의 진정성마저 의심했을 수 있다.

톱다운 방식이 제대로 진행되기 위해서는 적어도 상대 정상에 대한 신뢰는 있어야 하는데, 김정은 위원장은 하노이 북미정상회담으로 트럼프 대통령에 대한 신뢰를 크게 잃었을 가능성이 컸다. 결국 북한은 지금까지의 협상 방식 자체에 대한 의문을 가지게 됐을 것이다. 이에 대해서는 리용호 외무상의 회견 이후에 이어진 최선희 외무성 부상의 기자회견에서 관련 내용이 언급된다.

> "이번에 제가 수뇌회담을 옆에서 보면서 우리 국무위원장 동지께서 미국에서 하는 미국식 계산법에 대해서 좀 이해하기 힘들어하지 않았나, 이해 가지 않는 듯한 느낌을 받았습니다.
>
> 지난 시기 있지 않은 영변 핵 단지를 통째로 폐기할 데 대한 그런 제안 내놨음에도 불구하고 제재 결의, 부분적인 결의까지 해제하기 어렵다는 미국 반응 보며 국무위원장께서 앞으로 의욕 잃지 않으시나 그런 느낌을 제가 받았습니다."

김정은 위원장이 미국식 계산법에 대해서 이해하기 힘들어하고 있으며, 북미 간의 협상에 대해서 의욕을 잃었다고 최선희 부상은 말했다. 김정은 위원장이 톱다운 방식에 의욕을 잃게 된다는 것은 한반도 프로세스에 있어서 한국의 주도권도 힘을 잃는다는 것과 일맥상통한다. 만약 김정은 위원장이 톱다운 방식에 대한 신뢰를 잃고 다른 길을 찾기 시작한다면, 이는 과거로의 회귀가 될 수도 있었다. 김정은 위원장은 이미 2019년 신년사에서 북미 간의 협의가 제대로 진행되지 않는다면 '새로운 길'을 모색할 수 있다고 밝힌 바 있다.

> "다만 미국이 세계앞에서 한 자기의 약속을 지키지 않고 우리 인민의 인내심을 오판하면서 일방적으로 그 무엇을 강요하려 들고 우리 공화국에 대한 제재와 압박에로 나간다면, 우리로서도 어쩔수 없이 부득불 나라의 자주권과 국가의 최고리익을 수호하고 조선반도의 평화와 안정을 이룩하기 위한 새로운 길을 모색하지 않을수 없게 될수도 있습니다."

북한이 다시 핵을 선택하는 것. 이는 트럼프 대통령이 가장 우려할만한 상황이었다. 물론 최악의 상황이 오면 군사행동을 통해서라도 자신의 이익을 챙길 수 있는 방안을 미국은 언제나 가지고 있을 것이었다. 그것이 미국이라는 세계 초강대국의 힘이다. 그러나 트럼프 대통령에게는 북한 문제를 평화적으로 해결하는 것이 오바마와 클린턴 같은 민주당의 전 대통령을 뛰어넘어 전례 없는 것을 이뤄낸 대통령이 될 수 있는 길이기도 했다. 트럼프 대통령은 가능한 한 북한과의 대화 동력이 사라지지 않도록 노력해왔고, 오직 그것만 있으면 된다고 여기고 있는 듯했다. 하지만 하노이 이후로는 그러한 트럼프 대통령의 방식에 북한이 쉬이 상응할 수 없게 됐다.

"우리의 이런 원칙적 입장에는 추호도 변함이 없을 것이며 앞으로 미국 측이 협상을 다시 제기해오는 경우에도 우리 방안에는 변함이 없을 것입니다."

리용호 외무상은 기자회견의 끝에서 북한의 입장은 결코 변함이 없다는 것을 밝히고 있다. 미국이 숙이고 들어오지 않으면 대화는 없다고 말한 것이나 다름없었다. 북한은 미국에 대한 신뢰를 접기 시작했다.

미국 역시 북한과의 비핵화 협의에 대한 신중론과 회의론을 가지게 됐을 공산이 크다. 스티븐 비건으로부터 제2차 북미정상회담 결과를 브리핑받은 미 상원 외교의원들의 발언에 따르면, 북한이 합의를 이루기 위해 마지막으로 제안했던 것이 영변 핵시설 폐기였다. 그런데 "심지어 영변의 모든 것을 의미하는지조차 그 범위가 충분히 정의되지 않았다."라며 북한이 협상에서 한 제안이 상당히 모호한 것이었음이 드러났다.[208]

북한의 정치 상황하에서는 김정은 위원장이 '영변을 다 없애자.'라고 말하면 그걸로 충분할 수 있다. 하지만 미국은 '영변'의 명확한 정의를 알고 싶었을 것이고, '영변을 다 폐기하겠다'고 말하는 것만으로는 부족하게 느꼈을 것이다. 애초에 서로의 신뢰가 부족하기에 더욱 그랬을 것이다. 미국은 이 같은 북한의 방식을 '문화 차이'로 보기보다는 북한의 '비핵화 의지의 부족'으로 봤

---

208 비건 브리핑 받은 상원의원들 "북한 최후 제안은 '범위 모호한' 영변 핵시설 폐기", VOA, 2019.03.08.

을 수도 있다. 비핵화 의지가 없기에 얼렁뚱땅 넘어가려는 것이라고 충분히 해석할 수 있다. 그렇다면 비록 미국이 대화를 계속하더라도 북한의 비핵화 의지에 대한 의심은 계속 이어질 것이고, 이 의심을 최대한 신뢰로 돌려놓지 않으면 북미 간의 협상은 계속해서 안 좋은 결과를 만들어낼 수밖에 없는 상황이었다.

이렇듯 제2차 북미정상회담의 합의 불발은 너무나 부정적인 상황을 만들고 있었다. 이제 가장 절박해진 것은 한국이었다. 미국은 북한의 신뢰를 스스로 잃어버렸지만 후속 조치는 한국에게 맡겨버렸다. 한반도 평화프로세스를 진행하면서 맞이하게 된 가장 큰 위기였다.

문재인 대통령이 주도권을 잡아 진행한 한반도 평화프로세스는 확실한 성과를 거두고 있었다. 특히 한국이 완전히 판을 주도하는 상황을 만들어냈고, 9월 평양남북정상회담을 통해 북미정상회담에서 확실한 진전을 이어나갈 수 있는 밑바탕까지 다져놓은 상태였다. 제2차 북미정상회담에서 진행된 북미 간 협의 내용의 중심에 영변이 있는데, 이미 평양남북정상회담을 통해 문재인 대통령이 가이드를 짜놓은 것이었다. 그런데 트럼프 대통령이 예정에 없던 빅딜을 던지면서 북한이 예상하지 못했던 상황을 만들었고, 결국 결과를 내지 못 하는 일이 발생했다. 그러므로 북한은 트럼프 대통령과의 톱다운 방식에 대한 불신에 더해 한국이 주도하는 방식에 대한 불신도 커졌을 가능성이 크다. 북한은 자신의 비핵화 결정에 대해서 숙고에 들어갈 가능성이 컸고, 동시에 협상 방식에 대해서도 고민이 깊어질 것이 명확했다. 북한은 쉽게는 대화판에 돌아오지 않을 것이었다.

북미 간의 불신, 톱다운 방식에 대한 불신, 한반도 프로세스에 대한 불신이 모두 어우러진 위기가 발생한 것이다. 북한의 비핵화를 이루기 위해서는 이 모든 불신을 모두 해소하고 다시 북미를 대화 테이블에 앉혀야 했다. 정말 지독히도 어려운 과제였다.

설상가상으로 이런 상황에서 옳다구나 하면서 한반도 평화프로세스와 문재인 정부를 공격하고 자신의 이익을 극대화하려는 집단도 국내외에 다양하게 포진되어 있었다. 언론부터 정치인, 그리고 타국까지 평화보다는 자신의 이익에 집중하는 세력은 언제나 그렇듯이 날카로운 대정부 공격을 계속하고 있었다.

이렇듯 제2차 북미정상회담의 합의 결렬로 사면초가에 몰린 것은 문재인 대통령이었다. 하지만 이 같은 혼란을 정리하고 돌파구를 마련해 평화를 이뤄낼 수 있는 것도 결국, 문재인 대통령뿐이었다. 그는 이 어려움을 풀어내기 위한 행보를 바로 이어가기 시작했다.

동북아 질서를 변화시킨
문재인 대통령의 외교

2019년 2월. 하노이 북미정상회담으로 문재인 대통령의 숨 막혔던 외교 행보가 일단락됐다. 최상의 결과를 기대했던 수많은 사람이 아마 하노이의 결과에 실망했을지도 모르겠다. 하지만 문재인 대통령의 임기 초반에 펼쳐진 하노이까지의 외교 행보를 천천히 반추해보면, 실망이라는 감정이 얼마나 사치스러운 것인지 알 수 있게 된다.

문재인 대통령이 임기를 시작할 때 즈음, 한국은 전쟁 위험에 봉착해 있었다. 그것도 그냥 전쟁이 아닌 핵전쟁의 위험이었다. 다른 어떤 일보다 대한민국에서 전쟁의 위험을 제거하는 것이 가장 시급했다. 북한의 비핵화는 차치하고서라도 일단 눈앞에 놓인 전쟁의 위험을 해제하는 것만으로도 정부가 총력을 기울여야 하는 상황이었다. 문재인 대통령은 이 어려운 과제를 깔끔하게 해결해냈다.

그리고 더 놀라운 것은 전쟁의 위험을 제거하는 것과 동시에 북한의 비핵화와 동북아의 국제정세를 바꾸는 작업을 동시에 이어 갔다는 것이다.

문재인 대통령의 외교는 무척이나 큰 그림을 그리고 있었다. 동북아에 깊게 박힌 냉전 질서를 완전히 해체하고 동북아 정세를 새롭게 바꾸는 것이야말로 문재인 대통령의 이니셔티브였다. 전쟁의 위험을 앞에 두고 전쟁의 위험만 없앨 생각을 하는 것이 아니라, 북한의 핵 위협을 마주하고 비핵화만 생각하는 것도 아니라, 이 모든 문제의 진짜 원인을 찾아서 이런 문제가 항구적으로 발생하지 않도록 하겠다는 생각이야말로 문재인 이니셔티브의 정수였다. 그는 세계사가 만들어놓은 틀에 박혀 있을 생각이 없었다. 그 틀 자체를 깨고 바꿔버릴 생각을 하고 있었다. 말 그대로 세계사적 대전환을 이뤄버릴 요량이었던 것이다.

그렇기에 문재인 대통령은 북핵 문제 해결을 위해 노력하면서도 동시에 교량국가의 비전을 선포하고 인도, 아세안 국가들과 치열하게 외교를 이어가며 한국의 위치를 냉전 질서에서 빼내고자 했다. 한·미·일-북·중·러의 강 대 강 갈등 관계에서 강력한 한미동맹과 약한 한·미·일 안보 협력이라는 스탠스를 취했고, 이를 통해 자연스레 냉전 질서의 해체를 유도했다. 이에 멈추지 않고 한국은 중국·러시아와의 관계 개선을 위해 노력했고, 동시에 남북이 하나 되는 모습을 보임으로써 더 이상 동북아의 정세를 한·미·일-북·중·러의 냉전 질서로 설명하기 어렵도록 만들었다. 특히 임기 초반, 남북관계 개선을 통해 이 같은 질서 해체에 더욱 가속도를 붙인 것은 문재인 외교의 백미이다.

문재인 대통령 임기 초반을 반추해보면 한국이 기존의 냉전 질서를 해체할 수 있는 틈을 만들어 내는 일은 거의 불가능에 가까웠다. 이미 이명박·박근혜 시대를 거치면서 한국의 외교 영향력은 바닥에 처박혔기 때문이다. 미국과 중국 사이의 긴장이 점차 커져가고 있었고, 일본도 전쟁 가능 국가로 바뀌기 위해 열심히 노력하고 있었다. 언제 전면적인 강 대 강 갈등이 시작될지 모를 상황이었다. 약해져 버린 영향력을 가지고 한국이 할 수 있는 일은 거의 없었다. 이런 상황에서 문재인 대통령은 동북아에서 가장 중요한 외교 안보 이슈였던, 북한 문제를 통해 한국의 영향력을 점차 끌어올렸다. 그리고 이를 바탕으로 냉전 질서 해체를 시작했으며, 상당한 성과를 거뒀다. 비록 가장 도드라지는 이슈는 북한 비핵화였지만, 그에 못지않게 혹은 그 이상 중요한 것은 동북아에서 냉전 질서가 점차 사라지고 있다는 점이었다.

2019년 2월 북미정상회담이 성과를 내지 못했고, 많은 이들이 문재인 대통령의 한반도 평화프로세스에 큰 문제가 발생한 것처럼 여겼다. 이는 북한 비핵화 문제만을 한정해 봤을 때, 일정 부분 맞는 말이었다. 하노이 이후, 당시까지는 큰 성과를 거뒀던 기존 방식으로는 더 많은 진전을 이루기가 어려워졌고, 새로운 전략을 짜나가야 하는 상황이 생겼기 때문이다. 하지만, 문재인 대통령의 진정한 이니셔티브인 냉전 질서 해체와 새로운 동북아 질서를 만드는 큰 작업은 그렇지 않았다. 이 작업은 계속 좋은 성과를 내고 있었다. 비록 북한 문제는 한국이 반드시 해결해야 하고 한국의 미래를 위해 꼭 성공해야 하는 일이긴 했지만, 전체 이니셔티브를 추진해 나가는 과정의 하나였기에 큰 틀에서 계속 진전만 이룰 수 있다면 북한 문제는 자연히 어려움을 극복하고 결과를 낼 수 있는 부분이기도 했다.

즉, 북미정상회담이 한 번 결과를 내지 못했다고 해서 문재인 대통령의 이니셔티브가 실현되지 않고 끝날 일은 없었다. 이미 문재인의 이니셔티브는 완전히 프레임을 바꿔놓은 상태였다.

그렇기에 2019년 2월 이후에도, 문재인 대통령의 외교정책은 북한 비핵화 문제에 대해서만 약간의 전략 수정을 보였을 뿐, 큰 틀에서는 변하지 않는다. 문재인 정부는 계속해서 냉전 질서를 해체하고 한국의 영향력을 동북아 중심축으로 끌어올리는 작업을 이어갔다. 2019년의 한일 무역 갈등이나 한·아세안 정상회의가 다 이런 작업의 일환이며, 결론적으로 문재인 대통령은 상당한 성과를 거두며 한국을 동북아의 중심으로 끌어올리게 된다 (이 놀라운 성과에 대해서는 다음권에서 자세하게 다루고자 한다).

이런 큰 흐름 속에서 살펴보면, 이 책에서 다룬 문재인 대통령 임기 초반의 외교는 그야말로 놀라운 성과로 가득 차 있다. 최악의 상황에서 임기를 시작한 문재인 대통령이 북한 카드를 활용해 완전히 새로운 판을 짜냈고, 결국 그가 원하는 새로운 질서를 형성해냈기 때문이다.

전쟁 위험을 제거하고, 북한 지도자의 입에서 선친의 유훈에 따라 비핵화를 주도적으로 이루겠다는 말이 나오게 하고, 남북 간의 무력충돌 가능성을 완전히 제거했으며, 대한민국의 대통령이 북한의 주민에게 북한이 비핵화한다는 말을 직접 전했으며, 북미 관계 발전을 위해 북미 정상이 직접 두 번이나 만났고, 신남방·북방 정책 등을 통해 아시아태평양 지역에서 대한민국의 영향력을 전례없이 강하게 만들어 냈으며, 냉전 질서를 해체하고 새로운 질서를 형성하기 시작했다. 역사에서 한 번도 이뤄지지 않았던 놀라운 성과가 끊임없이 이어졌다.

문재인 대통령은 과거의 세계사가 만들어놓은 질서에 안녕을 고하고, 새로운 세계사를 써 내려가기 시작했다. 이것이 문재인의 외교, 문재인의 '이니'셔티브이다.